無師自通

學工筆

荷花

邰樹文 編著

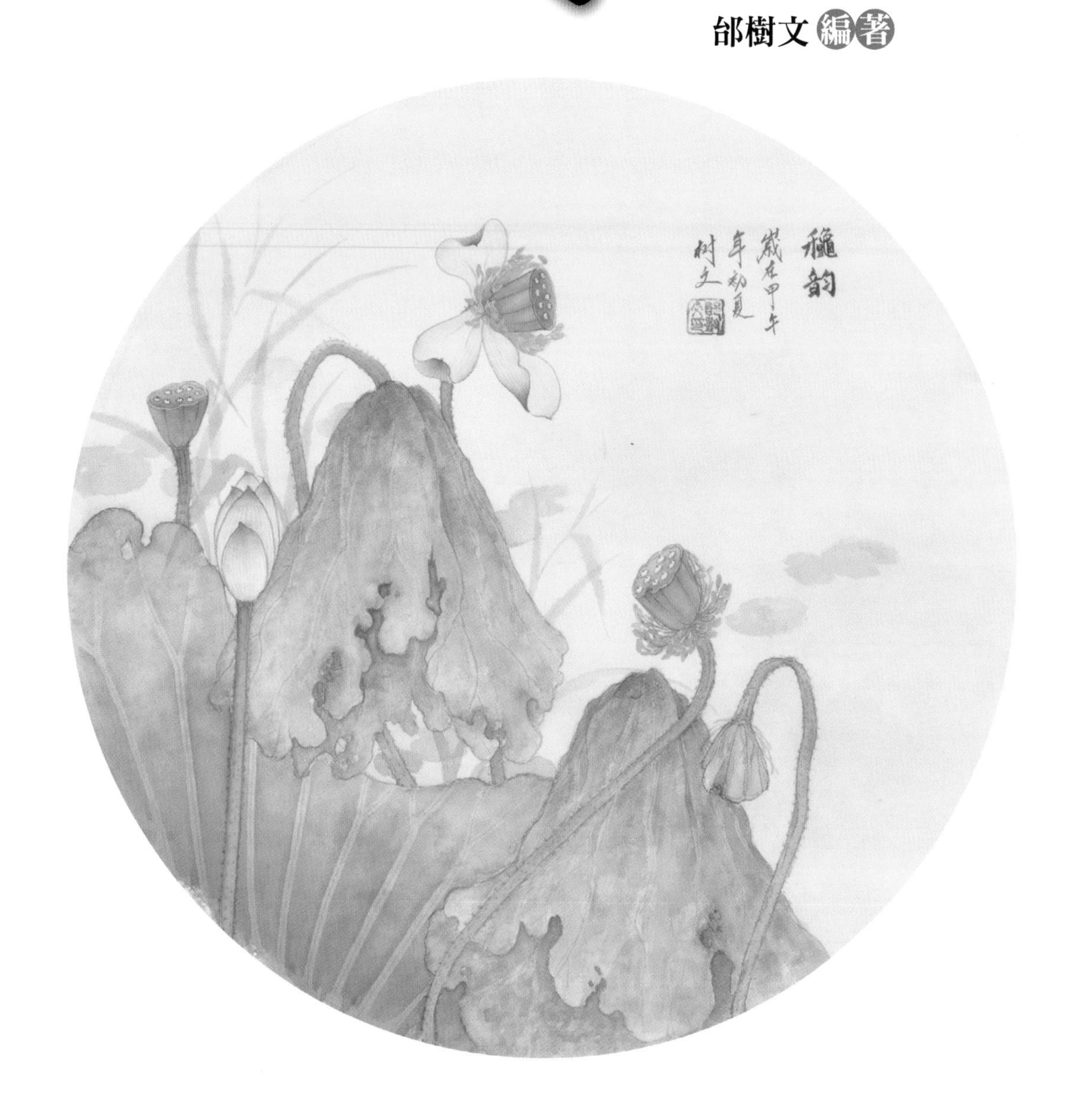

內容提要

工筆畫又稱為「細筆畫」，是國畫技法類別之一，是以精湛細膩的技法描繪景物的國畫表現方式。工筆畫從傳統走向當代社會，出現了前所未有的新繁榮，現在越來越受到大家的喜愛。

本書是一本介紹荷花工筆畫的技法書，主要針對零基礎的讀者，由淺入深地講解。首先，詳細介紹了工筆畫的基本工具（筆、紙、墨、顏料）和繪製的基本技法，尤其是線條的運用；其次，對荷花的結構作了詳細的解析；接著，分別對荷花的花頭、荷葉、蓮蓬這三大部分的繪製步驟做了精湛詳細的講解，並配有清晰的圖例示範；最後還有三幅作品的繪製詳解，使讀者更加直觀地瞭解整個作畫過程。初學者拿起本書就能一目瞭然，除了能掌握最基本的繪畫工具和創作技法外，最後能獨立繪製出一幅完整的荷花工筆畫。

本書適合工筆畫愛好者作為參考教材，也可作為各大院校藝術相關專業學生的參考書。

無師自通 學工筆：荷花

作　　者 / 邰樹文
發 行 人 / 陳偉祥
出　　版 / 北星圖書事業股份有限公司
地　　址 / 234 新北市永和區中正路 458 號 B1
電　　話 / 886-2-29229000
傳　　真 / 886-2-29229041
網　　址 / www.nsbooks.com.tw
E-MAIL / nsbook@nsbooks.com.tw
劃撥帳戶 / 北星文化事業有限公司
劃撥帳號 / 50042987
製版印刷 / 皇甫彩藝印刷股份有限公司
出 版 日 / 2019 年 06 月
I S B N / 978-986-96920-1-4
定　　價 / 450 元

國家圖書館出版品預行編目(CIP)資料

無師自通學工筆：荷花 / 邰樹文編著.
-- 新北市：北星圖書, 2019.6
面；　公分
ISBN 978-986-96920-1-4（平裝附數位影音光碟）

1.花卉畫 2.工筆畫 3.繪畫技法

944.6　　107014977

目錄

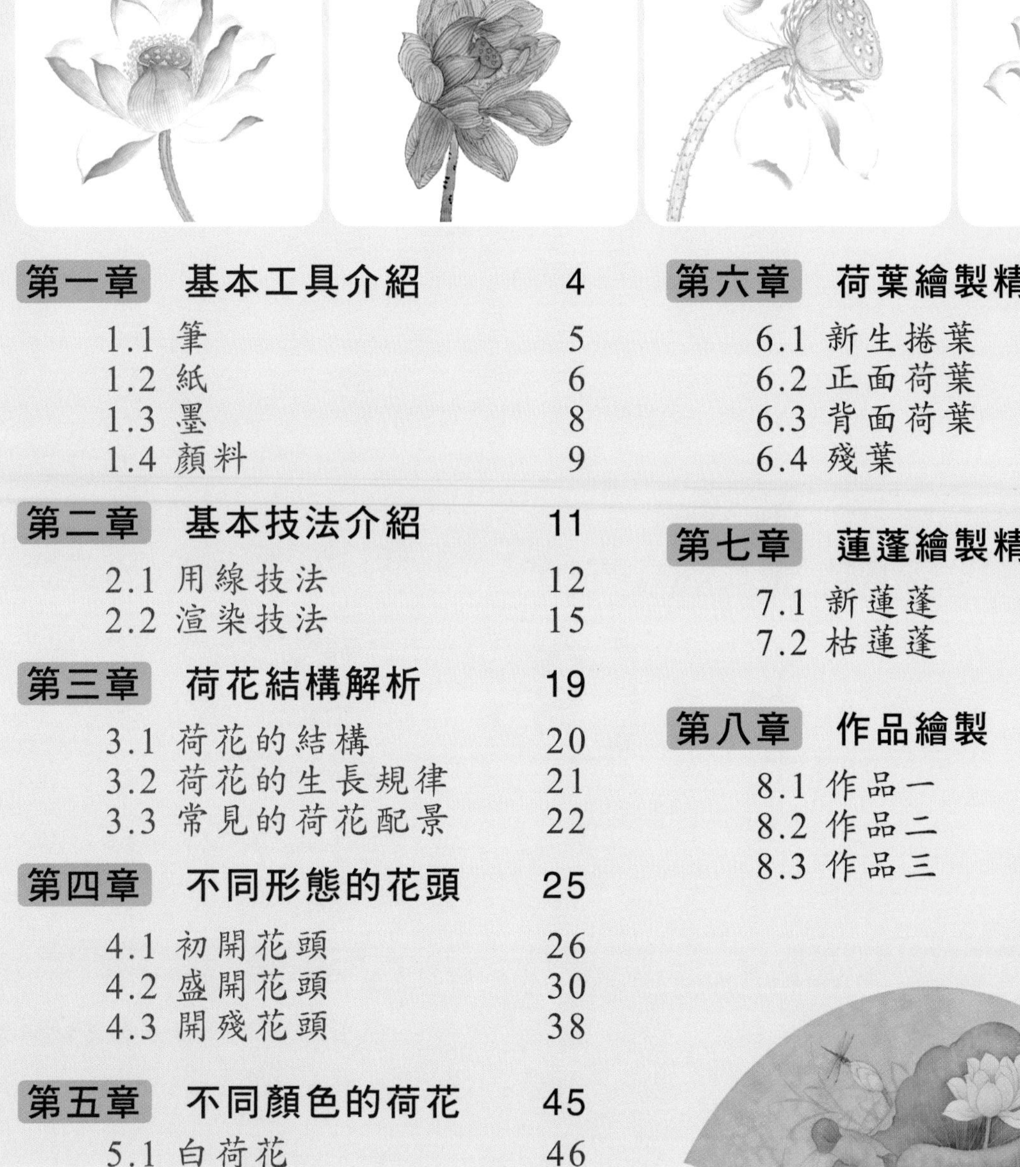

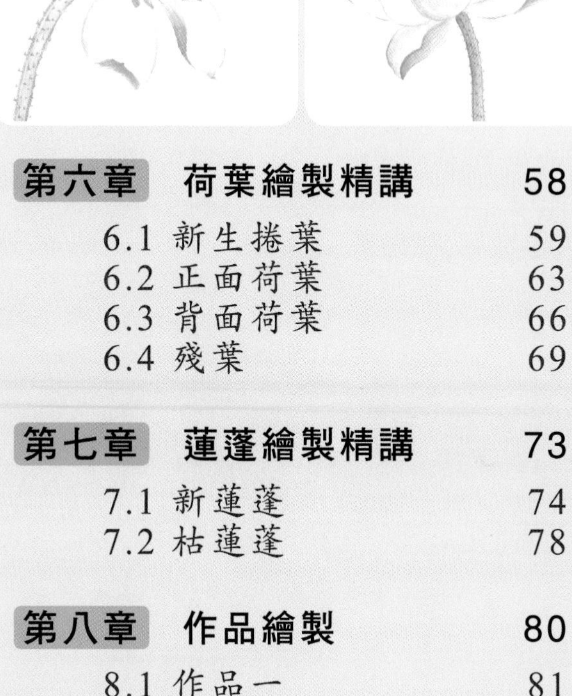

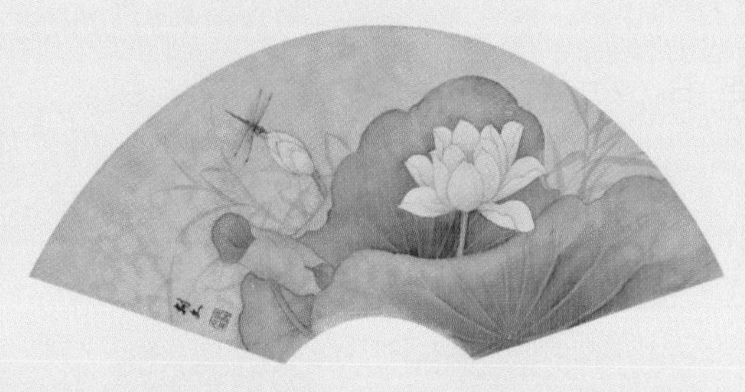

第一章

基本工具介紹

筆/紙/墨/顏料

目錄

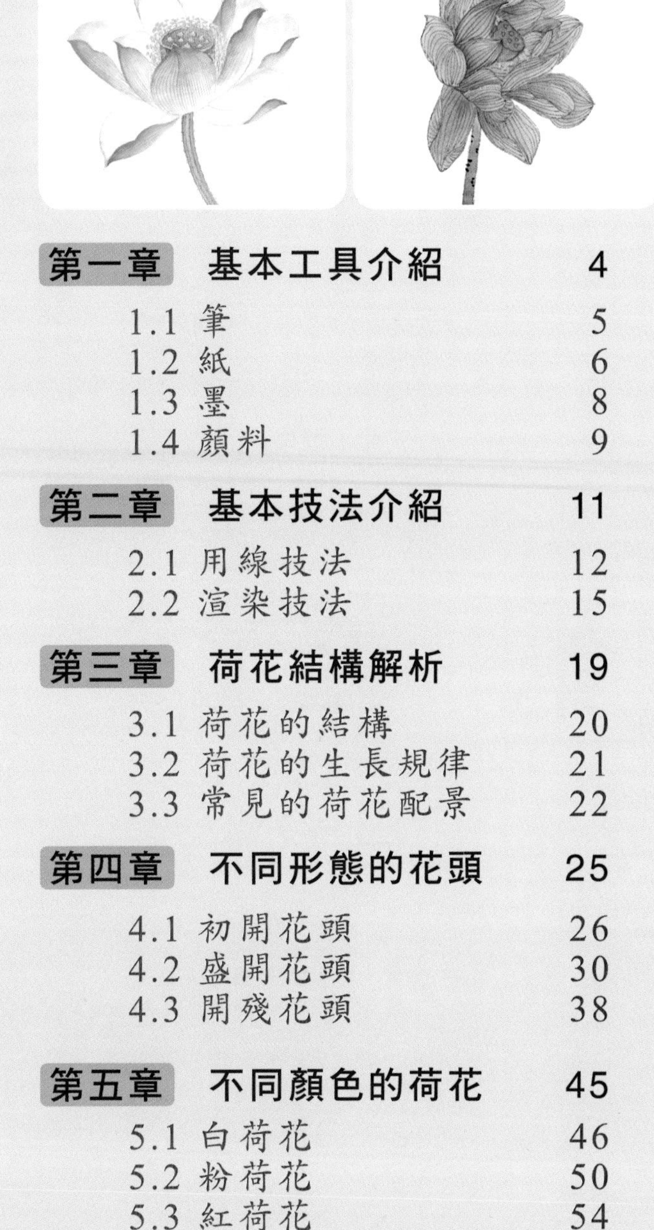
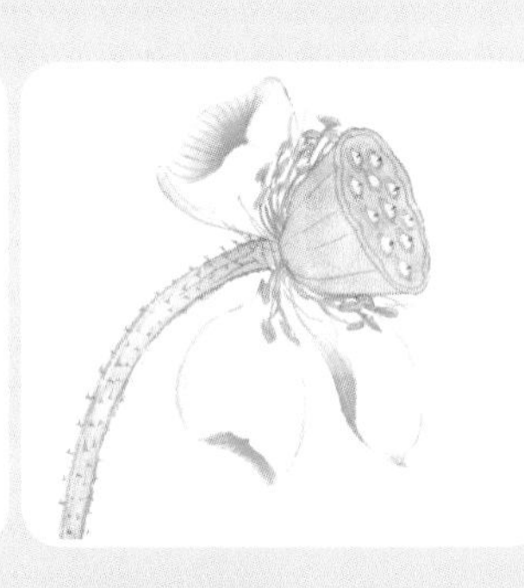
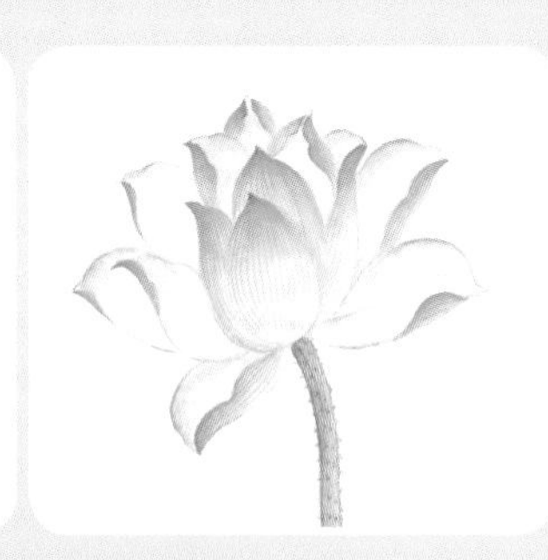

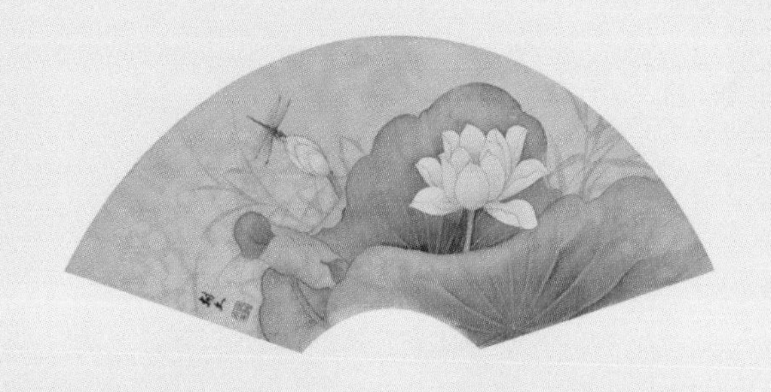

第一章

基本工具介紹

筆/紙/墨/顏料

1.1 筆

工筆畫的用筆分為勾勒筆和染色筆兩類。

1.1.1 勾勒筆

勾勒筆用於中鋒勾勒細而勻的線條。一般選用狼毫類細而尖的筆。常見的筆有衣紋筆、葉筋筆（常用來勾花鳥畫的葉筋）、紅毛筆等，可依畫面需要選擇。

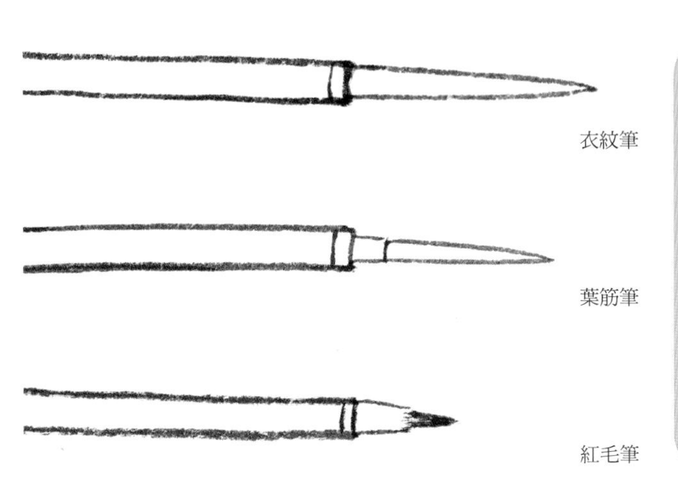

執筆方法

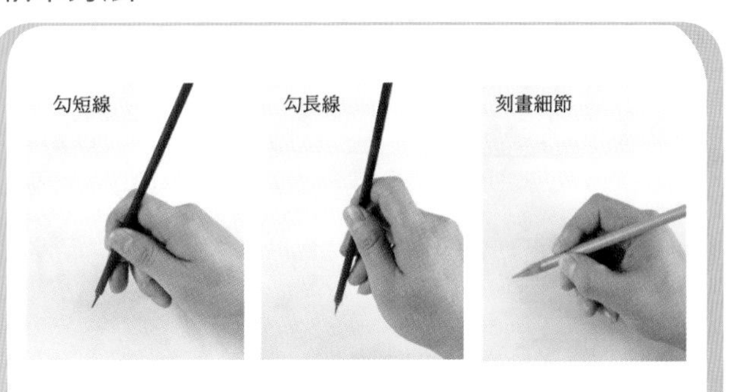

工筆畫中的執筆，筆正則鋒正；手執筆要牢實有力，不要緊握，手指要離開手掌，掌心是空的，以便運筆自如。

勾勒筆的特性

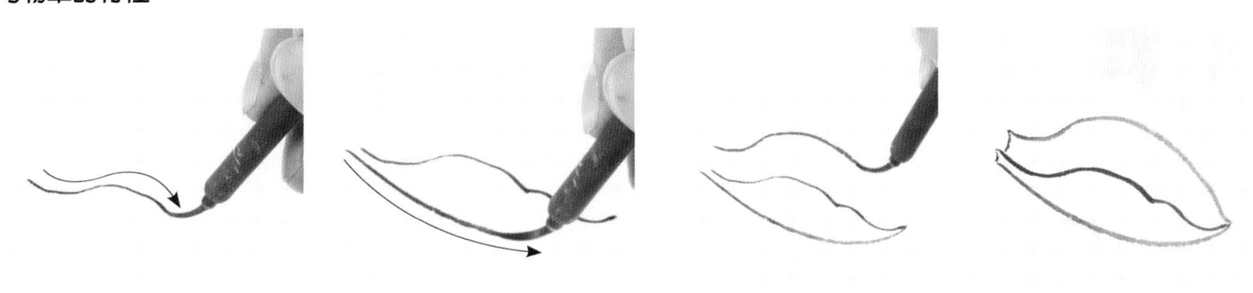

1.勾勒筆屬硬毫筆，含水分較少，筆鋒彈性較強。

2.不同的運筆變化，呈現出的線條也有不同的動態美感。

3.勾勒物像輪廓，工整不毛糙，呈「如錐畫沙」般遒勁有力的線條。

4.先瞭解勾勒筆的特性，後面再進一步掌握線條的畫法。

毛筆的使用方法

使用毛筆前，先用水將毛筆慢慢地充分泡開，再用水洗淨，放入筆簾或掛在筆架上。不能在水中長時間浸泡，否則容易失去筆的彈性，縮短毛筆的使用壽命。勾勒狼毫筆富有韌性，若不能正確使用和保管，它的特性也會減弱，畫出的作品效果也會大打折扣。

1.1.2 染色筆

工筆畫的染色筆多用大、中、小白雲以及其他軟毫毛筆。白雲筆的外層是羊毫，中間部分是硬而挺的狼毫，既能含水分又有彈性，是理想的染色筆（染色筆可以多配幾支，如白色、冷色、暖色、暗色等顏料最好都有相對應的筆）。

著色筆

著水筆

執筆方法

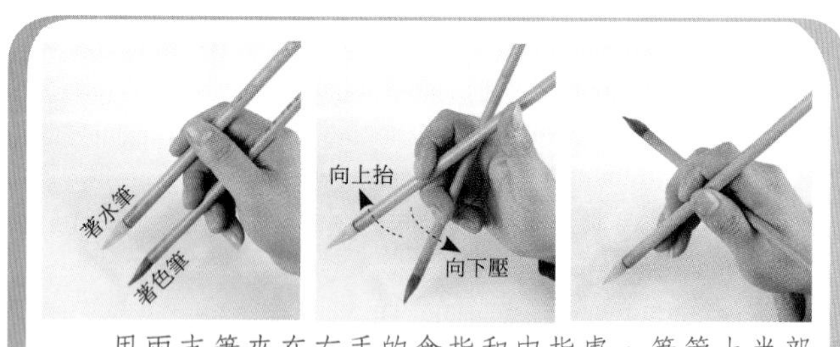

用兩支筆夾在右手的食指和中指處，筆管上半部分靠近虎口，用大拇指攏之待用。上色時將著色筆用中指勾筆管，無名指托筆管，使筆管豎直（此時著水筆橫起），用著色筆調色蘸色用來暈染，接著著水筆豎起與著色筆對換，初學者可能導致兩筆碰撞，可先用乾筆練習，熟練掌握執筆方法。

染色筆的應用

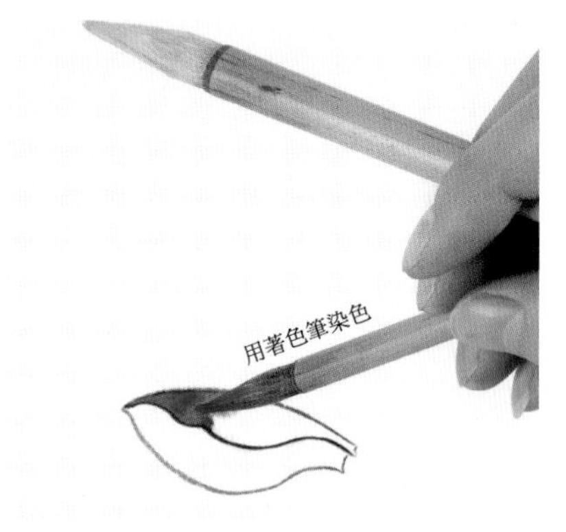

1.先壓下著色筆，沿著線稿染色。

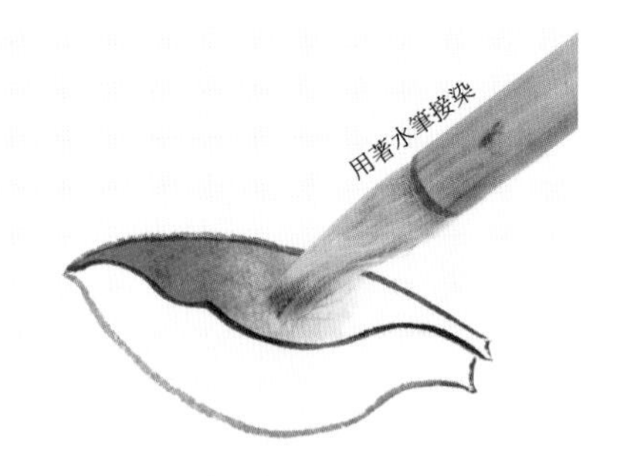

2.快速地用中指將著水筆壓下來，用中指將著色筆抬上去，用清水均勻地染。

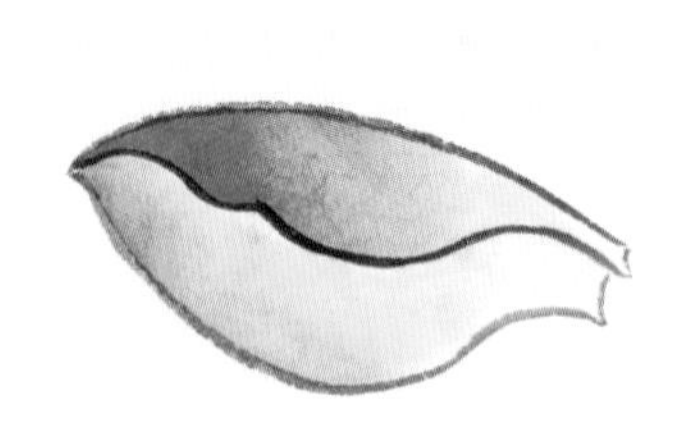

3.反覆轉換使用著色筆和著水筆，直至滿意為止。下一章將詳細講解染色的方法。

如何選用染色筆

狼毫筆富有韌性，爽利便捷，易於掌握。染色筆不像勾勒筆那麼講究，幾乎所有毛筆都可以做著色之用，只是根據所繪物像有大小之別。染色筆沒有複雜的筆法要求，可勻細平整，可略見筆觸，根據對象的特徵、形貌採取不同的用筆。

1.2 紙

1.2.1 熟宣

熟宣紙的質地薄，棉料均勻，其特點是濕漲而乾縮。區分生宣紙和熟宣紙的方法就是看其是否滲水。熟宣紙中也有薄有厚，一般來說薄者適合畫淡彩，厚者適合畫重彩。其中蟬翼宣最薄，冰雪宣最厚。

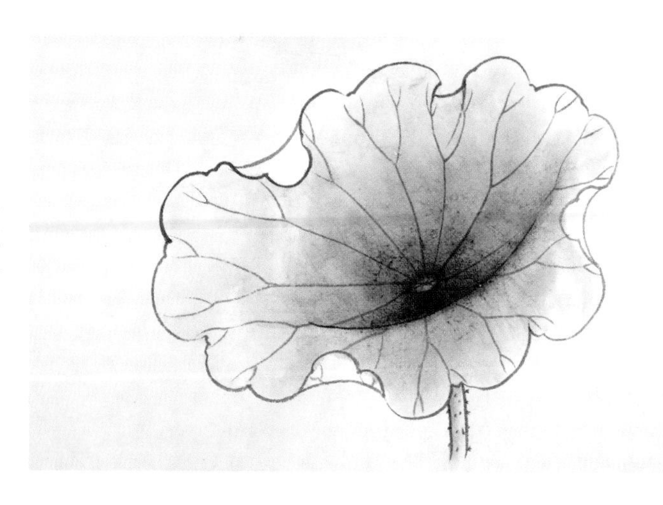

1.2.2 熟宣的特性

熟宣在加工時用明礬等塗過，所以紙質比其他國畫用紙硬。熟宣的特點是吸水能力較弱、不滲水，使得用墨和用色不易洇散，這一特性使得熟宣適合繪製工筆畫。

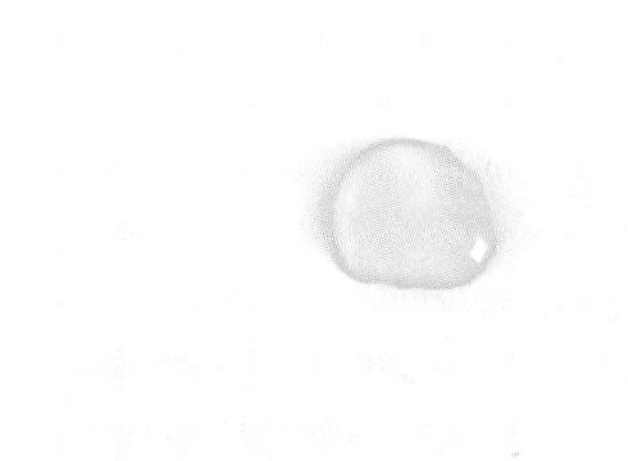

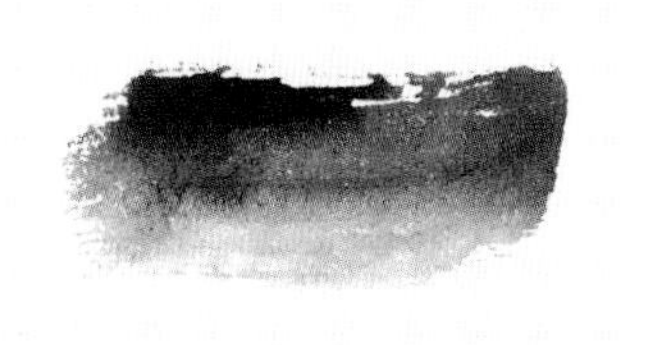

紙張的拓展知識

工筆畫除了使用熟宣之外，單層宣、多層宣、夾宣、皮宣和毛邊紙等都可以作為練習用的畫材。初學著，多採用熟宣。質地良好的紙張不易起毛，吃色性好，適於多次渲染，繪製效果易得細膩溫潤之美。

如何將生宣變熟宣？

如何將生宣變成熟宣？可以在家裡試著做一做。用明礬一份，骨膠兩份，分別砸碎研磨，用熱水融化，然後調和在一起。如果膠礬質地不純淨，可用細布過濾一下。使用前可用手指頭蘸膠礬水嚐一下，若略有酸澀之感即可。如果澀得蜇舌頭，就是太濃了，要加水再調。調好後就可以用大排筆蘸膠礬水將生宣或生絹刷勻，晾乾即可。

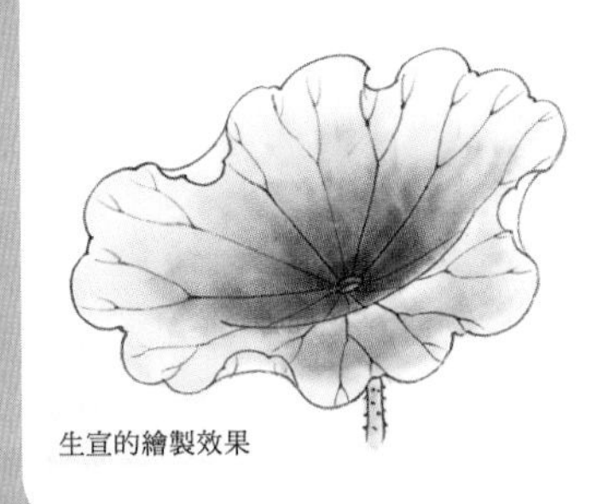

生宣的繪製效果

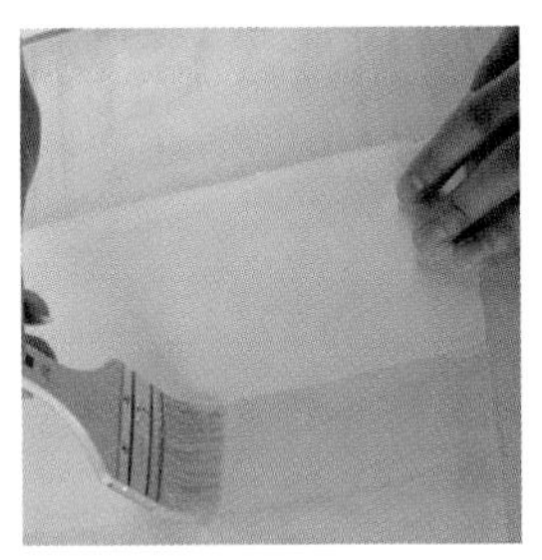

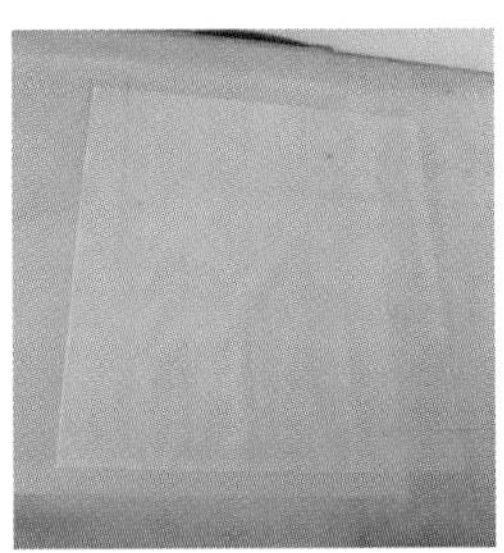

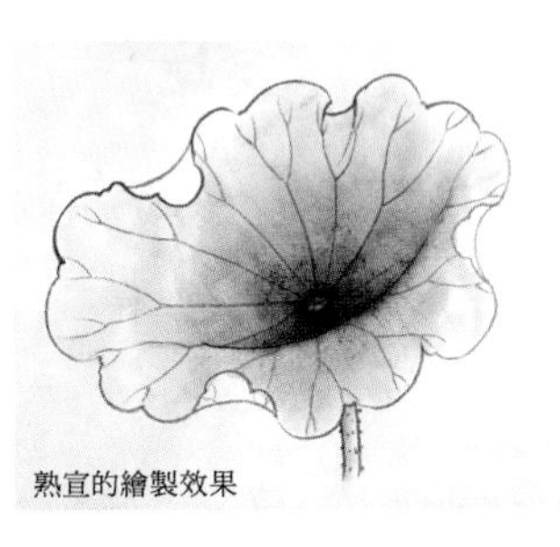

熟宣的繪製效果

1.2.3 絹

絹是純絲織品，古代繪畫常用絹。熟絹的特點是墨色乾後色度變化不大，可以表現墨色厚重和淋漓的效果；材質表面非常光滑、耐染；透明度極好，畫面紋理美觀。古今繪製工筆畫主要用絹。但是絹遇水容易起皺，初學者在使用時需慎重。

1.2.4 畫前裱紙

因使用熟宣紙或熟絹繪製的不易改動，因此畫工筆畫一般先在圖紙上畫好白描稿，稿本的比例與完成稿的比例一致。再把稿本印到熟宣或絹上，接著將宣紙或絹裱到畫板或者畫框上。再用勾勒筆勾勒，接著隨類賦色，層層渲染，從而達到形神兼備的效果。

裱畫方法：將畫稿噴濕，等紙完全漲開後，趁濕在畫紙四周的反面塗上1～2釐米的漿糊黏牢，乾後就可以作畫了（熟絹也可以繃在畫框上）。

因熟宣或絹一般都很薄，呈半透明狀，所以要在下面襯一張白紙，作畫時才更容易看清畫面的效果。

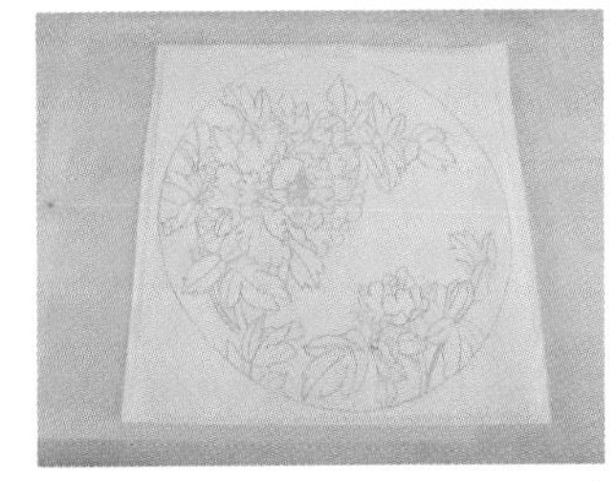

1.找一張比白描稿大一圈的生宣紙做襯紙。因熟宣紙呈半透明狀，故襯白紙作畫更容易看清畫面的效果。

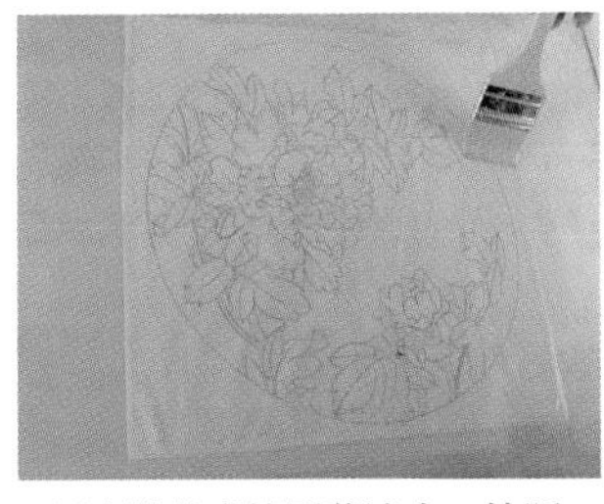

2.用大號羊毫筆刷蘸清水，按照一定的順序把畫稿刷濕。用力且均勻，不要形成太多的皺摺。

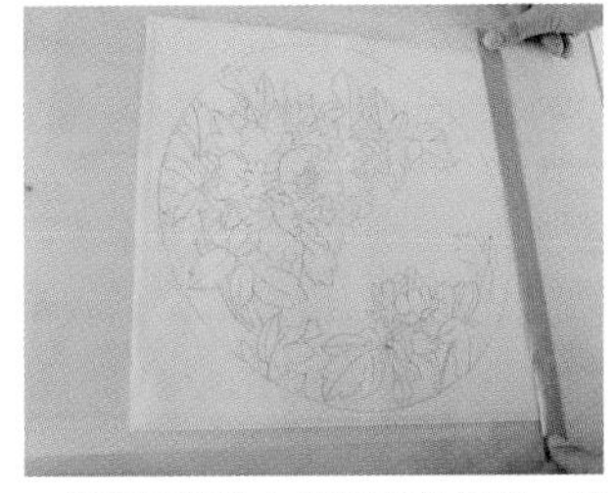

3.裁出四條比白描稿兩邊多出一截的水膠帶，在白描稿比生宣紙多出的一圈貼好水膠帶。

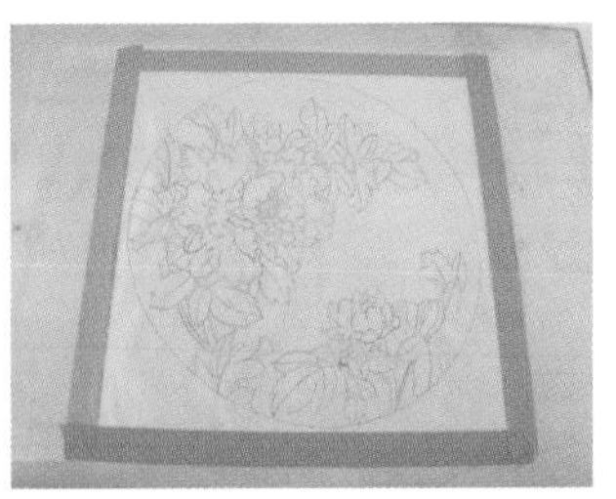

4.貼膠帶紙時，要注意等到紙漲開之後，四邊重疊在一起。等白描稿完全乾後就可以開始上色了。

1.3 墨

1.3.1 墨分五色

國畫的墨色通常分為焦、濃、重、淡、清幾個不同的層次。白描勾線時，要根據所描繪物像顏色的明度，調出不同深淺的墨色。工筆畫設色時需先渲染墨色呈現畫面的黑白灰關係。

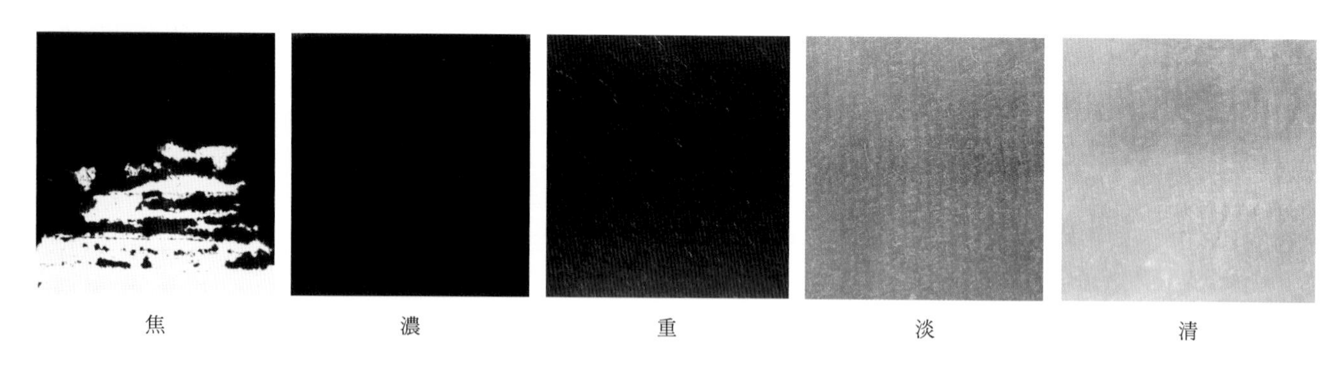

墨色的拓展知識

水墨工筆畫透過虛實、動靜、聚散、黑白等陰陽相生相剋的關係，表達出色彩斑斕的畫面所具有的意境，這是獨一無二的。單用墨作畫，實際上不止這五個色階。用墨方法雖說有五種，但主要講究一個「活」字，只要能做到「活」，那麼在方法問題上，經時間的推移可以自己創造，而不是被五種方法限制。

1.3.2 墨色的層次

墨色每一次被清水稀釋，都會呈現一個新的色階，由此逐步漸層，將物體的體積感和物體的真實感表現在畫面上，古人說墨色變化多，有「如兼五彩」的藝術效果。

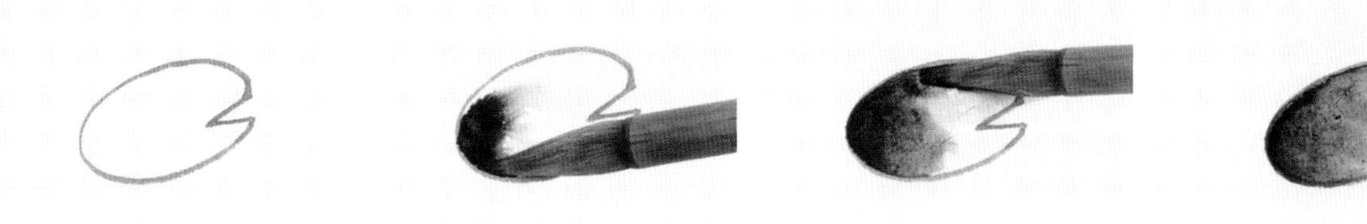

1.首先用濃墨勾勒浮萍的輪廓線，用色不宜過重，更不宜過淡。

2.蘸重墨，沿輪廓線染色。墨的範圍不宜過大，否則易造成墨色層次不明顯。

3.用著水筆，均勻地接染，直至浮萍的邊緣。

4.用著水筆一層層染，要薄而勻，呈現出墨色的多樣變化。

墨與墨錠

國畫的墨除了有「黑」的顏色屬性外，還有極其高深的學問和藝術效果。「墨錠」從其本身的性質來看不但是黑色，其中尚有許多微妙的色彩變化。好的墨錠所磨出來的墨色晶瑩、透徹、光亮，但又含蓄、內斂。「墨分五色」「墨有六彩」，歷代畫家透過藝術實踐，創造出許多墨法，使墨色的變化更為豐富多彩。

1.4 顏料

1.4.1 常用的國畫顏料

國畫常使用的顏料有植物顏料（水色）和天然礦物質顏料（石色）。植物顏料有花青、胭脂、藤黃等，礦物質顏料有赭石、硃砂、石青、石綠等。這些統稱為「國畫顏料」。

國畫顏料的特性

水色（植物顏料）是透明色，可以相互調和使用，沒有覆蓋力，色質不穩定，容易褪色，石色（礦物質顏料）是不透明色，相互不能調和使用，覆蓋力強，色質穩定，不易褪色。石色和水色相互之間也不能調和使用。

1.4.2 色墨結合

顏色與水墨相結合，會出現新的色值，產生特有的韻律。這裡介紹幾種主要的顏色。

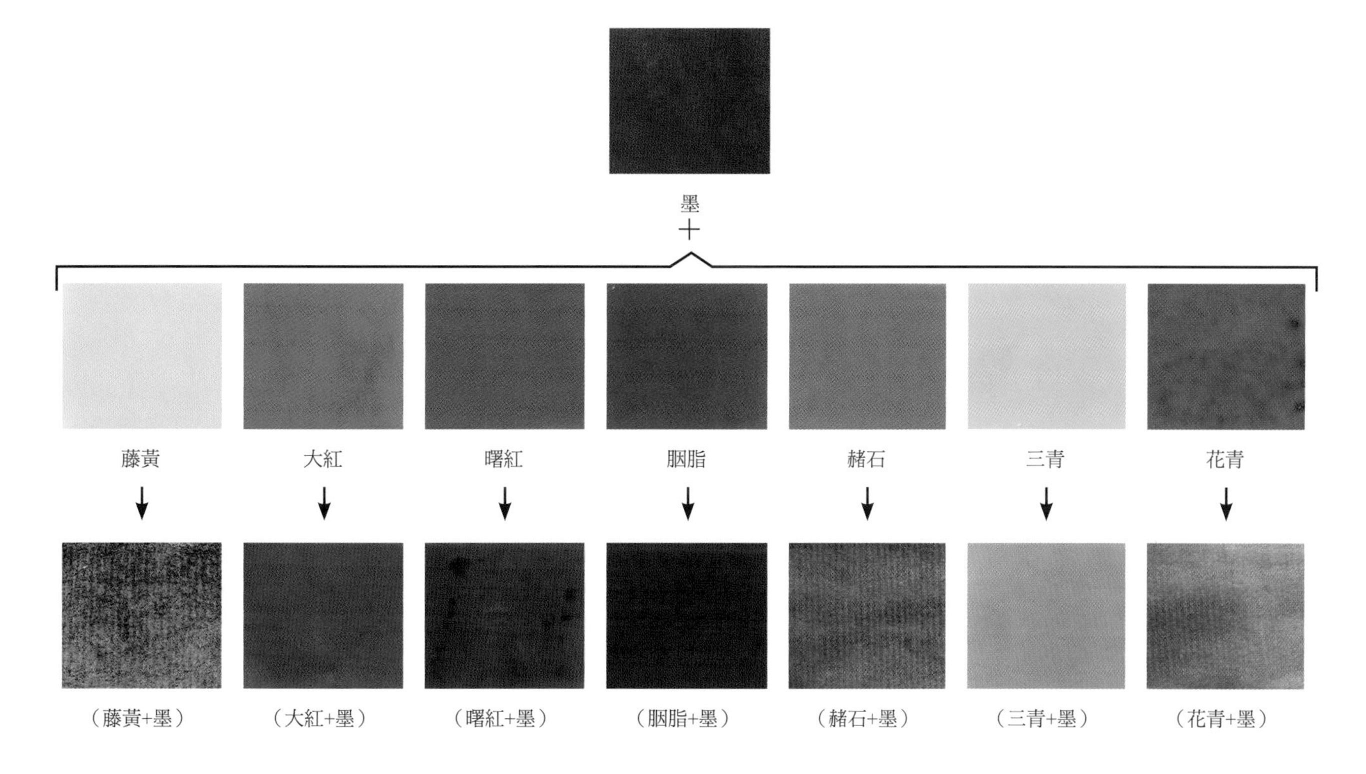

1.4.3 常用的混合色

有些顏色經過調和後會呈現出鮮亮的效果，而另一些顏色調和後的效果卻很晦暗。國畫顏料的調色規律與水彩顏料基本類似，對於有水彩畫基礎的國畫初學者而言，掌握工筆畫的調色規律並不難。但國畫顏料也有著不同於水彩顏料的特性和色彩傾向，所以建議初學者試著在調色盤上將最基本的十餘種的國畫顏料兩兩混合，熟悉調色後色彩的變化再開始作畫。

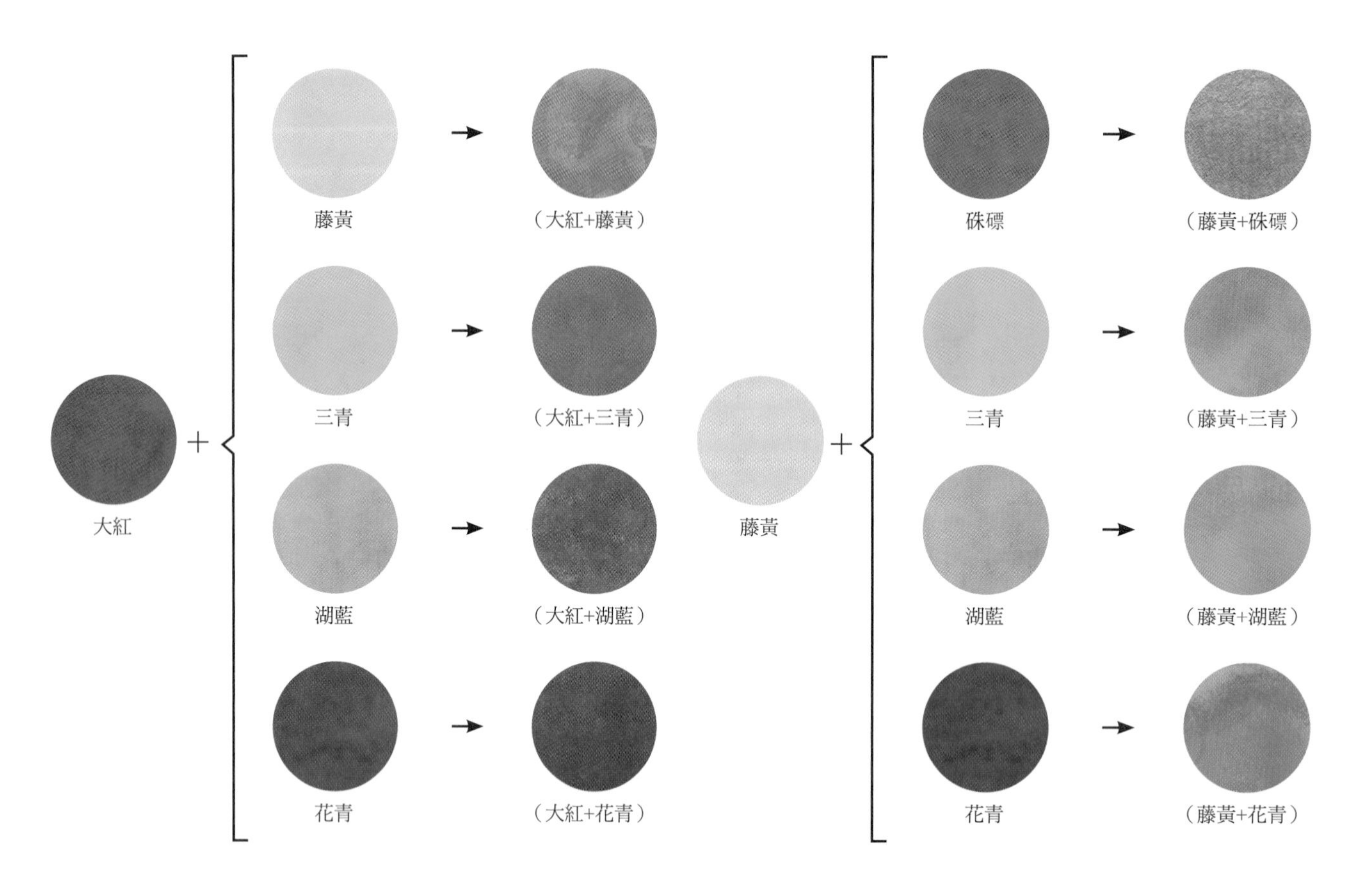

初學者可以這樣做

使用混合色應當注意國畫的韻味。淡雅古拙是國畫的特色，顏色過於豔麗，是初學者容易出現的問題。顏色要有層次，暈染的時候盡量能呈現顏色的漸層和畫面的立體感。建議初學者細心建立一個色譜，將除了基礎色以外調配得到的顏色，點畫記錄在這個色譜上，這有利於繪畫中對色彩的運用。

1.4.4 色的濃淡

不能直接用筆從調色盤中取顏色作畫，而是要先讓筆頭吸收一定的水分，然後再蘸取足夠量的顏色，並在調色盤裡將墨的顏色調整均勻，調成所需的濃度。剛開始，初學者掌握不好筆中的水分，可以從少量遞加，直至達到滿意的效果。

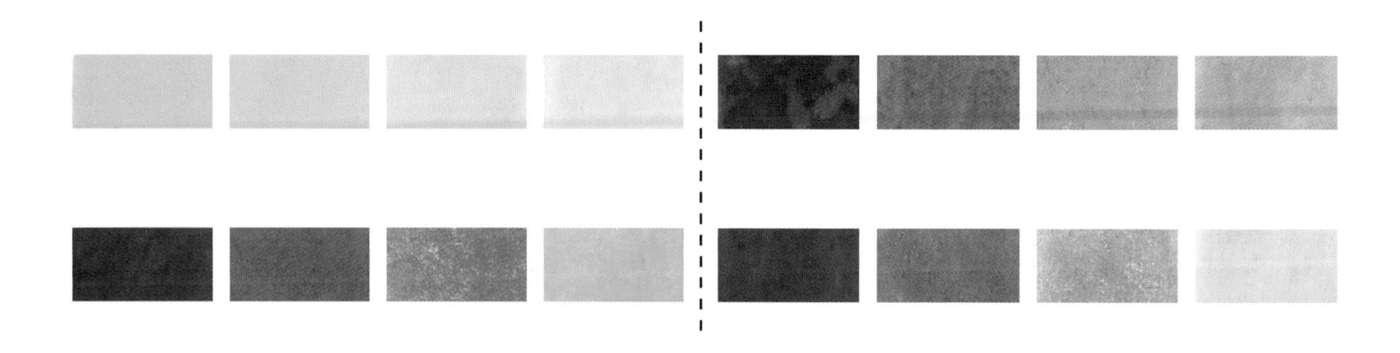

第二章

基本技法介紹

用線技法/渲染技法

2.1 用線技法

線條是工筆畫的基礎，透過對線條的起、行、收的練習，可以掌握線條運行的基本規律，在此基礎上再進行各種線條變化的練習。要熟悉不同筆毫硬度的特性和用筆的不同角度的變化規律，準確掌握指、腕、肘的運行方向和力度，靈活運用各種頓挫、轉折、提按。線條應變化、多樣，重點要掌握中鋒運筆，這樣才能畫出挺健流暢的線條。

2.1.1 基本方法

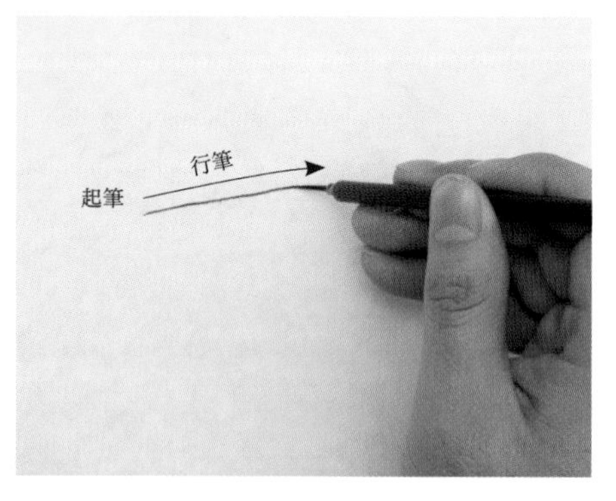

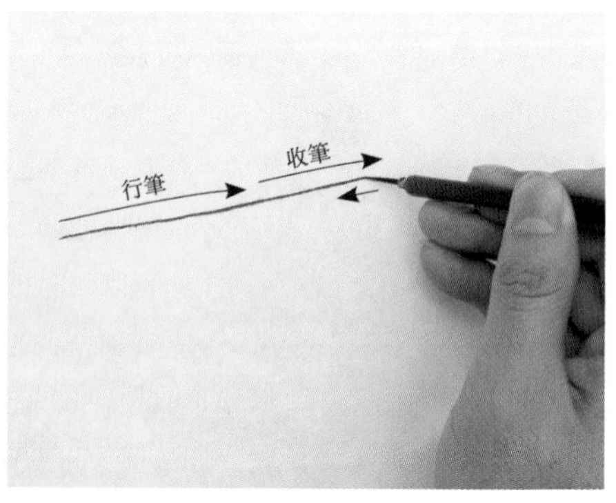

工筆畫與書法的關係

工筆線條的筆法源於書法。每一條線在筆法上都有起筆、行筆和收筆三個過程。對起筆、行筆和收筆的要求是欲右先左、欲左先右、欲上先下、欲下先上、逆入平出，以使線條含蓄而勁力內斂。

2.1.2 線條的表現力

濃淡

物像色彩深重者，在工筆中可用濃墨線條表現，色彩淺淡者則多用淡墨線條表現。如碧綠的荷葉色重，宜用濃墨線條勾勒，而淺淡的粉紅荷花則宜用淡墨線條表現。

乾濕

物像質地柔軟者，如畫潤澤輕盈的花瓣，為表現其柔嫩，多用「濕」的線條表現；畫斷枝老節，為表現其堅硬，則多用「乾」線條表現。

粗細

一個物像要用近粗遠細的線條表現，背光的部分宜用重墨粗線，而受光的亮部則要用略淡的細墨線表現，如透視較大的蓮蓬、枝幹的上下段或粗枝的左右兩邊。在物像簡單的畫面中，尤其要注意表現其明暗的濃淡深淺變化，而且要注意整體統一。

線條的應用

線條的表現力多種多樣，沒有侷限性。初學者可從下圖的示範中，瞭解同樣的線條經少許變化就可以使物像生動自然，待掌握後，便可自如地運用線條，以豐富畫面的效果，增強表現力。

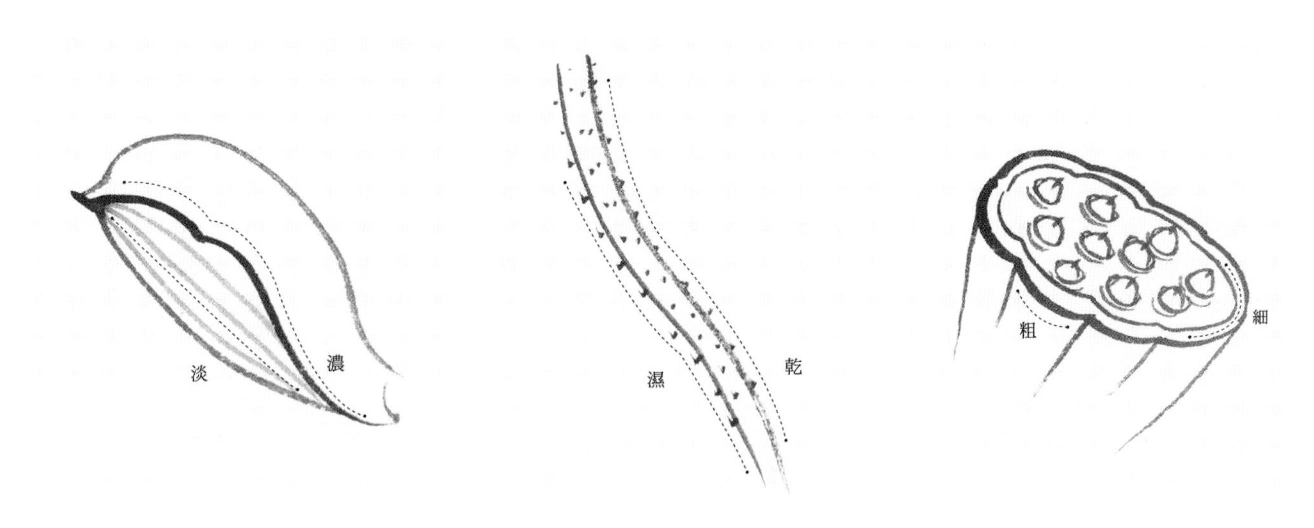

2.1.3 常用的線描技法

曲線

線描中最具代表性的是游絲描類，其壓力均勻，粗細無變化。此類描法適於勾勒物像的外輪廓，如花瓣、葉等一些流暢性較好的輪廓；線條墨色秀潤簡勁，細勁平直。可根據不同的質感使用不同的表現手法，呈現外柔內剛的特徵。

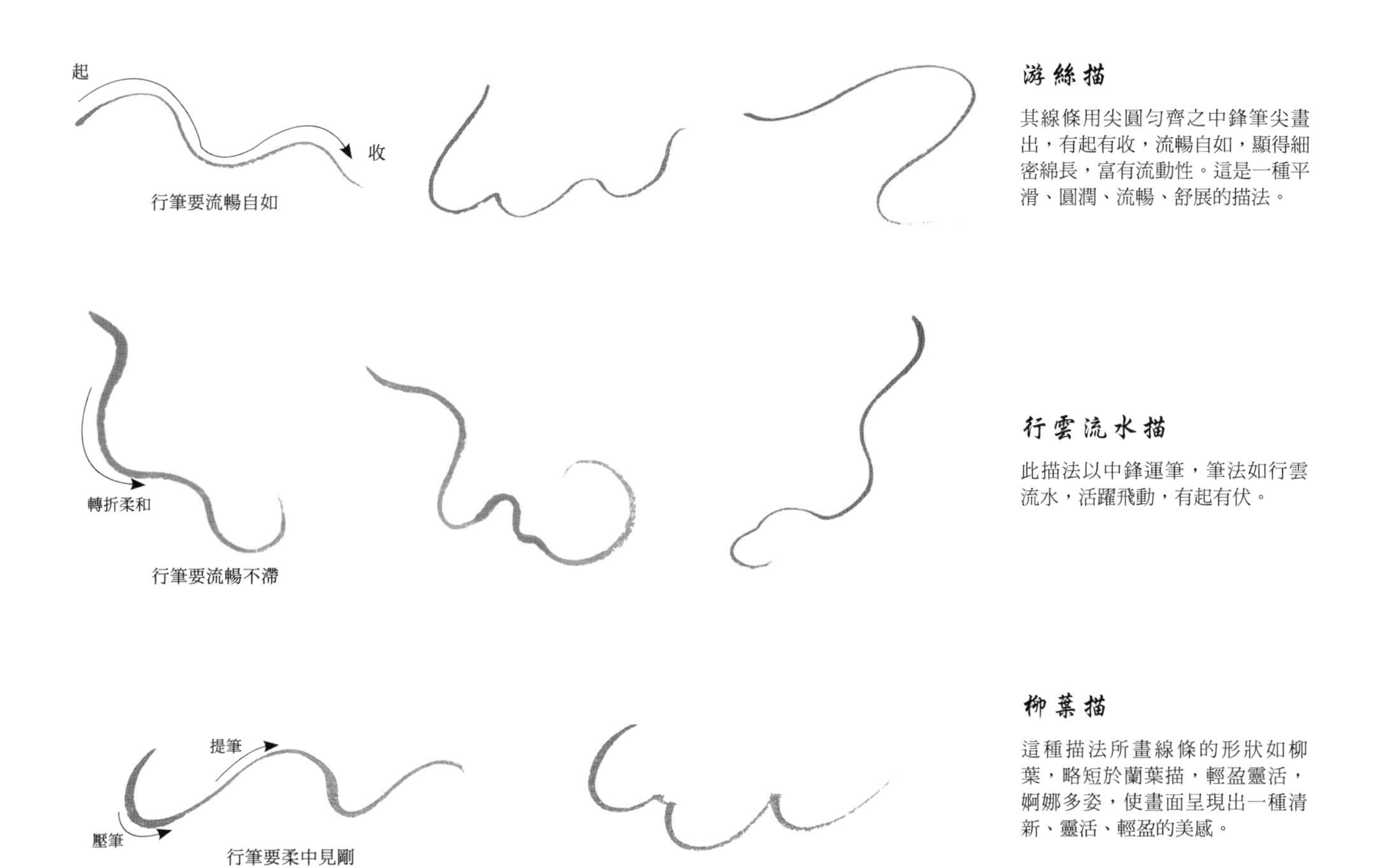

游絲描

其線條用尖圓勻齊之中鋒筆尖畫出，有起有收，流暢自如，顯得細密綿長，富有流動性。這是一種平滑、圓潤、流暢、舒展的描法。

行雲流水描

此描法以中鋒運筆，筆法如行雲流水，活躍飛動，有起有伏。

柳葉描

這種描法所畫線條的形狀如柳葉，略短於蘭葉描，輕盈靈活，婀娜多姿，使畫面呈現出一種清新、靈活、輕盈的美感。

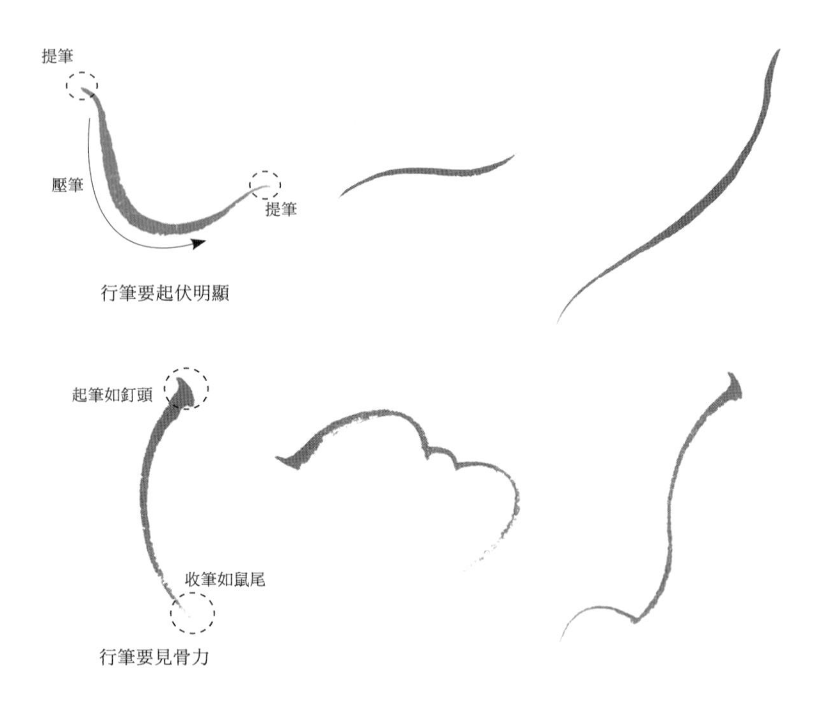

行筆要起伏明顯

行筆要見骨力

竹葉描

用筆起伏頓挫明顯，線條粗細變化較大，很像隨風飄動的竹葉，飄逸活潑。竹葉、柳葉、蘆葉這三種葉子從外形上看都很相似，只有依靠描繪時手腕下筆的輕重、剛柔和長短等變化加以區分。

釘頭鼠尾描

釘頭鼠尾描，起筆處如鐵釘之頭，線條呈釘頭狀；行筆收筆，一氣拖長，如鼠之尾。所謂頭禿尾尖，頭重尾輕。採用中鋒勁利的筆法，線形前肥後瘦，形同釘頭鼠尾。適合表現花瓣或葉的轉折處。

折線

此類描法的特點是壓力不均勻，運筆中時提時頓，產生忽粗忽細的效果，適合表現枯乾、枯葉等一些粗糙質地的物體。

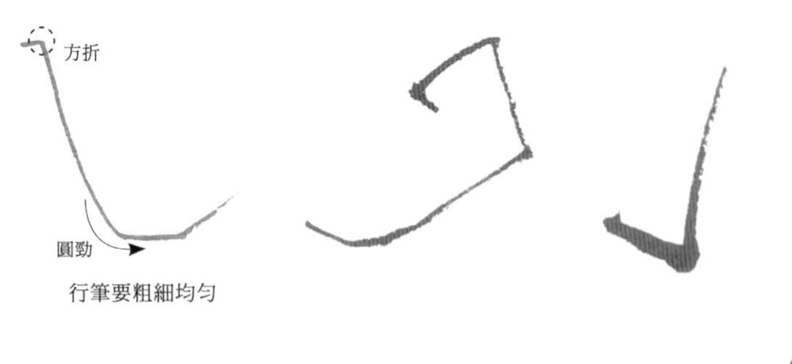

行筆要粗細均勻

鐵線描

此描法用中鋒圓勁之筆描繪，絲毫不見柔弱之跡。其起筆轉折時稍微有回頓方折之意，如將鐵絲環彎，圓勻中略顯刻畫之痕跡。適合表現枯乾。

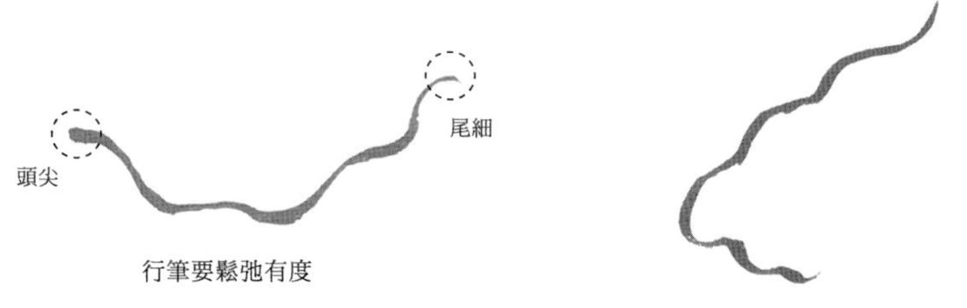

行筆要鬆弛有度

橄欖描

此描法用筆起筆極輕，頭尾尖細，中間沉著粗重，所畫線條如橄欖果實，故而有「橄欖描」之名。用顫筆畫出，頭尾尖細，中間的線條粗如橄欖。用筆最忌兩頭有力而中間虛弱。

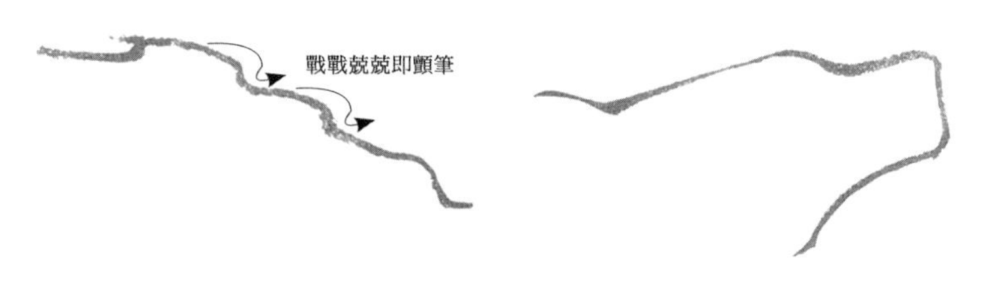

顫筆描

此描法用筆要停而不滯。筆法簡細流利，線條呈現出曲折戰顫之感。

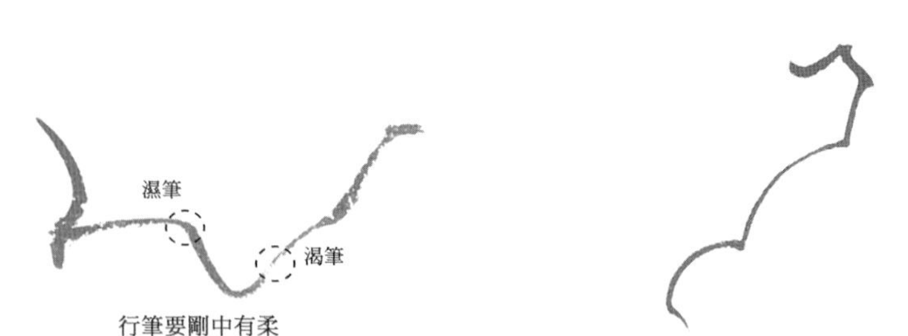

行筆要剛中有柔

柴筆描

柴筆描和顫筆描在用筆上並無多大區別，只是顫筆描乾筆較多，後者乾濕並用。如山水畫中有亂柴皴。用筆以剛中有柔、整而不亂為宜。

2.2 渲染技法

工筆畫造型嚴謹、形象生動、線條嚴謹、色墨潤澤、層次豐富。傳統的工筆花鳥畫採用線條勾勒和色墨潤染相結合的方法，因此，用色也是花鳥畫中最為重要的一環。工筆畫染色方法大致有潤染、褪染、分染、提染、背染、斡染、調染、罩染、渲染、襯染、點染、濕染這十二種。以下講解幾種常用的工筆畫染色法。

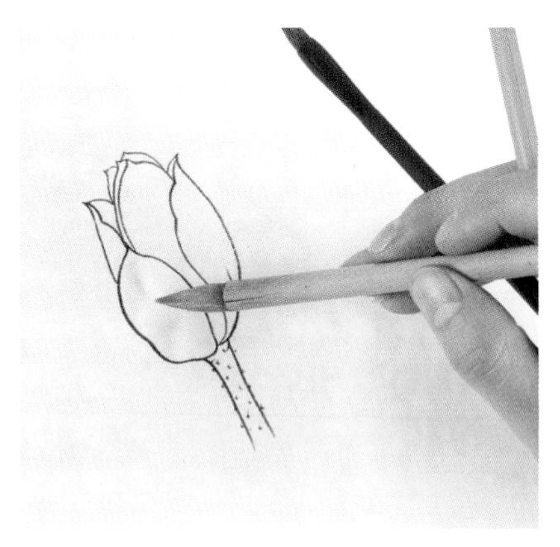

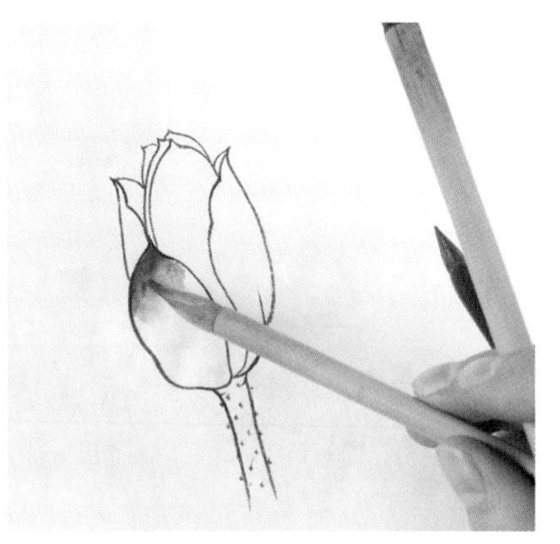

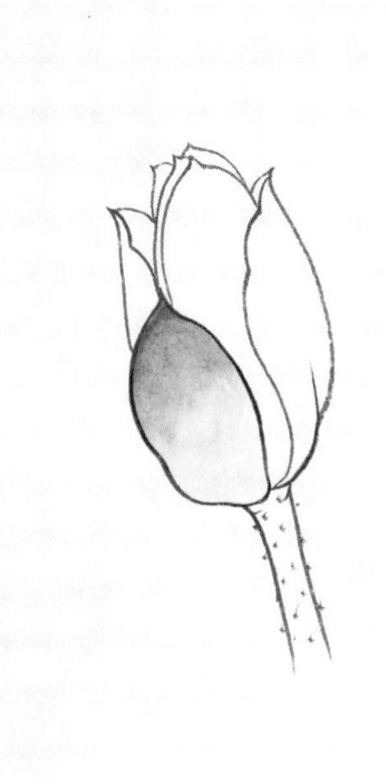

潤染

1 在畫花瓣時，可以同時使用三支筆，一支筆按需要調好顏色，原則是「水要飽滿」「顏色不要多」；另一支是乾水筆，再一支筆是調了色的筆。畫時先用著色筆在一個花瓣的根部點一塊，邊緣的凹處點一些，不等乾，馬上將另一支顏色筆沖染進去，如嫌顏料太多，則可用乾水筆略吸一吸，但筆毛不可接觸畫面，以免影響它自然靈活的味道，而出現機械的筆道。這種畫法，能把花朵的質感充分表現出來，掌握得好，可以說比真的還美，達到「妙造自然」的程度。小朵的花，用潤染法最好。

潤染的補充知識

潤染方法，根據不同需要，有時可以沖水，有時可以沖彩，有時可以沖其他的水色。也可以在一片花瓣上，先使用曙紅色畫出來，然後對局部用不同的水或水色沖之，有變化無窮之妙。

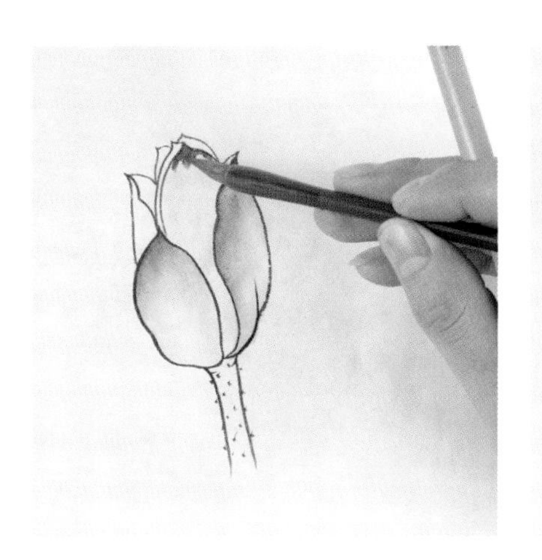

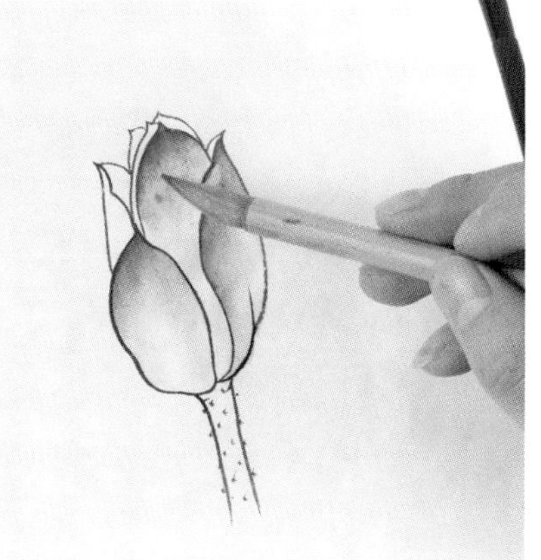

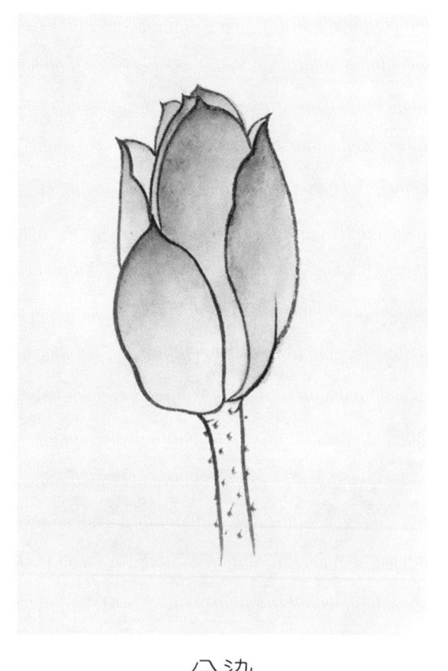

分染

2 「分層著色」也就是傳統技法「三礬五染」，簡稱「礬染」。實際上並不一定礬三次、染五次。礬的作用，主要是防止在第二次著色時把第一次著色的顏色洗起來，否則非但達不到好效果，還會把顏色搞髒了。接著畫另一朵花瓣，用曙紅沿著瓣尖平塗，然後再用水色沖。

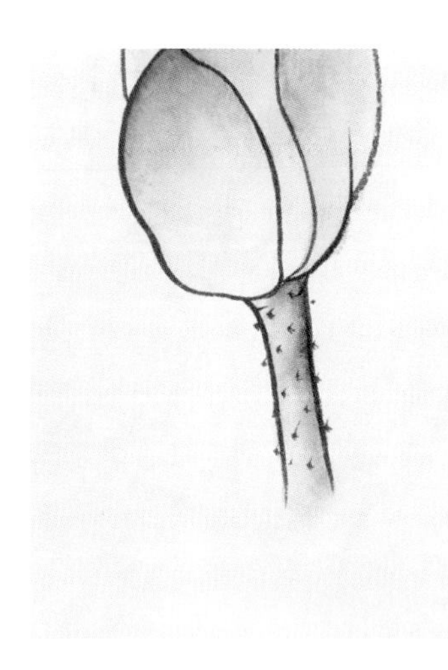

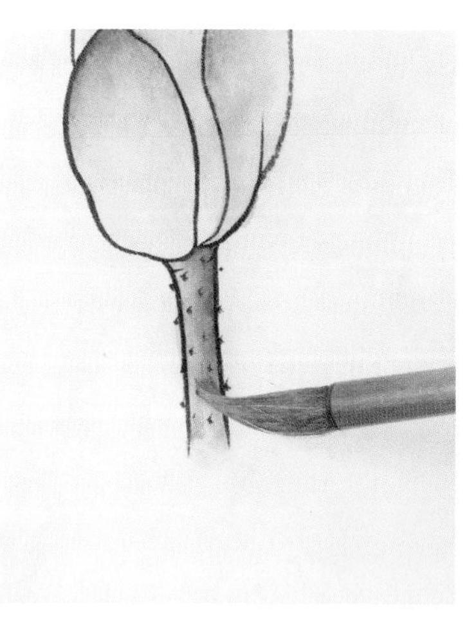

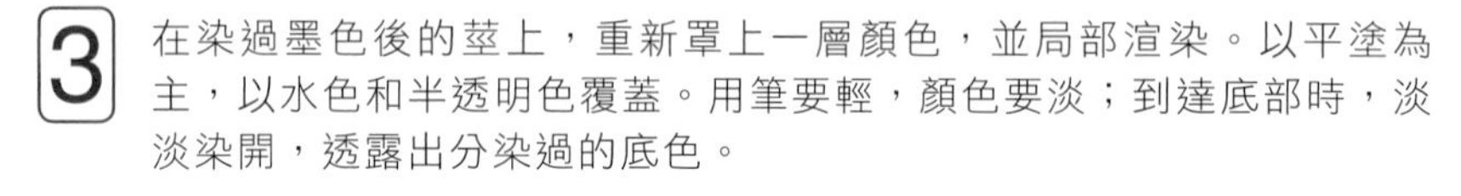

3 在染過墨色後的莖上，重新罩上一層顏色，並局部渲染。以平塗為主，以水色和半透明色覆蓋。用筆要輕，顏色要淡；到達底部時，淡淡染開，透露出分染過的底色。

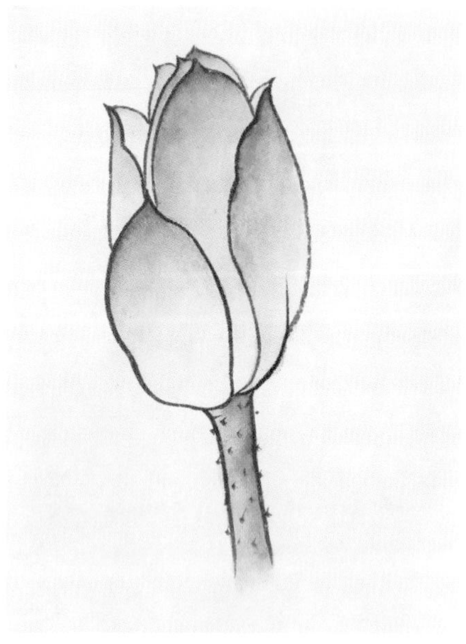

罩染

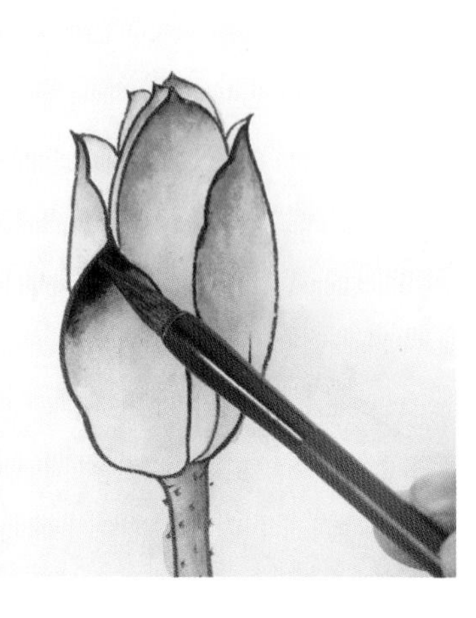

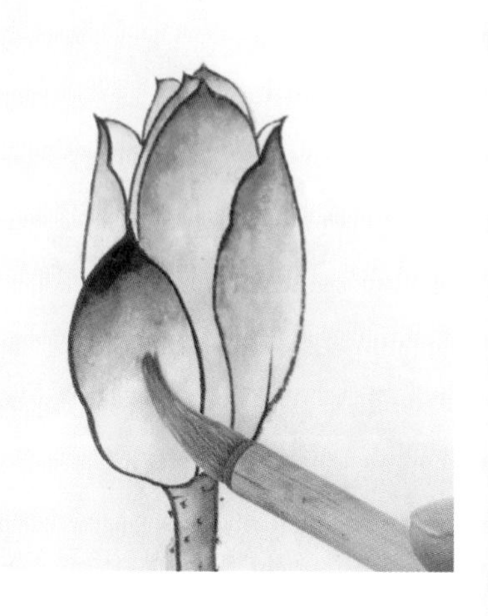

4 在繪製工筆畫的過程中，根據畫面明暗處理的需要，將幾片花瓣統一渲染，強調整體的明暗與色彩關係，稱為「統染」。根部的附近沒有留水線。統染其實就是一種大範圍色調的渲染。

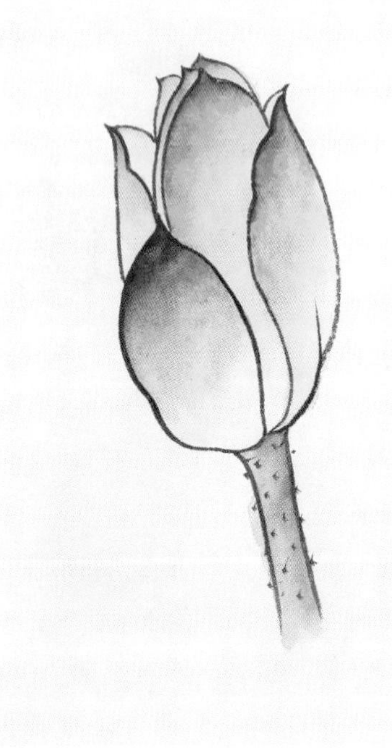

統染

統染與分染的區別

統染與分染的區別是：統染是大面積的染，色要淡，快到邊緣時用水筆拖開，以大關係為主；分染是小面積的染，以結構為主。兩者都是使用同一種技法。

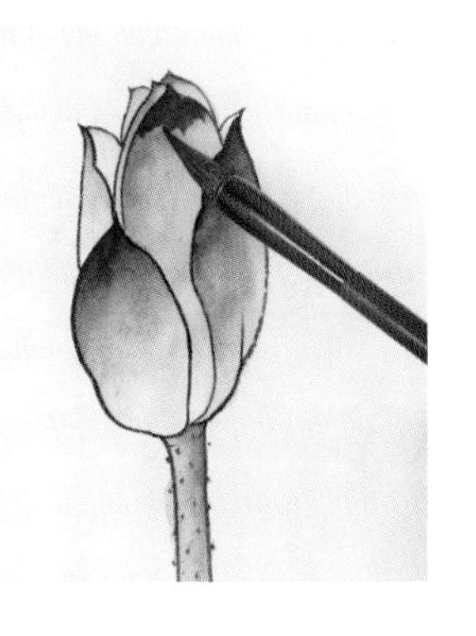
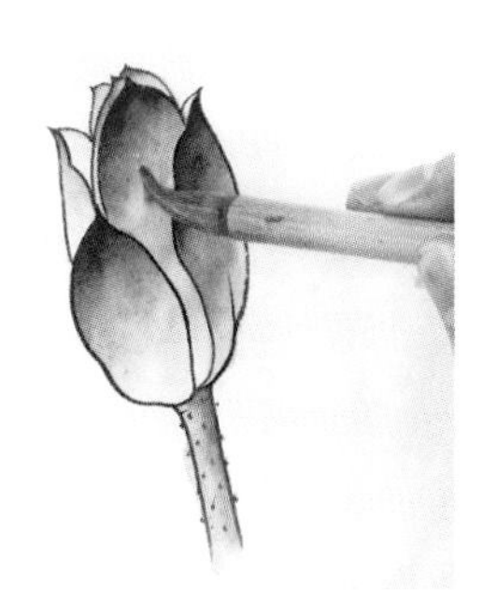
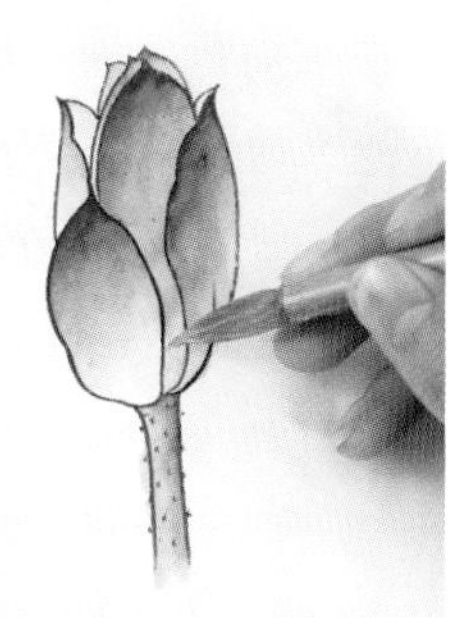
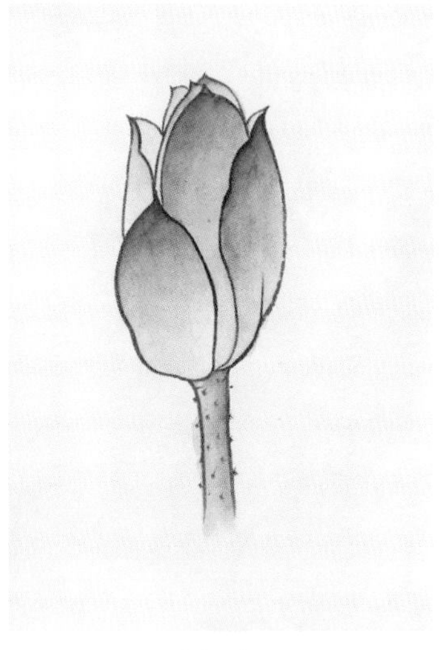

接染

5 用兩支或兩支以上的筆蘸不同的顏色，畫出物體不同的深淺，接著用水筆或者另外的色筆趁濕潤的時候將顏色接染融合在一起。常見於沒骨畫法或背景比較虛一些的物體處理。這裡以曙紅色接染而成。此法如運用適宜，畫面會濕潤自然，氣韻生動。

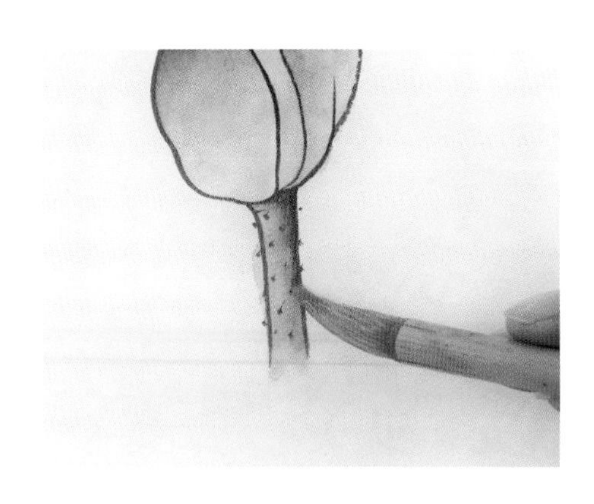
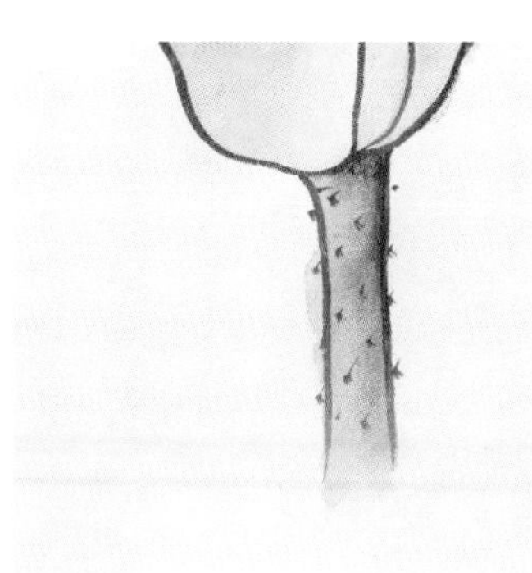

醒染

6 在設色後色彩略顯發悶的畫面上用淡淡的深色重新分染，以引出底色部分，重新使畫面醒目。

如本圖所示，莖的暗處略微發悶，此時可用中墨提染最暗處，引出底層的墨青色。此步驟就是醒染。

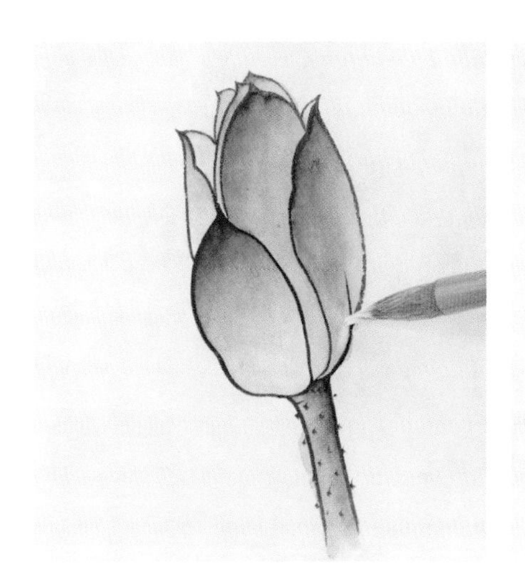
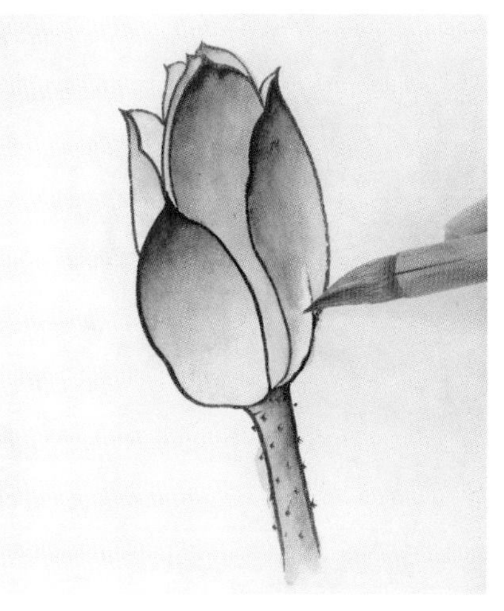
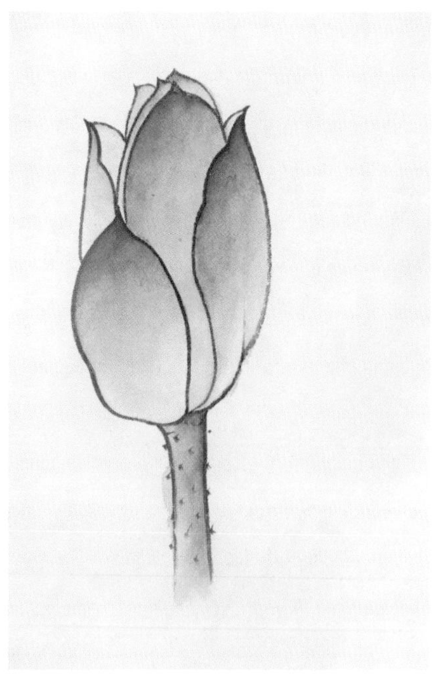

提染

7 在花瓣突出的地方用白色提染（如果是大紅花朵，可以在明部提染朱紅；如果是粉紅、黃色、紫色等花朵，都可以在亮部提染白色）。提染的方法是，把筆洗淨，筆尖上蘸較濃的白粉，側鋒用筆，從瓣邊的局部提一些由深到淺、由淺到無的白粉，這樣就加強了花朵的立體感。

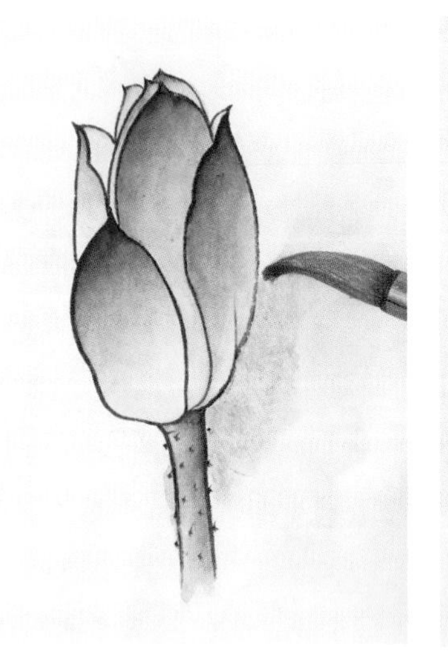

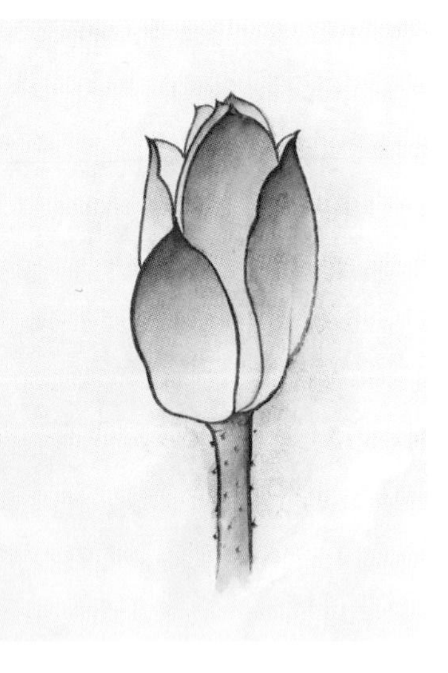

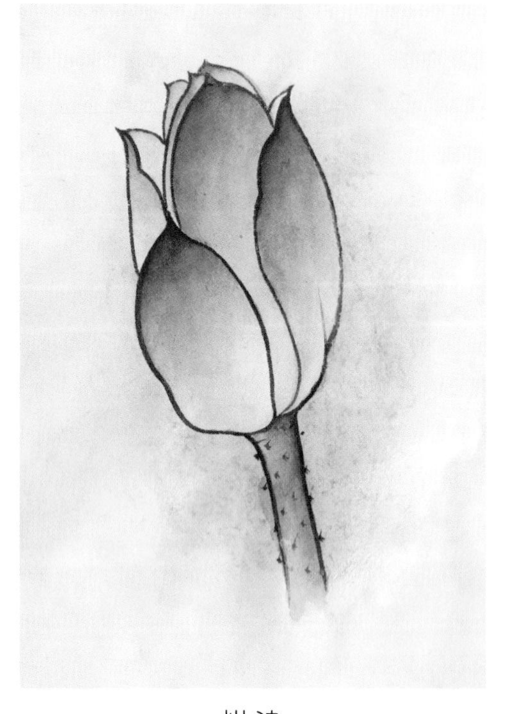

8 在所要畫的花朵與花葉上，先用赭石沿著花苞邊緣染出，再染花青。但有些花朵的色彩不能這樣染，如淺紅、黃、白等色。另外，烘染用的顏色，是根據不同的情況有所變化的，如：一般花的葉子，用花青打底子；在花朵方面，有的用墨色，有的用花青，有的用胭脂，根據情況，各有不同。

烘染

其他打底方法

在工筆花鳥畫中，也有全部先用淺淺的白粉打底的，這是平塗，不必分深淺。其作用是：(1)如在生宣上作工筆花鳥畫，塗一層薄粉，乾後任意著色，就容易控制了；(2)不管是熟宣還是絹，先塗一層薄粉，乾後在上面著色，色彩比較鮮豔，並能加強立體感；(3)用白粉塗底，可以塗平絹上因沒礬好而漏色處。

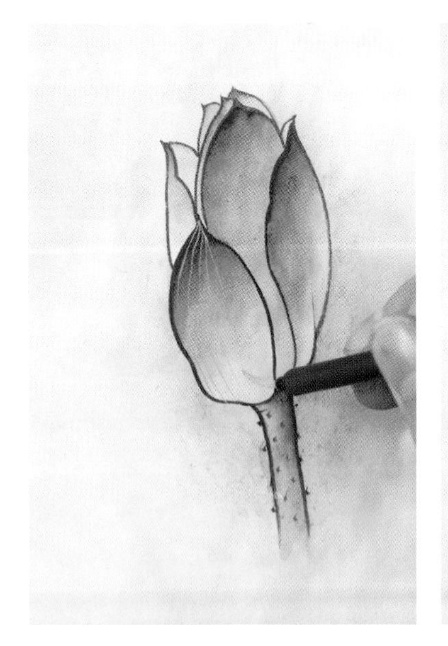

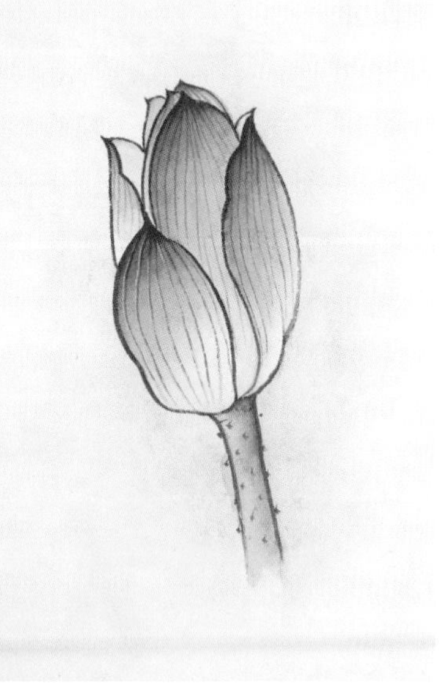

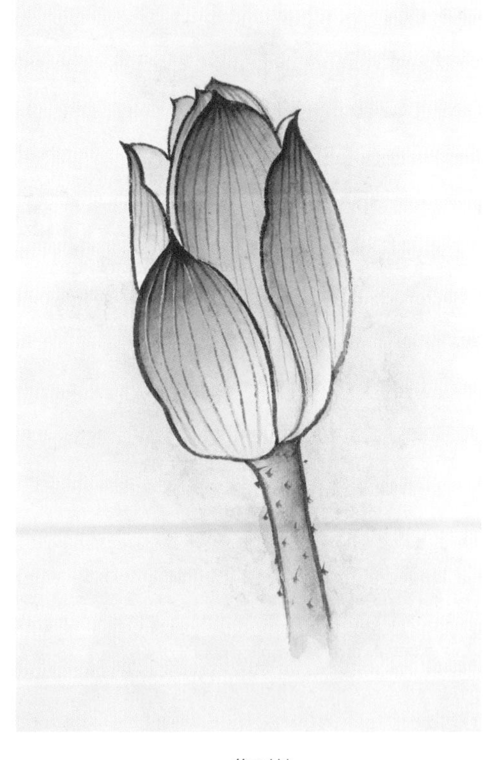

9 設色完成以後，用墨線或色線順著物體的邊緣重新勾勒一次。如本圖所示，勾出花瓣的紋路，透出淡淡的紅暈，線條部分也會顯得滋潤許多，這就是復勒的功效。花瓣中間短主筋的濃胭脂提勒，則達到提神的作用。

復勒

第三章

荷花結構解析

荷花的結構/荷花的生長規律/常見的荷花配景

3.1 荷花的結構

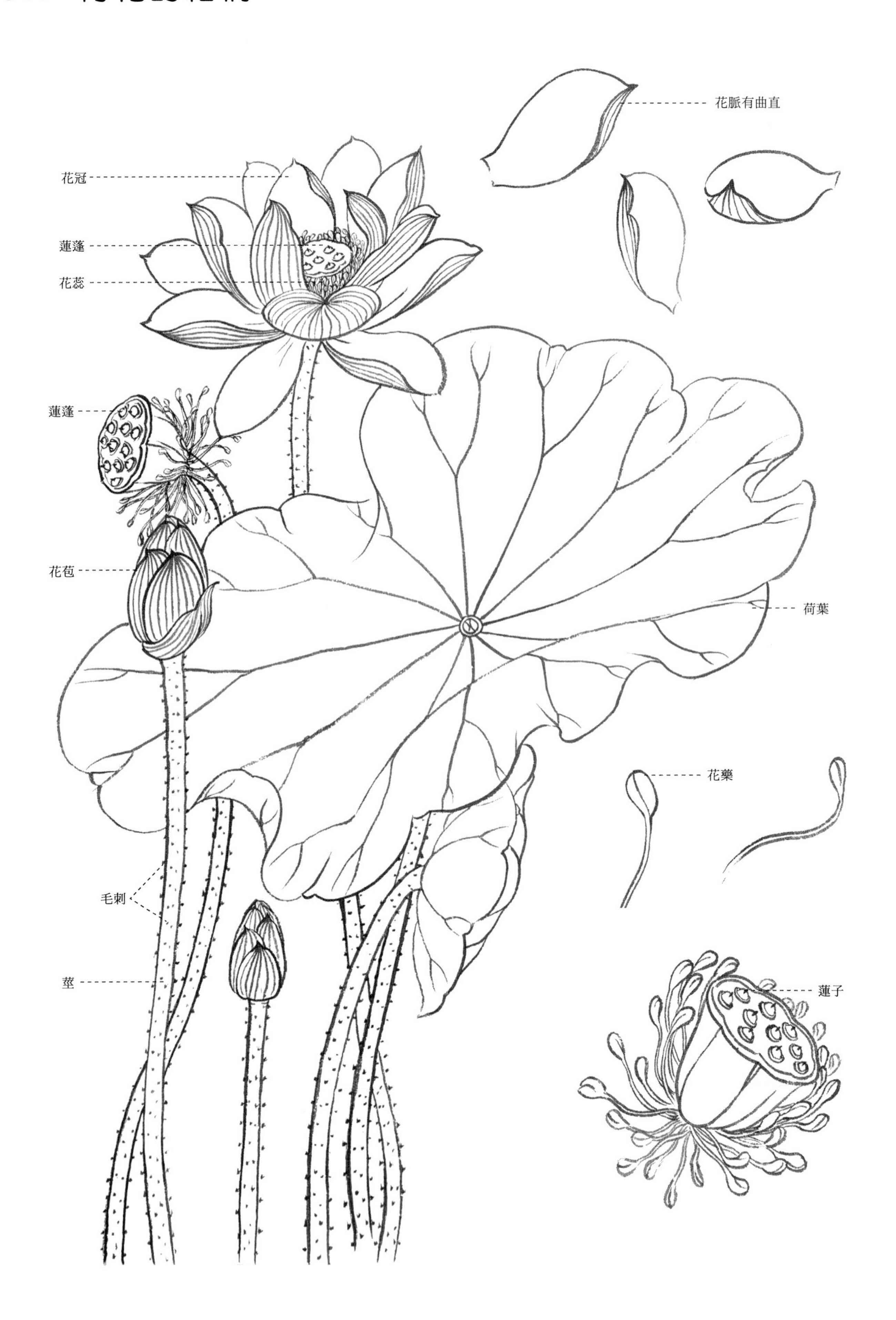

3.2 荷花的生長規律

3.2.1 花頭的生長規律

初開的花頭花瓣排列整齊；盛開的花頭花瓣富有變化；將謝花頭的花瓣隨意外伸，外形變化比較大。

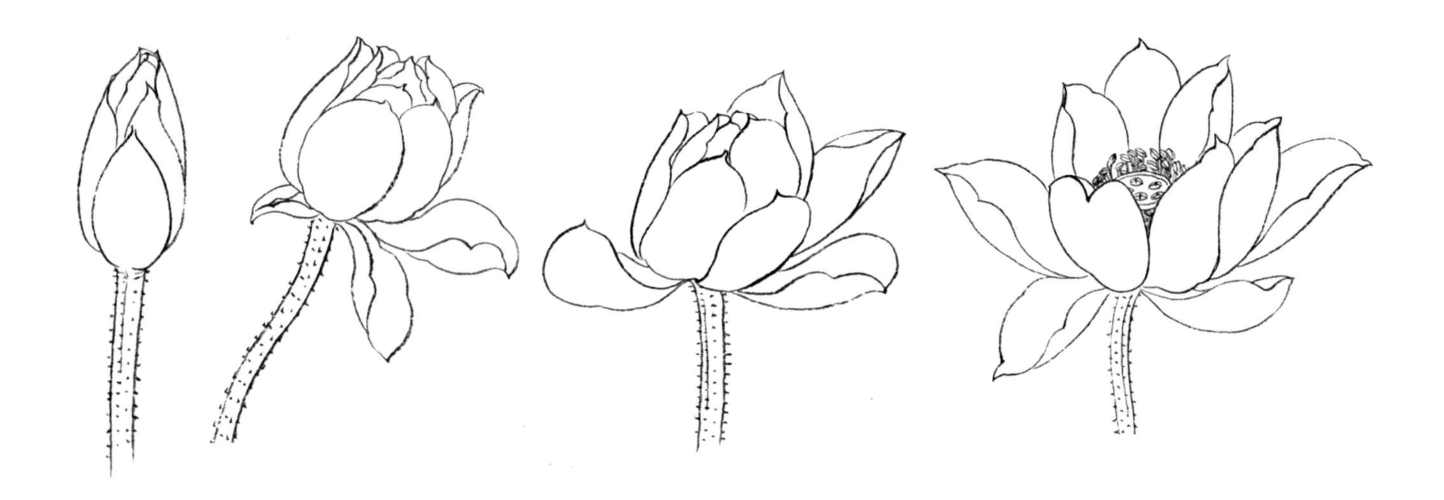

3.2.2 荷葉的生長規律

荷葉呈圓形或扇形，嫩葉時呈捲狀，葉片向中心捲抱；成熟時表面呈深綠色或黃綠色，較粗糙，有一層蠟質白粉；背面灰綠色較光滑呈波狀。枯葉的莖彎曲，葉片聚攏向下垂，色彩呈褐色或墨綠色，質脆易破碎。

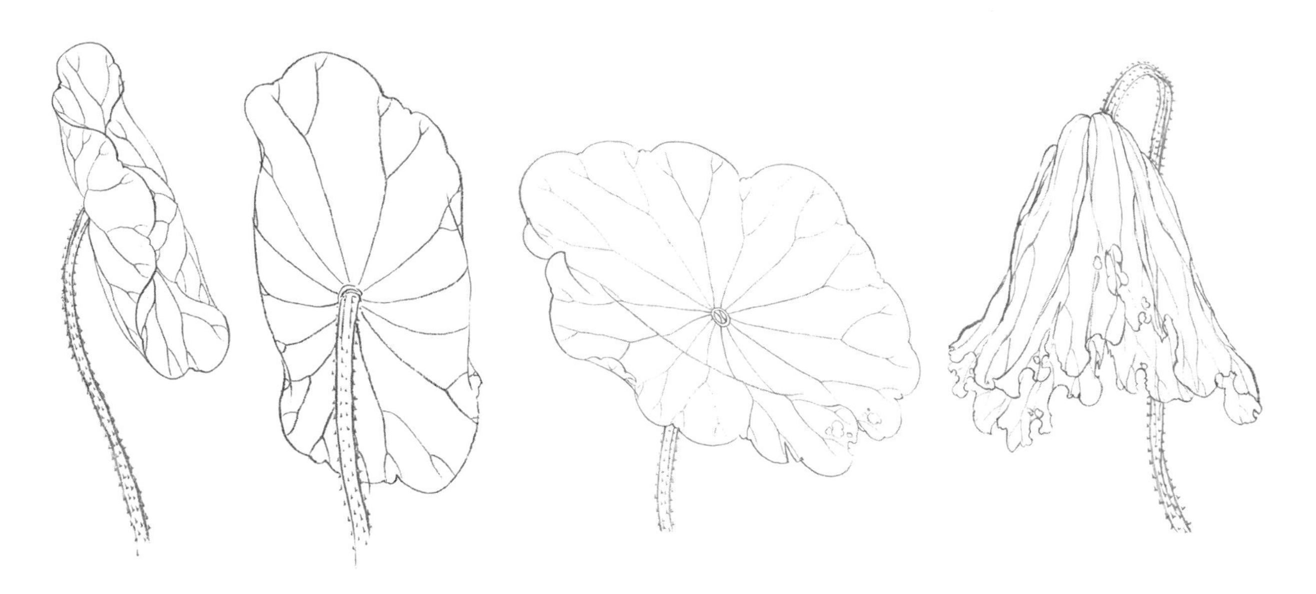

繪製葉脈的筆墨小知識

在勾荷葉的葉脈時，要在筆墨技巧和勾線用筆上仔細推敲，有所區分。否則，如過之則結構渙散、章法頓失。總之，用筆用墨是根據現實生長狀態下荷花的形狀來合理表現的。「出淤泥而不染，濯清漣而不妖」，荷花出塵離染、清潔無瑕的優雅氣質是傳統文人雅士的精神寫照。

3.3 常見的荷花配景

荷花屬挺水植物，與荷花相配的題材廣泛。以下簡單介紹幾種與荷花相配的水生物，大家先作瞭解，以便後期的練習和應用。

3.3.1 植物

水生植物分為浮葉植物、挺水植物、沉水植物和自由漂浮植物。

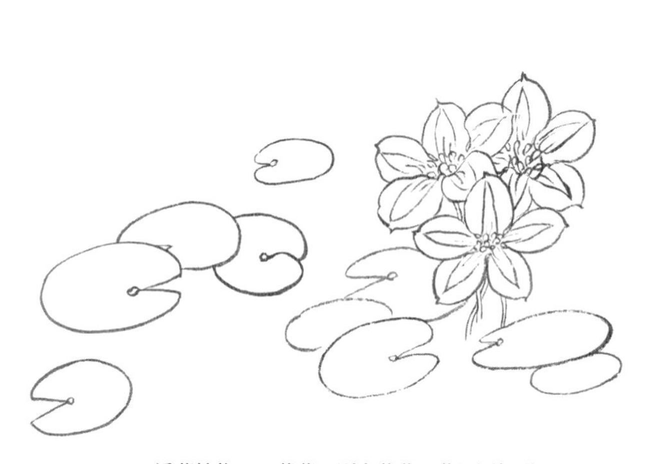

浮葉植物——荇菜，別名莧菜。莖呈圓柱形，分枝較多，生褐色斑點。

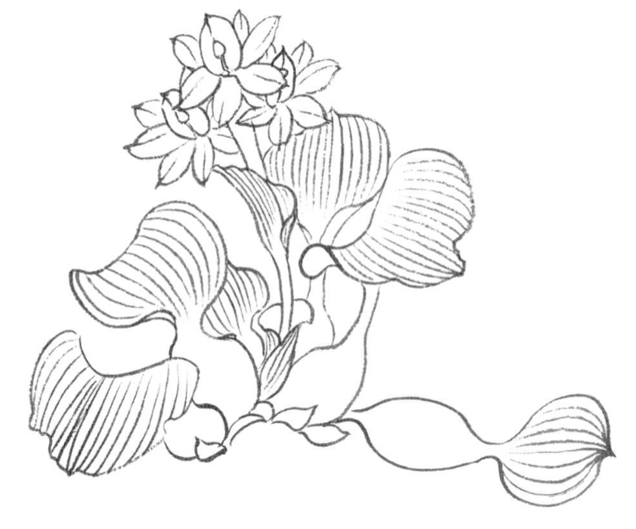

自由漂浮植物——鳳眼蓮，俗稱水葫蘆。莖葉懸垂於水上，枝葉匍匐於水面。花為多棱喇叭狀；葉色翠綠偏深，光滑有質感。

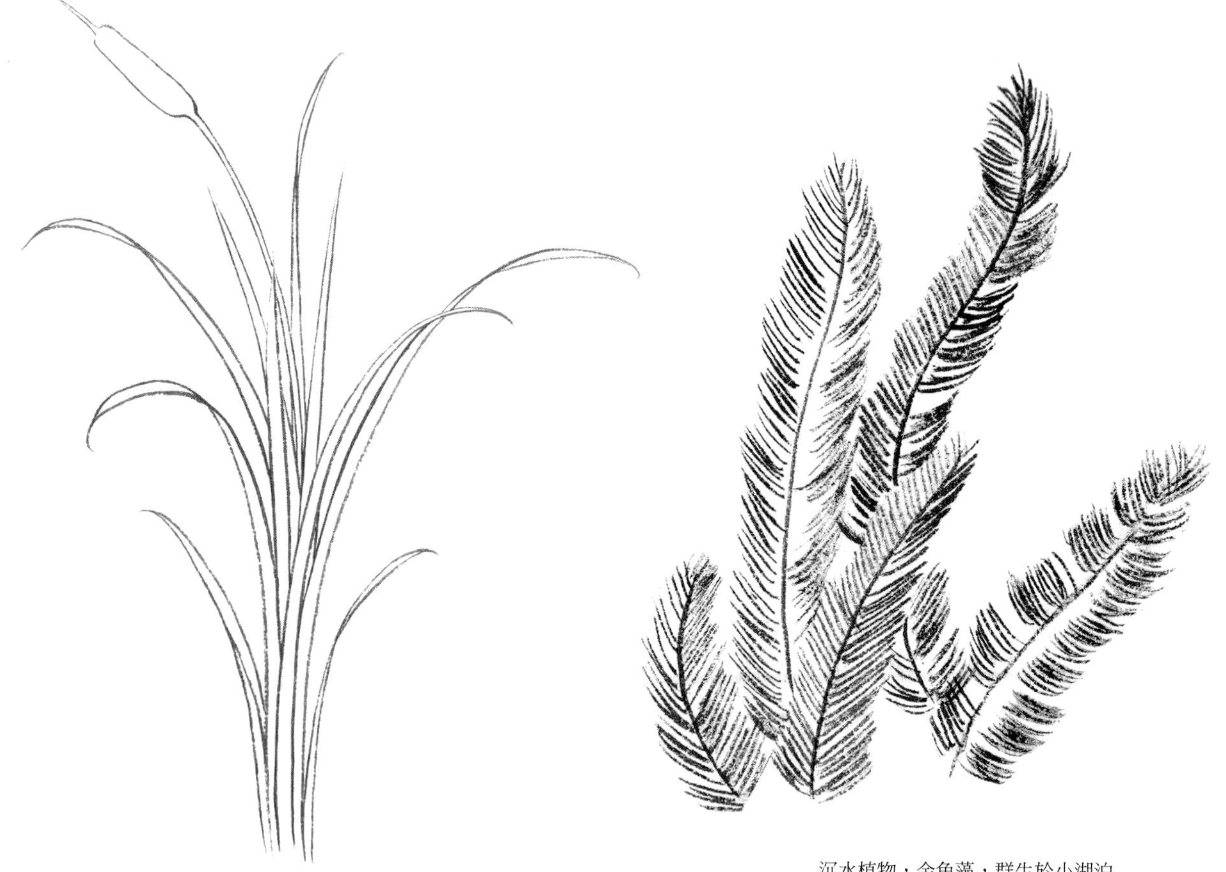

挺水植物——香蒲，又稱蒲黃和蒲草。

沉水植物，金魚藻，群生於小湖泊靜水處。

3.3.2 昆蟲

婷婷荷葉宛在水中，葉間昆蟲款款而飛，輕觸使得湖水蕩漾微波；或振翅低飛，情趣兼具。兩者相搭配，更使得畫面生動活潑。

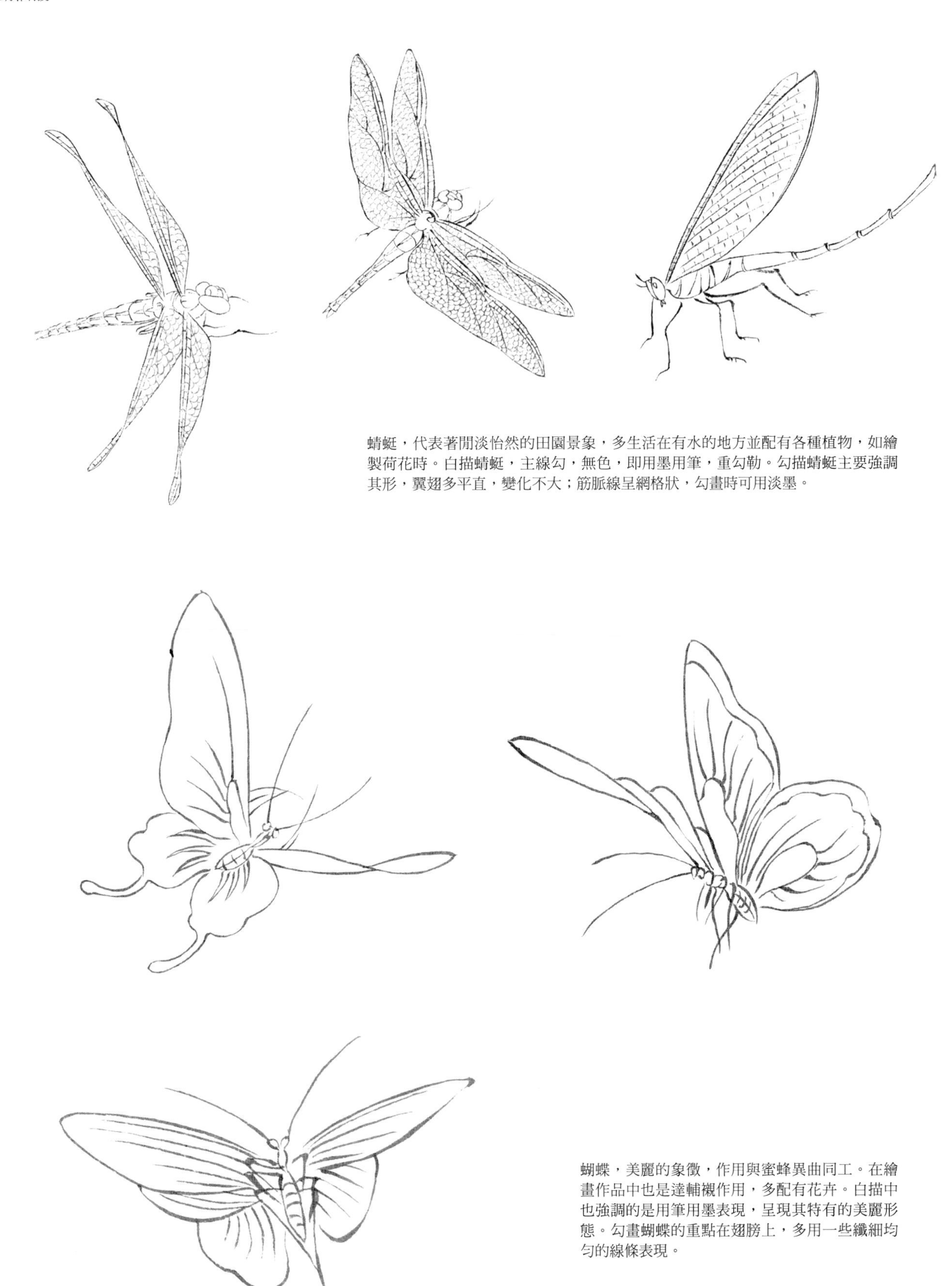

蜻蜓，代表著閒淡怡然的田園景象，多生活在有水的地方並配有各種植物，如繪製荷花時。白描蜻蜓，主線勾，無色，即用墨用筆，重勾勒。勾描蜻蜓主要強調其形，翼翅多平直，變化不大；筋脈線呈網格狀，勾畫時可用淡墨。

蝴蝶，美麗的象徵，作用與蜜蜂異曲同工。在繪畫作品中也是達輔襯作用，多配有花卉。白描中也強調的是用筆用墨表現，呈現其特有的美麗形態。勾畫蝴蝶的重點在翅膀上，多用一些纖細均勻的線條表現。

3.3.3 魚

蓮花與魚借「蓮」與「連」諧音、「魚」與「餘」諧音，兩者相搭配，表示對生活年年富裕的願望和祝福，寓意連年有餘。

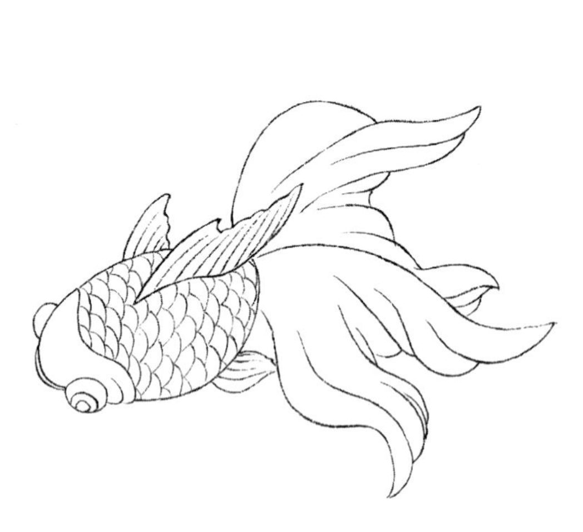

金魚，被人們賦予了美好吉祥寓意，如連年有餘、吉慶有餘，紅金魚有紅運當頭之意等。各個品種的寓意也各不相同，總之都寄予了人們美好的願望。

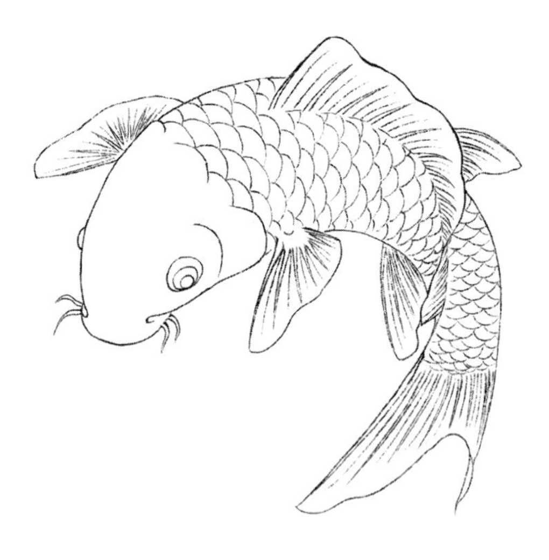

鯉魚躍龍門，過而為龍，常被人們比喻為高考中舉，也寓有抓住機會一躍而就的象徵意義。鯉魚之所以被人們喜愛，不僅是因為其具有較高的觀賞價值和食用價值，還因其是人們繪畫的對象，借其音意「連年有餘」「富貴有餘」等祈願生活美滿和富餘。

3.3.4 鳥

荷花與鳥類相配，呈現出清新疏雅、趣味盎然的格調。 最常見的便是鴛鴦，寓意愛情與家庭美滿。

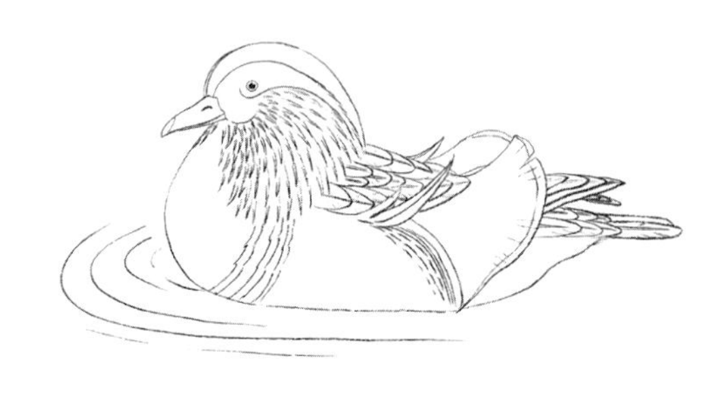

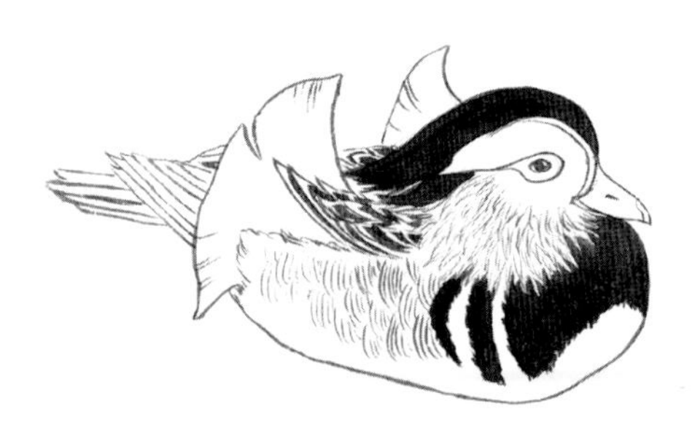

鴛鴦無冠羽，眼周為白色，其後一條白紋與眼周的白圈相連，形成特有的白色眉紋。鴛鴦生性機警，極善隱蔽，飛行的本領也很強。為著名的觀賞鳥類。因經常雌雄兩隻棲息在一起，所以人們常用鴛鴦比喻愛情。

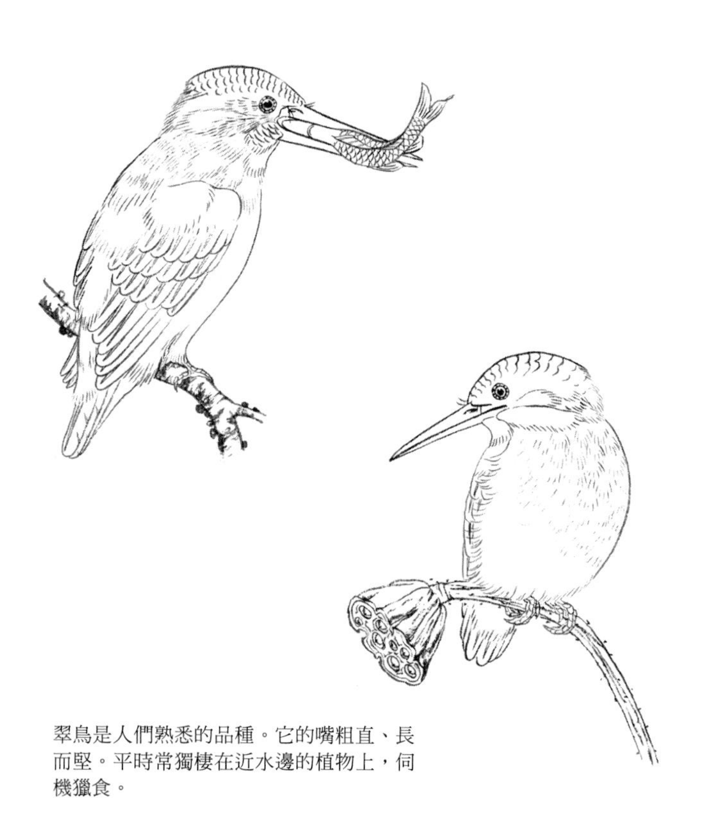

翠鳥是人們熟悉的品種。它的嘴粗直、長而堅。平時常獨棲在近水邊的植物上，伺機獵食。

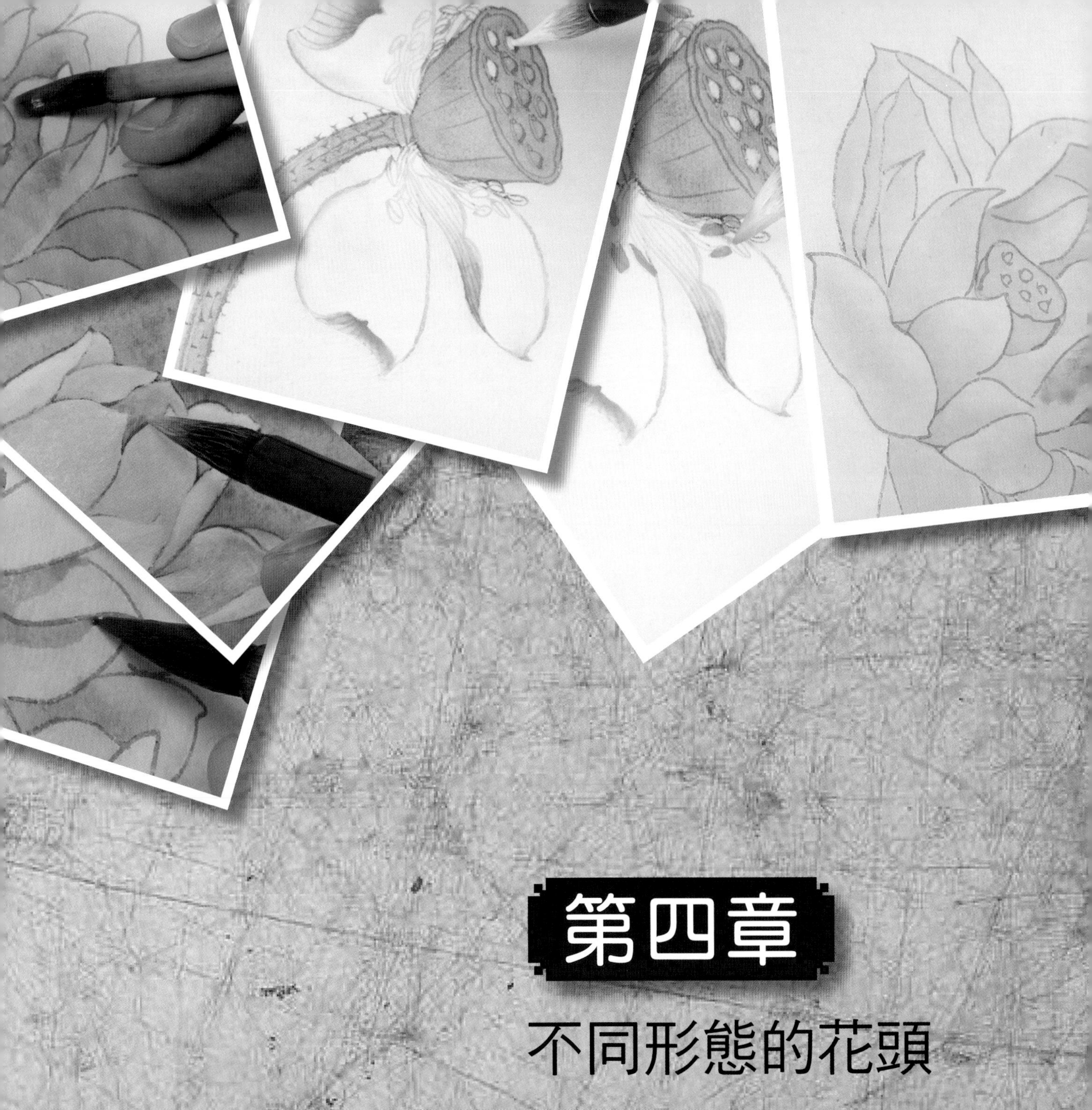

第四章

不同形態的花頭

初開花頭/盛開花頭/開殘花頭

4.1 初開花頭

初開花頭是花苞的繼續和發展，也是盛開花頭的前奏。初開花頭的花瓣已逐步展開且呈內緊外鬆之態；花蕊初露或將露，色豔欲滴，美麗動人。畫初開花頭要注意花心、花瓣的處理，其層次與遮擋比較多。在表現其神態時，既要有旺盛的生命力，又要畫出其嬌柔的一面。

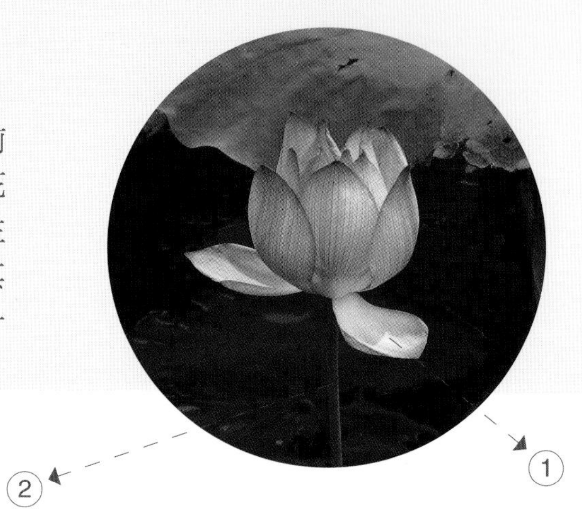

① 花瓣 ② 莖

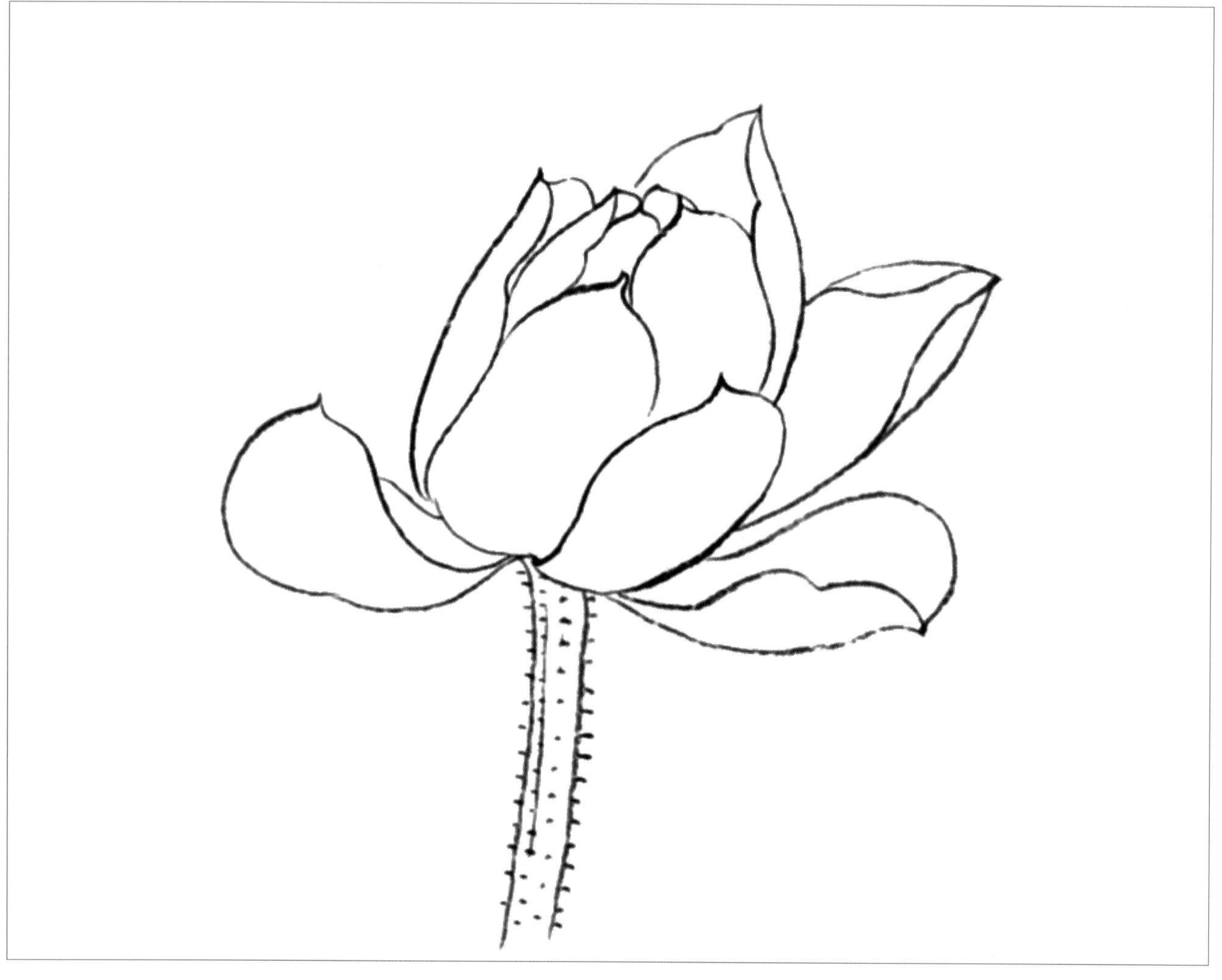

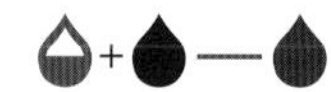

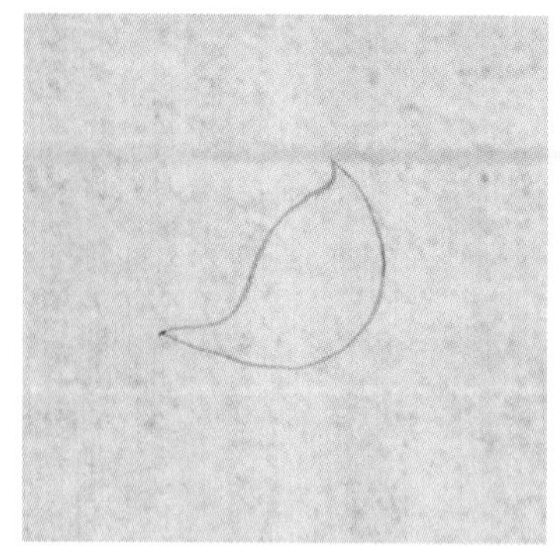

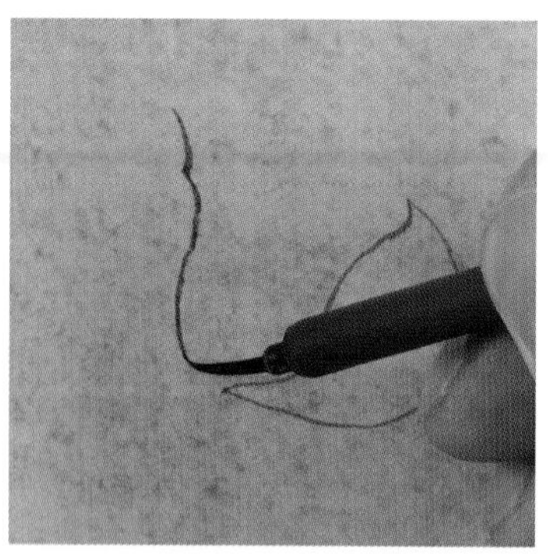

1 用勾勒筆調淡墨，中鋒用筆勾勒花瓣，從畫面最近處的花瓣開始勾勒。

為了方便之後花瓣著色，通常用淡墨勾勒花瓣的外部輪廓。

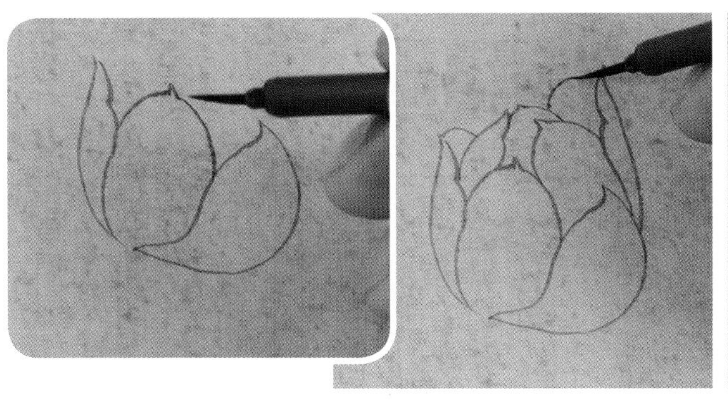
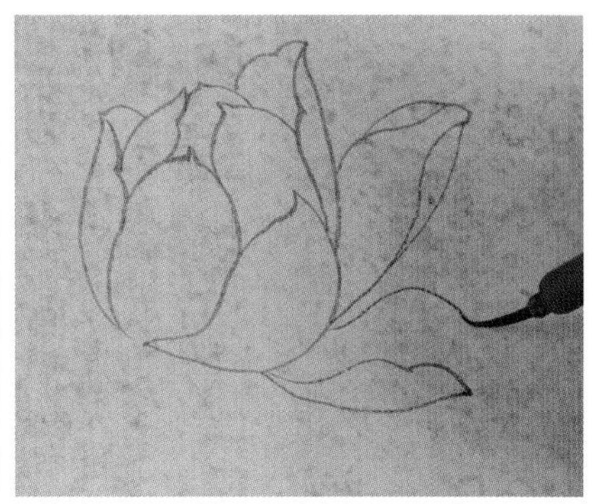

2

對花瓣的勾畫，要分出瓣與瓣的層次關係。

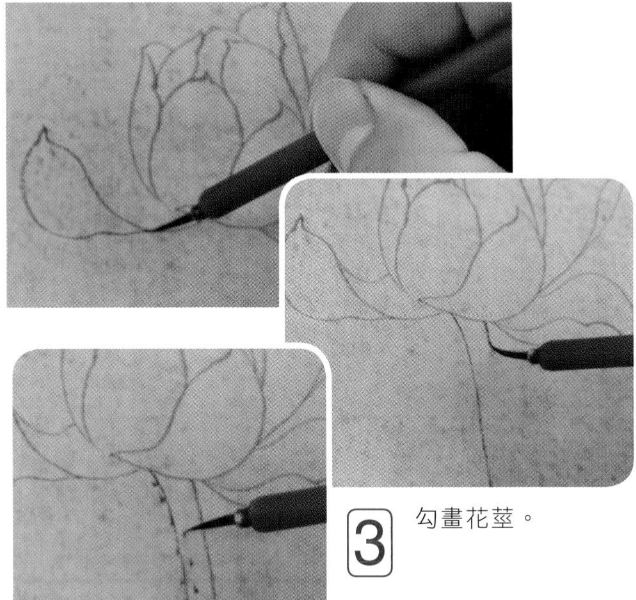

3

勾畫花莖。

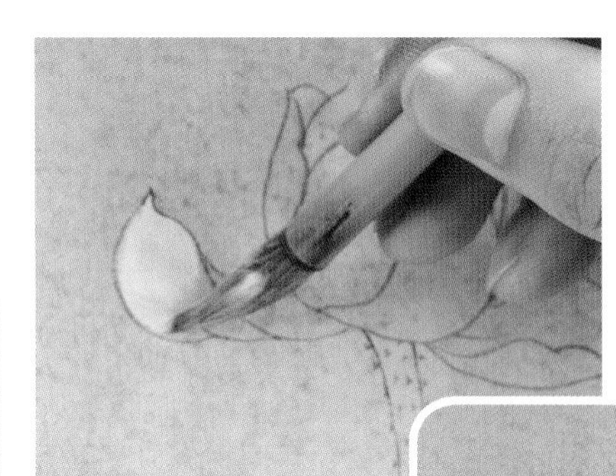

白粉的調和要細膩，上色時要先從花瓣的反瓣分染，注意著水筆和著色筆的配合使用。

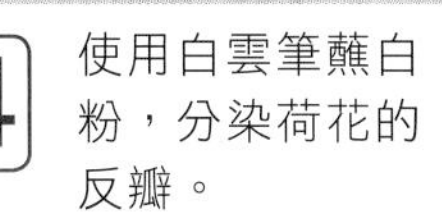

4

使用白雲筆蘸白粉，分染荷花的反瓣。

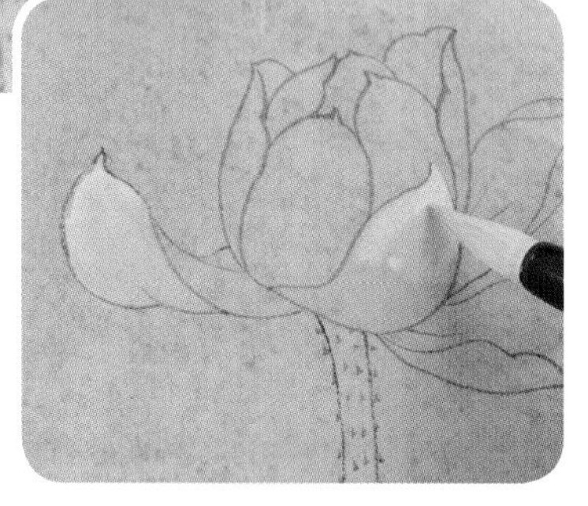

注意分染的時候要做到色不宜過重，水不宜過多，層層分染，做到均勻自然。

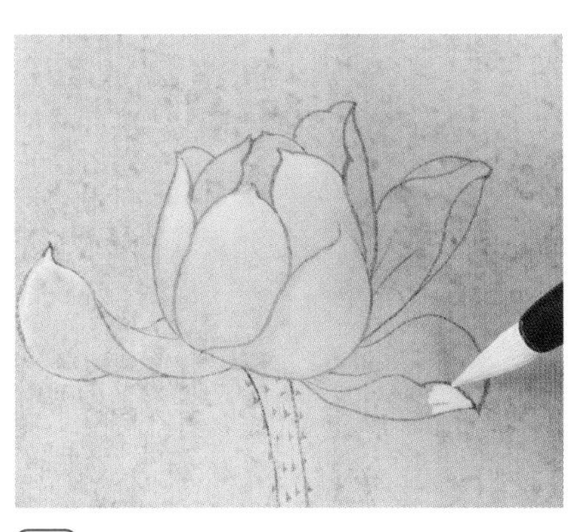
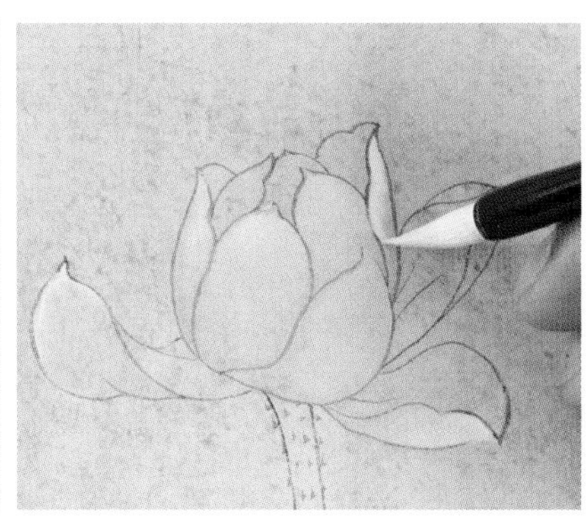
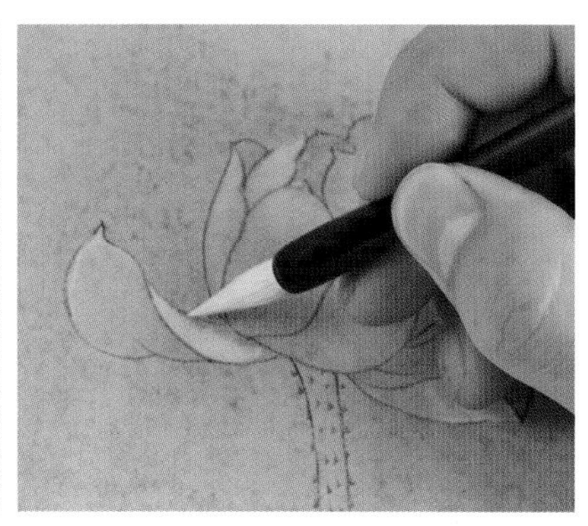

5

用更淡一些的白粉分染荷花花瓣的內瓣。

繪畫步驟：勾墨線

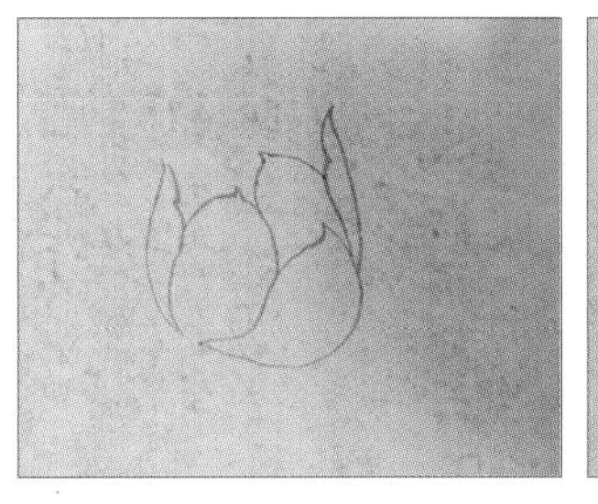
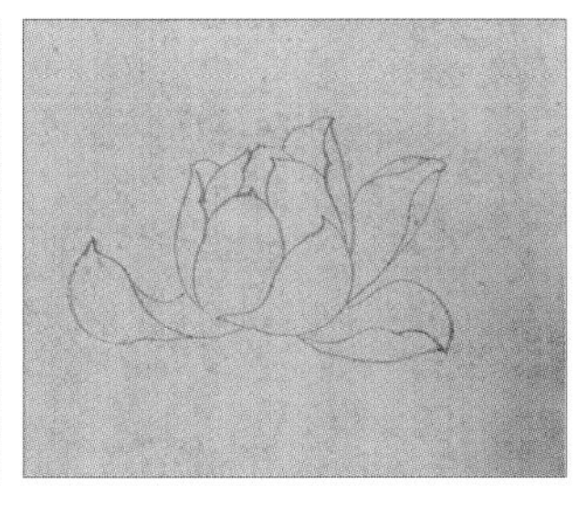
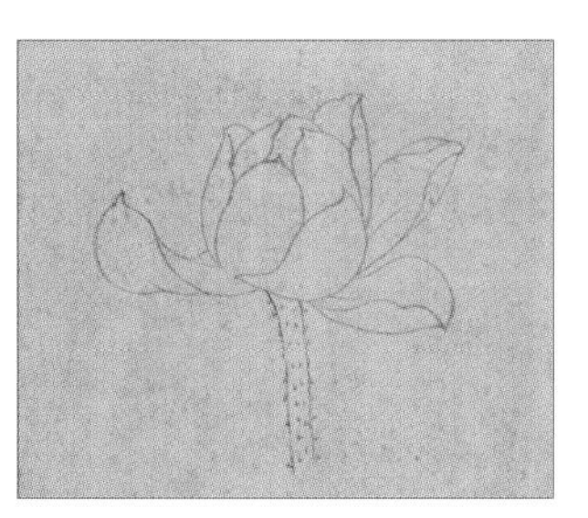

繪畫步驟：分染 1

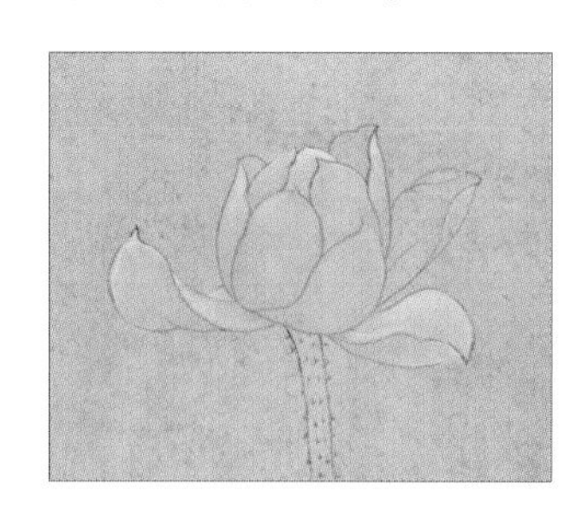

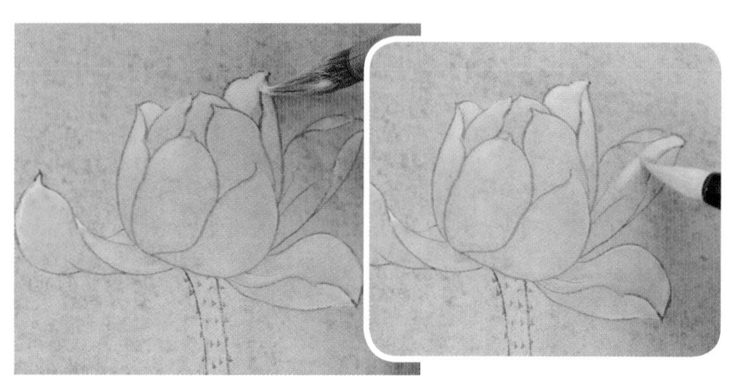

6 分染的時候注意分出前後、正反瓣的層次，頭一遍不宜太重，多分染幾遍效果更佳。

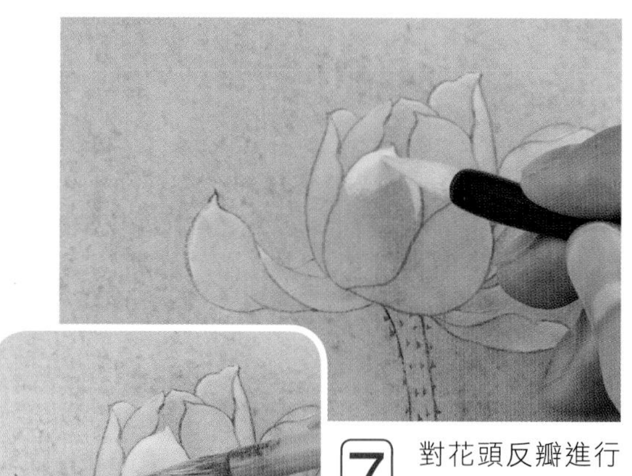

7 對花頭反瓣進行第二遍分染。

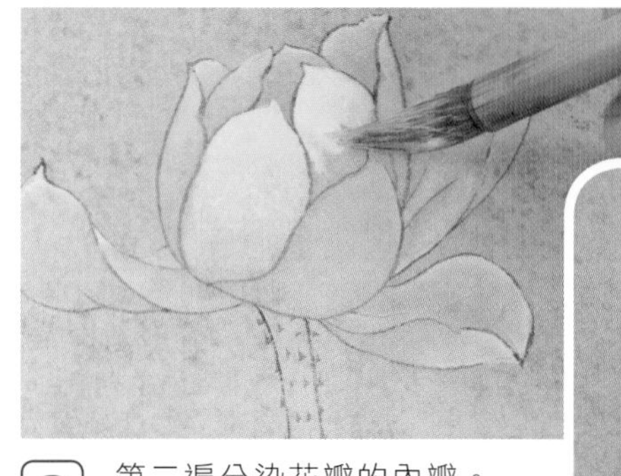

8 第二遍分染花瓣的內瓣。

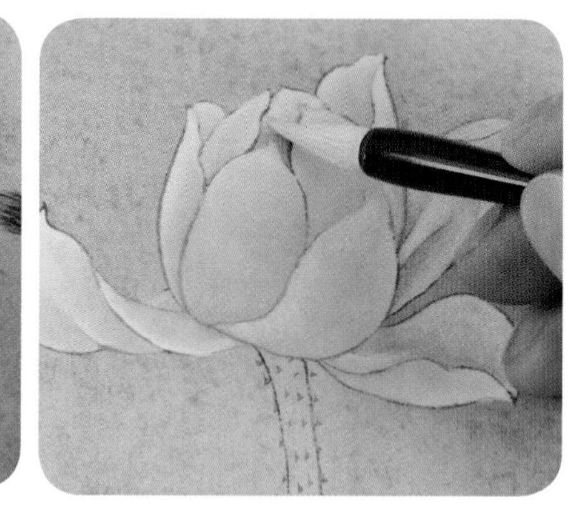

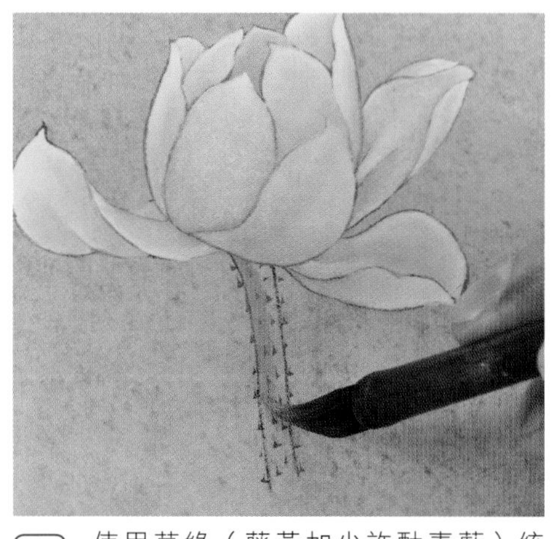

9 使用草綠（藤黃加少許酞青藍）統染花莖，從上而下，分染至花莖的根部。

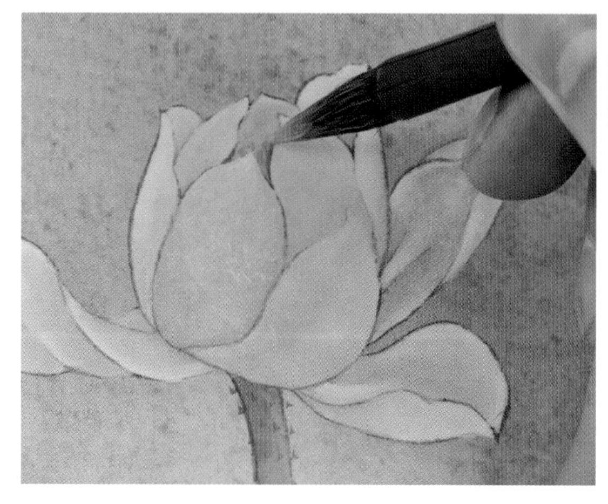

10 用藤黃勾點外露的花蕊。

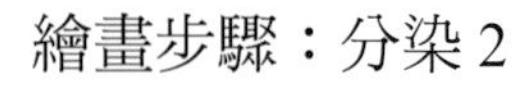

繪畫步驟：分染 2

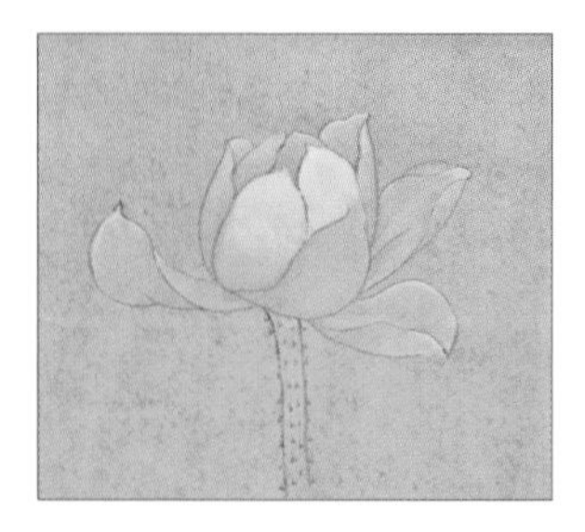

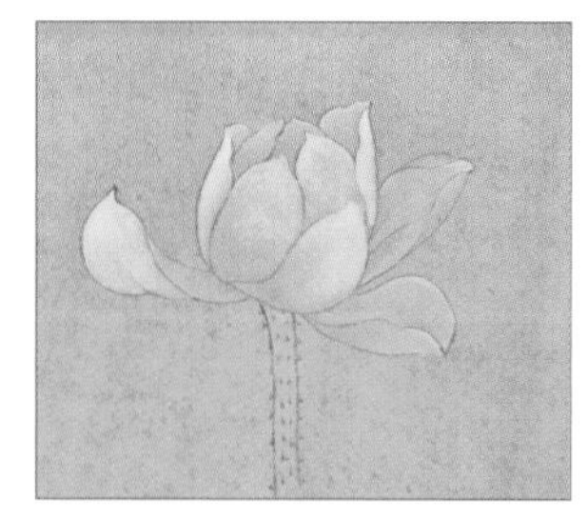

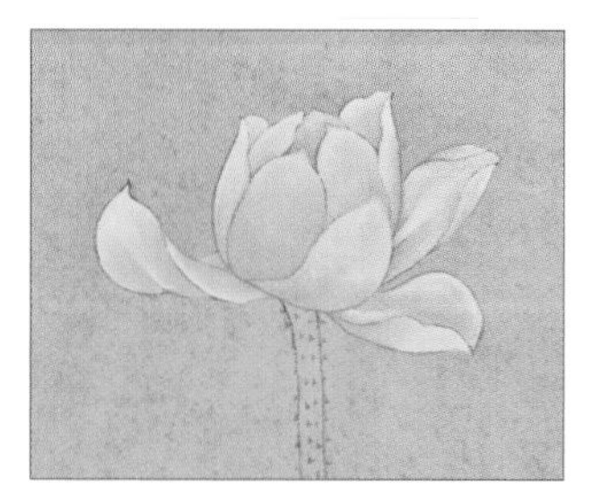

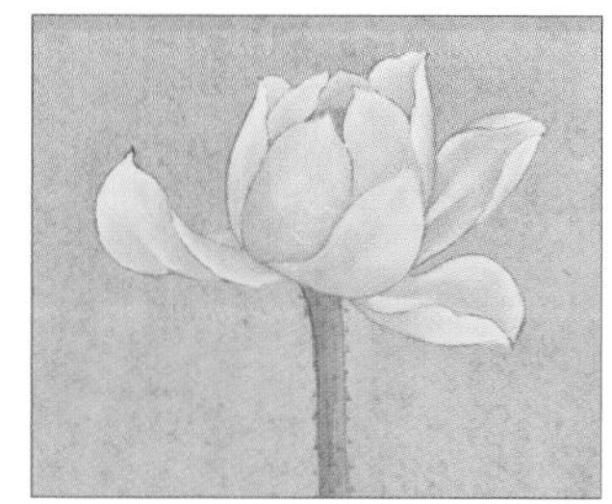

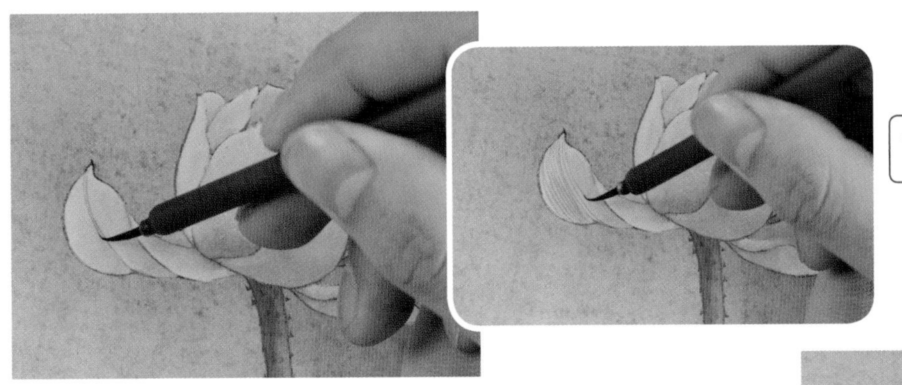

11 用勾勒筆調胭脂加水，勾勒前幾片花瓣的脈線。

12 接著勾畫其他花瓣的脈線。注意脈線要均勻自然。

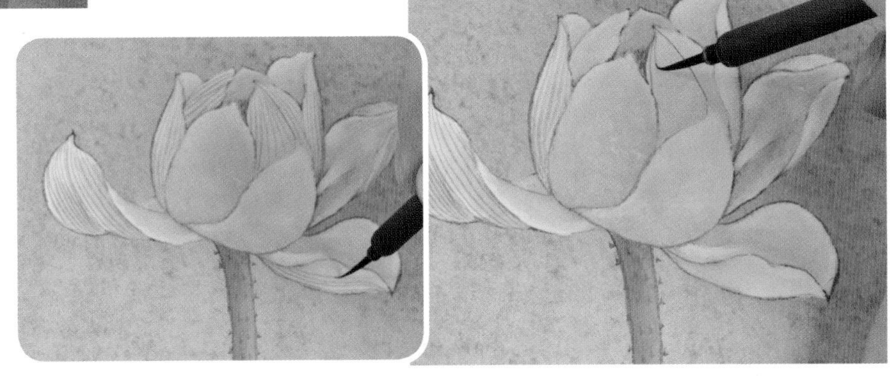

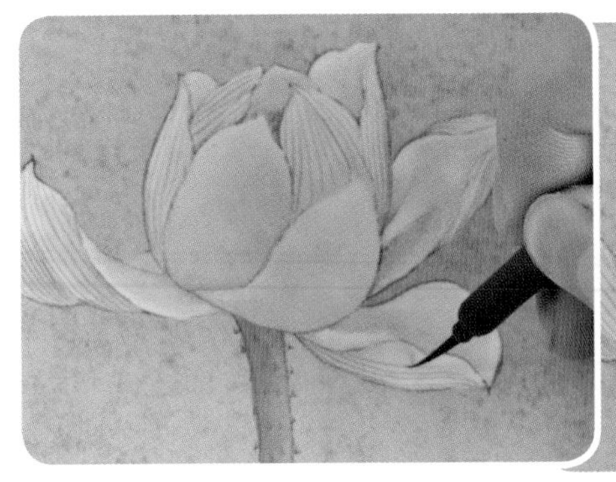

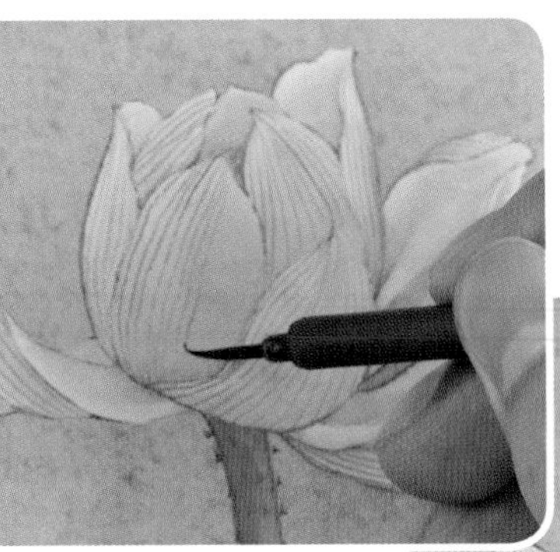

勾畫脈線時注意線與線的間距，不宜太寬和太窄，要均勻自然。

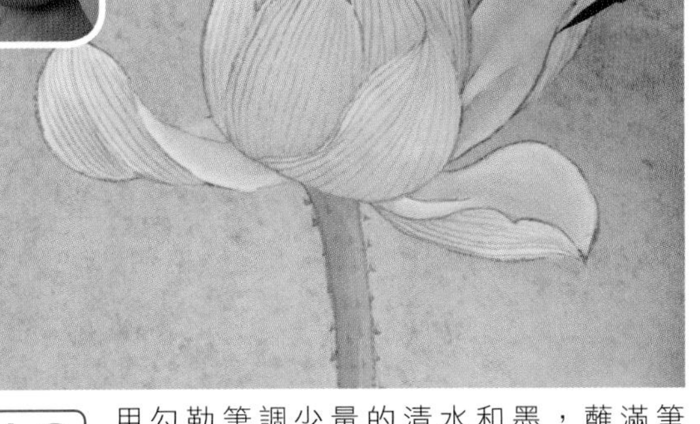

13 用勾勒筆調少量的清水和墨，蘸滿筆尖，中鋒運筆，復勒整個花頭的線條。

知識拓展

沖水、沖色法

沖水、沖色法是在墨線白描的基礎上進行的，其優點在於變化生動，偶有意想不到的效果。在表現如棉花、芙蓉花等花脈比較明顯的花卉時效果尤佳。棉花、芙蓉可在花瓣尖用紅色向瓣根下染，汁綠則從瓣根向瓣尖染，趁尚未乾時用白粉勾花脈，讓白粉與原有底色自然滲化，待花乾後再稍加修改。這時，花脈時隱(白粉融入底色之中)時現(白粉仍保持)，變化豐富自然。畫葉子也一樣，用綠、深綠畫好葉子，後用石綠、石青按畫面需要沖入原底色中，使其自然滲化，特別是畫小草及小菊花之類題材時用此方法效果更好。

繪畫步驟：勾畫花瓣的脈線

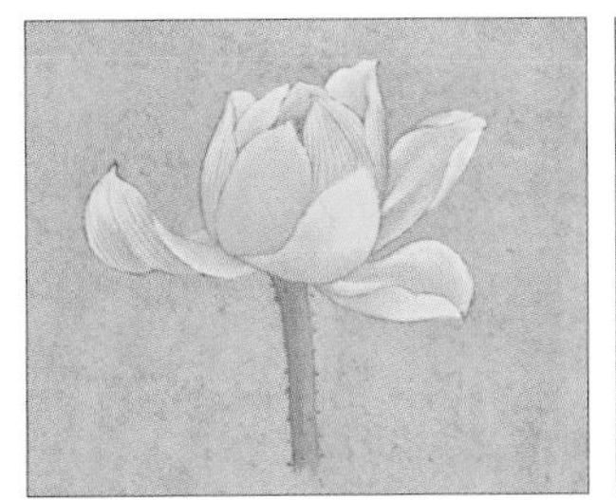

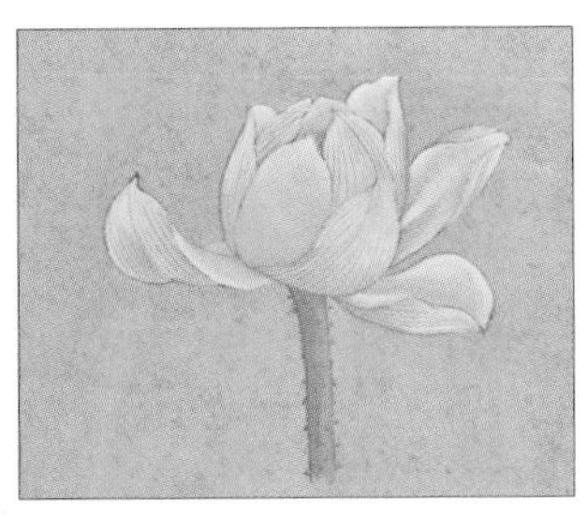

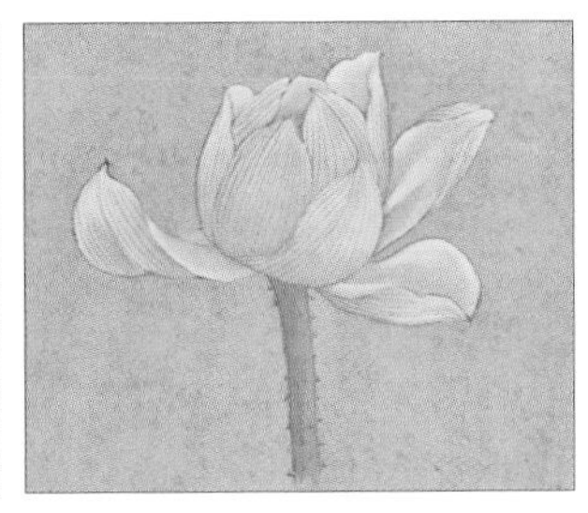

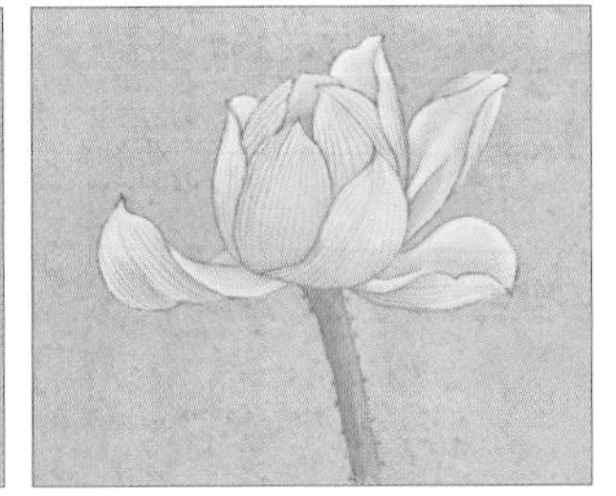

4.2 盛開花頭

荷花通常大致分為三種形態，即盛開花頭、初開花頭與花苞。盛開花頭的花瓣全部展開，花瓣的姿態俯仰變化較多，蓮蓬與花蕊全部露出。在繪製時要從整體與局部同時掌握，既要畫出花頭婀娜的風韻，又要做到細節上的精緻。

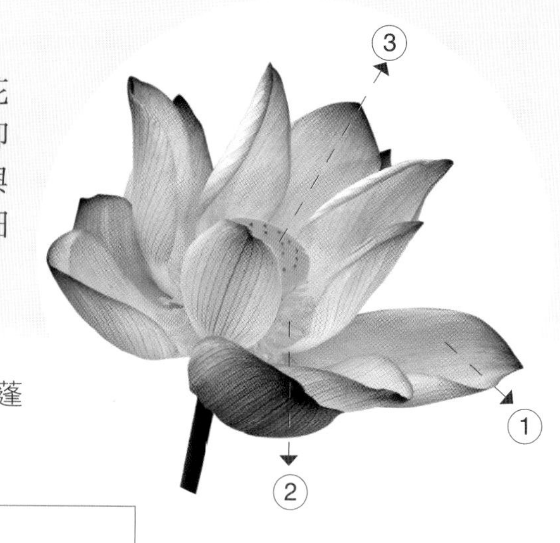

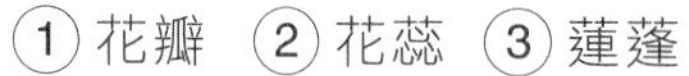

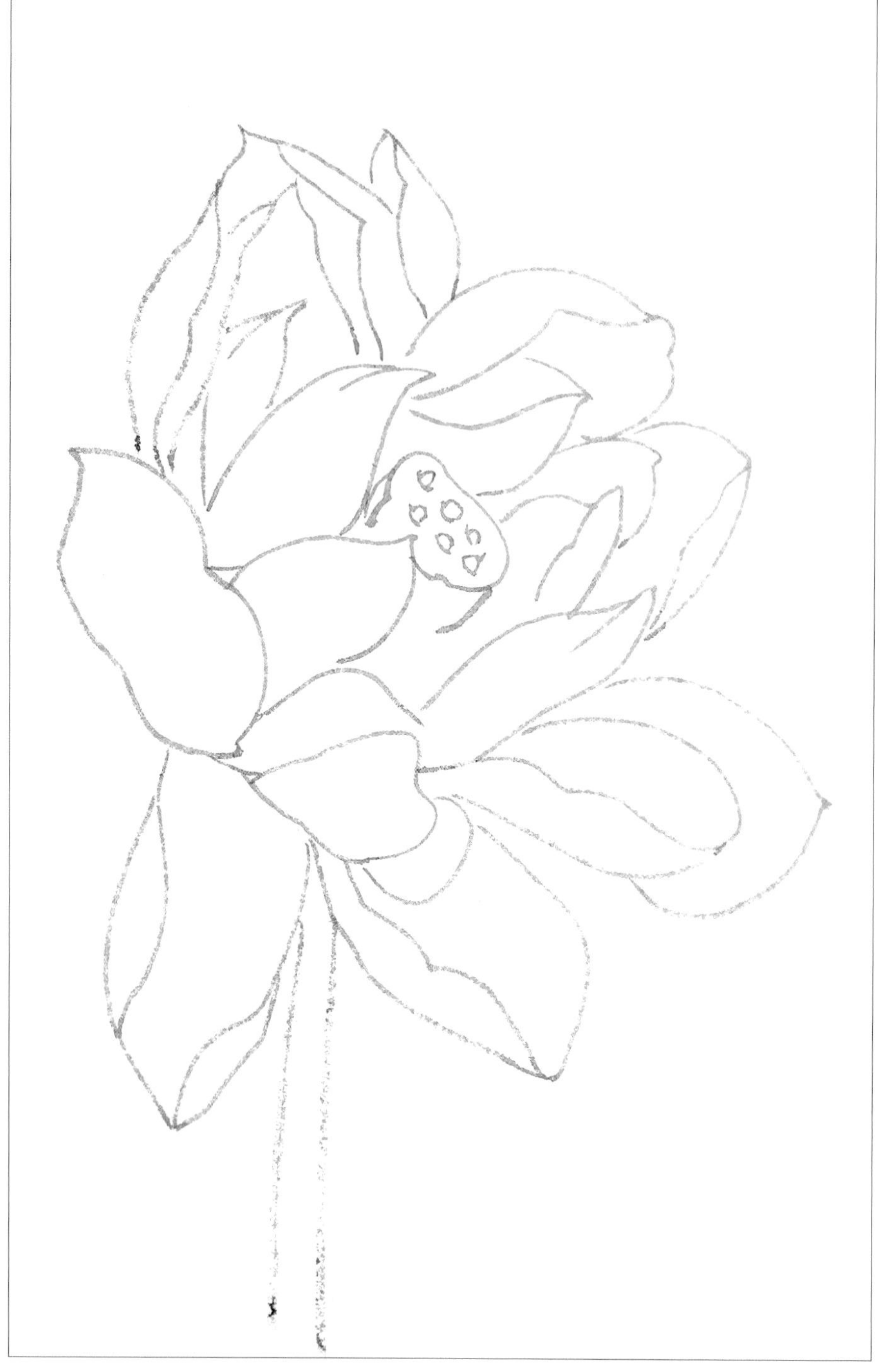

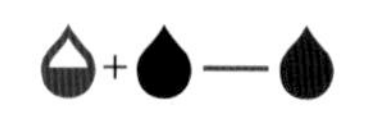

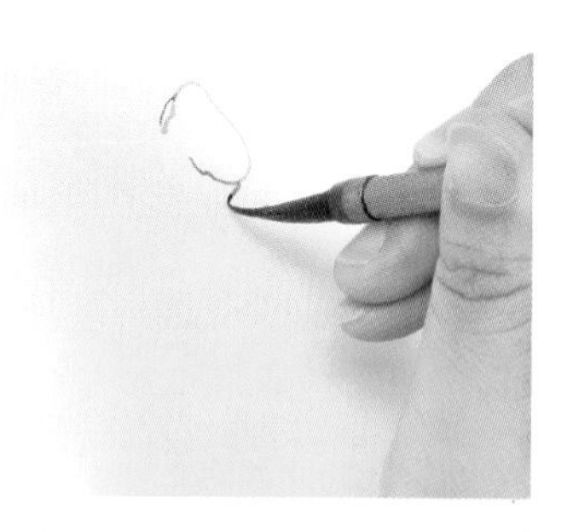

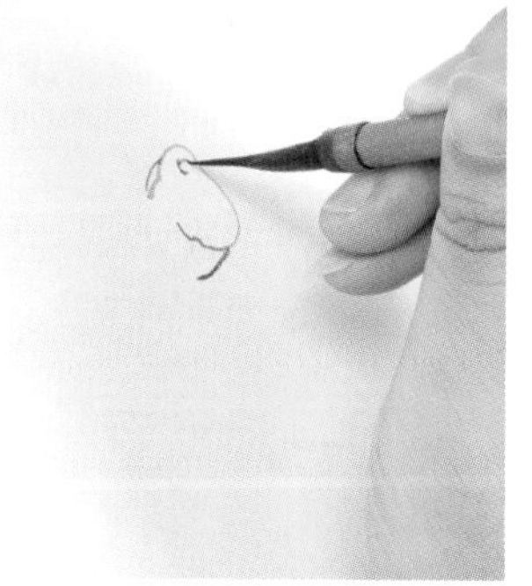

1 以小號勾勒筆，用少量清水調和墨汁，蘸滿筆尖，中鋒運筆，從花心處開始勾畫蓮蓬。

蓮蓬的形狀是根據整個花頭的形態而勾畫的。而蓮子的大小與分布是根據蓮蓬的形態而確定的。

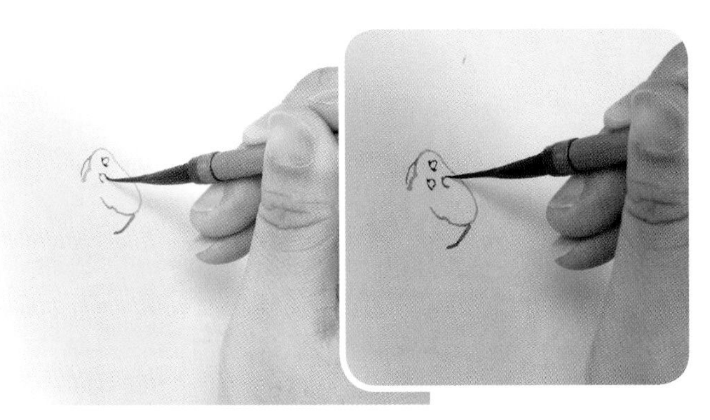

2 繼續中鋒用筆勾勒蓮心，勾勒時要注意分布疏密得當，大小要高低錯落有秩。

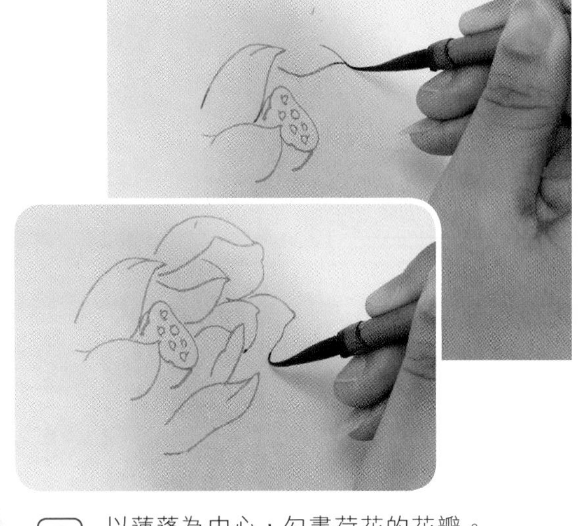

3 以蓮蓬為中心，勾畫荷花的花瓣。

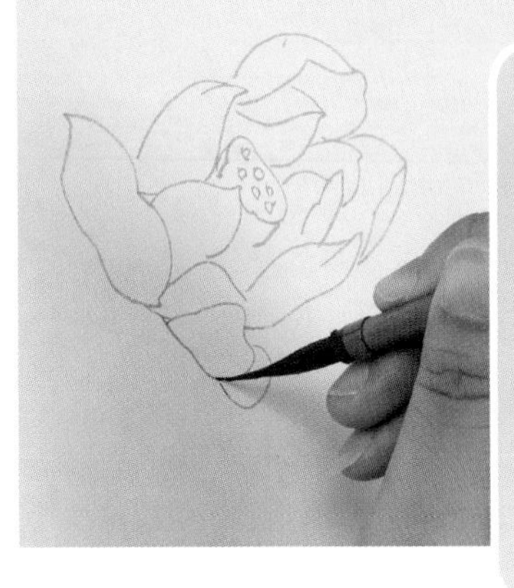

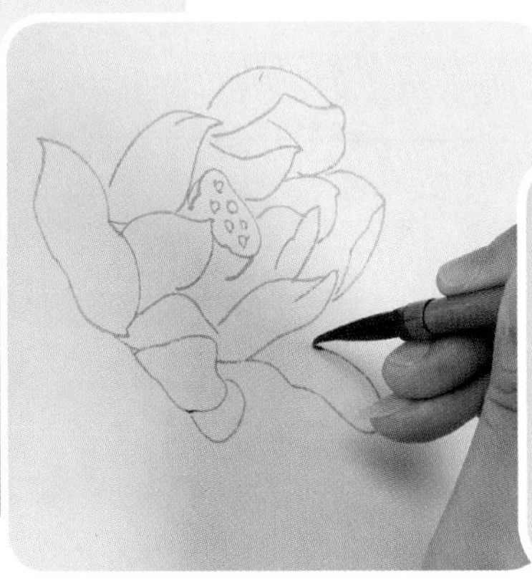

4 繼續中鋒用筆勾勒花瓣，勾勒的同時注意整個花頭的姿態和形狀。

荷花花瓣的邊緣變化比較單一，但線條起伏較大。勾畫時重點是掌握花瓣之間的疊壓關係。

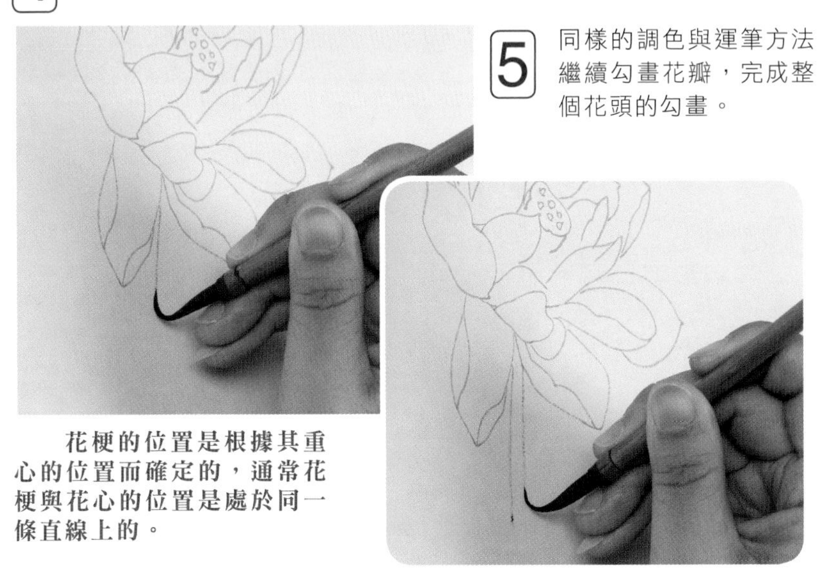

5 同樣的調色與運筆方法繼續勾畫花瓣，完成整個花頭的勾畫。

花梗的位置是根據其重心的位置而確定的，通常花梗與花心的位置是處於同一條直線上的。

知識拓展

開合

開合指畫面構圖的完整統一。門窗有開關，故事有始末，文章有開頭與結尾，畫畫同樣有起有結。有的畫使人感到沒畫完，這就是因為沒有合好。如畫一條龍，畫龍身為「開」，點睛則為「合」，畫龍不點睛，則是死龍。畫荷花也如此，只圈點花瓣而不點花心，猶如畫龍不點睛，顯得沒精神，也就是只開不合。無論小構圖、大構圖，都要處理好開合關係，畫面有幾個開合，都要認真處理好，使其完整統一。切忌有頭無尾，半途而廢。

繪畫步驟：勾墨線

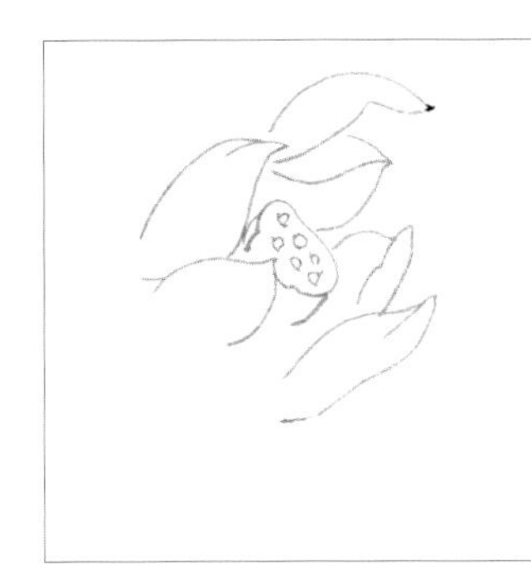

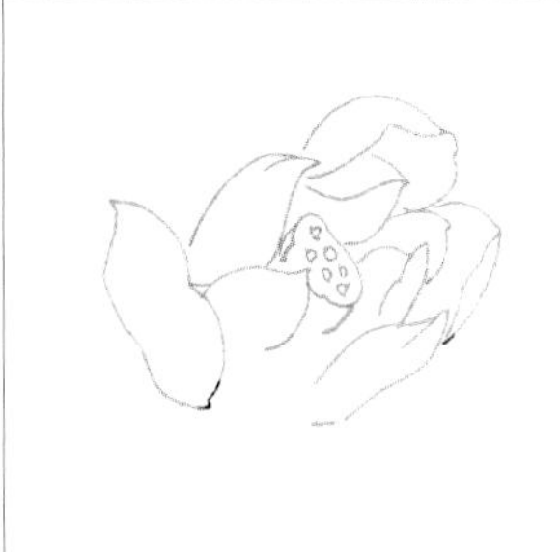

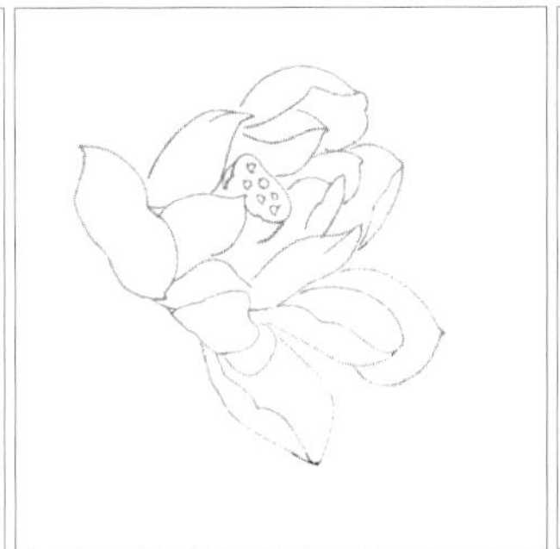

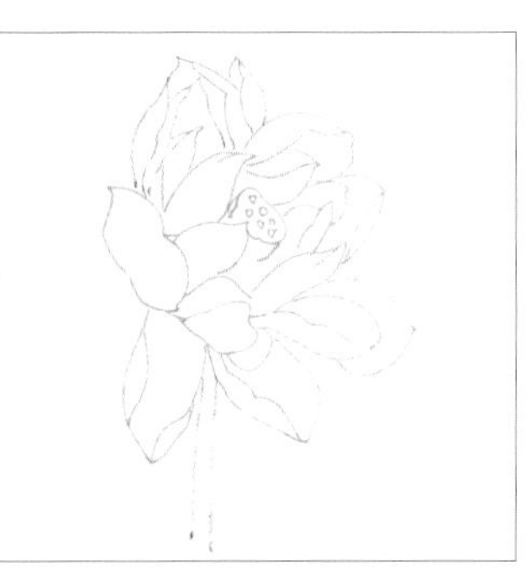

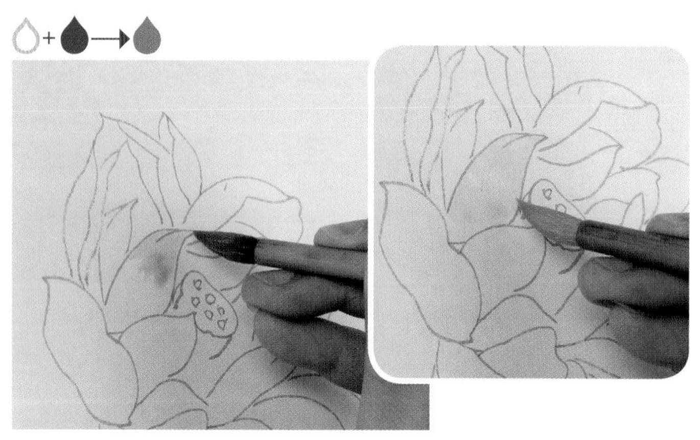

6 用羊毫白雲筆，以清水（多）調和少許硃磦，蘸滿筆肚，以水筆輔之，對花頭進行分染。

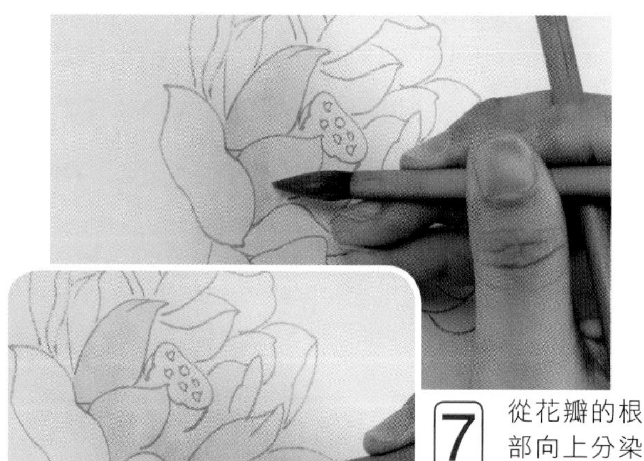

7 從花瓣的根部向上分染花瓣，及時用水筆暈開。

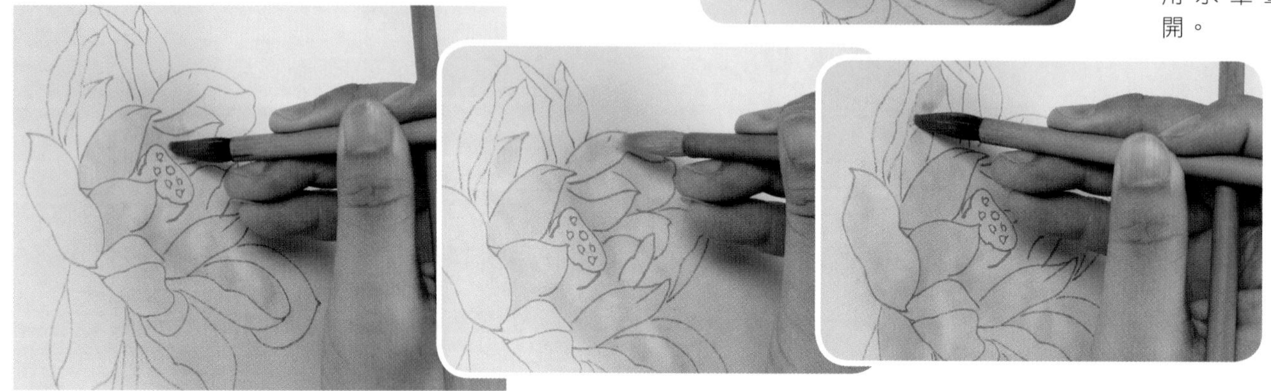

8 用另一支羊毫或白雲筆，以少量的清水分染花瓣。

水筆的運用在分染這一環節至關重要。筆肚含水要適量，一般潤兩筆就要洗筆，否則顏色會混攪。

9 花瓣的正反面顏色是不一樣的，反面顏色稍淡一些。

荷花花瓣為匙形，兩邊翹起，中間凹下。在分染時，顏色是由中間向兩邊逐漸變淡。

知識拓展

工筆重彩法：工筆重彩法主要以色彩為表現手段。它是在墨線勾好的基礎上，運用「三礬九染」的渲染方法，以多種顏料多層次積染而產生渾厚華麗的畫面效果。它的藝術特色是華麗典雅，有富麗堂皇的效果。

工筆淡彩法：工筆淡彩法的染色基本上選用植物顏料，如花青、藤黃、洋紅、胭脂等，不用石青、石綠、硃砂等礦物顏料。它的基本特徵是色調秀麗淡雅，清新明朗，比較強調線條本身的藝術魅力，給人以「清水出芙蓉，天然去雕飾」的藝術感受。

繪畫步驟：分染 1

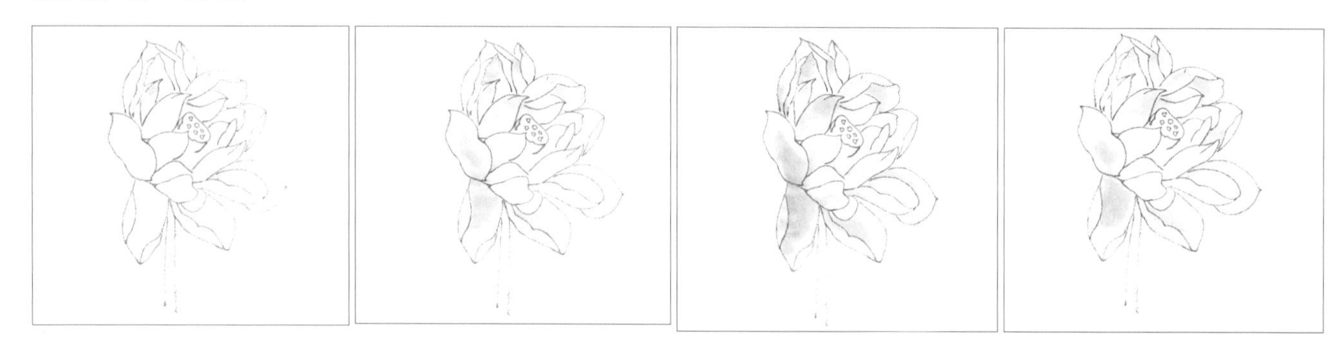

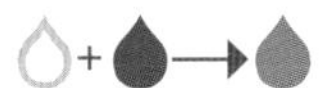

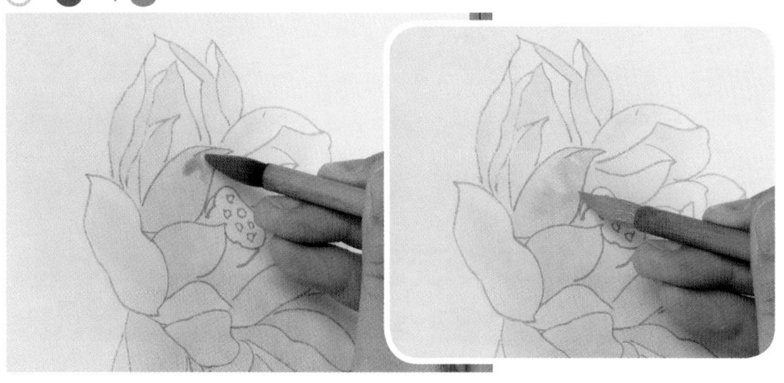

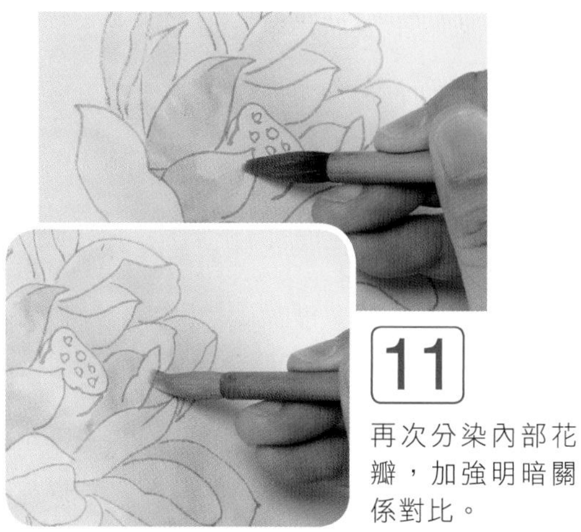

10 用白雲筆，以清水調和少許硃磦，蘸滿筆肚，用清水筆輔之，對花瓣進行第二遍分染。

11 再次分染內部花瓣，加強明暗關係對比。

12 用水筆及時暈染開顏色，使顏色層次柔和。

荷花花瓣在一般情況下，正面淺，反面深；凹處深一些，凸處淺一些。

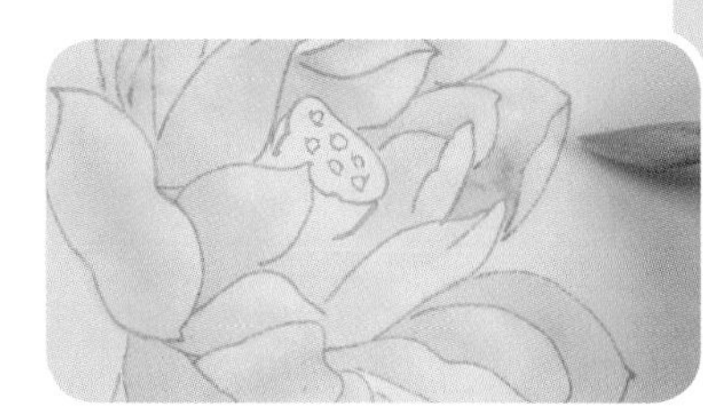

13 用羊毫筆，同樣的調色與運筆方法繼續分染花瓣，完成整個花瓣的第二遍分染。

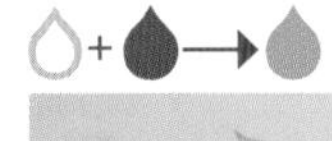

14 用白雲筆，調清水（多）和少許花青，蘸滿筆肚，對蓮蓬與花莖進行平塗。

染第一遍時如果顏色深度不夠，可在乾後再染第二遍，顏色可以稍重。如果染的遍數較多，中間也可夾染一次膠礬水，以固定畫面上的顏色，也可防止漏礬。

知識拓展

呼應

也稱「顧盼」，是指畫面上的物像在形態、色調上互相呼應，相映成趣。構圖上應考慮上下、左右、前後、主輔等各個方面，做到顧盼有情，氣脈貫通，情景交融，切忌機械湊合、各自東西，互不關聯。

繪畫步驟：分染 2

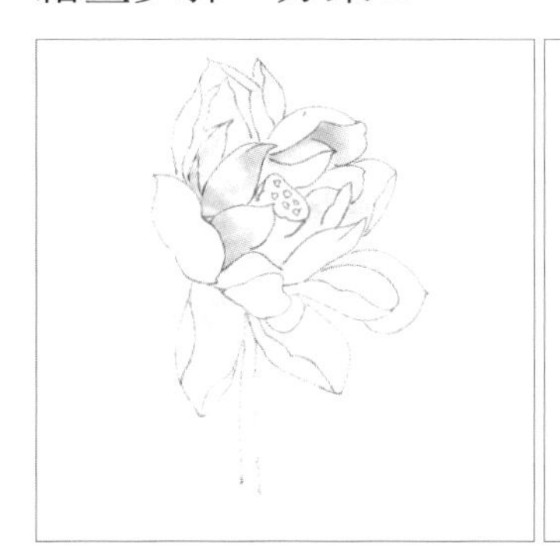

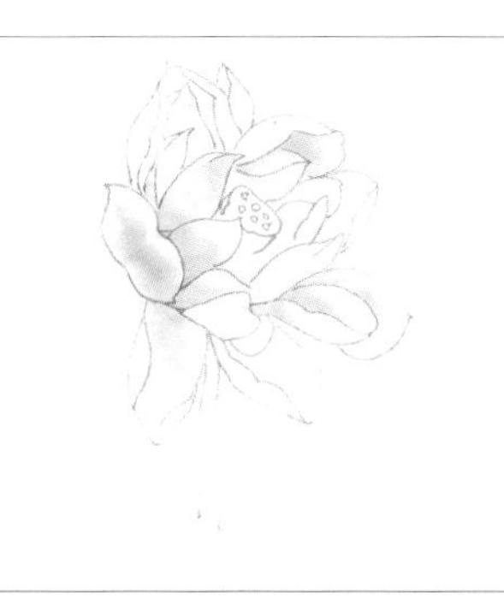

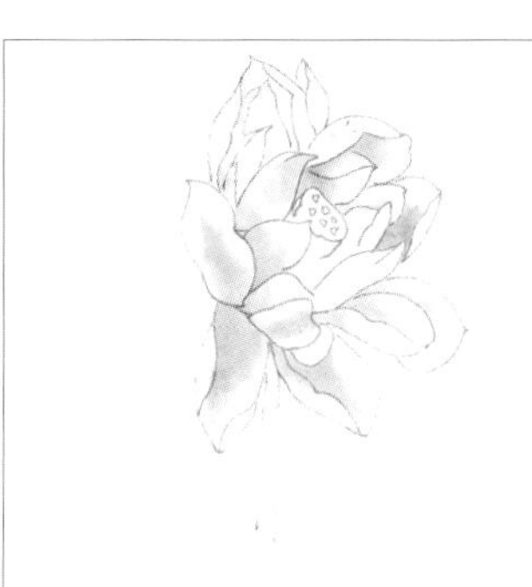

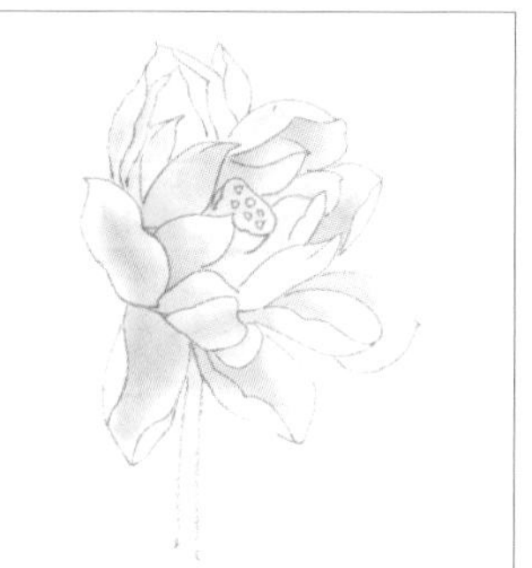

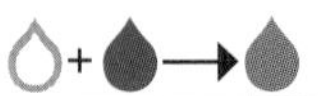

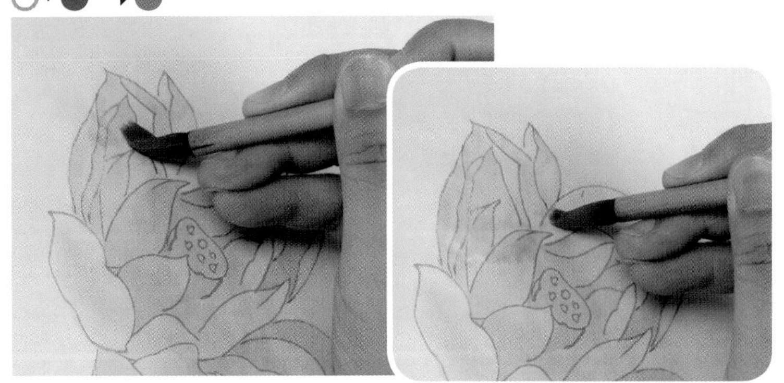

15 用羊毫筆，以清水調和少許硃磦，蘸滿筆肚，側鋒運筆對花頭進行統染。

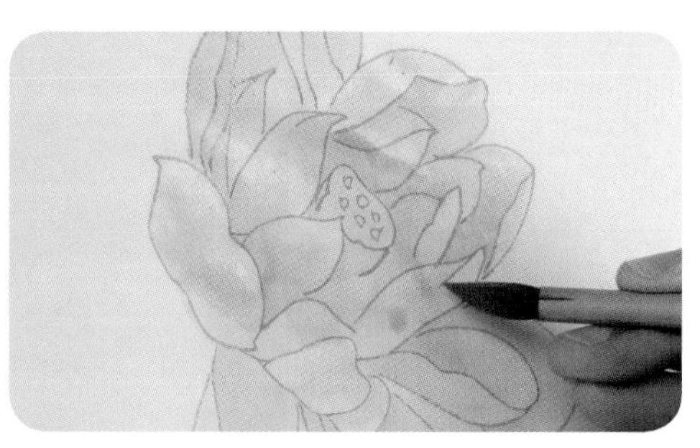

16 繼續分染其他花瓣的顏色。

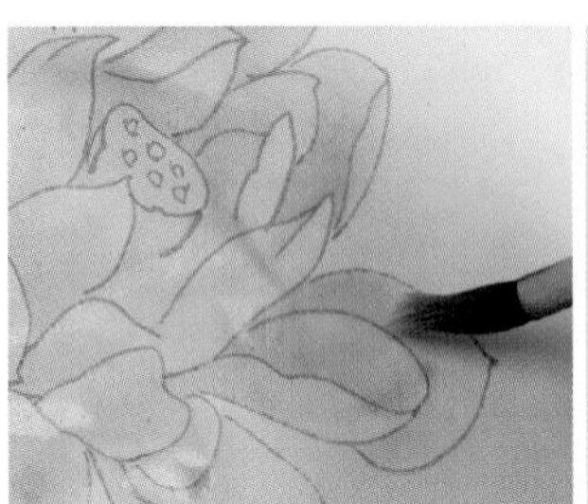

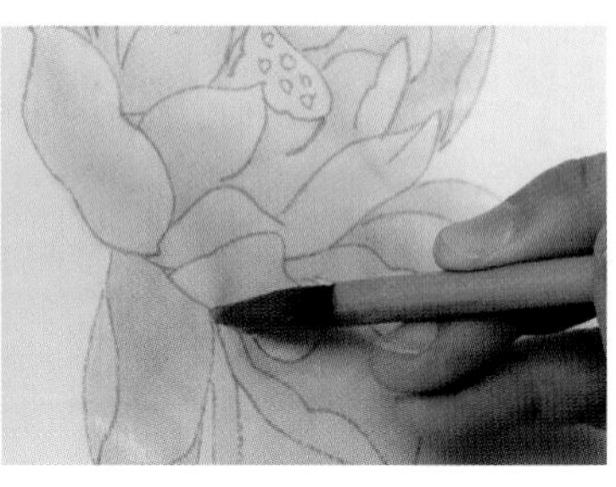

17 對花瓣整體進行觀察，不足處繼續分染，直到達到整體統一的效果。

在哪一個環節進行統染並不是固定不變的，而要根據畫面的具體情況而定。當各部分的色調偏差過大或者需要提高各部分之間的呼應關係時，則要進行統染。

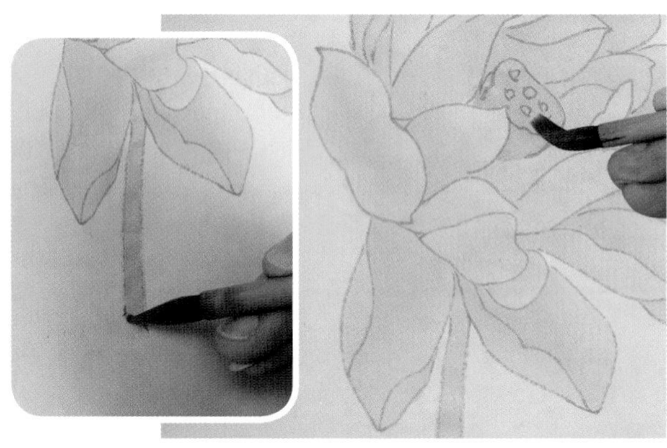

18 選用中號羊毫筆，以清水調和少許汁綠，蘸滿筆肚，對蓮蓬與花莖進行罩染。

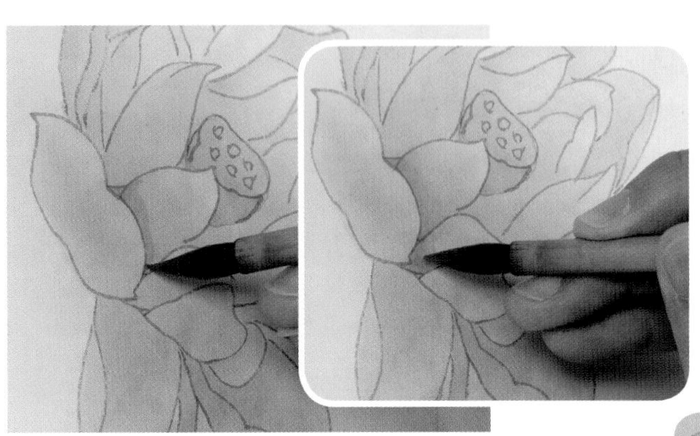

19 用白雲筆，以清水調和硃磦，蘸滿筆尖，用清水筆輔之，對花頭進行第三遍分染。

在染色的過程中，要注意花瓣相互之間的掩映關係與整體的色調分布。

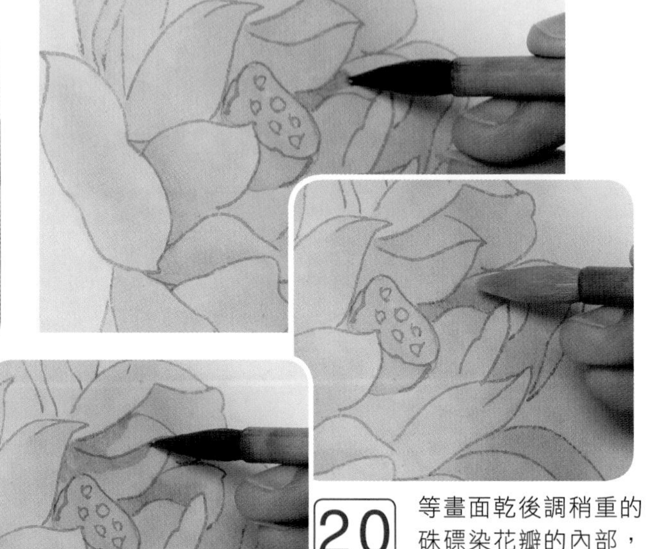

20 等畫面乾後調稍重的硃磦染花瓣的內部，突出明暗關係。

繪畫步驟：統染

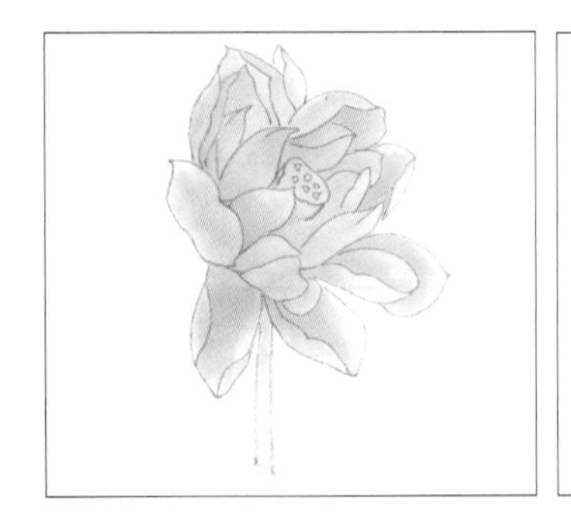

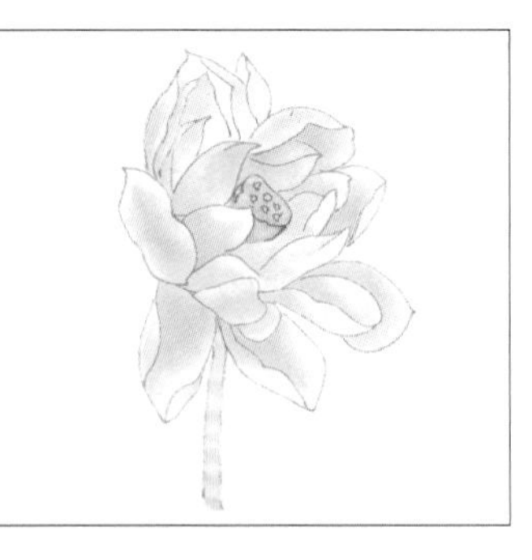

繪畫步驟：分染 3

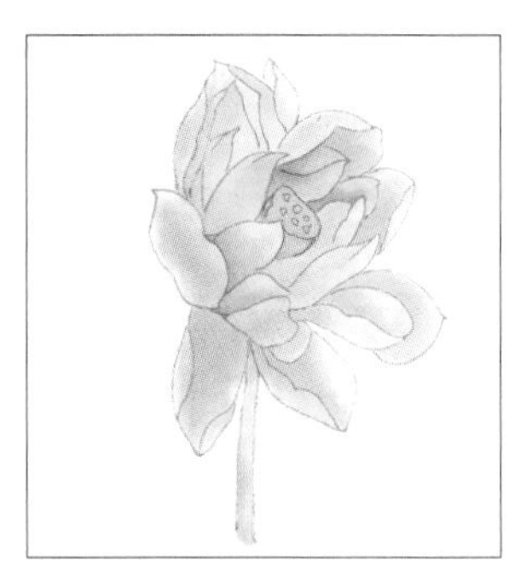

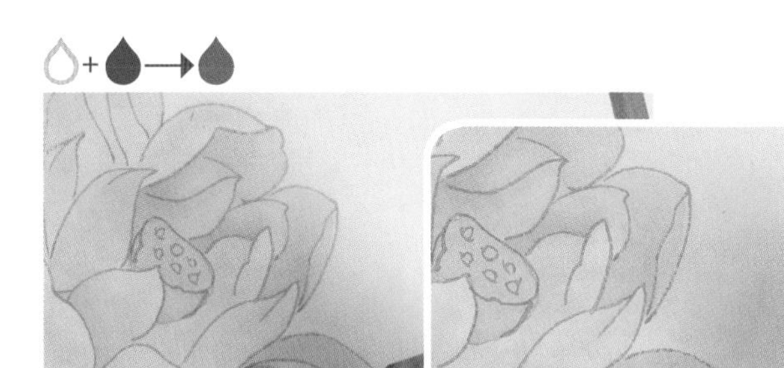

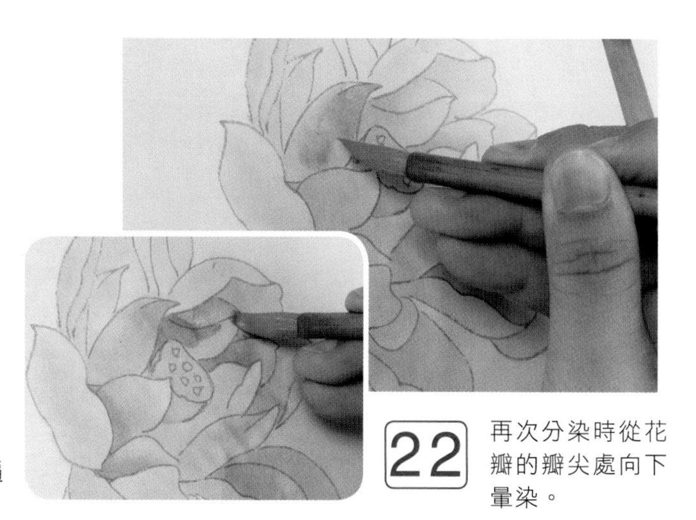

21 選用中號羊毫筆，以清水調和硃磦（稍多），蘸滿筆肚，用清水筆輔之，對花頭進行第四遍分染。

22 再次分染時從花瓣的瓣尖處向下暈染。

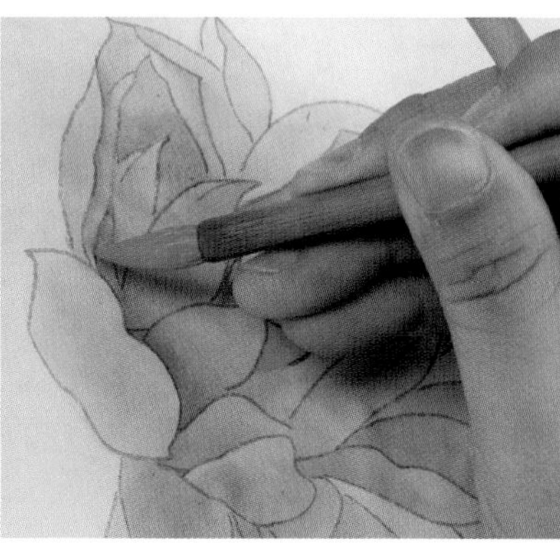

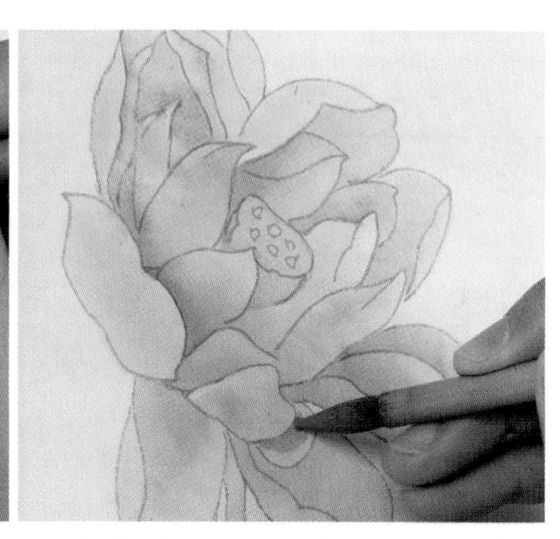

判斷繪畫者工筆畫水平的高低，主要是看他的用水技巧。染色時水筆的水分不能過多，否則色彩會被水筆的水沖開，就不容易染勻了。若水分過少，顏色又易乾澀。這需要大家自己進行總結，從而掌握其中的技巧。

23 沿著花瓣的內側再次分染，區分出花瓣本身固有色的差異以及花瓣之間的明暗關係。

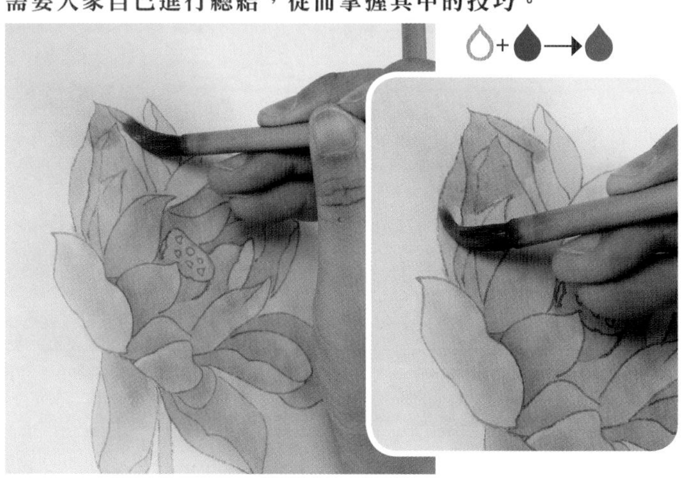

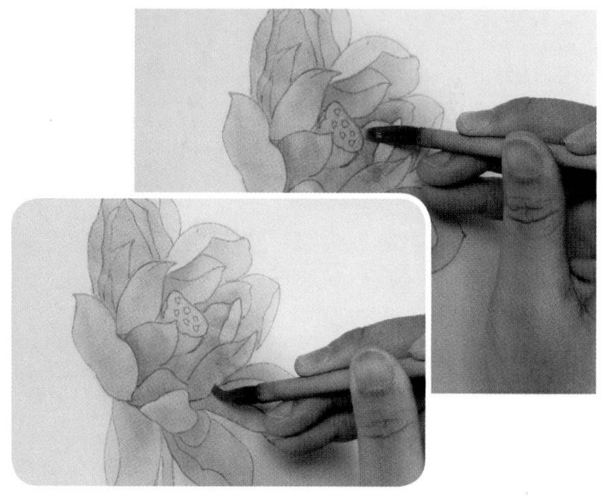

24 選用大號羊毫筆，以清水（稍多）調和硃磦，蘸滿筆肚，側鋒運筆，對花頭進行罩染。

25 待畫面稍乾之後對內側花瓣統一渲染，加強明暗對比。

繪畫步驟：分染 4

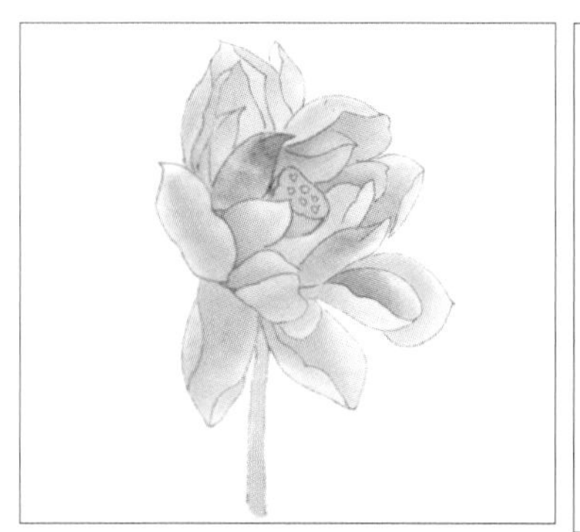

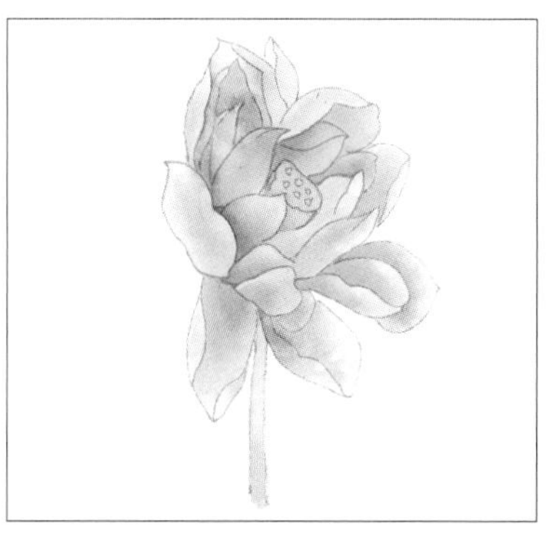

繪畫步驟：罩染

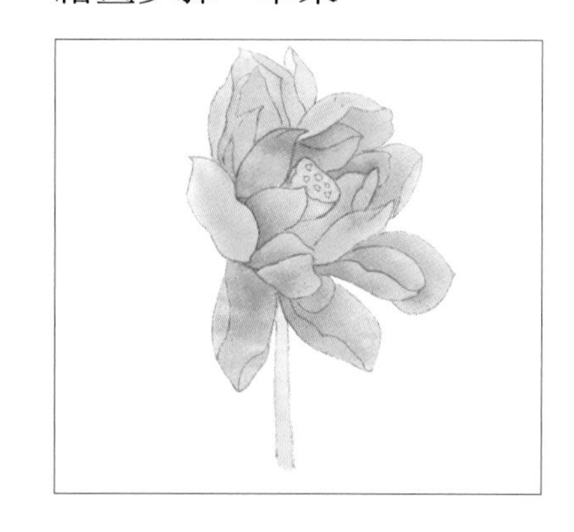

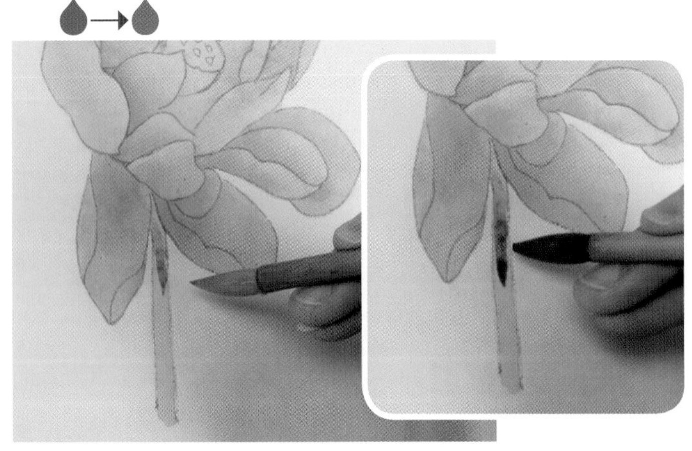

26 調和花青與少許淡墨，蘸滿筆肚，以清水筆輔之，對花莖進行統染。

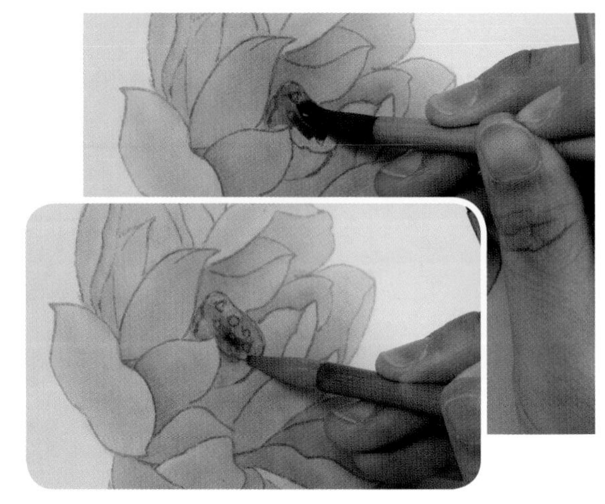

27 用同樣的調色與暈染方法，對蓮蓬進行統染。

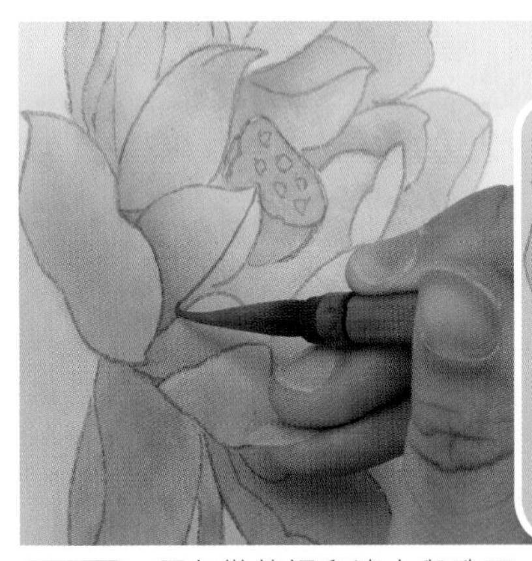

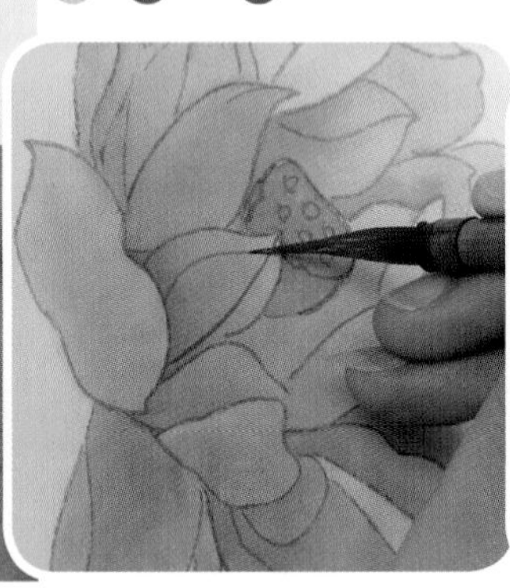

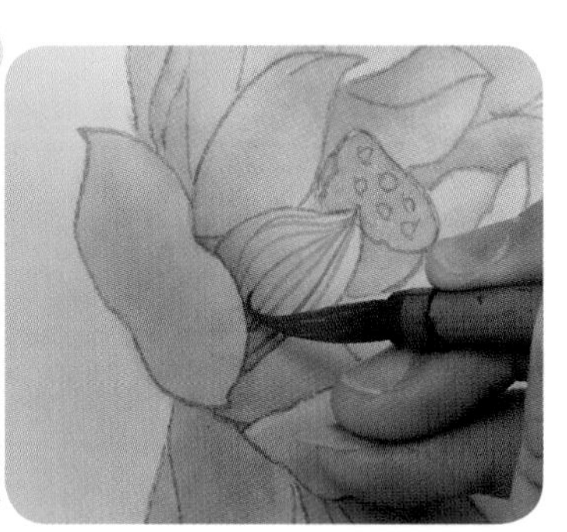

勾畫紋路時，線條不要過於僵硬，要根據花瓣的凸起或凹陷，有起有伏。

28 用勾勒筆調和清水與硃磦，蘸滿筆尖，中鋒運筆，由瓣尖向根部勾畫花瓣的紋路。

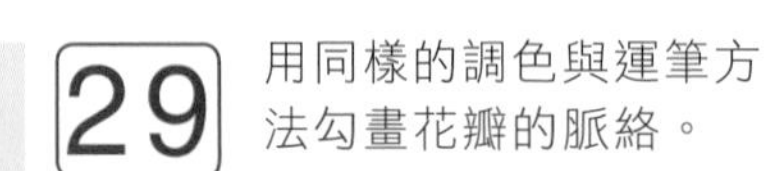

29 用同樣的調色與運筆方法勾畫花瓣的脈絡。

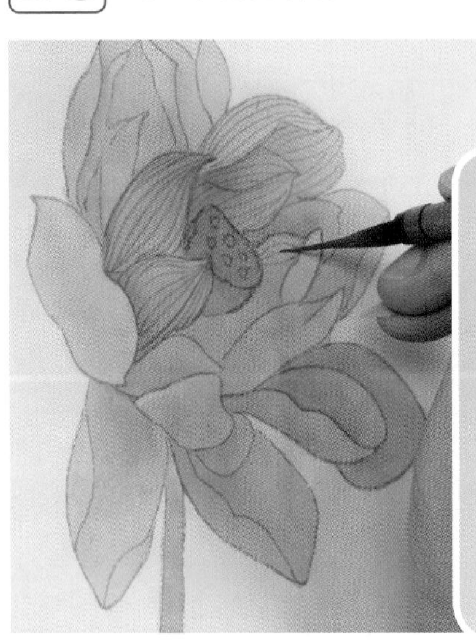

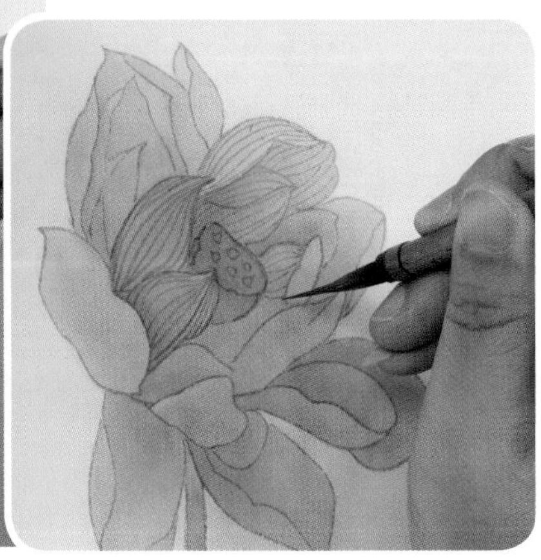

30 在勾畫外圍花瓣的脈路時，筆頭的顏色可稍微減淡，以區分花瓣的前後虛實關係。

繪畫步驟：蓮蓬的分染和花瓣脈絡的勾畫 1

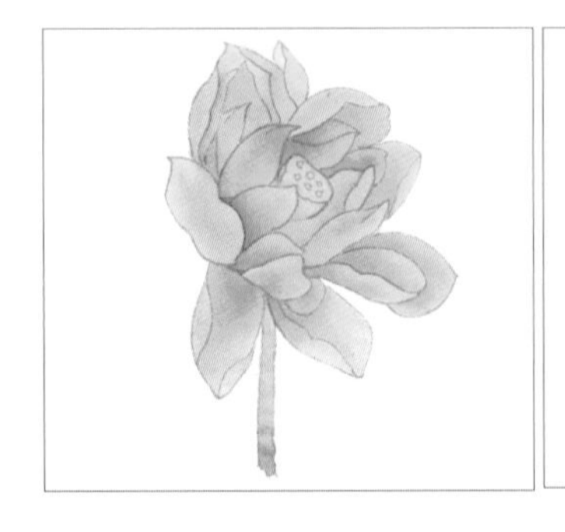

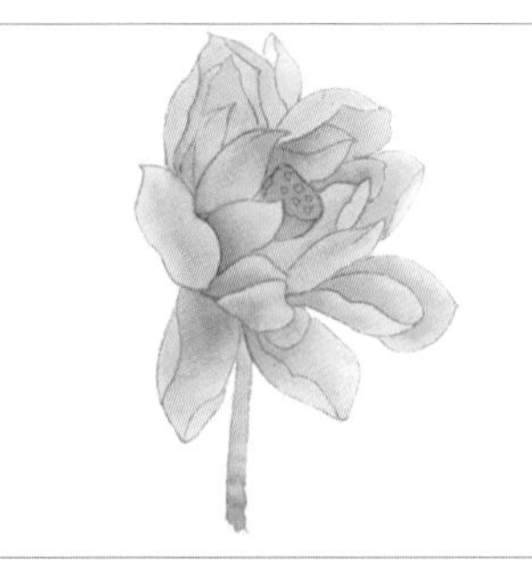

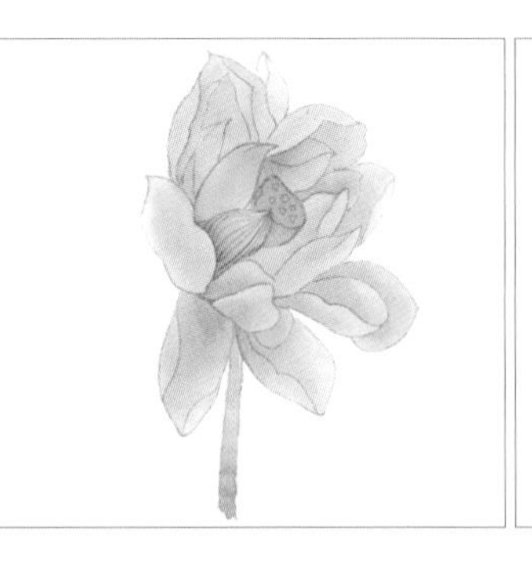

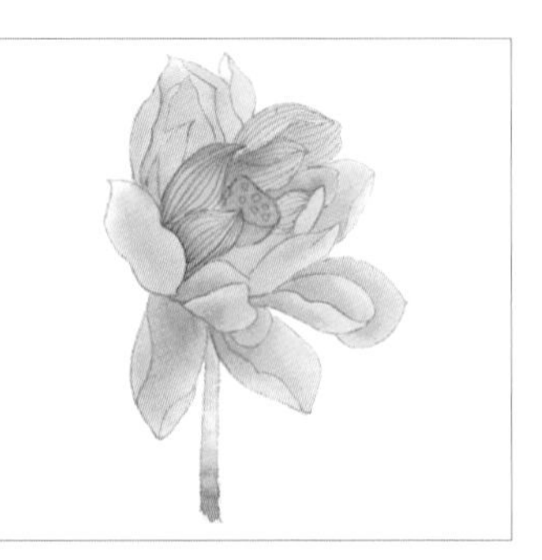

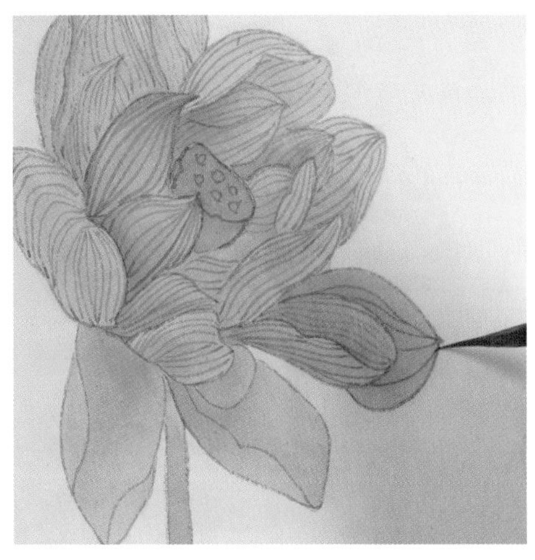

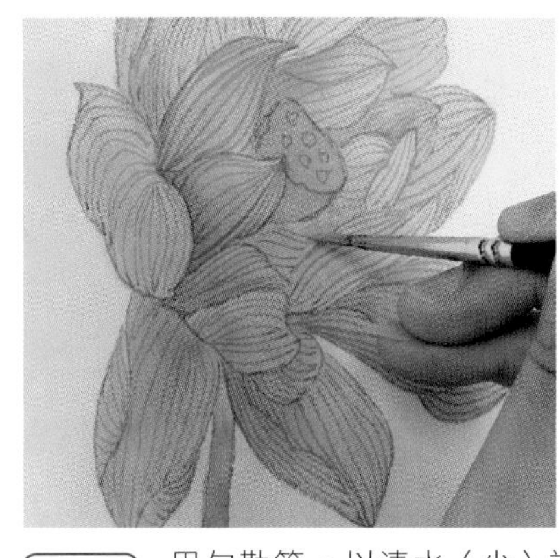

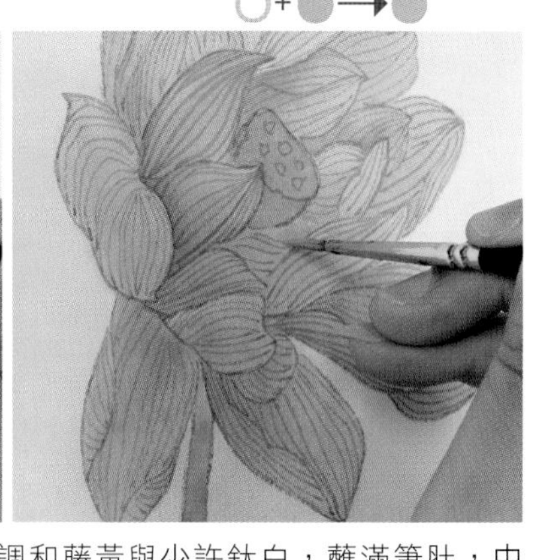

32 用勾勒筆，以清水（少）調和藤黃與少許鈦白，蘸滿筆肚，中鋒運筆，勾畫花蕊。

31 勾勒花瓣的脈紋要從瓣尖處向下勾勒，所有的脈線保持均勻統一。

花蕊的方向與花頭的方向一致。花蕊的動勢要根據整個花頭的動勢而點畫，使花蕊自然地融入。

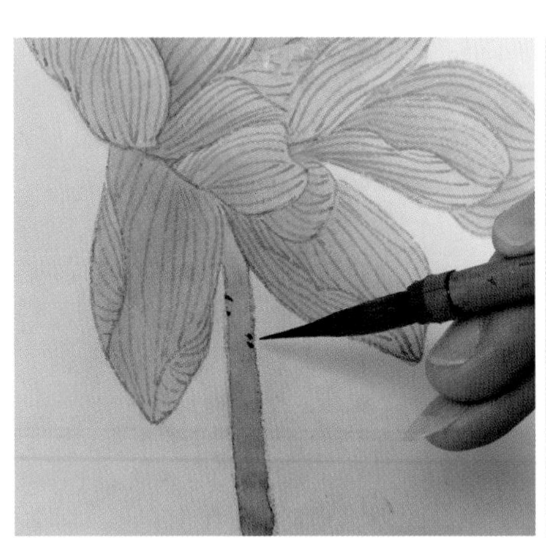

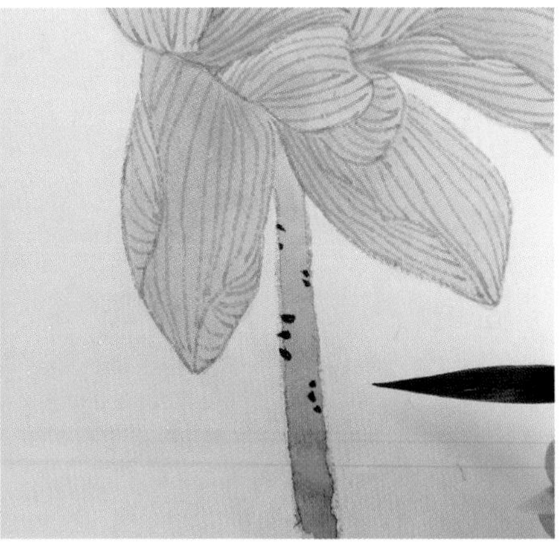

33 再以清水調和少許墨汁，蘸滿筆尖，點畫花莖的倒刺。

知識拓展

工筆畫的特點

（1）線條

以線造型是國畫技法的特點，也是工筆畫的基礎和骨幹。工筆畫對線的要求是工整、細膩、嚴謹。一般以中鋒用筆較多。

（2）色彩

以固有色為主，一般設色豔麗、沉著、明快、高雅，有統一的色調，具有濃郁的中國色彩審美意趣。

（3）裝飾性與平面感

在工筆畫中，裝飾性尤其是不可缺少的因素。從構圖、線描、設色到形象的細部處理，都帶有一定的平面感和裝飾性。關於裝飾性，一方面是來源於傳統的程式化手法，一方面是作者對生活中的形象透過提煉、誇張、創造而形成的美感效果。

繪畫步驟：花瓣脈絡的勾畫 2

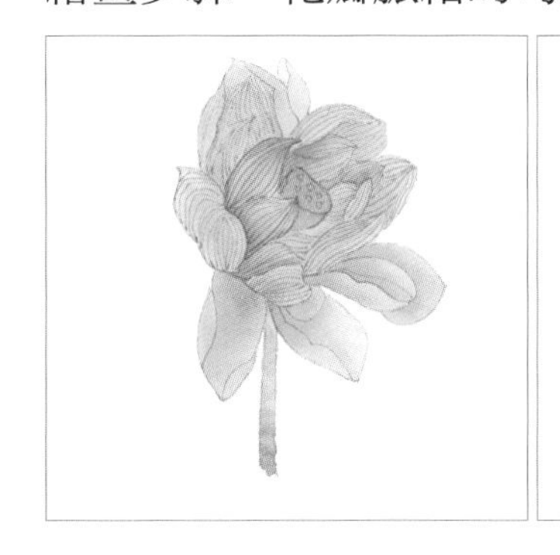

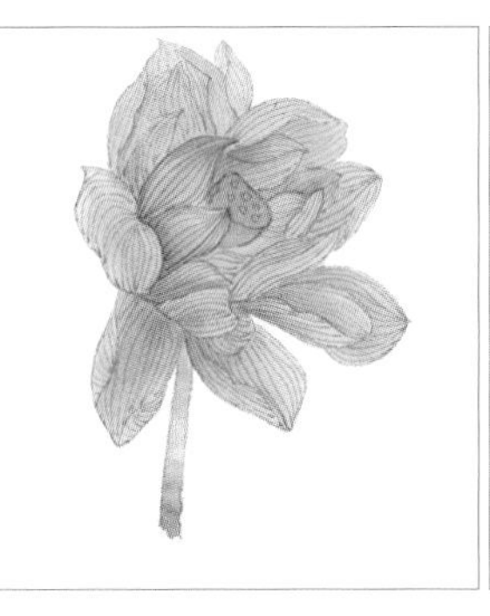

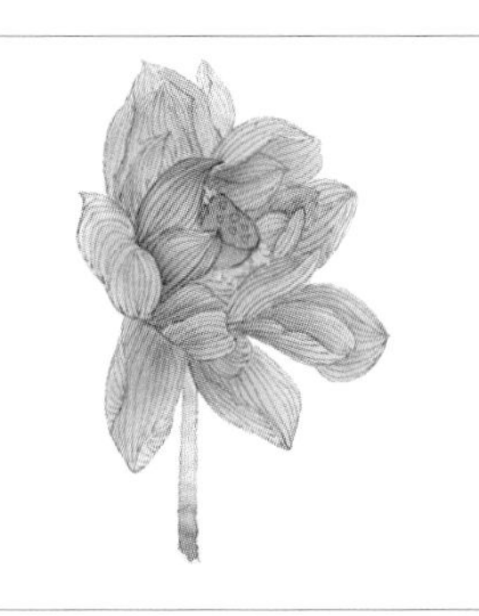

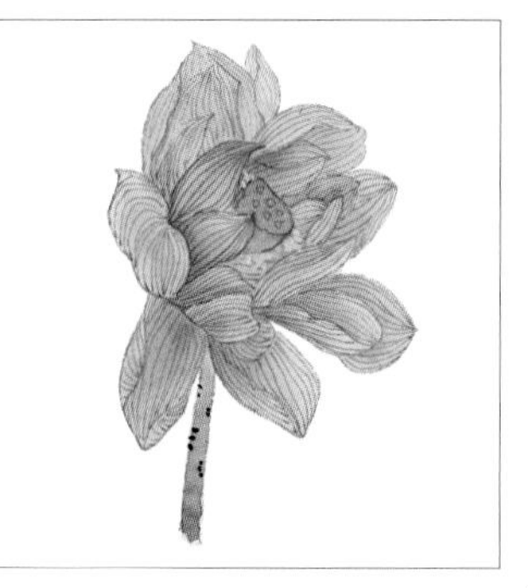

4.3 開殘花頭

殘荷，花敗也。荷花所獨到之美，不光在它全盛時的清雅，凋殘後零星的花瓣也有其蕭條之美。繪畫時應著重表現花瓣與蓮蓬的對比。

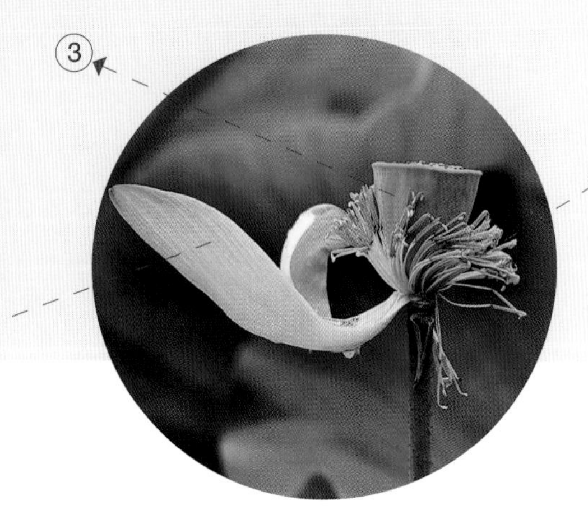

①花瓣 ②花蕊 ③蓮蓬

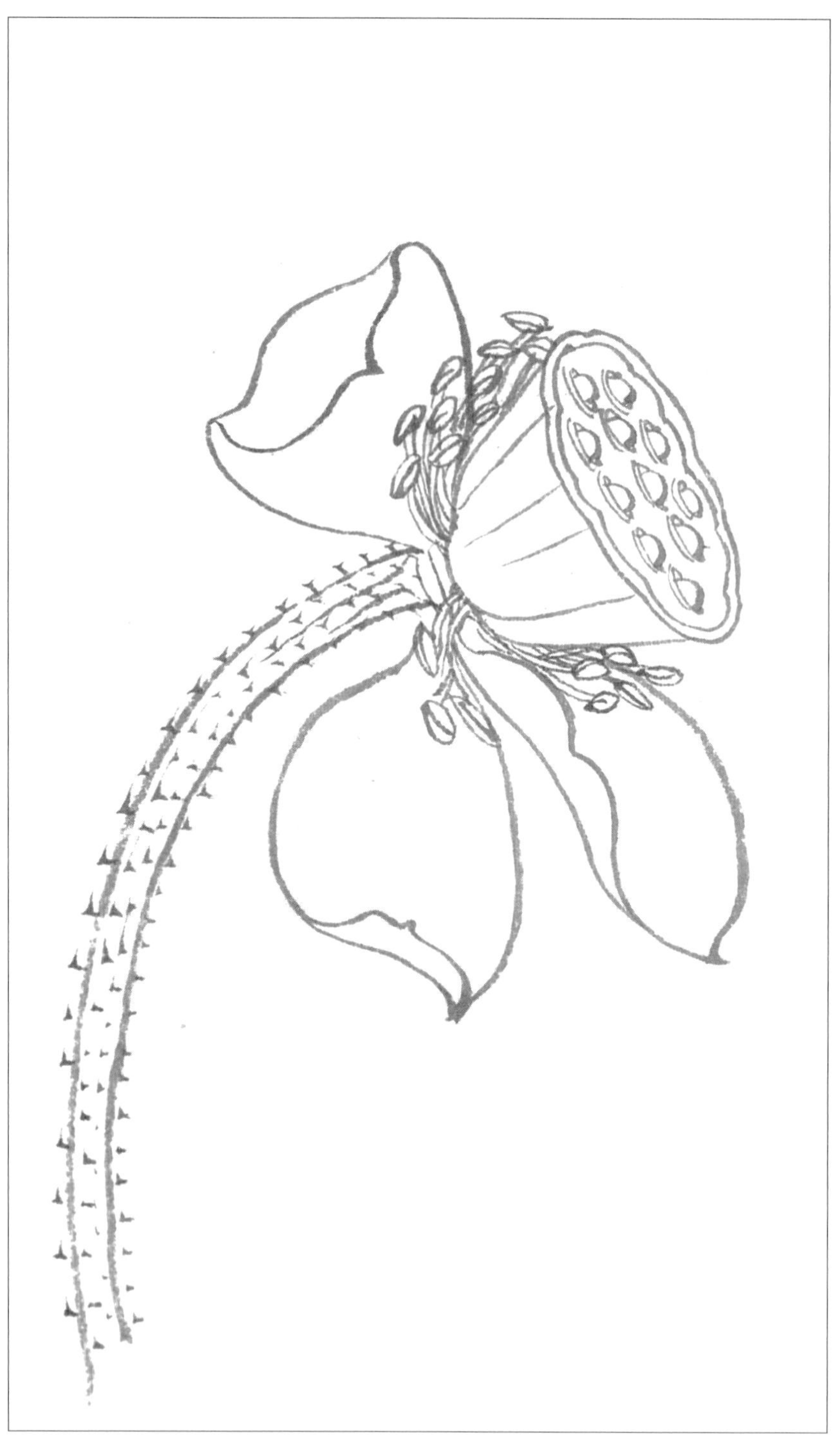

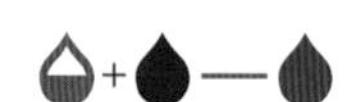

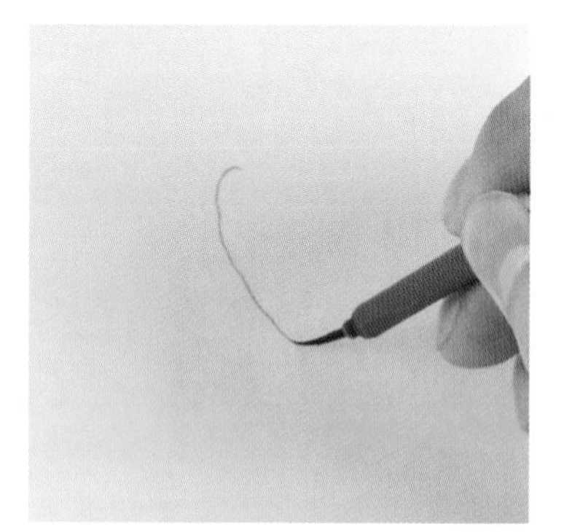

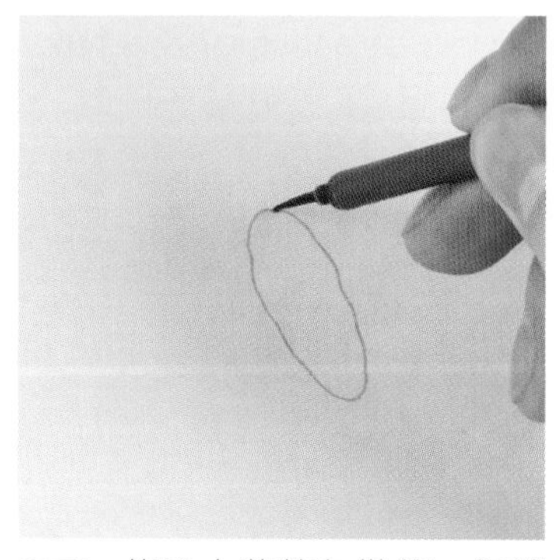

1 使用中葉筋勾勒筆，調淡墨，從蓮蓬勾起。

在勾畫時，要先做到心中有數。蓮蓬的位置也就是整個花的中心位置，注意勾畫時它和整個畫面的比例關係。

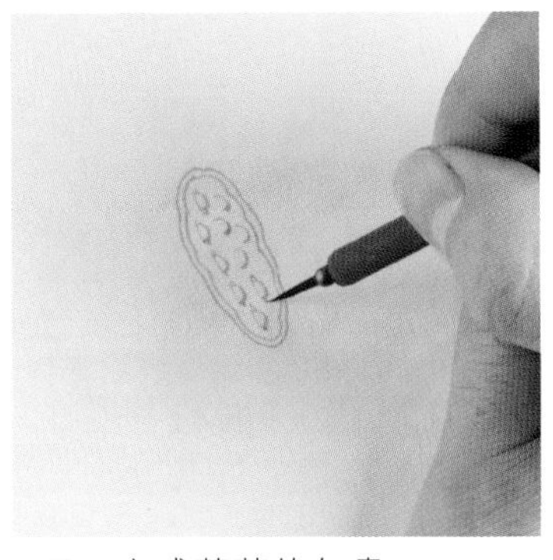

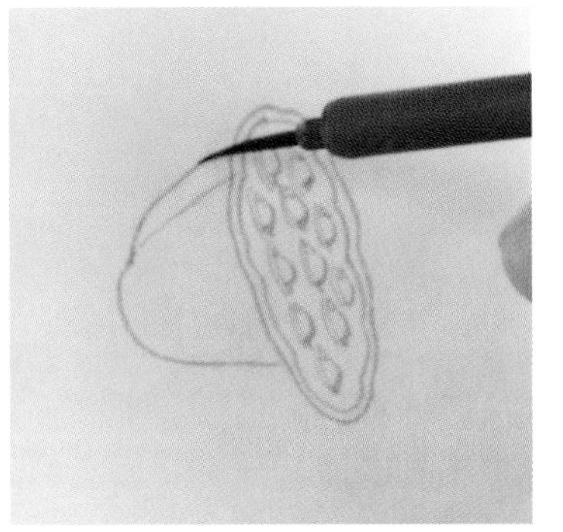

2 完成蓮蓬的勾畫。

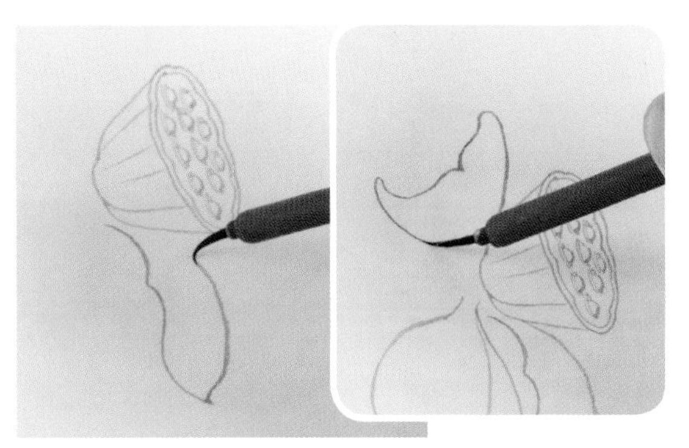

3 用淡墨勾畫出殘瓣，描繪其扭曲時要多變化。

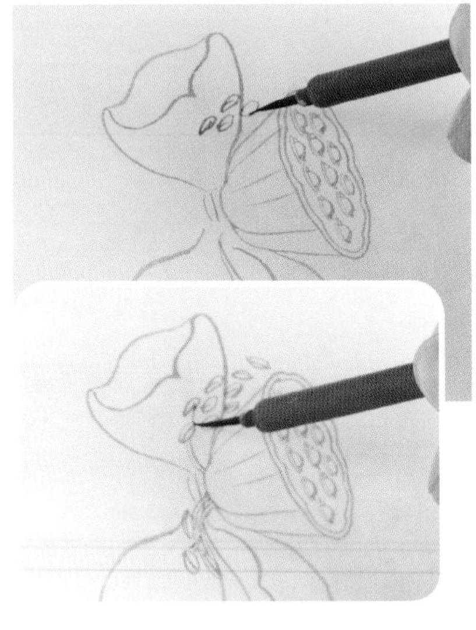

4 用淡墨勾畫花蕊，注意不要過於凌亂無章。

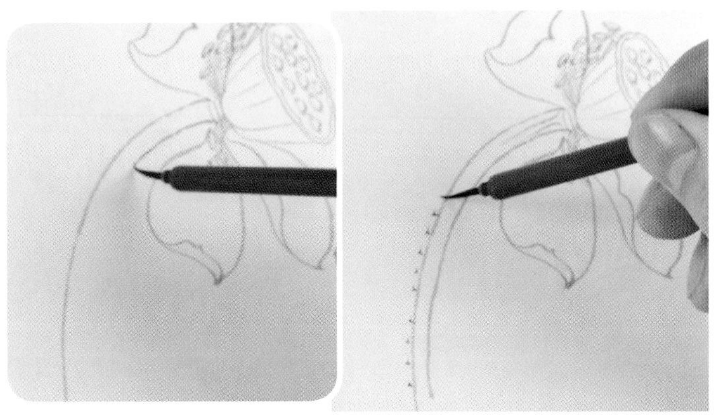

5 用淡墨勾畫花莖，並勾點出倒刺，殘荷莖要適度有所彎曲，莖上可添勾一些皺摺的線條。

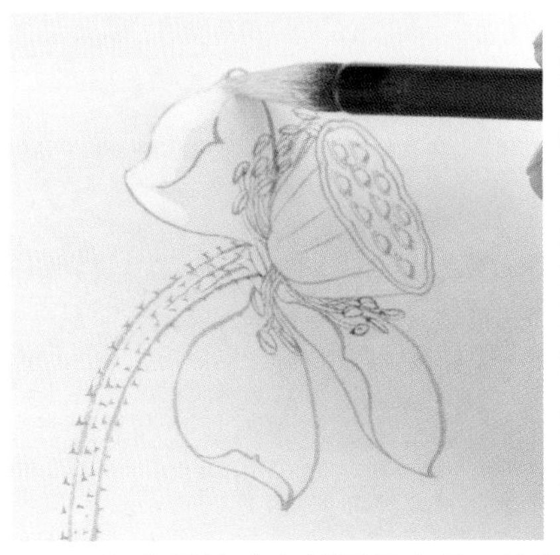

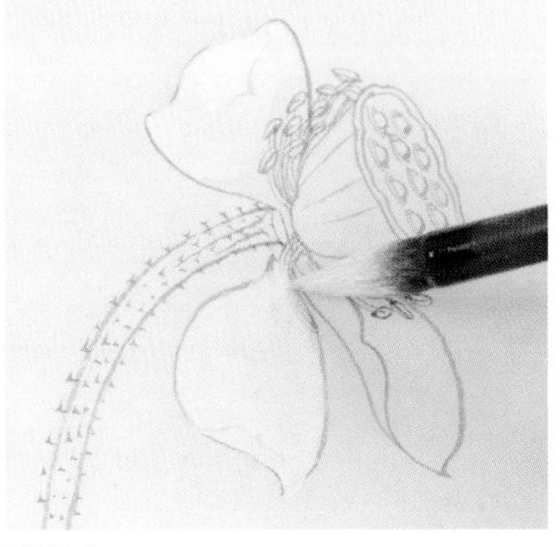

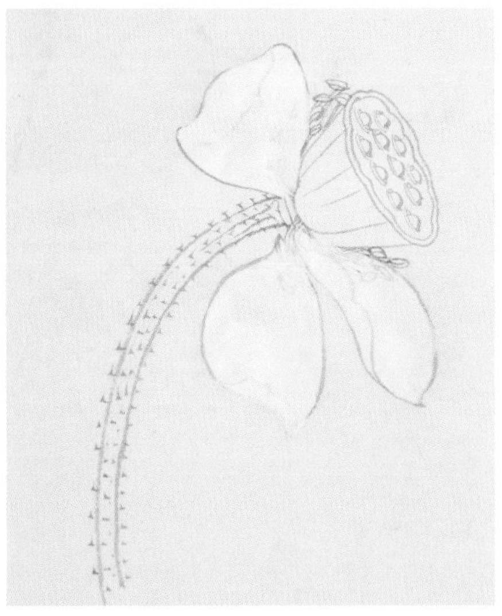

6 用白雲筆蘸白粉平塗上色，注意要均勻。

繪畫步驟：勾墨線

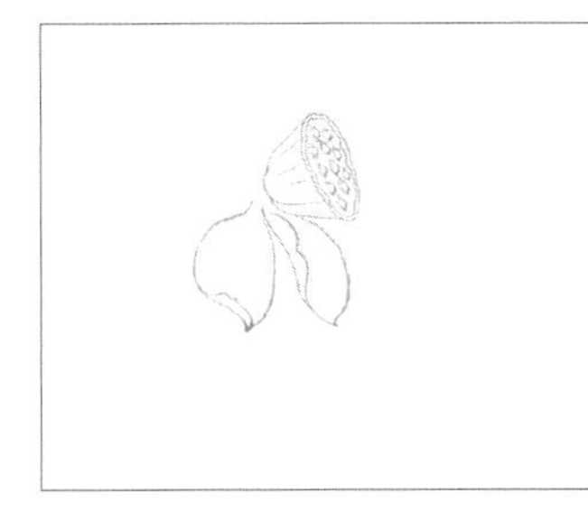

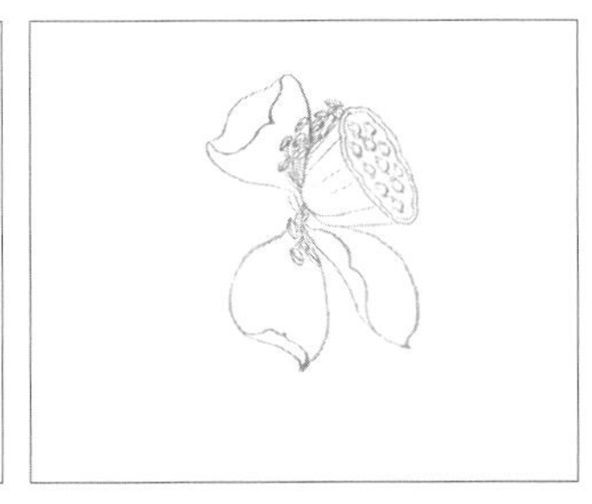

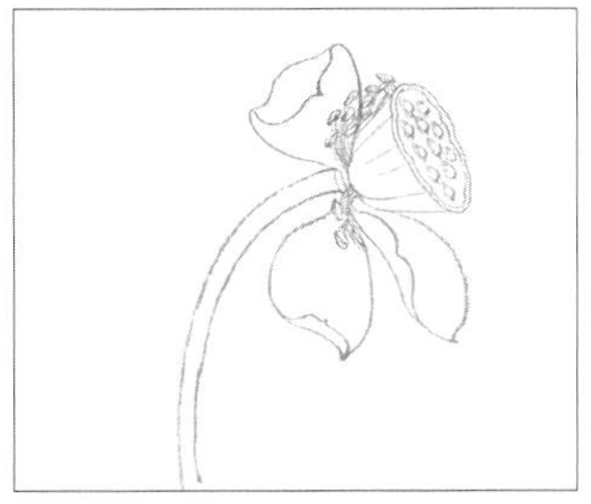

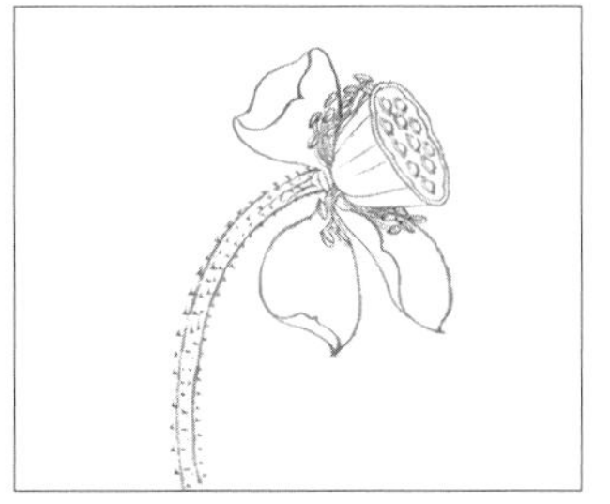

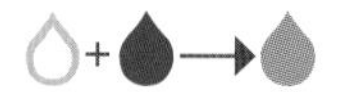

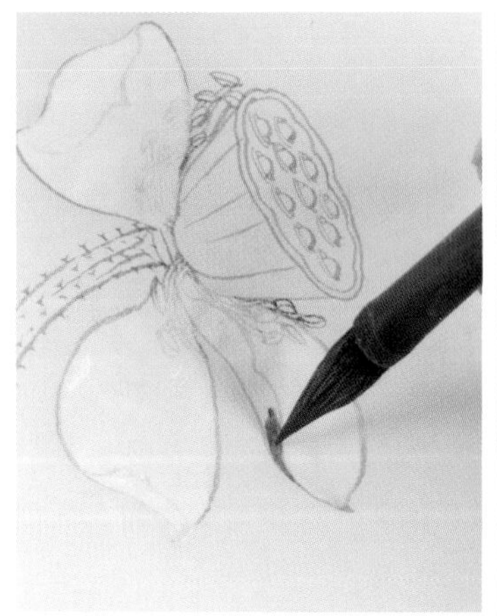

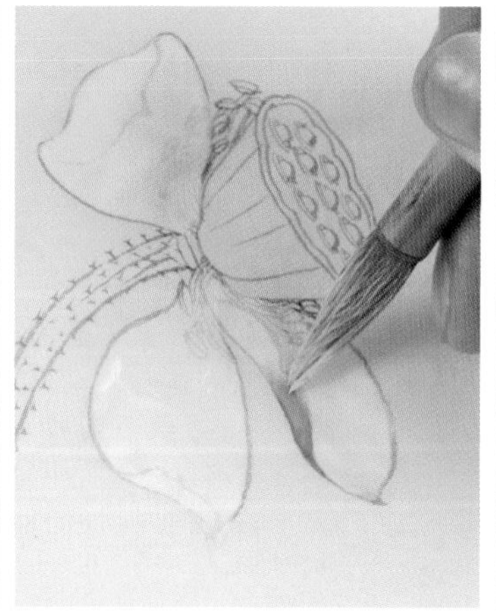

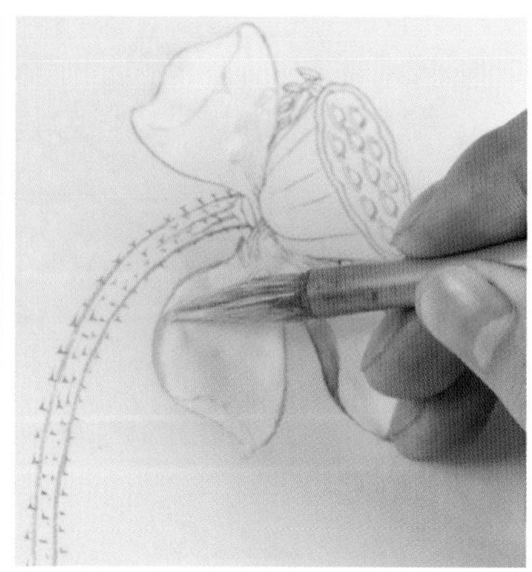

7

調大紅，分染花瓣的反瓣，注意水筆的水分不宜太多。

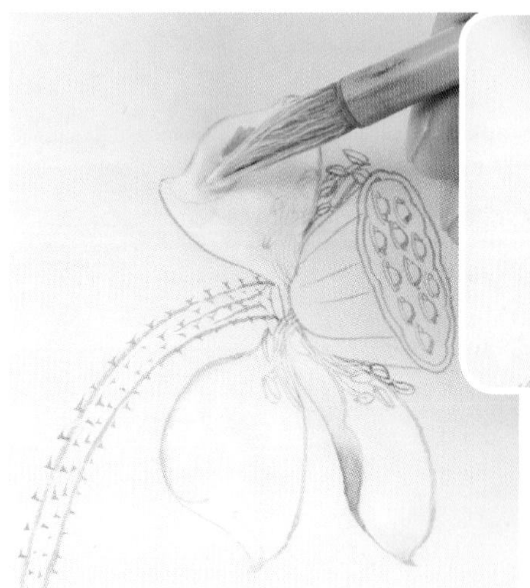

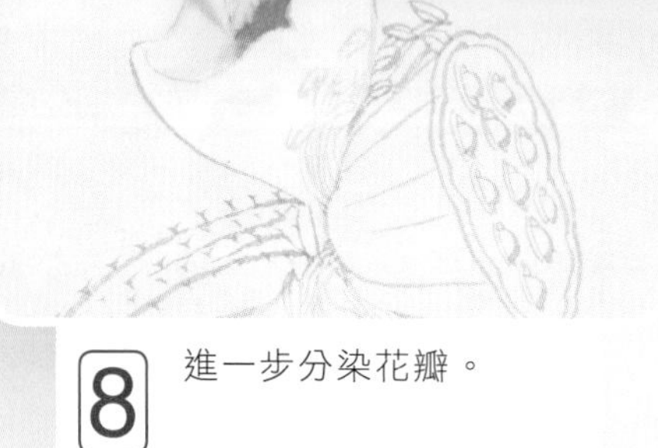

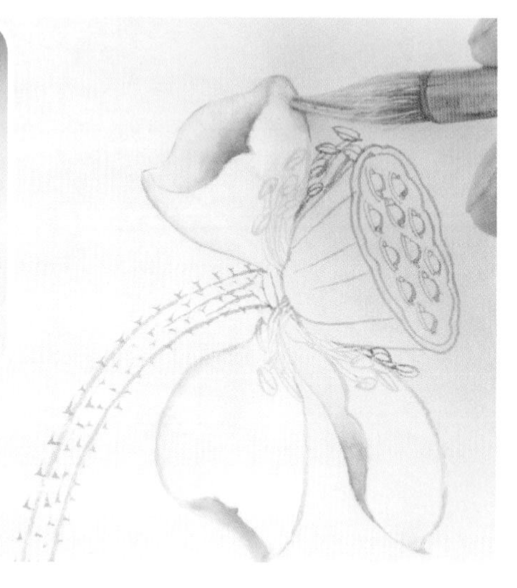

8 進一步分染花瓣。

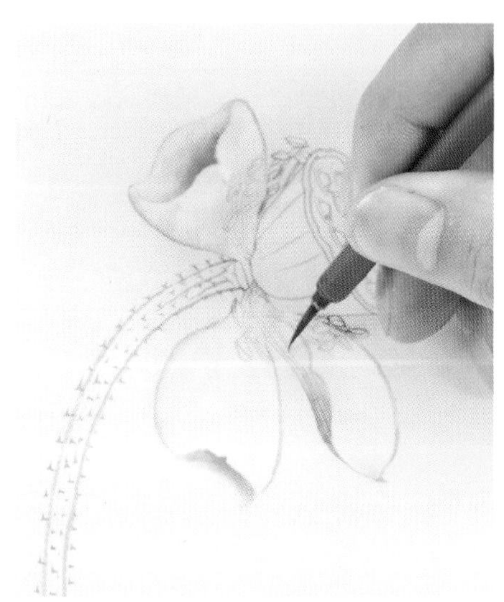

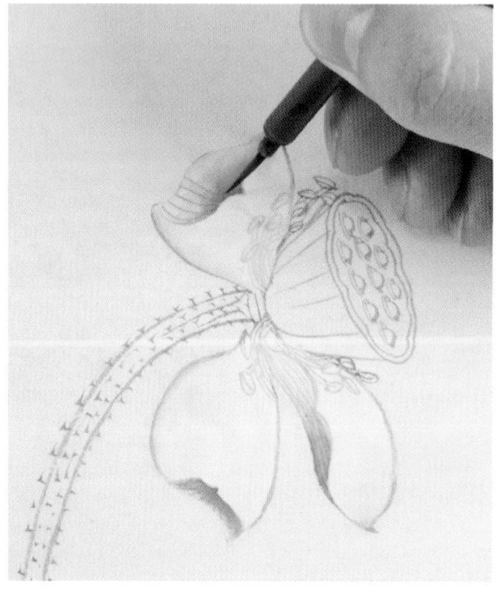

9 用胭脂加水勾花瓣的脈絡。

對花瓣脈絡的勾畫用色不要太重，從花瓣的尖端向花瓣根部勾畫。

繪畫步驟：分染花瓣

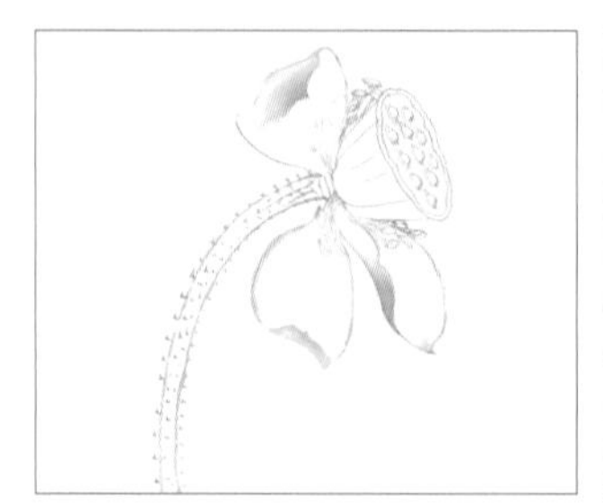

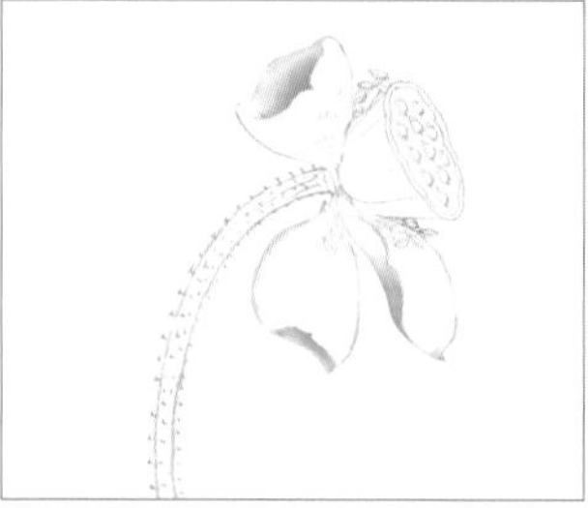

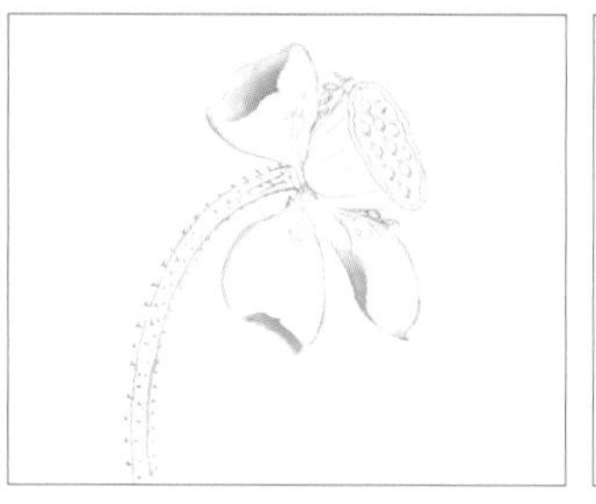

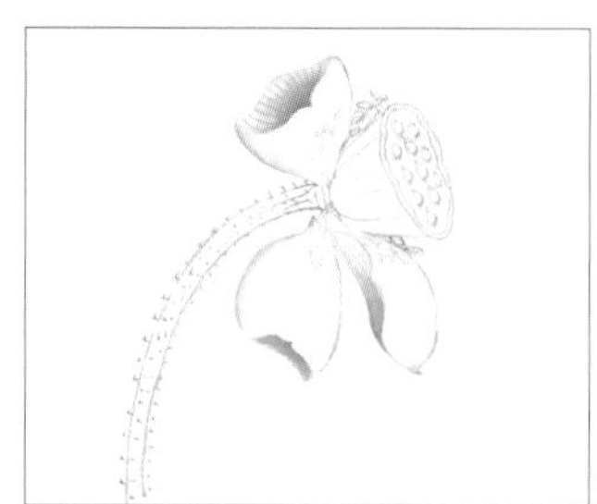

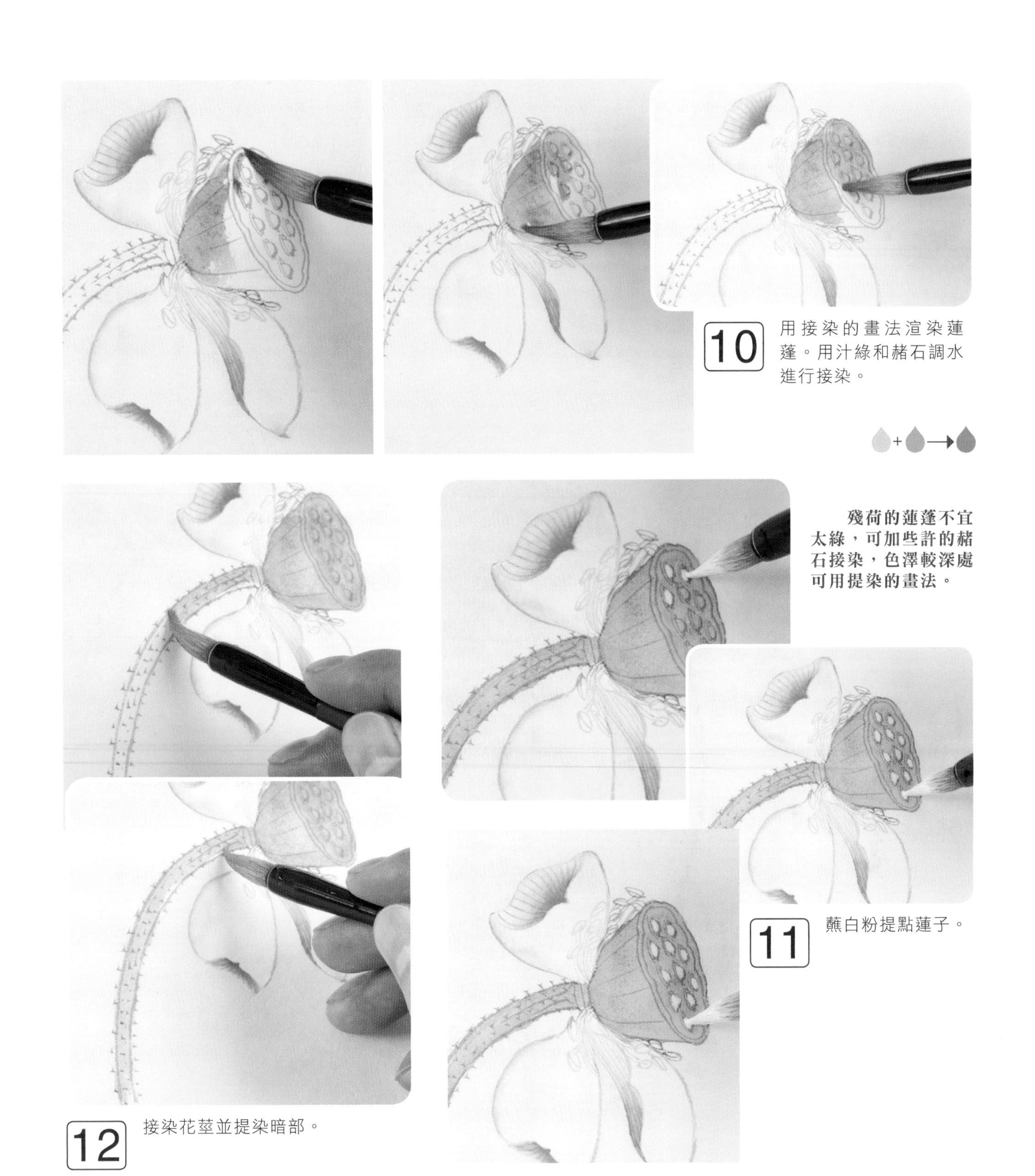

10 用接染的畫法渲染蓮蓬。用汁綠和赭石調水進行接染。

殘荷的蓮蓬不宜太綠，可加些許的赭石接染，色澤較深處可用提染的畫法。

11 蘸白粉提點蓮子。

12 接染花莖並提染暗部。

繪畫步驟：渲染蓮蓬

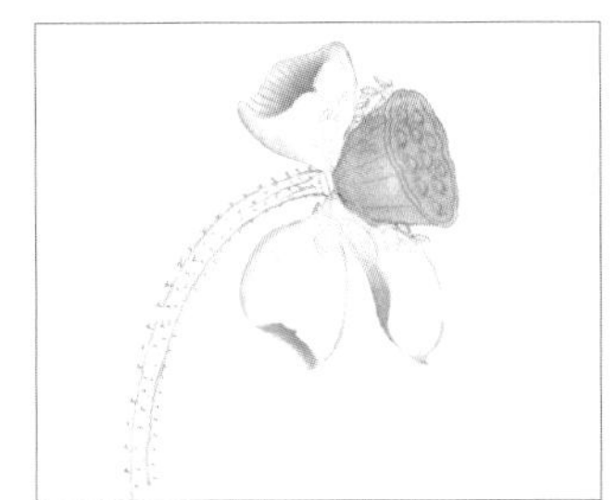
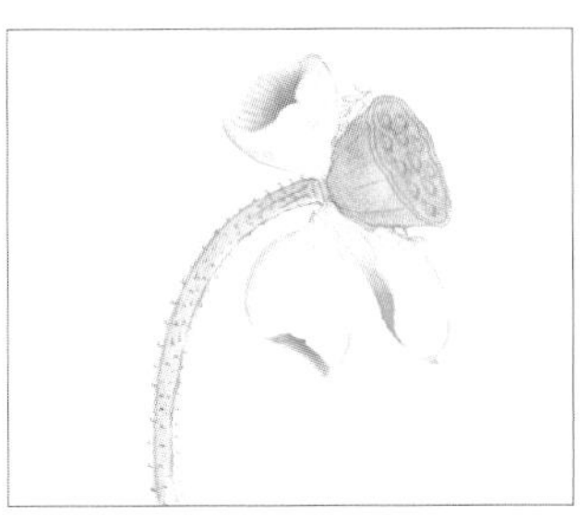
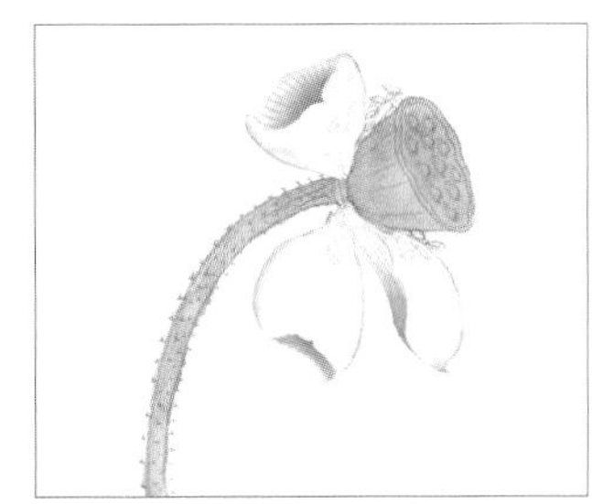
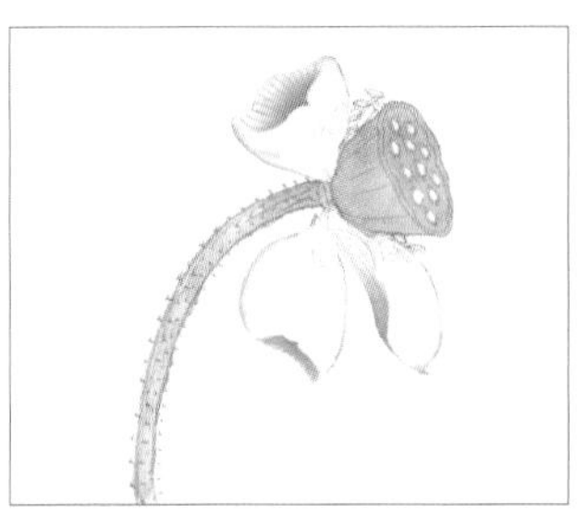

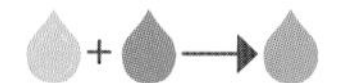

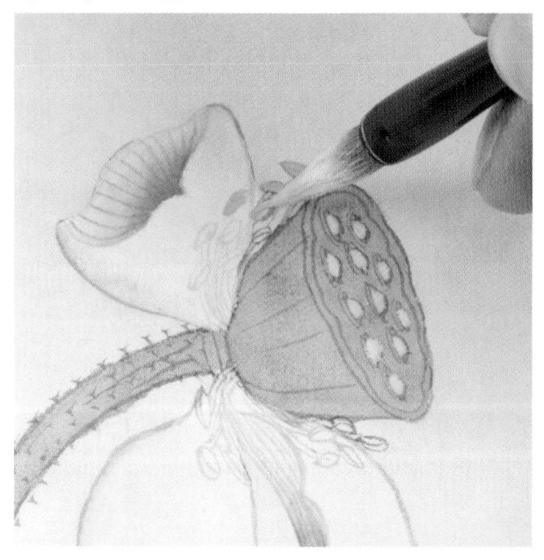

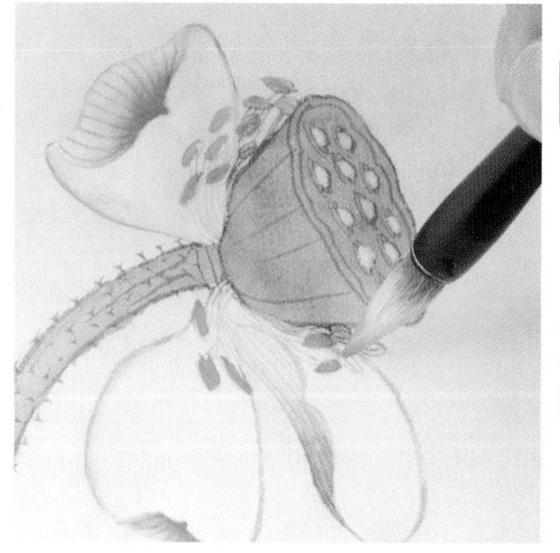

13 用白雲筆調藤黃加紅點畫花蕊。

花蕊的用色，最好不要太過單一，受光的地方可以用藤黃加白，背光或暗部可以用藤黃加赭石進行點畫。

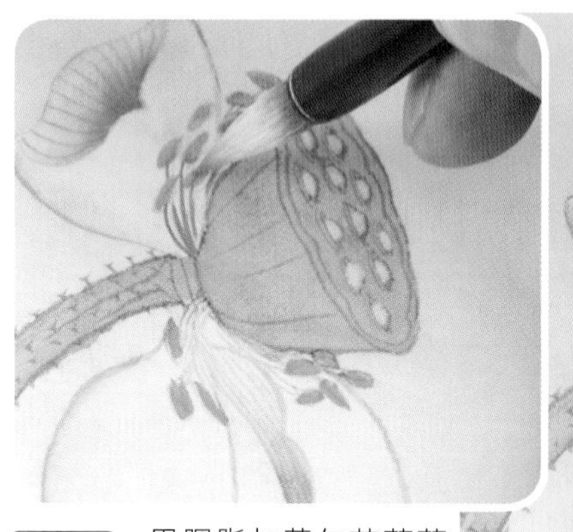

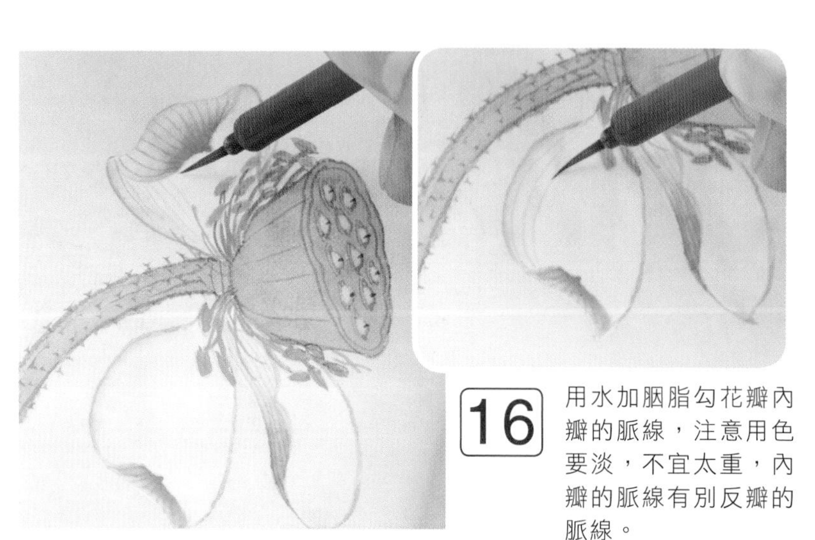

14 用胭脂加黃勾花蕊蕊莖，再以胭脂加水勾畫反瓣的花瓣脈線。

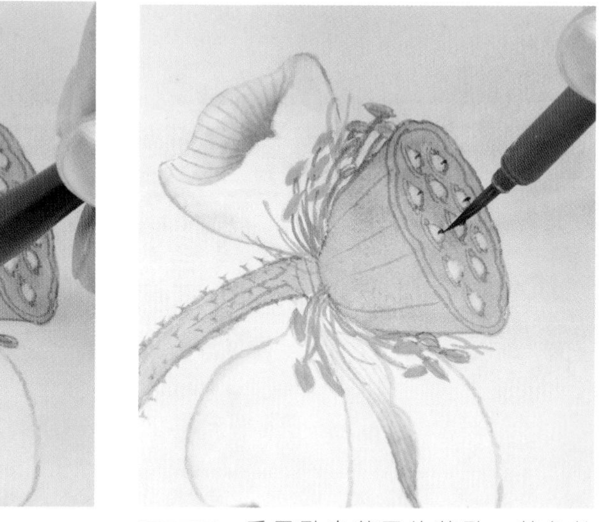

15 重墨點出蓮子的蒂點，其色較重，依次點畫。

16 用水加胭脂勾花瓣內瓣的脈線，注意用色要淡，不宜太重，內瓣的脈線有別反瓣的脈線。

知識拓展

疏密

國畫裡有「密不通風，疏可走馬」之法則。構圖時應密處密，疏處疏，疏密有秩才能節奏生動，平鋪直敘，沒有疏密變化則刻板平淡，觀之乏味。

繪畫步驟：細節的染色

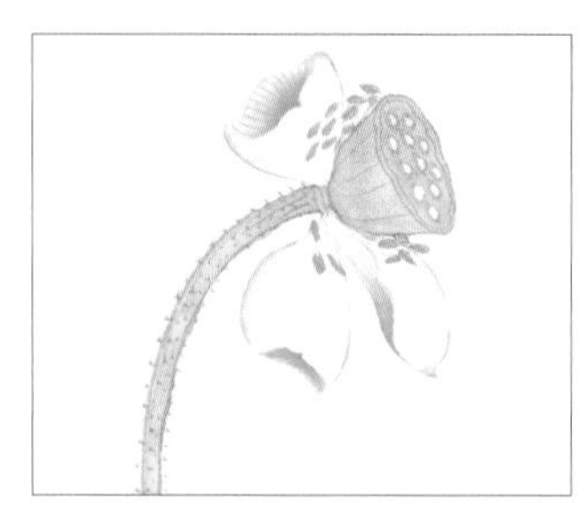

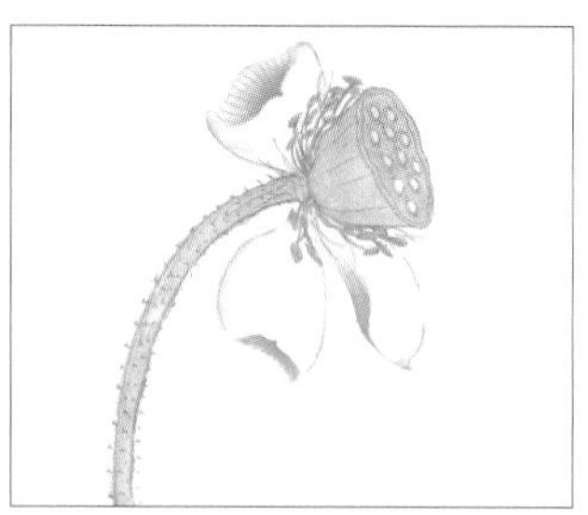

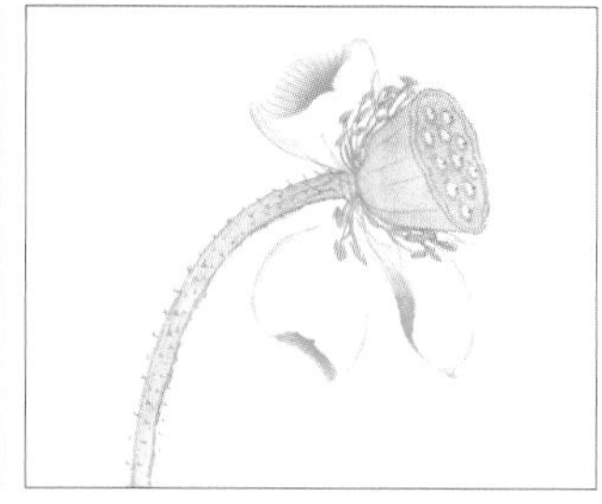

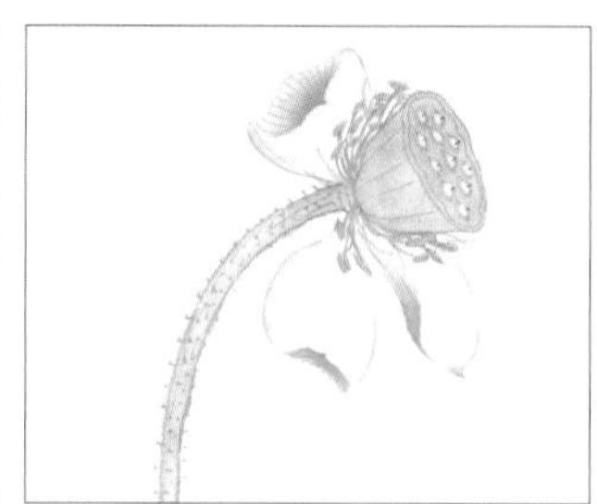

線描稿

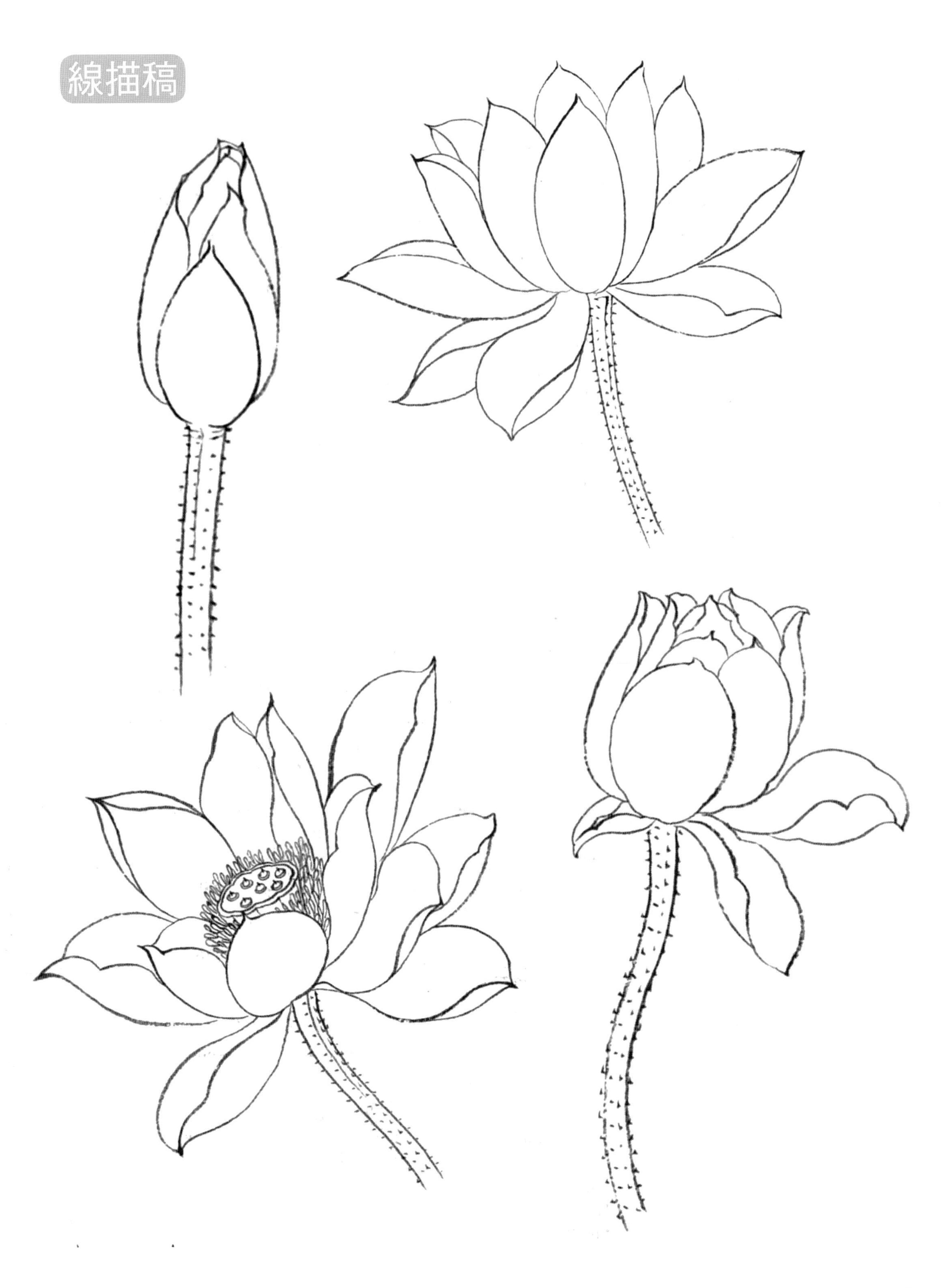

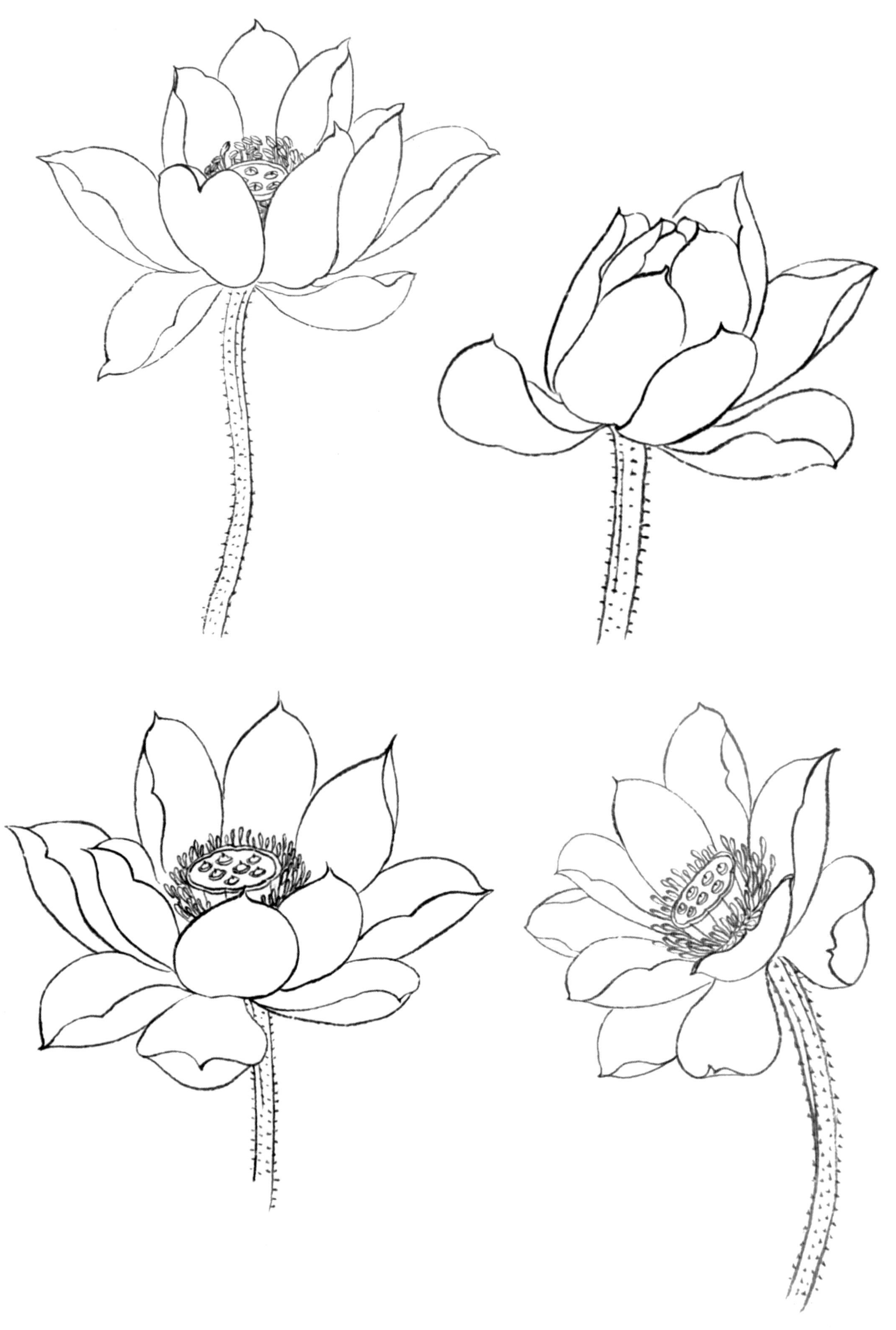

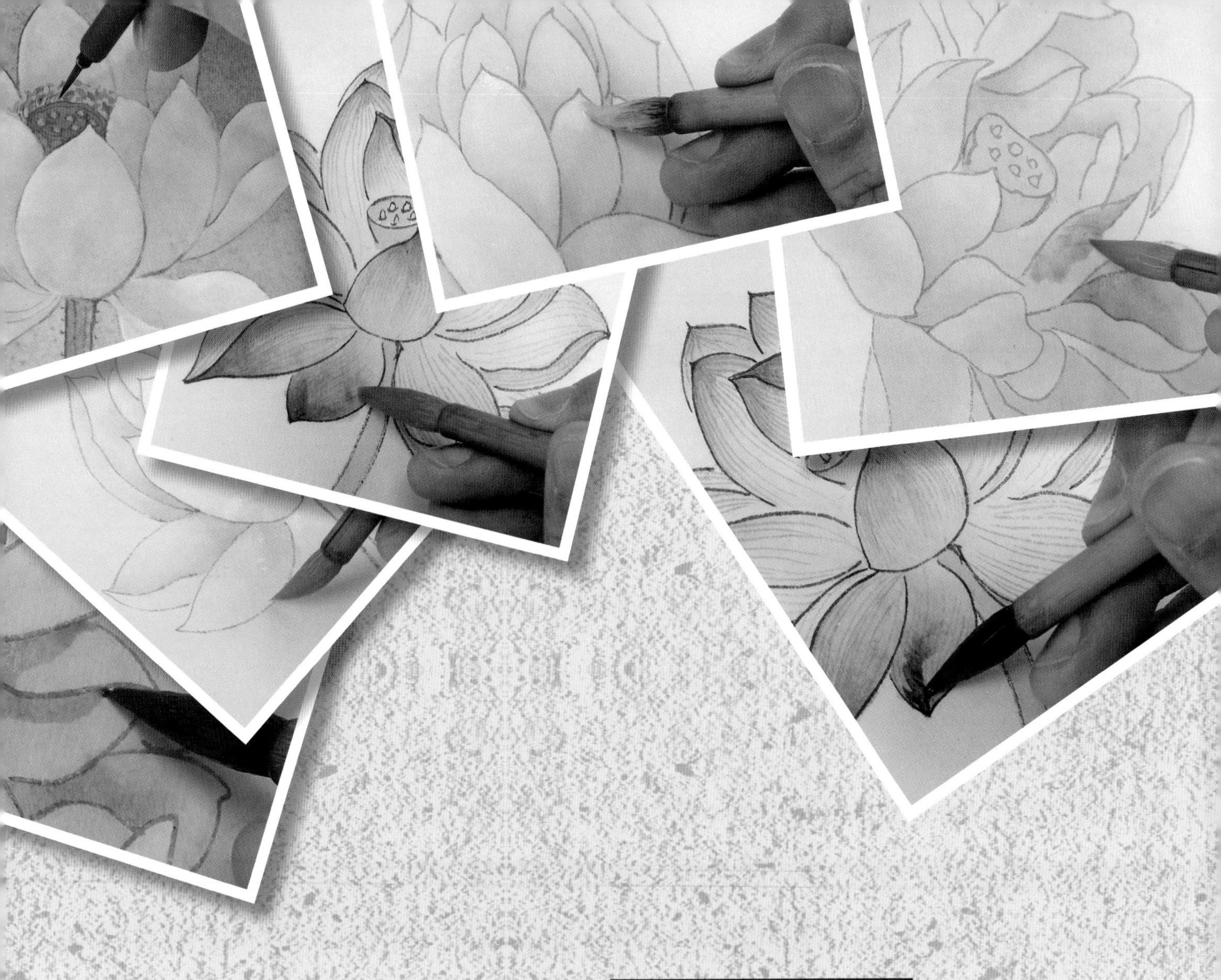

第五章

不同顏色的荷花

白荷花/粉荷花/紅荷花

5.1 白荷花

白荷花是荷花的一個品種，象徵至高純潔。花頭單生於花莖的頂端，花瓣多數嵌生在花托穴內。在繪畫時，由於紙張是白色的，我們可以在白宣紙上做設色處理，呈現更完美的白荷花。注意在勾墨線時，墨線顏色要淡，方便之後的渲染與色調的表現。

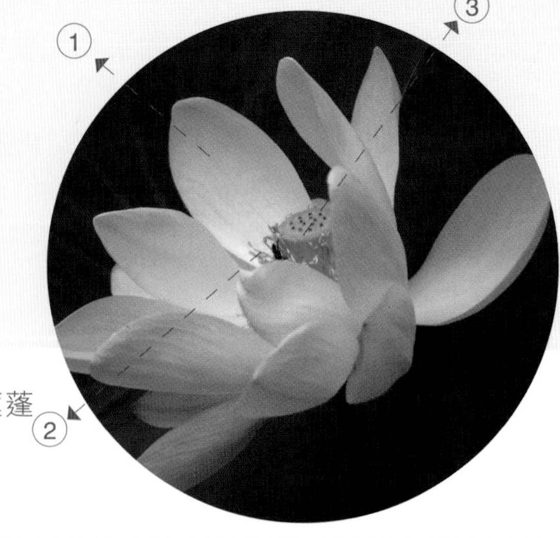

① 花瓣 ② 花蕊 ③ 蓮蓬

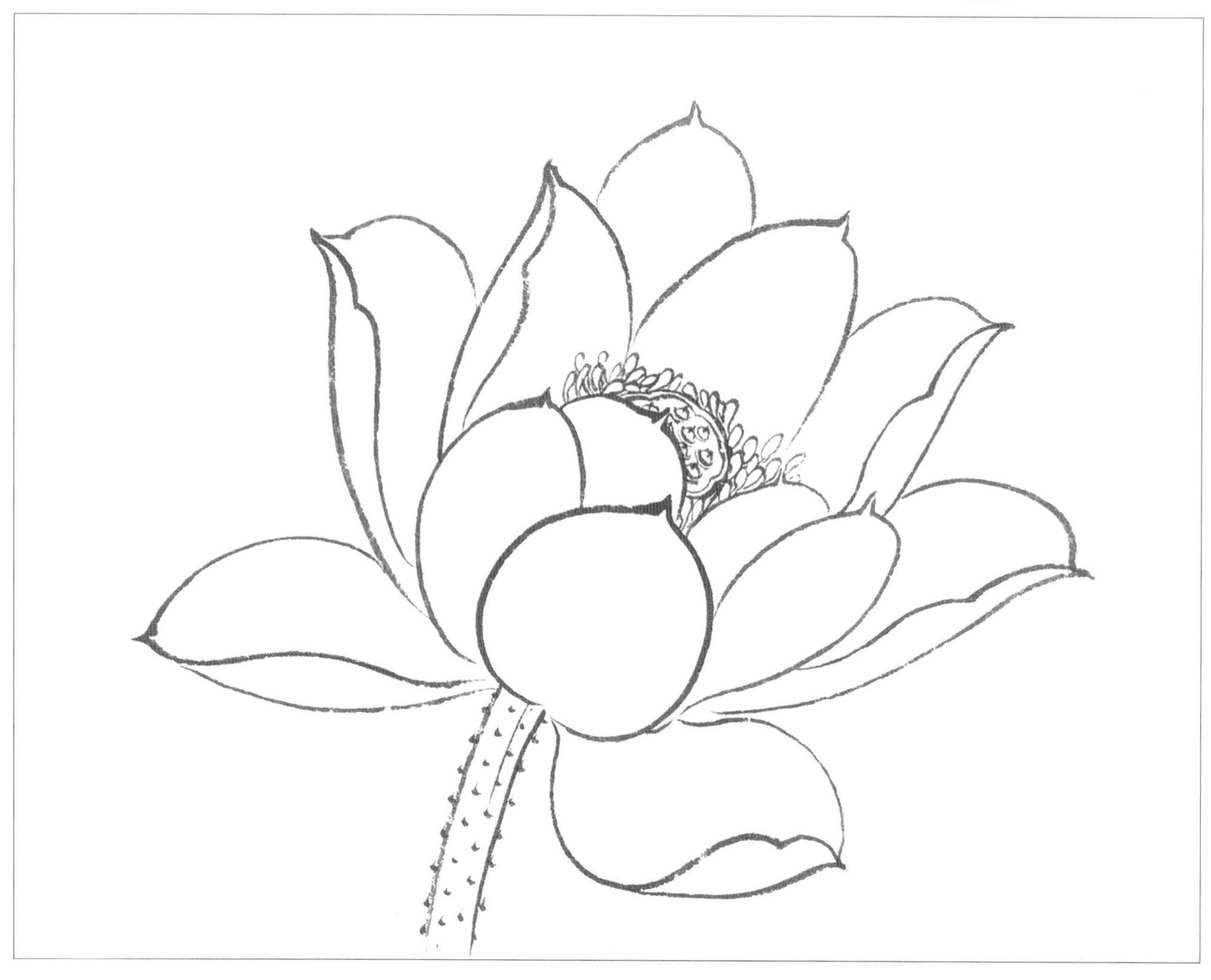

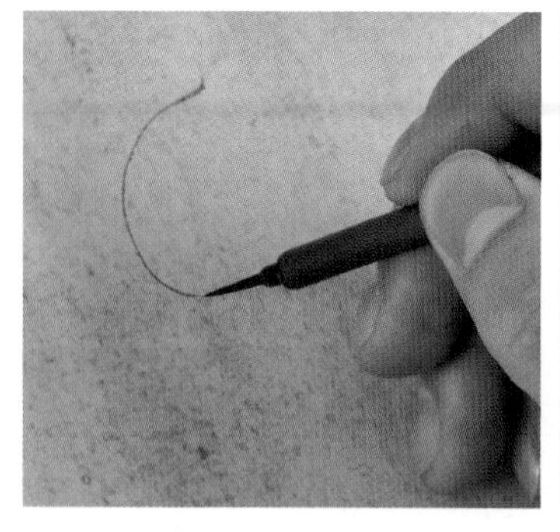

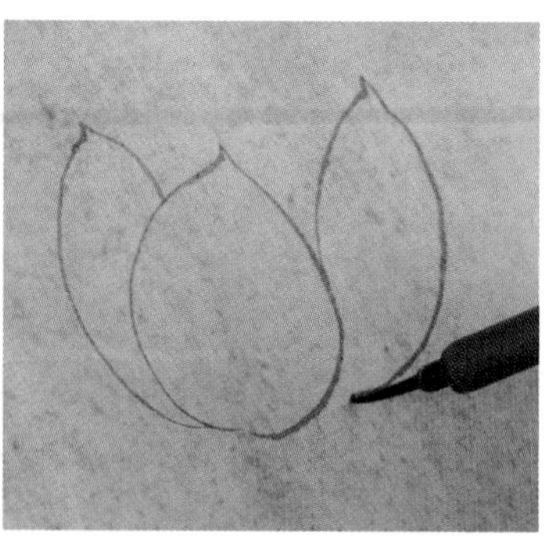

1 以中葉筋勾勒筆，用少量的清水和墨，調和成淡墨，從荷花花瓣最前端的一片勾起。

對初學者來說，可先用鉛筆或清墨淡淡地勾畫出整個線稿，再用淡墨進行勾畫，這樣不容易出現錯筆。勾畫時一定要注意線條的流暢程度。

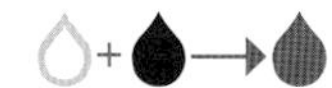

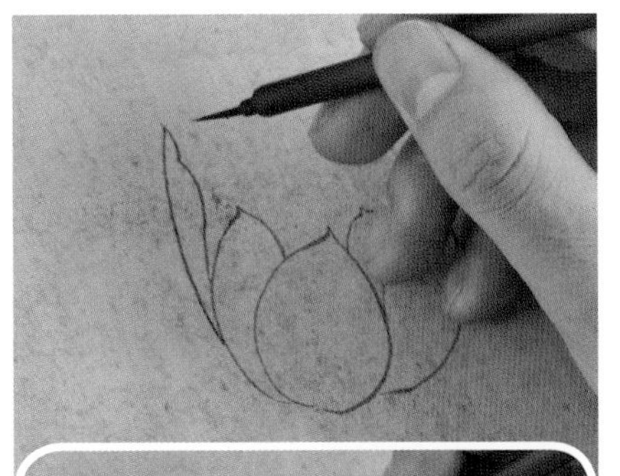

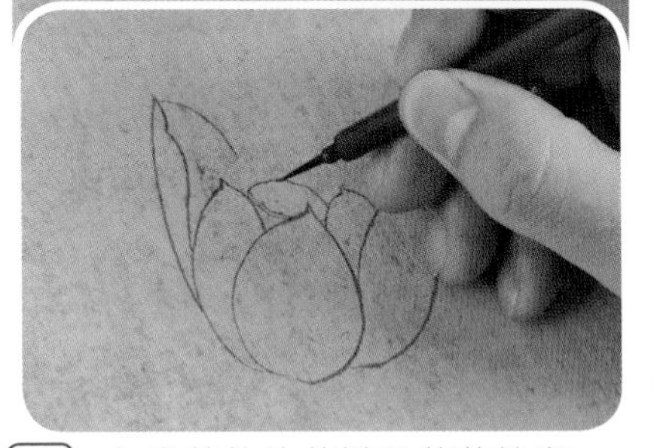

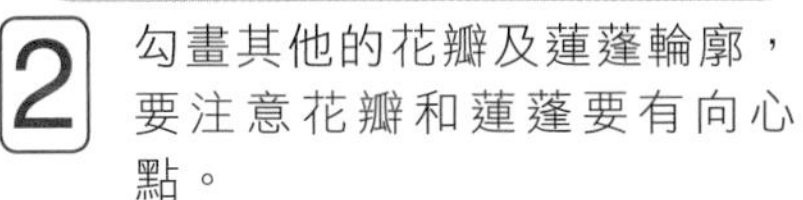

2 勾畫其他的花瓣及蓮蓬輪廓，要注意花瓣和蓮蓬要有向心點。

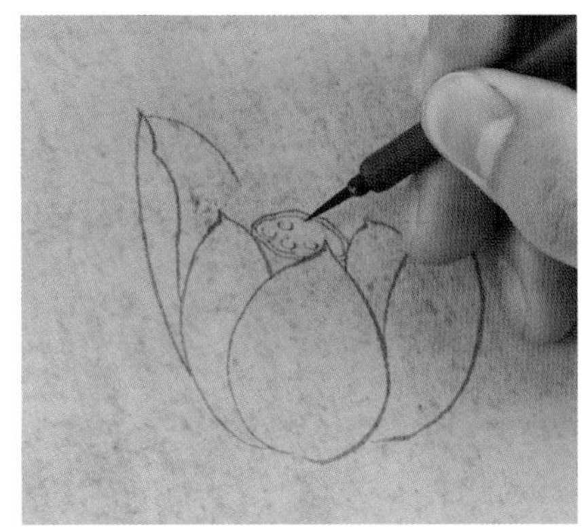

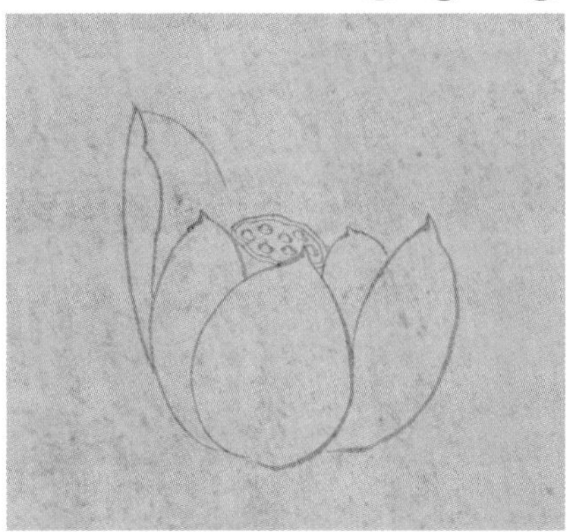

3 可用比花瓣更淡的墨色勾畫蓮蓬內的蓮子及其內的皺摺紋線。

這裡強調一下蓮蓬和花瓣的關係，一定要讓其處在同一個中心點上，也就是要畫荷花莖的位置，否則會給人不舒服的感覺。

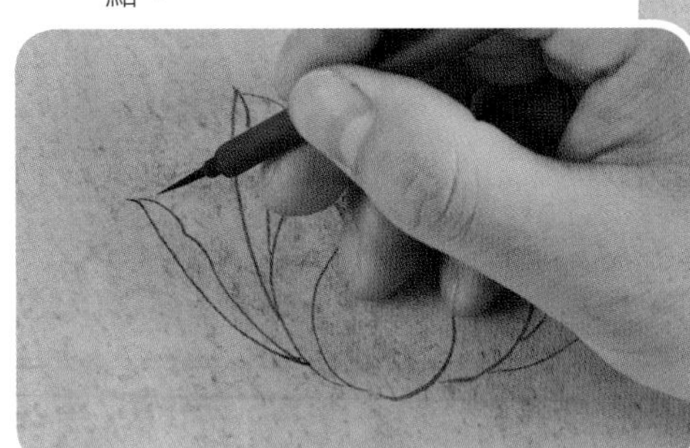

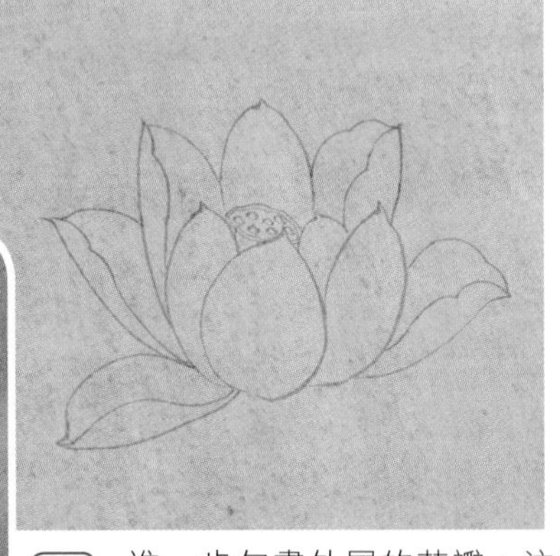

4 進一步勾畫外層的花瓣，注意勾畫時反瓣內外的層次關係。

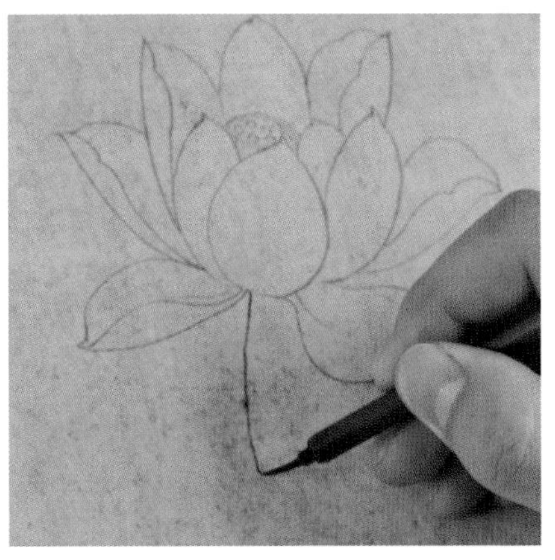

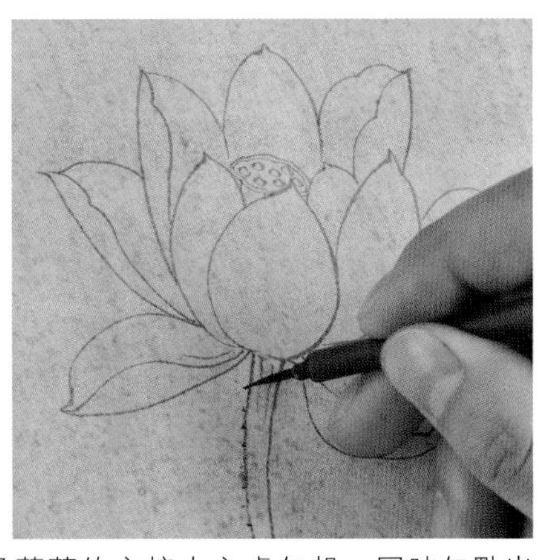

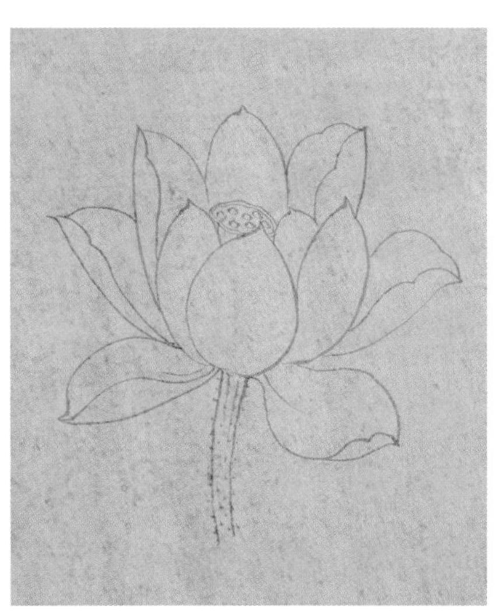

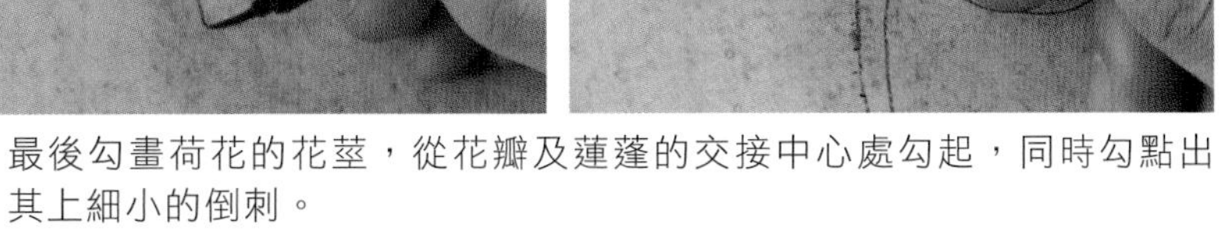

5 最後勾畫荷花的花莖，從花瓣及蓮蓬的交接中心處勾起，同時勾點出其上細小的倒刺。

繪畫步驟：勾墨線

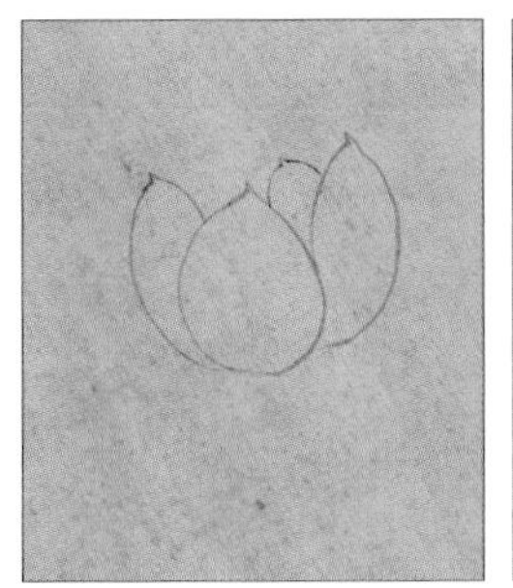

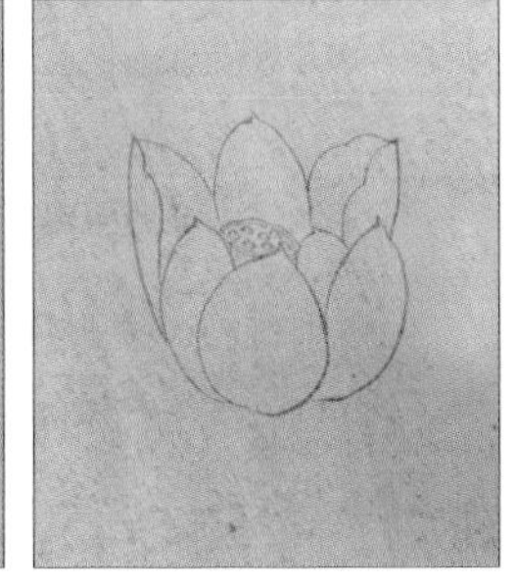

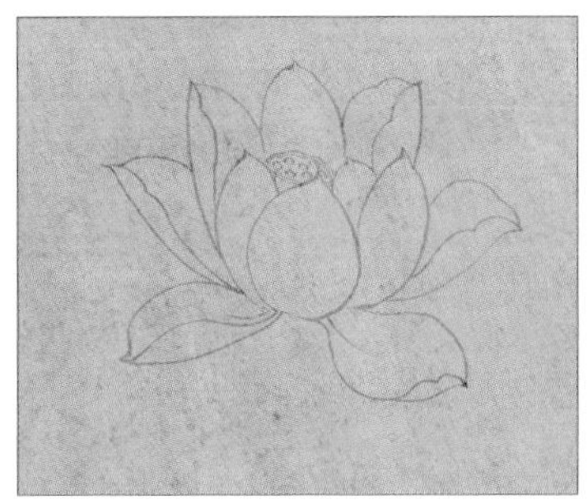

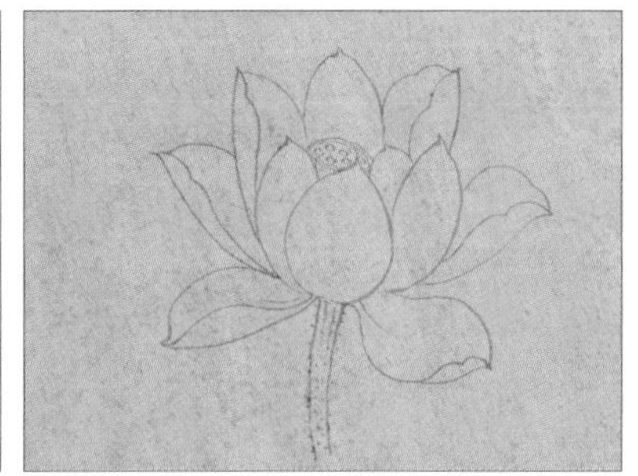

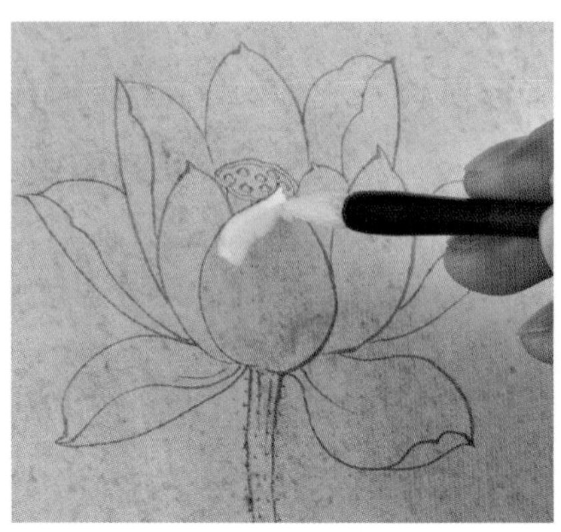
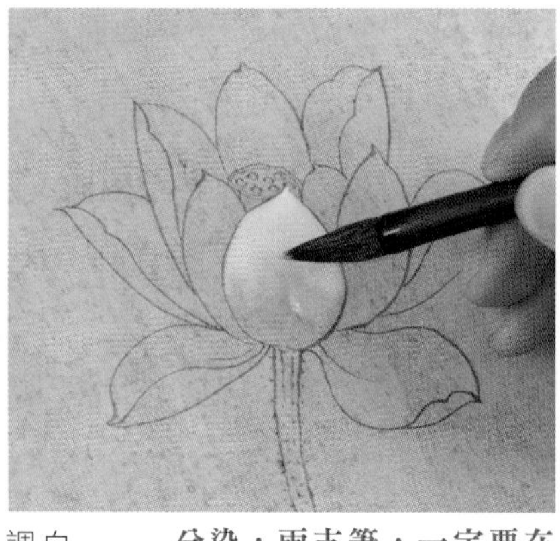
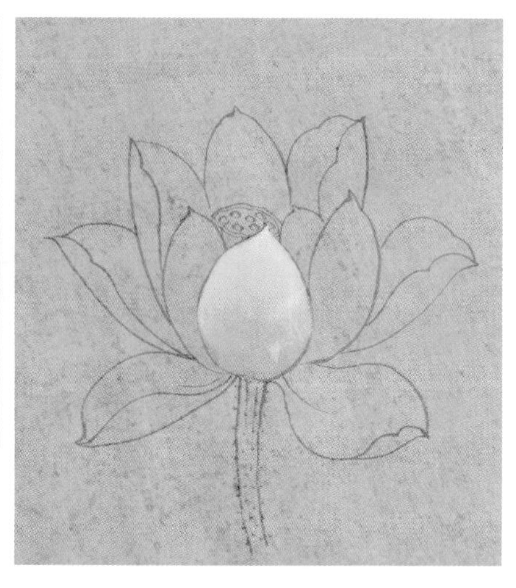

6 依畫面而定選用大小白雲筆，調白粉，從反瓣尖部著部分色，用另一支兼毫或白雲筆，蘸清水分染花瓣。

分染，兩支筆，一定要在白色未乾時進行分染，要分染出自然層次，不露筆痕，越均勻越好。

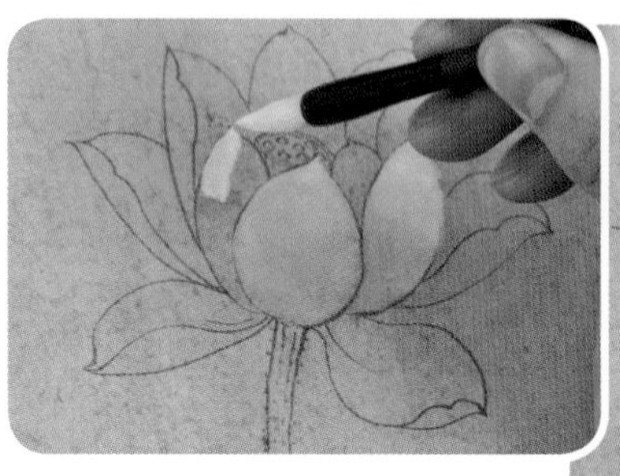
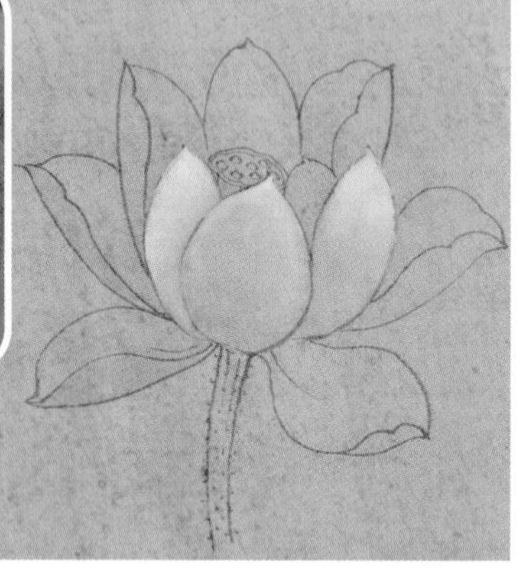

7 用同樣的分染方法對其他反向花瓣進行分染上色。

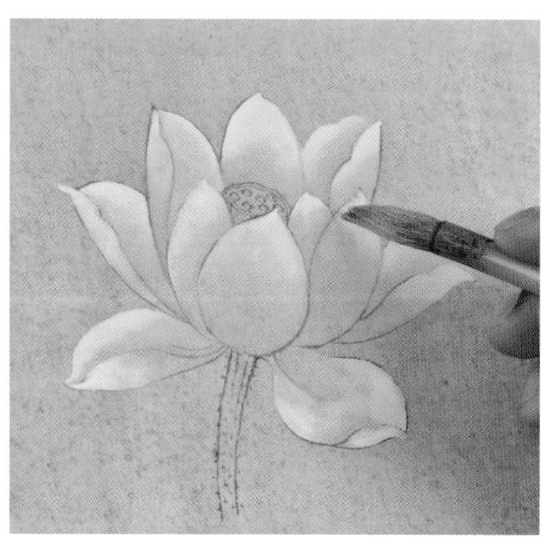

8 花瓣內的分染，表現手法與反瓣一樣，注意在分染時分出瓣與瓣、內外瓣的層次關係。

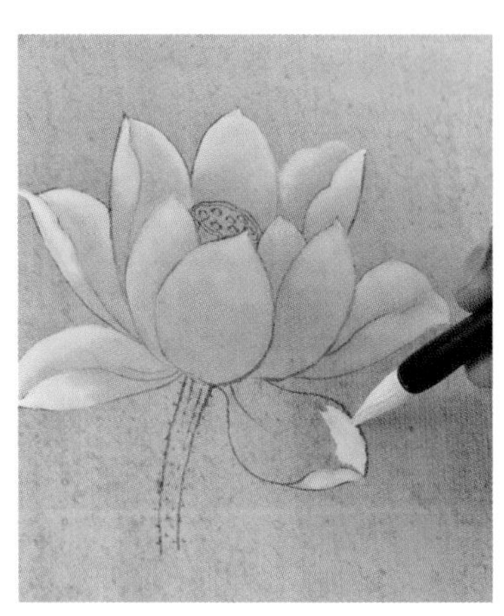
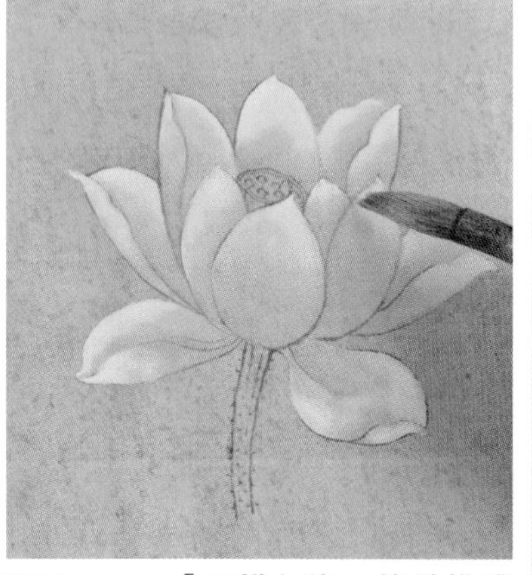

9 完成對其他花瓣的分染，根據實際情況進行第二遍、第三遍的分染，直到自己感覺滿意為止。

「三礬九染」就是描述工筆繪畫中分染的方法，強調的也是重彩工筆中重要的染色技巧。

繪畫步驟：分染花瓣

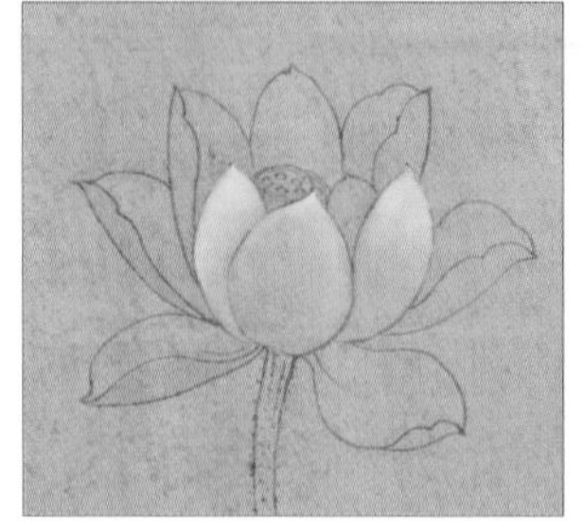
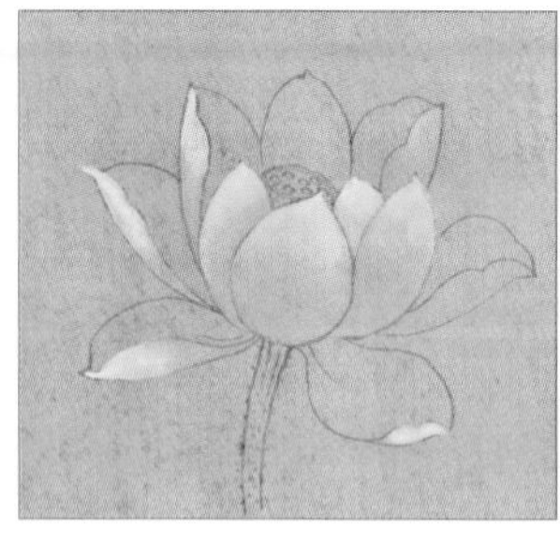
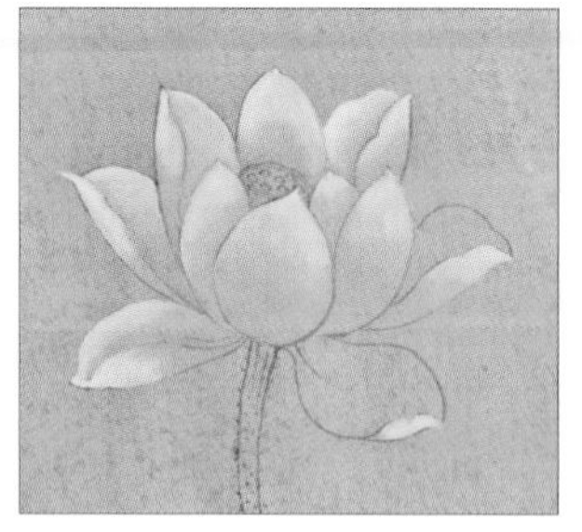
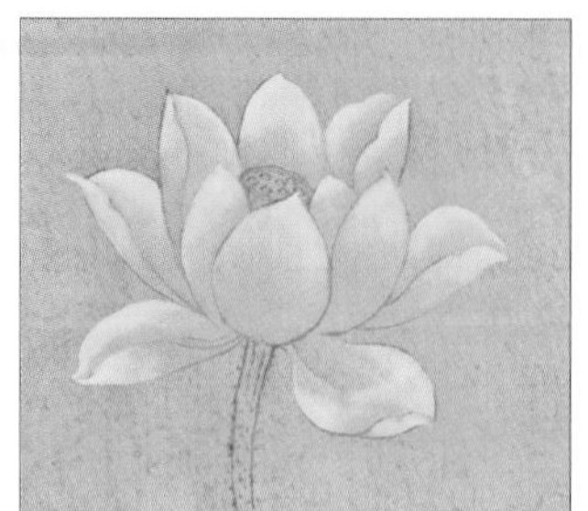

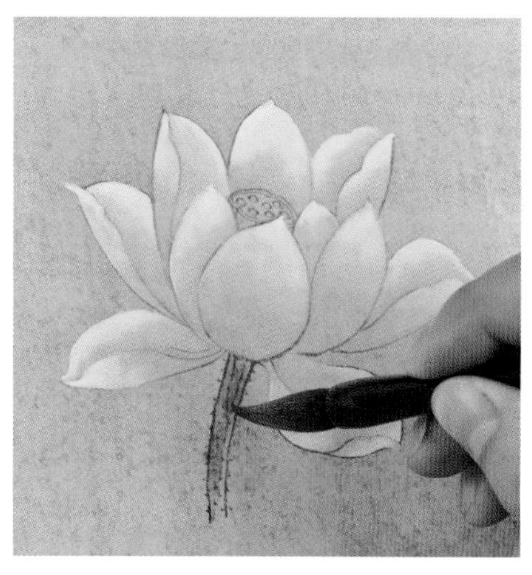

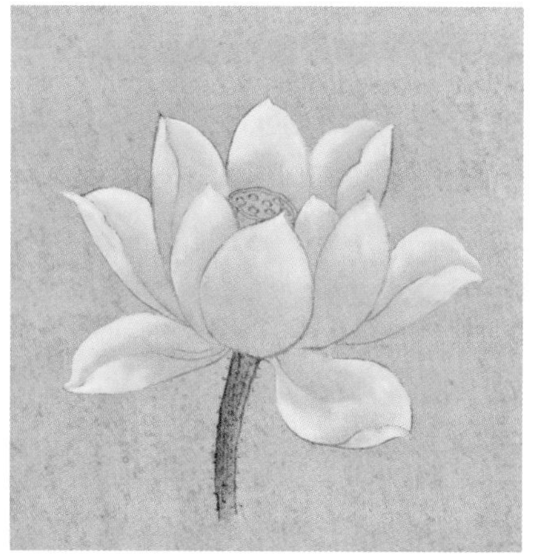

10 用羊毫筆調汁綠分染花莖部分。

對小面積的地方分染時也要注意表現出與分染面積一樣大的效果。

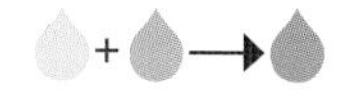

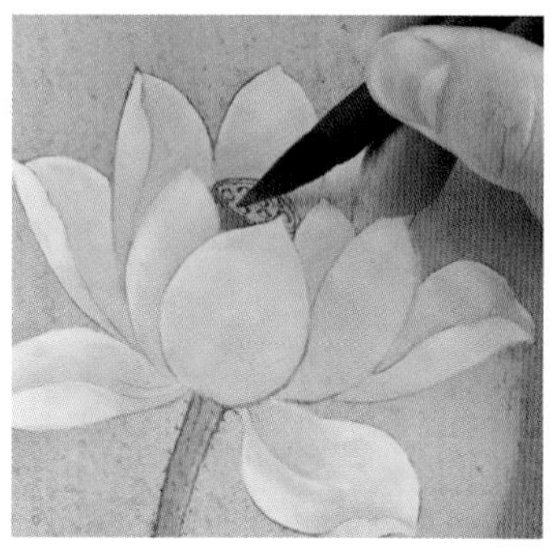

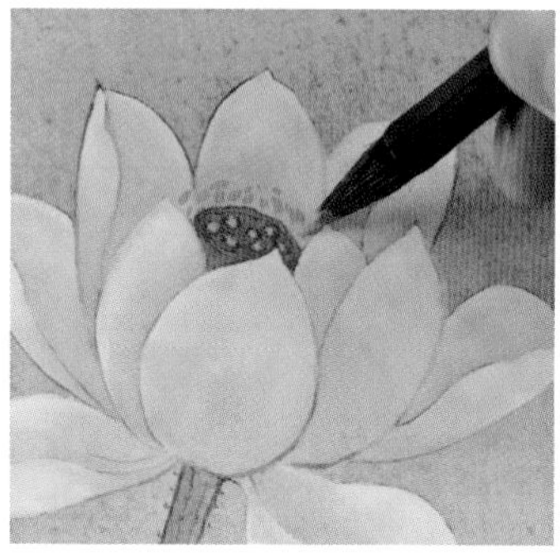

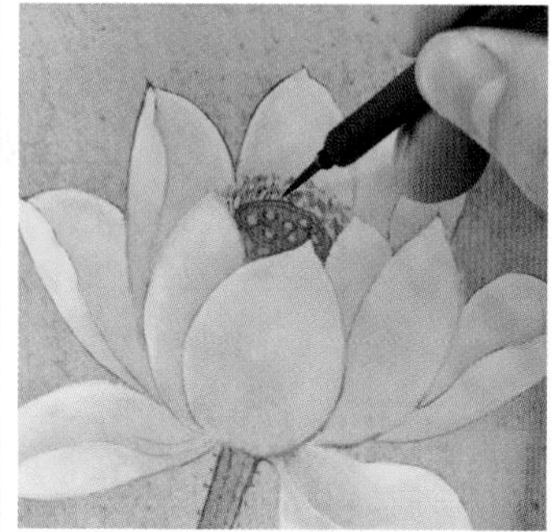

11 用羊毫筆蘸汁綠統染蓮蓬，加赭石分染蓮蓬內部；同時用藤黃加白粉點畫出花蕊；用勾勒筆蘸藤黃加少許曙紅勾畫蕊莖。

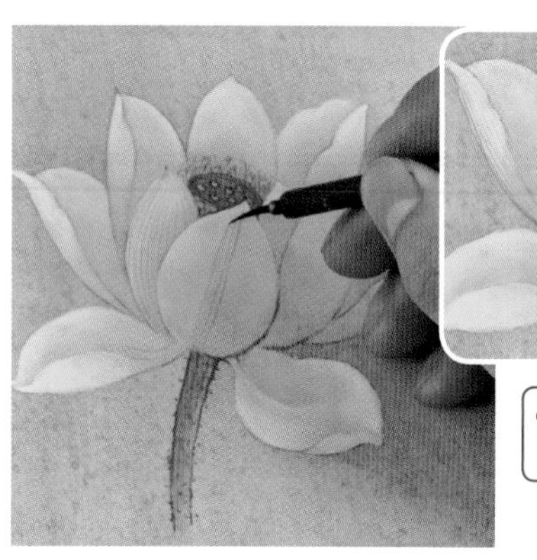

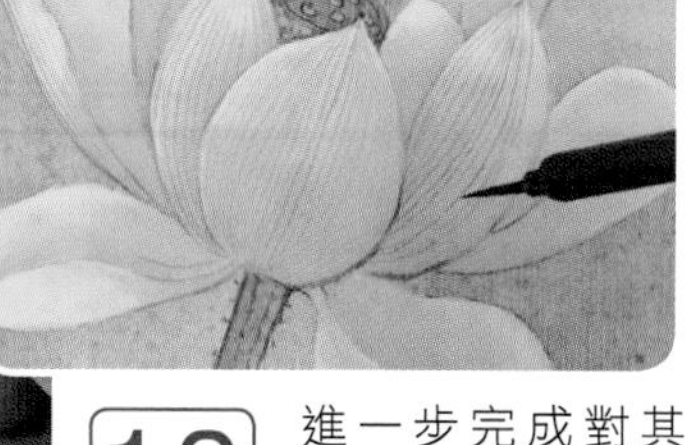

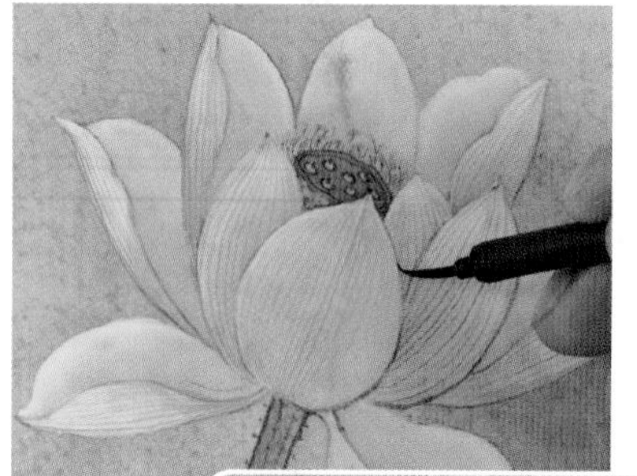

12 用中葉筋勾勒筆蘸赭石加水，勾畫出荷花反向花瓣的脈線。

13 進一步完成對其他花瓣脈線的勾畫，注意線墨要有所變化。

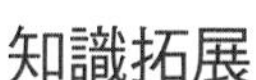

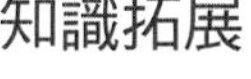

知識拓展

紙張介紹

熟宣或熟絹是生宣紙或生絹經過一定比例的膠礬水刷製而成的。其性能是不滲水。熟宣的品種有清水書畫宣、冰雪宣、書畫箋、蟬翼宣、雲母箋等。以上熟宣紙中有薄有厚，膠礬水有濃有淡。一般來說薄者適合畫淡彩，厚者適合畫重彩。以蟬翼宣最薄，冰雪宣最厚。現在常用的扁絲絹，是在絹織成之後加以捶砸，使絹絲呈扁形，以減少絹絲之間的空隙，使絹刷上膠礬水之後不易漏礬。這種絹有白色和仿舊色等顏色。

繪畫步驟：給蓮蓬、花蕊、花莖著色

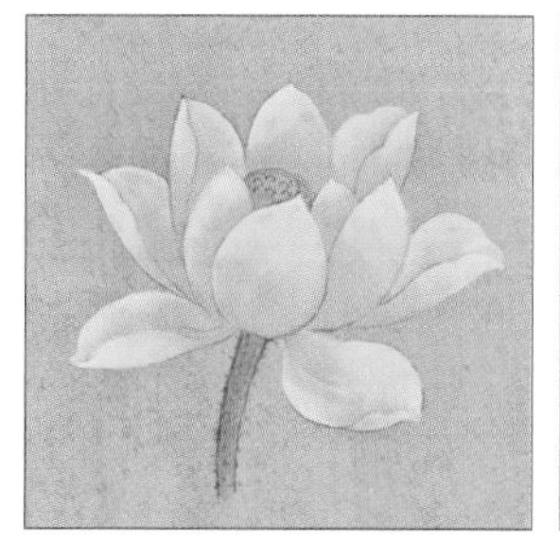

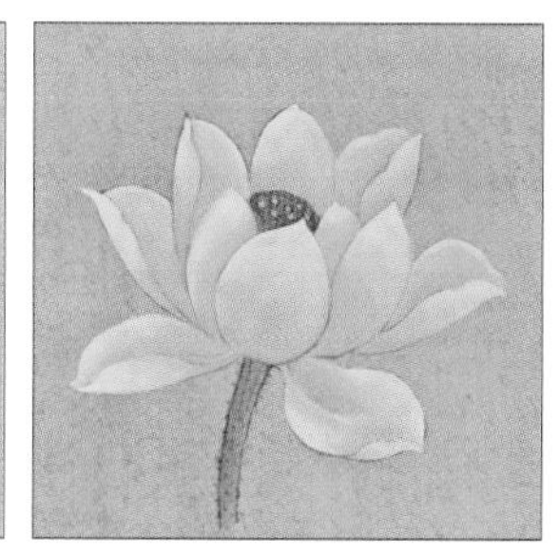

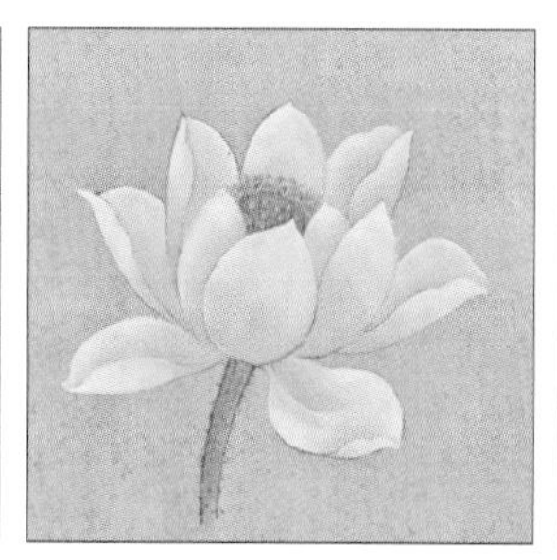

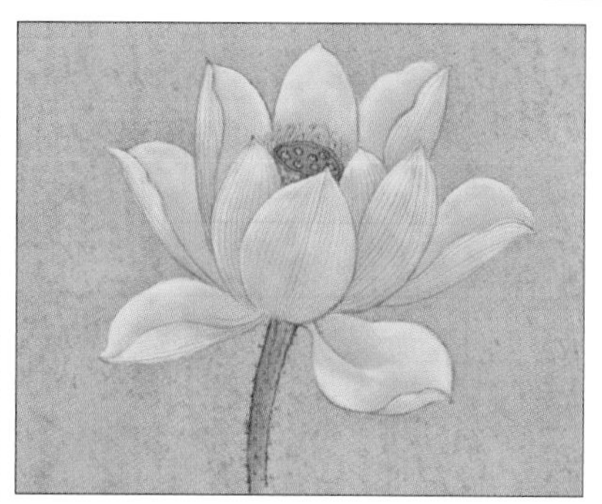

5.2 粉荷花

粉荷花也是荷花的一個品種，只是不同品種所呈現的色調不同而已。粉荷花的繪畫表現方法與白荷花相同。「中通外直，不蔓不枝，出淤泥而不染，濯清漣而不妖」，給人以不俗之感。其色彩也給人以別樣的感覺，花尖淡淡的一點紅，瓣身為粉色，清新而淡雅。

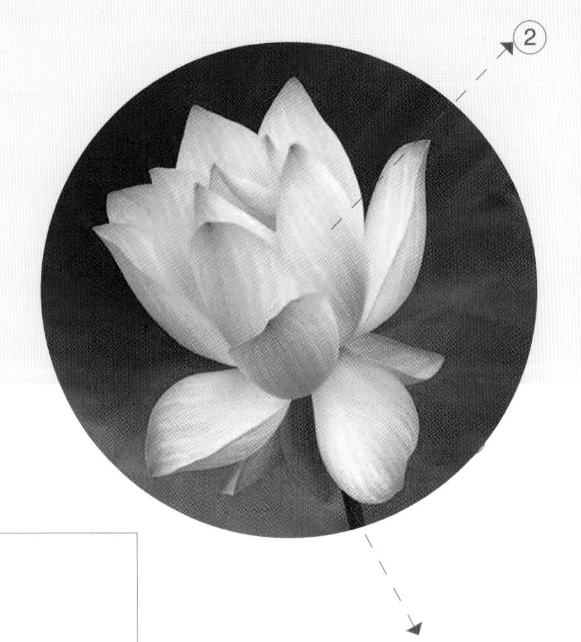

①花托 ②花瓣

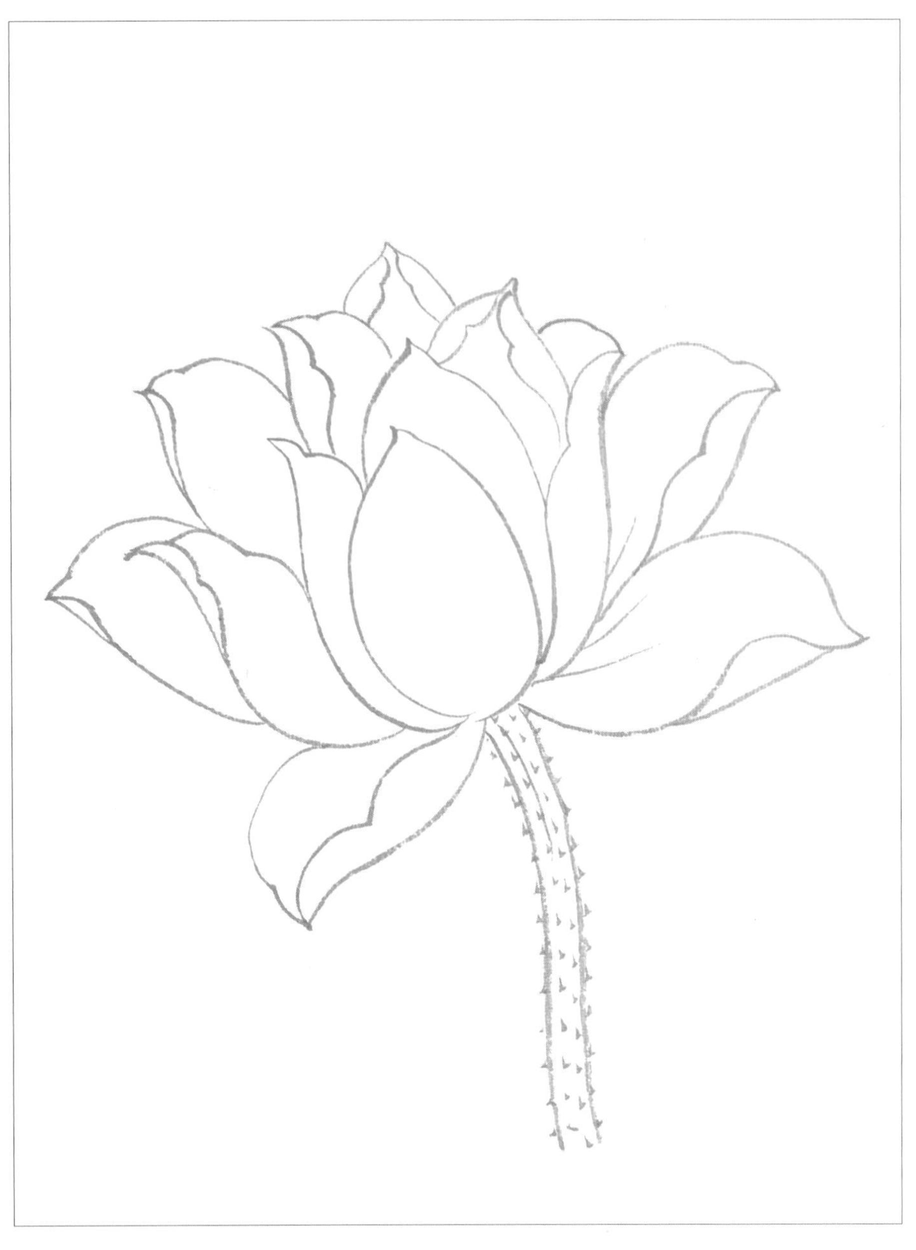

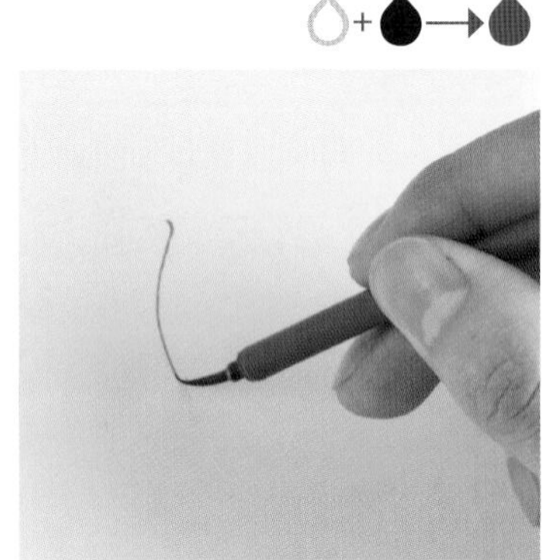

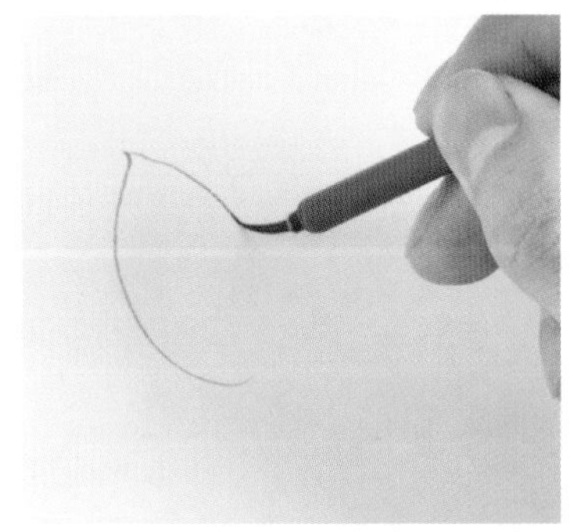

1 用中葉筋勾勒筆蘸淡墨勾畫前端的花瓣，可採用釘頭鼠尾描的畫法。

勾畫時注意所用線條的流暢程度和線與線的交接完整，做到熟練自然。

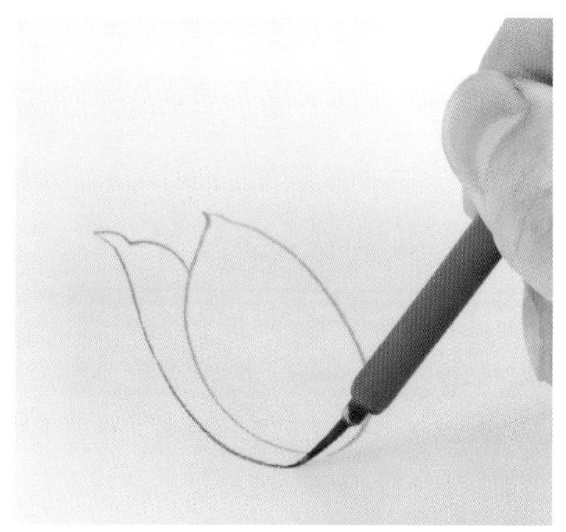

2 接著勾畫側向的反瓣。收筆的時候，花瓣的根部要和第一瓣在同一個消失點上。

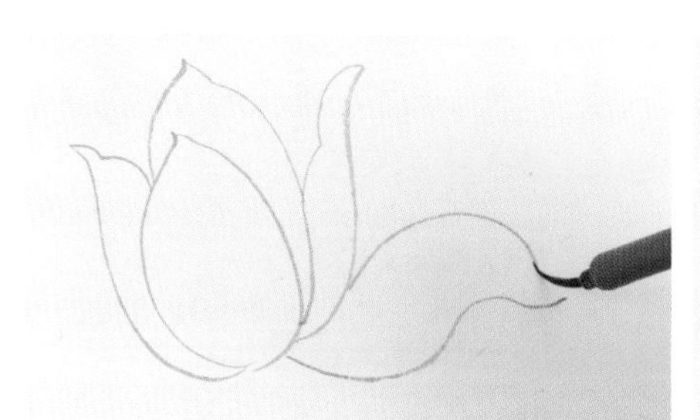

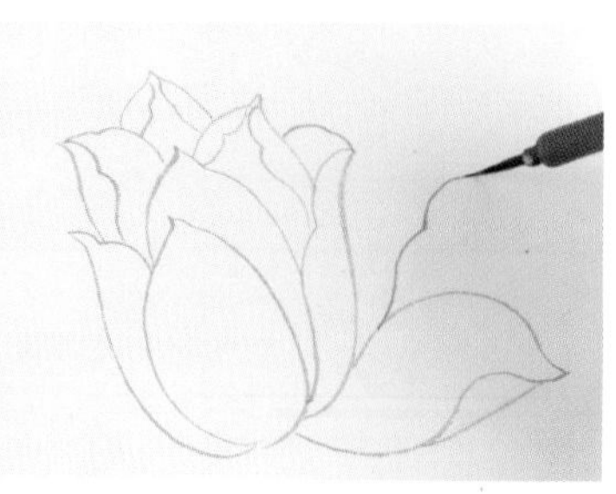

3 勾畫出其他的花瓣，注意線的墨色變化，離視線較遠的可用淡一點的墨線。

4 繼續勾勒外層的花瓣，注意對花瓣整體形狀的掌握。

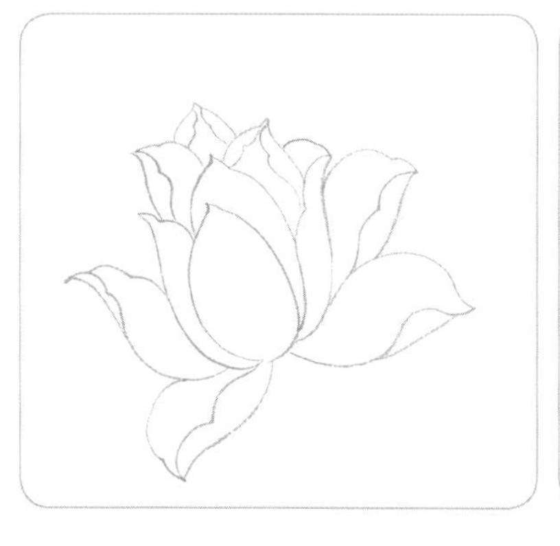

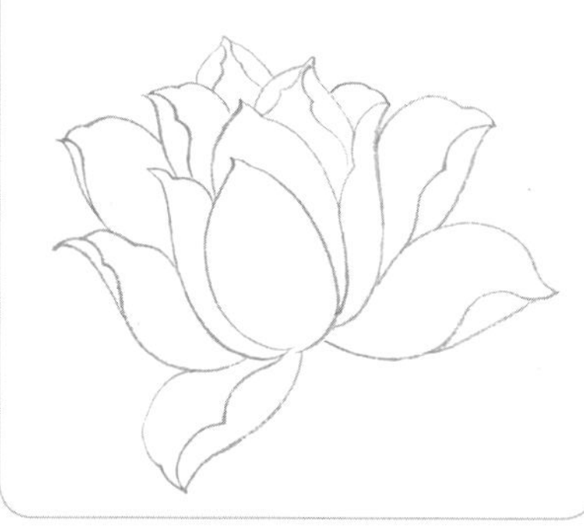

在白描線條中，勾畫荷花的整體花頭結構，主要在於花瓣的表現上；此外還要注意其線條的深淺變化，尤其在花瓣正反面的表現上一定要突出墨線的深淺變化。

知識拓展

虛實：一幅畫，總體布局上必須有虛實對比。一般說來，「有畫處為實，無畫處為虛」，或者說「有筆墨處為實，無筆墨處為虛」。這都是說明畫面上的空白和物像的對比關係。在構圖上常有虛實相間、虛實互用、以虛顯實、以實破虛等手法。花鳥畫一般不畫背景，留出大塊空白，即是「虛」，而所畫之物即為「實」，或者近者為實而遠者為虛，或者主為實、賓為虛，都是為了畫面的對比效果。「虛」能給人以「遐想妙得」之功，所謂「意到筆不到」「意猶未盡」也正是「以虛顯實」的絕妙效果。切忌滿紙筆墨，所畫物像占據一切空白，畫得嚴嚴實實，反而使觀賞者感到閉塞，失去了遐想的餘地。

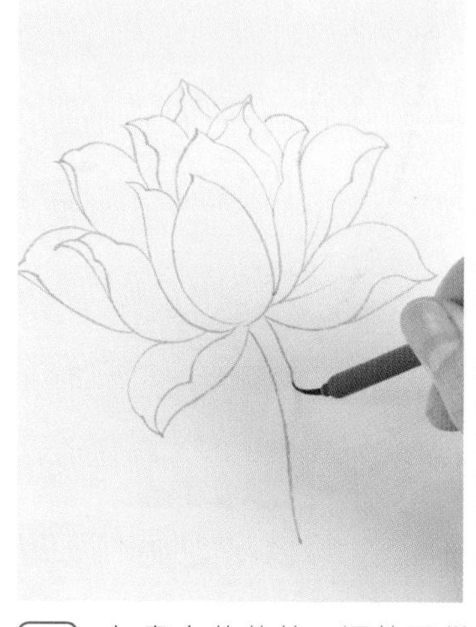

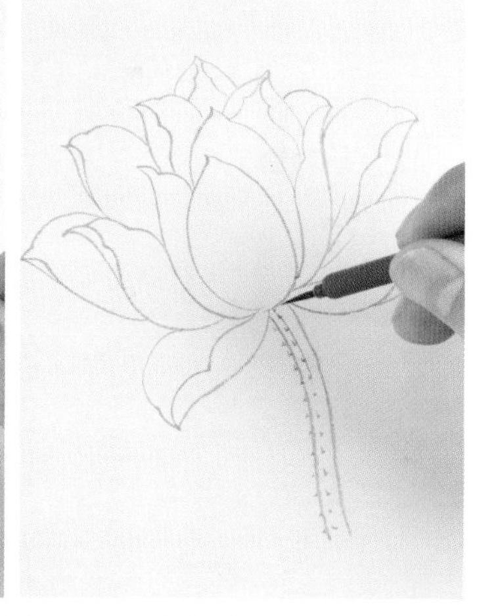

5 勾畫出荷花莖，運筆要從上而下，自然流暢。兩條線要平行，接近花端處，花莖呈放射狀，要畫得寬一些。

繪畫步驟：勾墨線

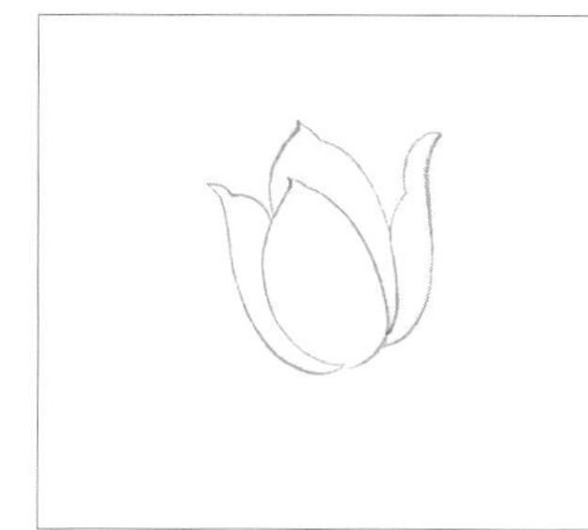

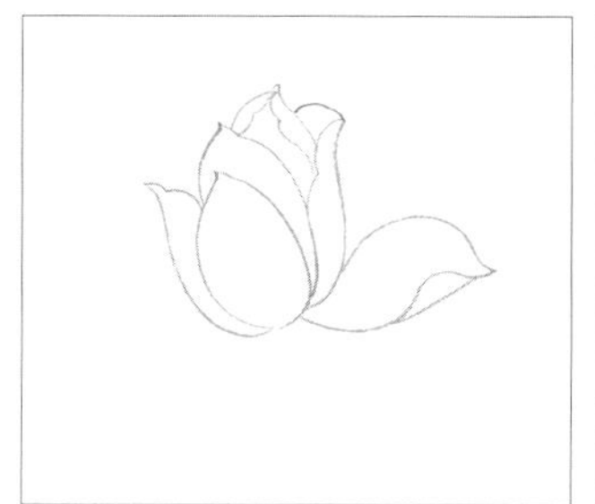

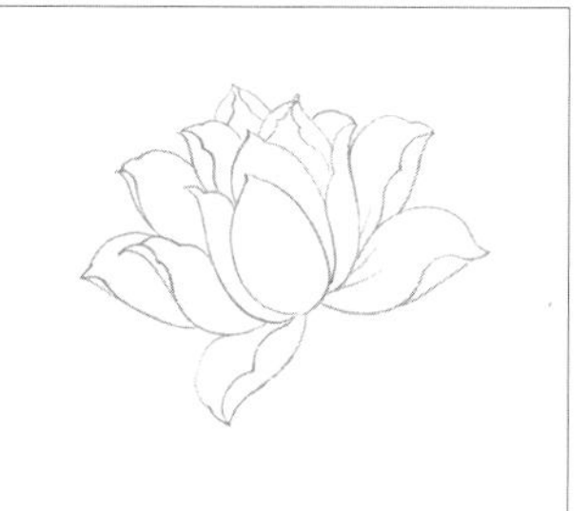

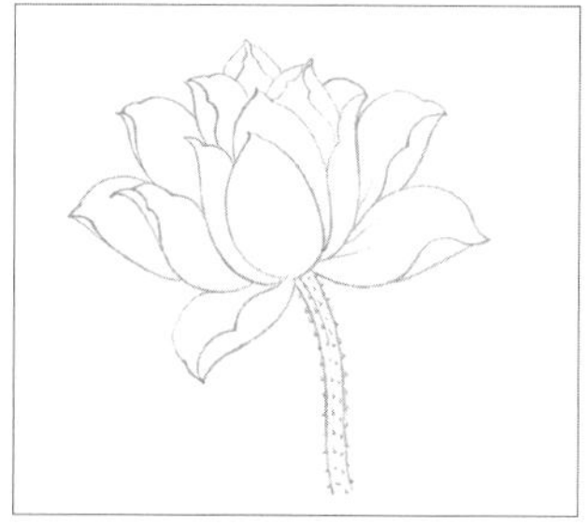

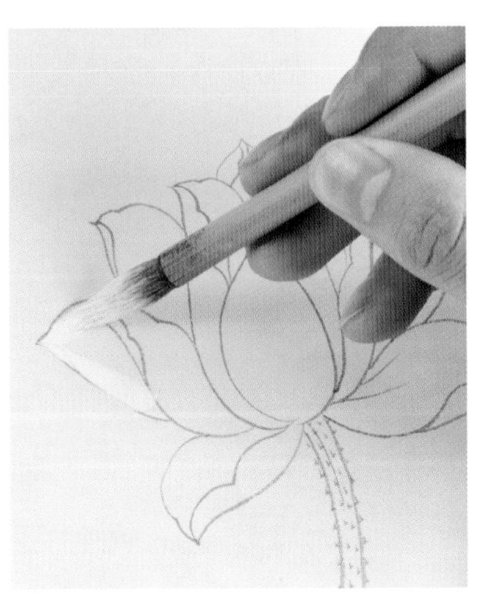

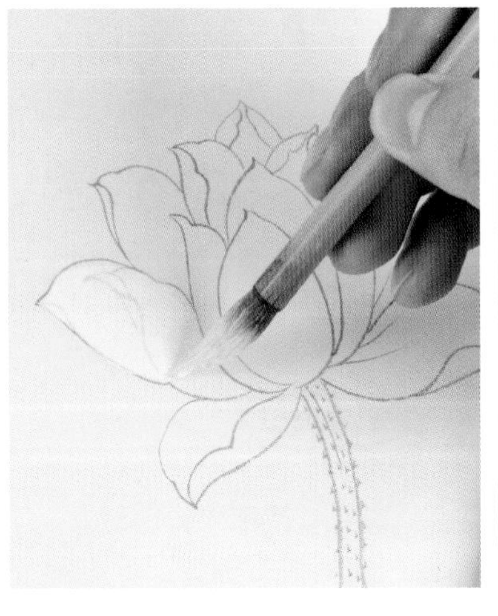

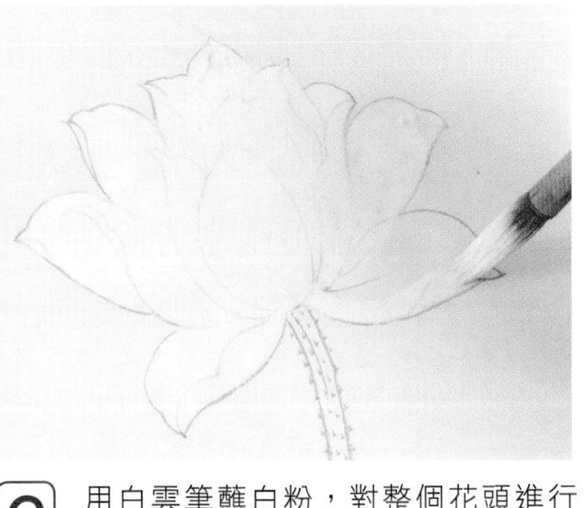

6 用白雲筆蘸白粉，對整個花頭進行平塗，平塗時要均勻平整。

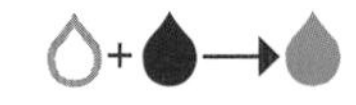

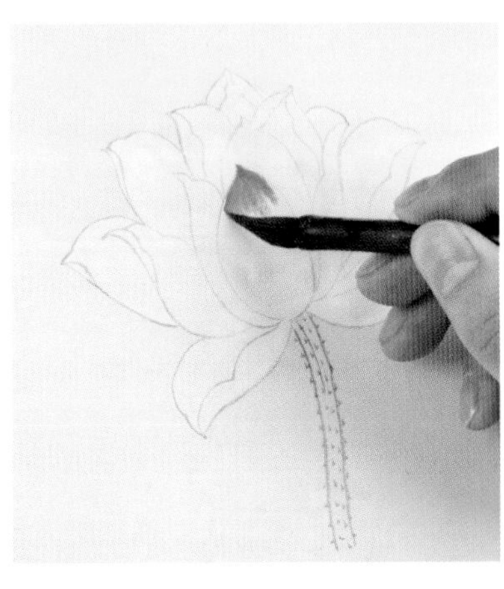

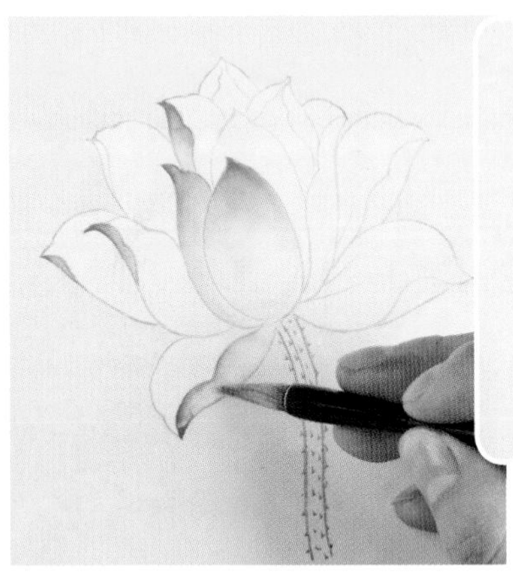

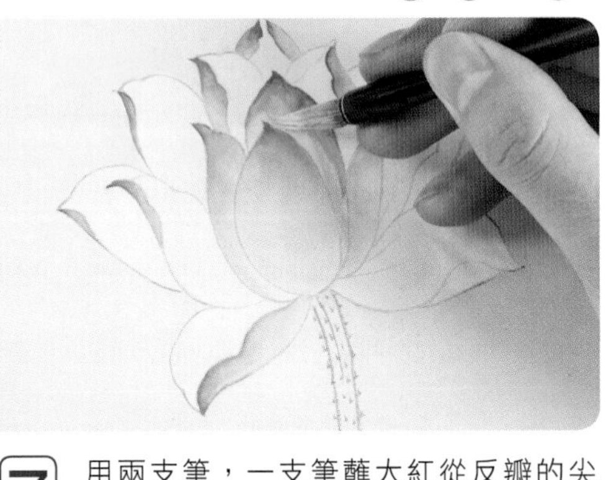

7 用兩支筆，一支筆蘸大紅從反瓣的尖端畫起，另一支筆蘸水對紅色做層次分染。

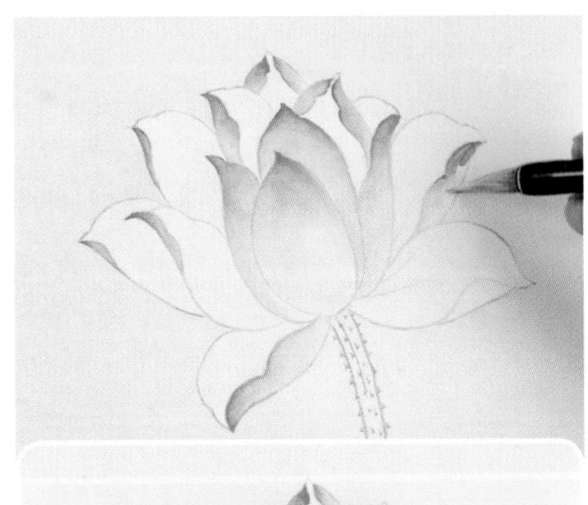

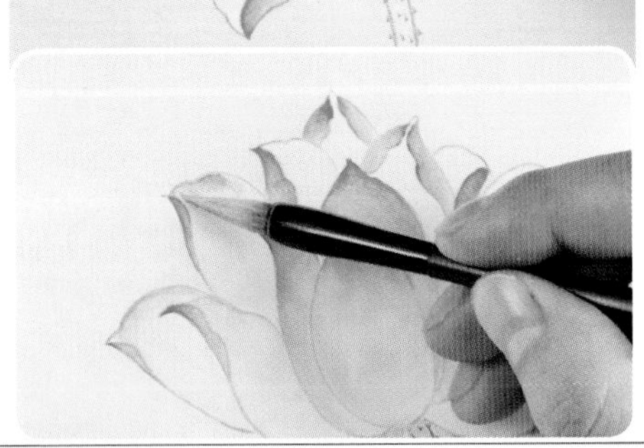

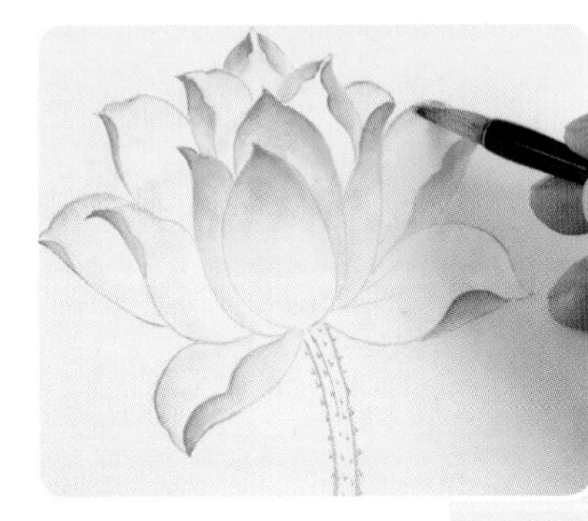

8 接著分染內瓣，分染時淡淡地染一下即可，無需用色太重。

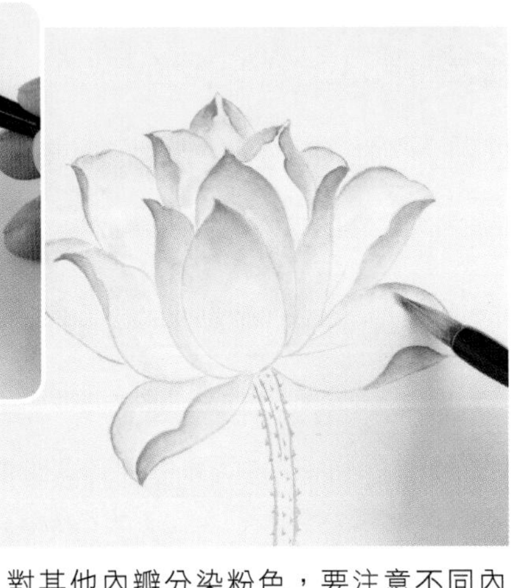

9 對其他內瓣分染粉色，要注意不同內瓣的層次關係。

繪畫步驟：平塗

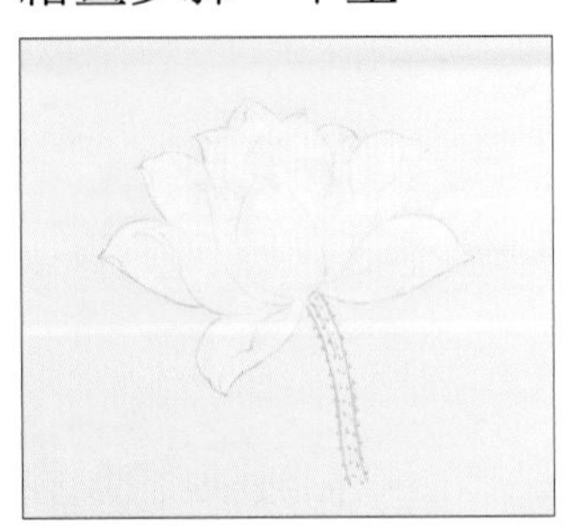

繪畫步驟：分染

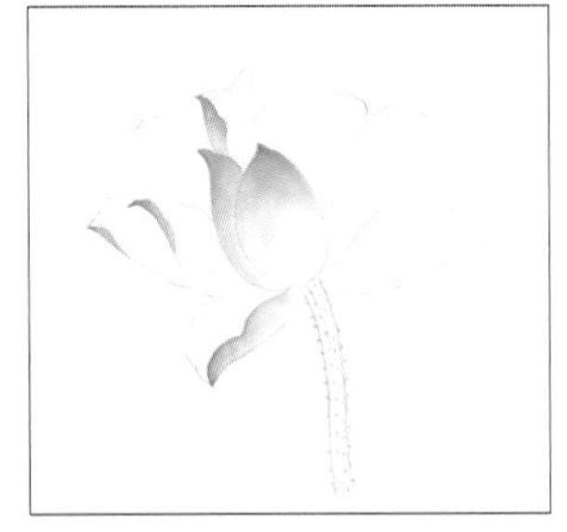

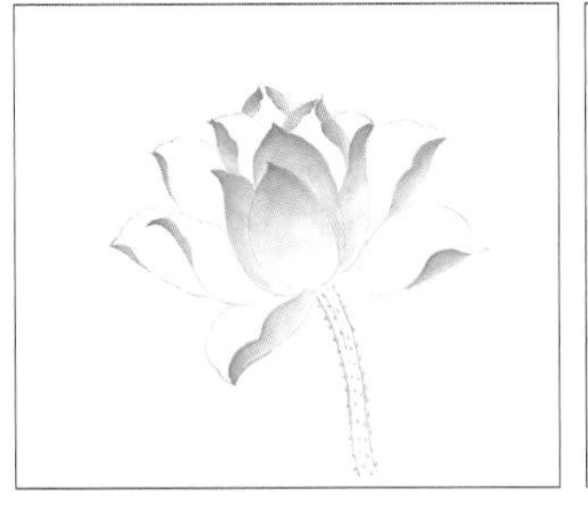

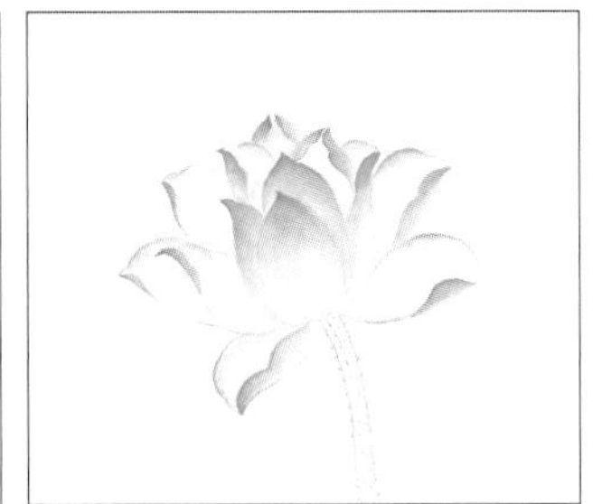

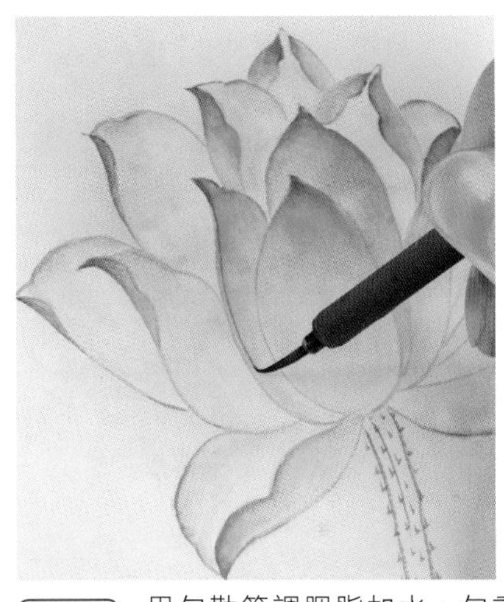

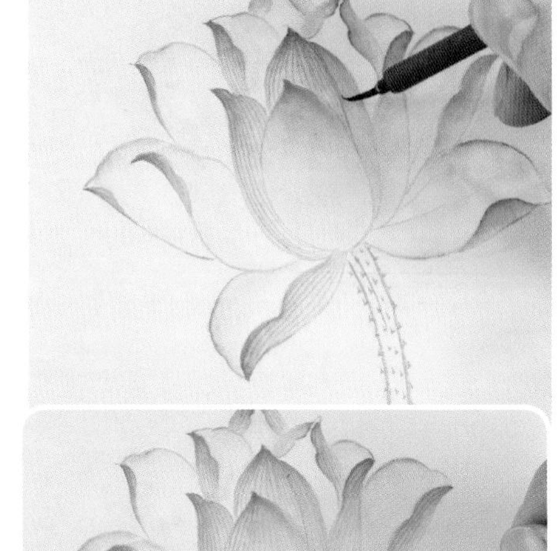

10 用勾勒筆調胭脂加水，勾畫出荷花反瓣的脈線，要由重至淺、從上而下依次勾畫。

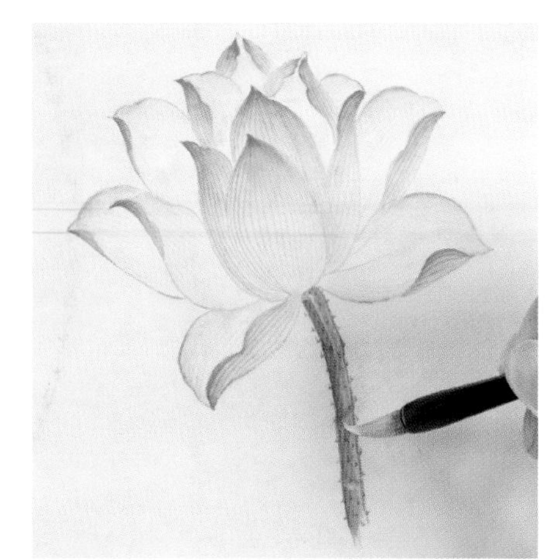

11 用更淡的胭脂加水，勾畫花瓣內瓣的脈線。

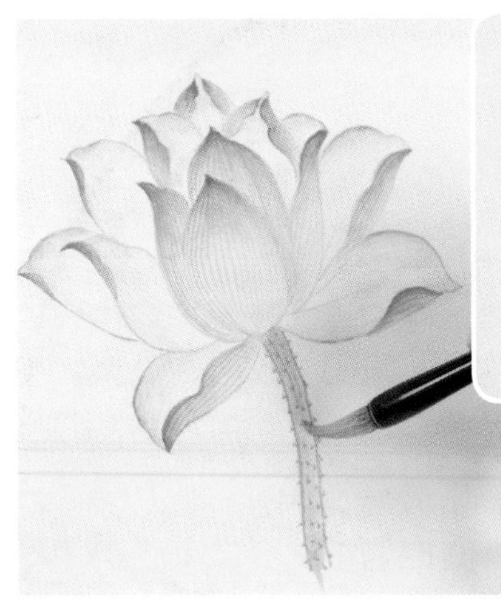

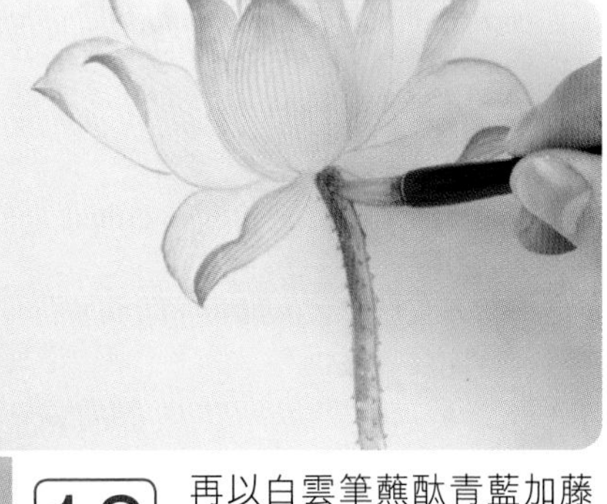

12 再以白雲筆蘸酞青藍加藤黃，平塗並分染荷花莖。

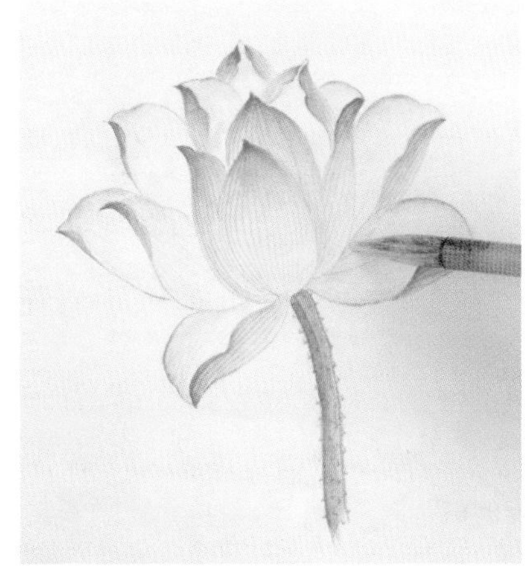

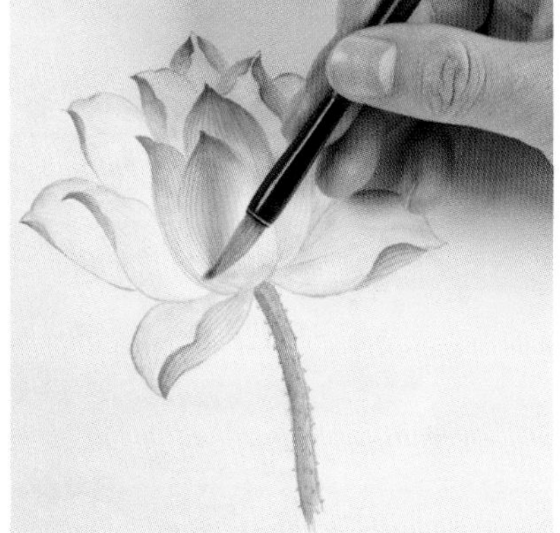

13 用白雲筆蘸些許白粉對花莖進行提染。

14 調些許汁綠，從花瓣根部向上分染。

繪畫步驟：勾花瓣的脈線

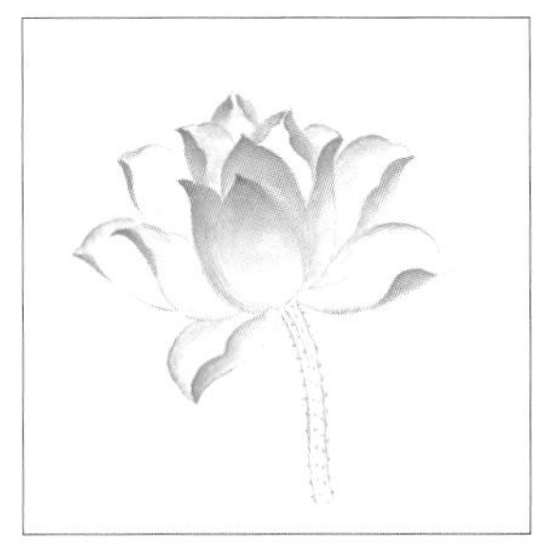

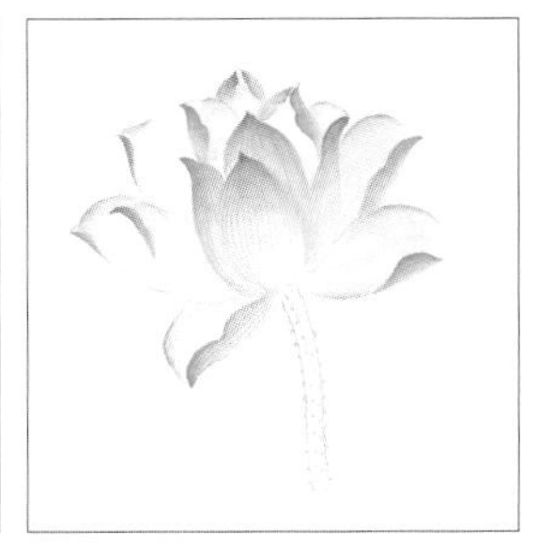

繪畫步驟：分染花瓣的根部及花莖

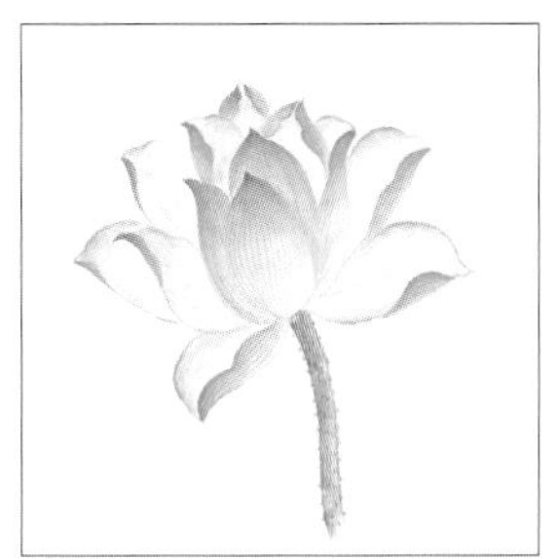

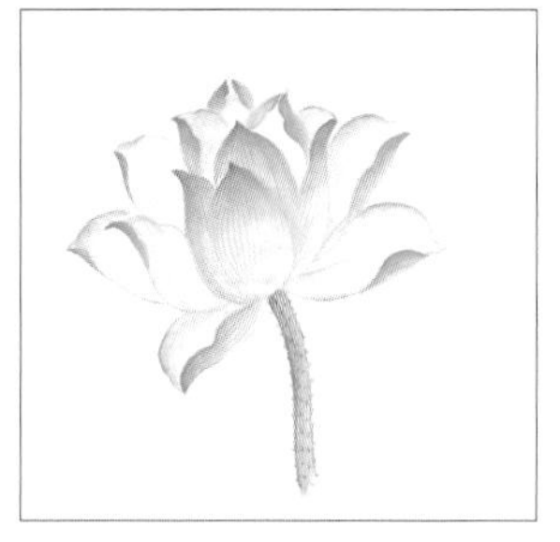

5.3 紅荷花

在繪製紅荷花之前，要先對它進行深入的瞭解。一方面從現實中分析紅荷花：瓣尖和花瓣邊緣顏色較重，其在繪製時是分染的重點；還有蓮蓬，花蕊呈絲狀且比較茂密；花瓣紋路比較明顯，它也是呈現形體關係的關鍵所在。另一方面，要根據繪畫中的表現技法進行人為處理。

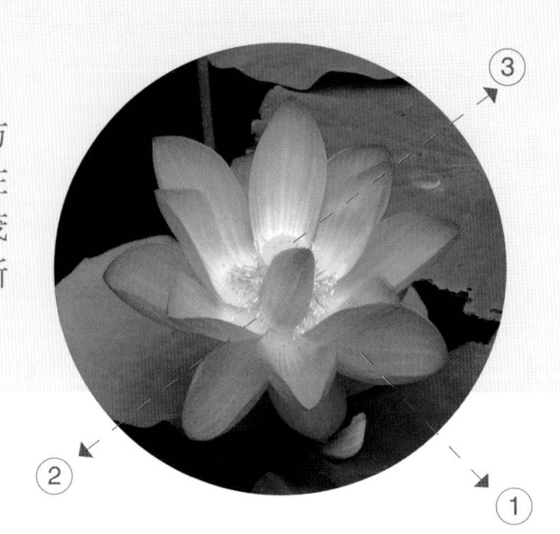

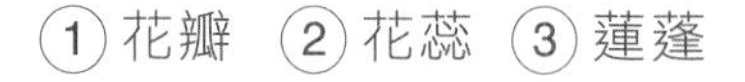

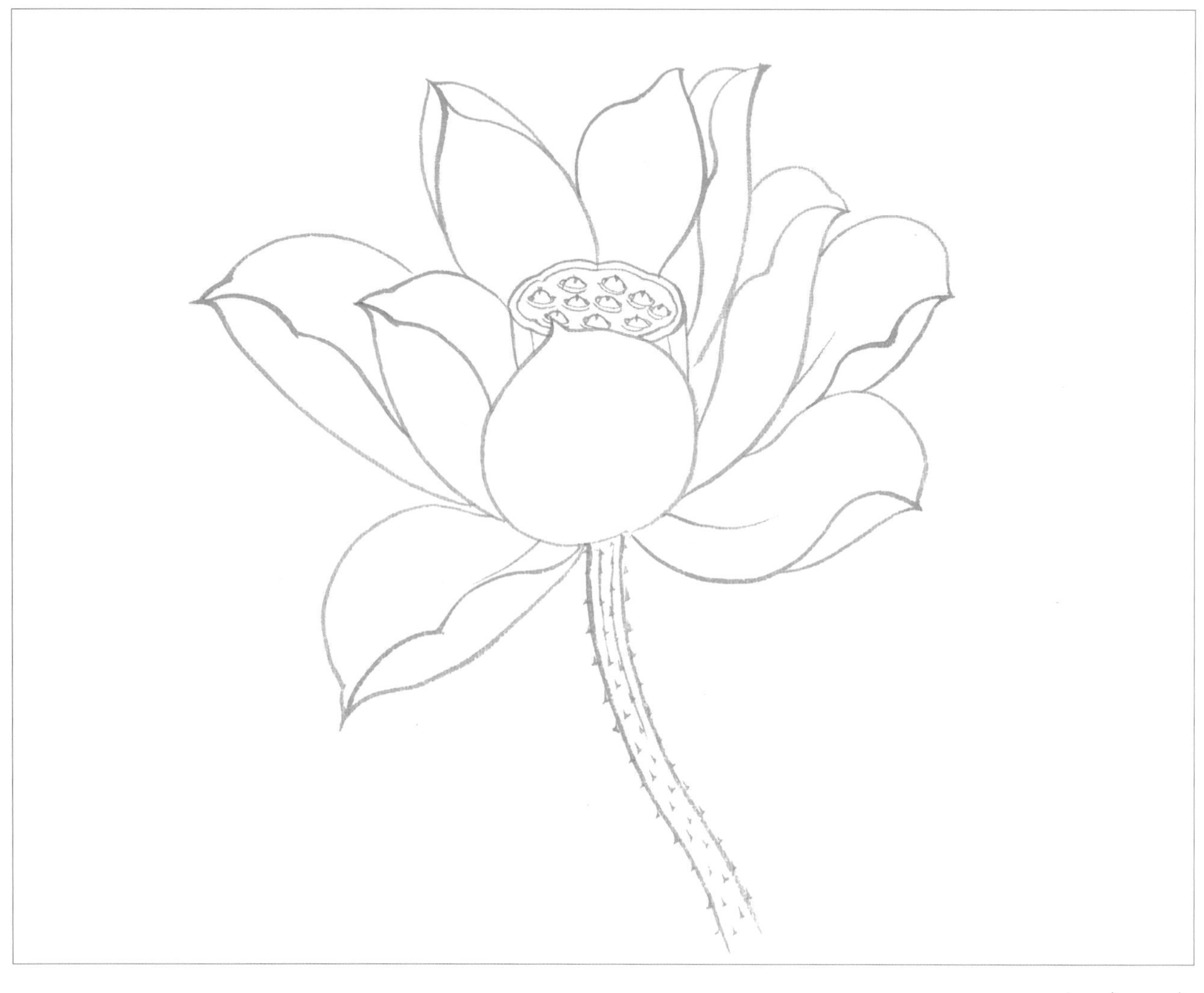

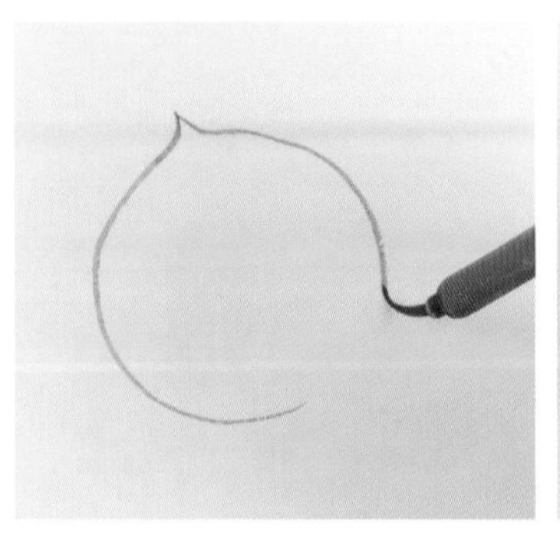

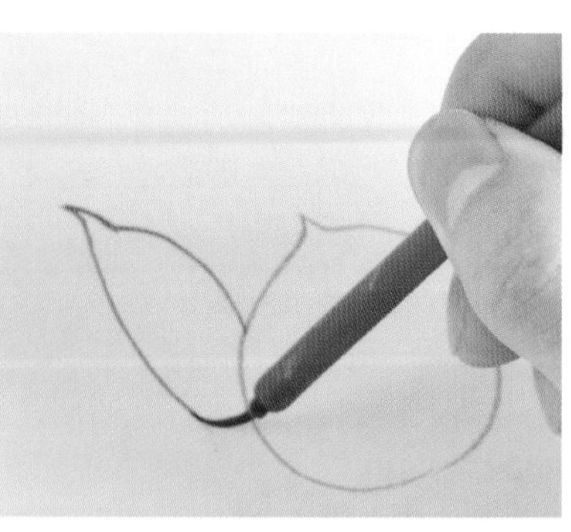

1 用中葉筋勾勒筆，蘸淡墨從最前端的花瓣畫起。

用線要做到一氣呵成、自然流暢，中途行筆不停頓。

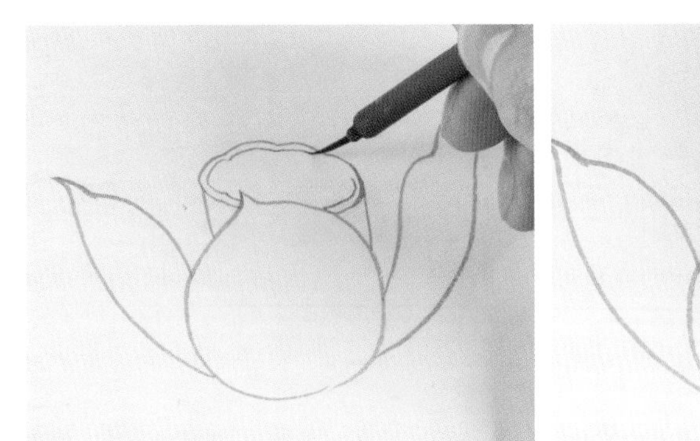
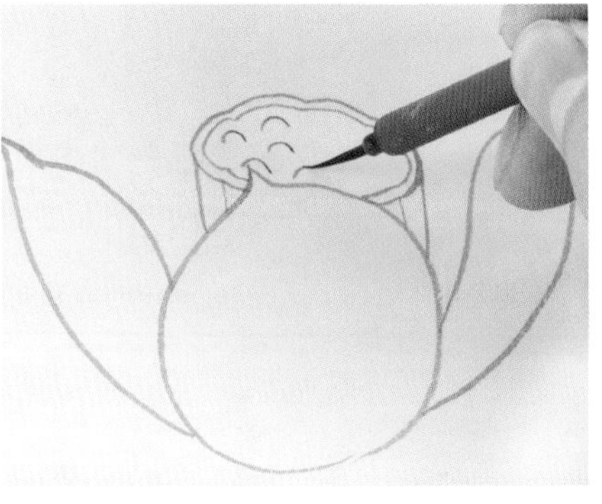
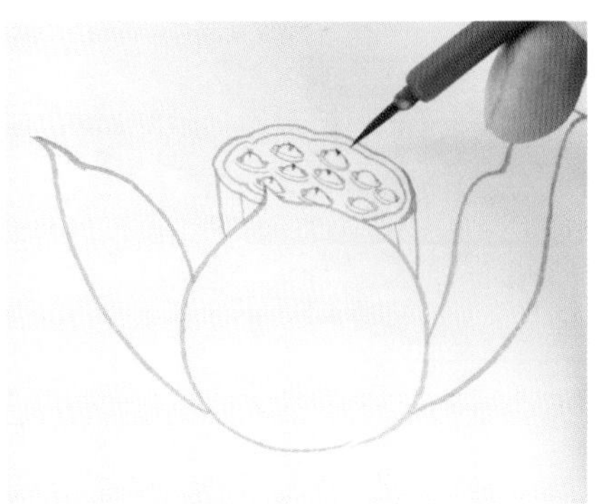

2 接著勾畫出蓮蓬，勾畫時要將蓮子也一併勾出。

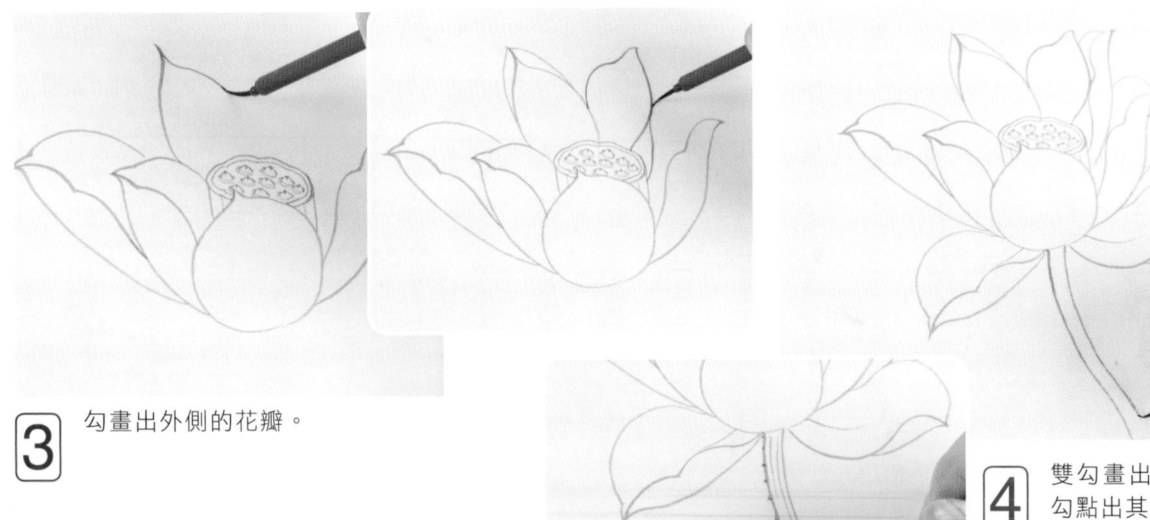

3 勾畫出外側的花瓣。

4 雙勾畫出荷花莖，並勾點出其上的倒刺。

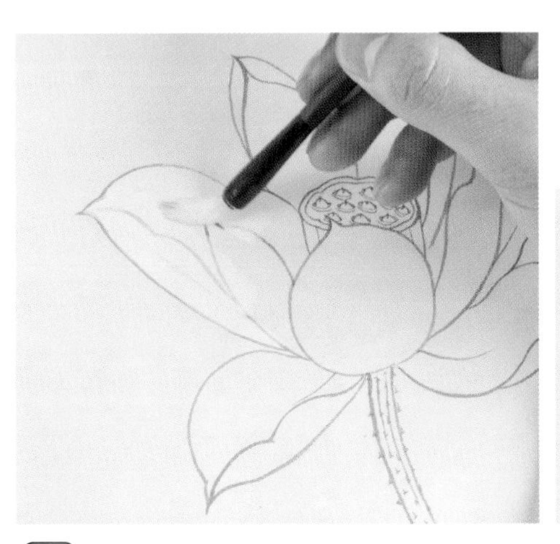
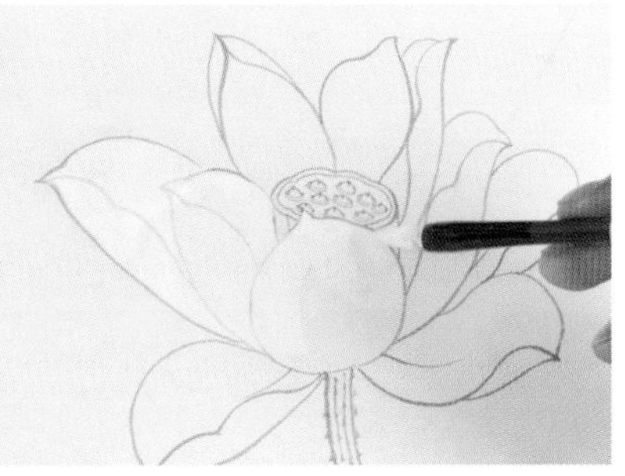
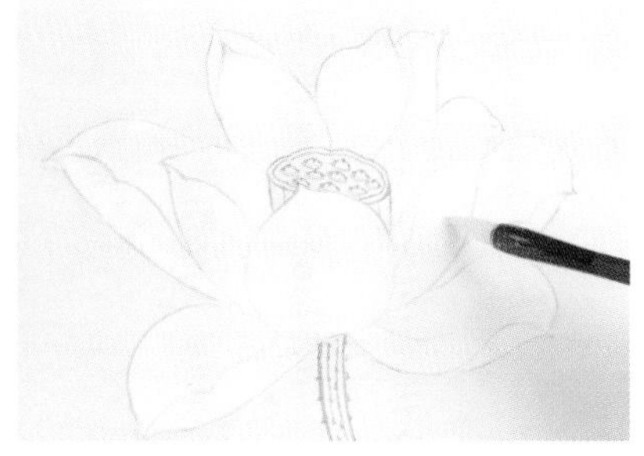

5 用白雲筆在花瓣內側平塗白粉，注意要均勻平整。

繪畫步驟：勾墨線

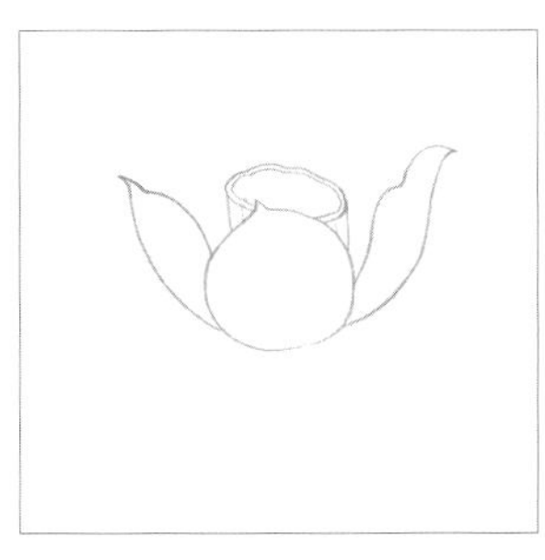
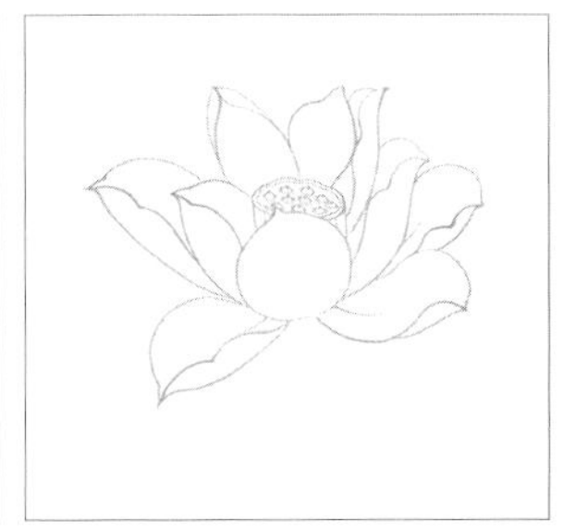
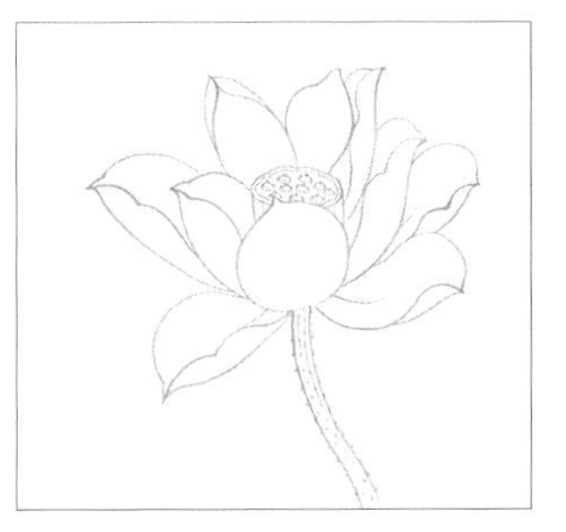

繪畫步驟：平塗

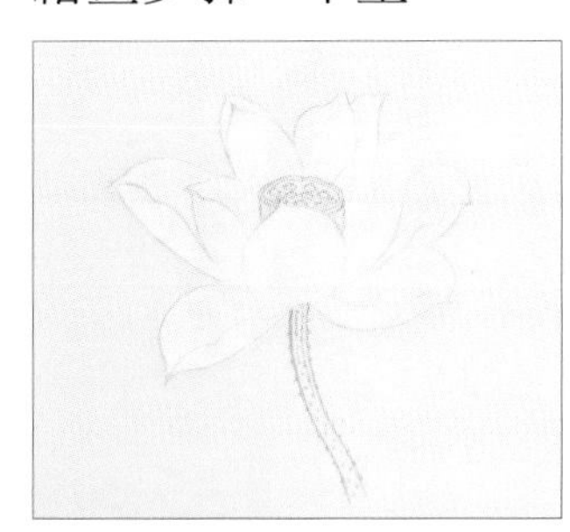

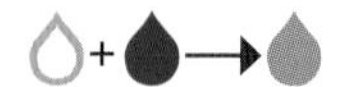

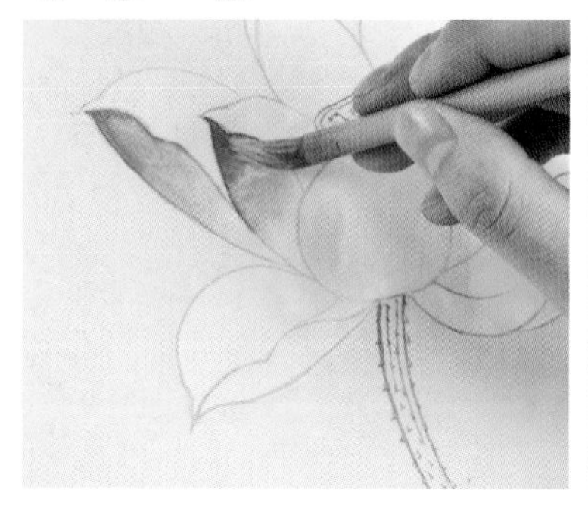

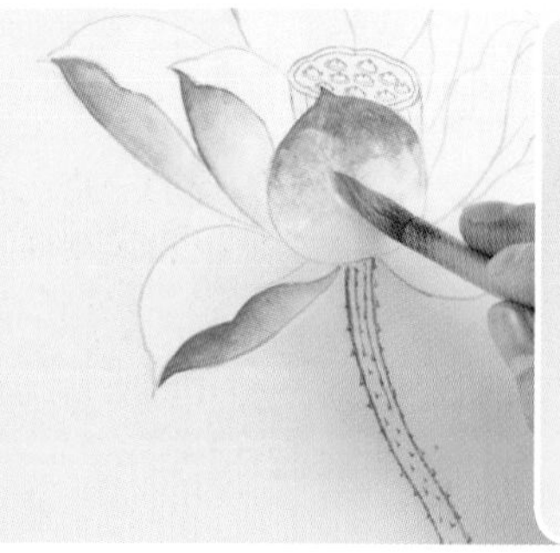

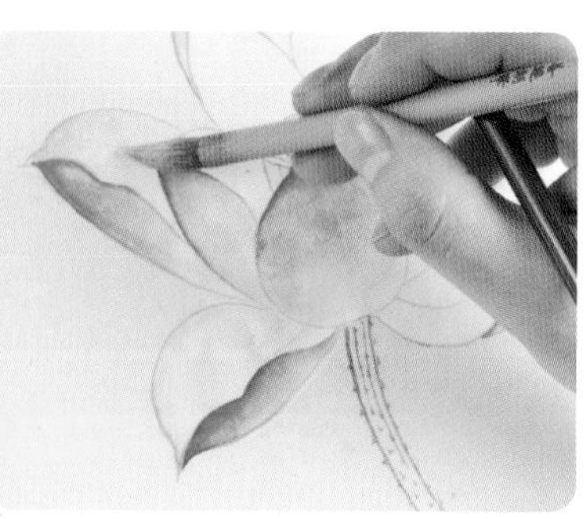

6 白雲筆蘸大紅，分染反向花瓣。

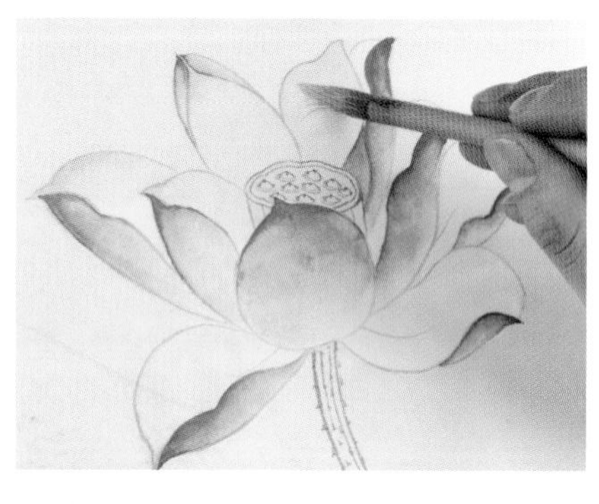

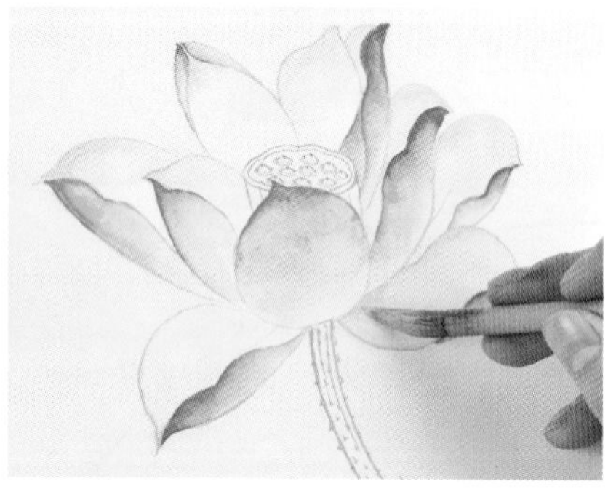

7 用更淡的紅色分染正瓣的內色。

分染花瓣時，要層次均勻，可做多次分染上色，直到感覺滿意為止。

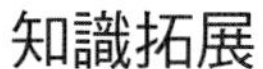

知識拓展

烘暈

國畫設色技法。用一種顏色有濃淡地烘托出其他顏色的物像，使其形象突出，色彩豐富。如白花，可以用淡青或其他色烘暈在荷花周圍或整個畫面。其技法是先備一支著色筆、一支著水筆，染出濃淡。天氣乾燥時，動作宜迅速，使之均勻不留筆痕。古有「烘雲托月」即用此法。

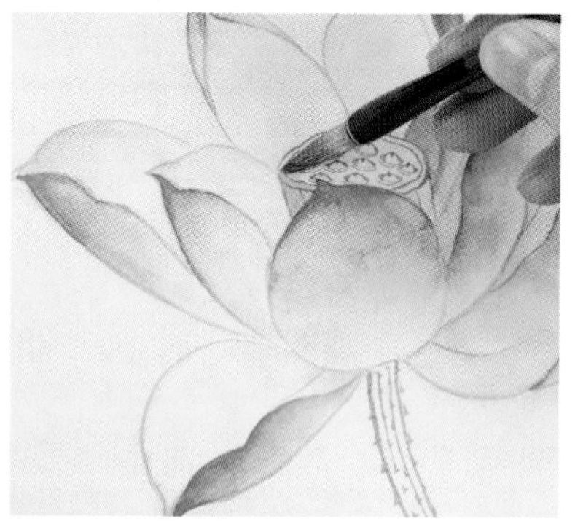

8 用白雲筆蘸汁綠（藤黃加花青與砝碟）平塗蓮蓬。

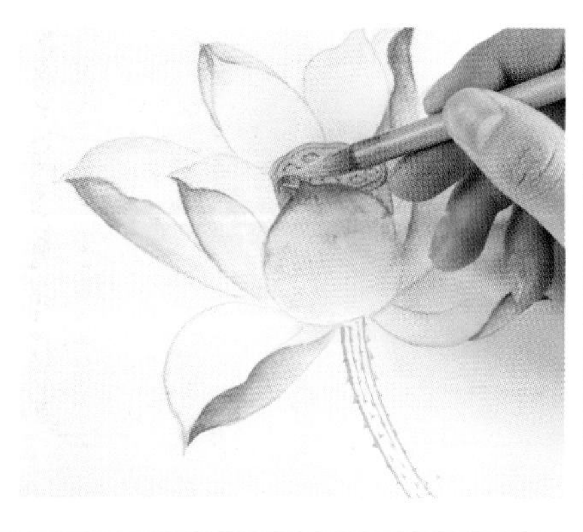

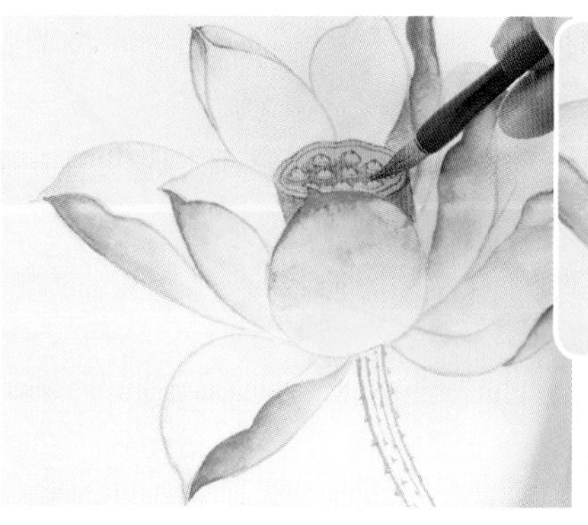

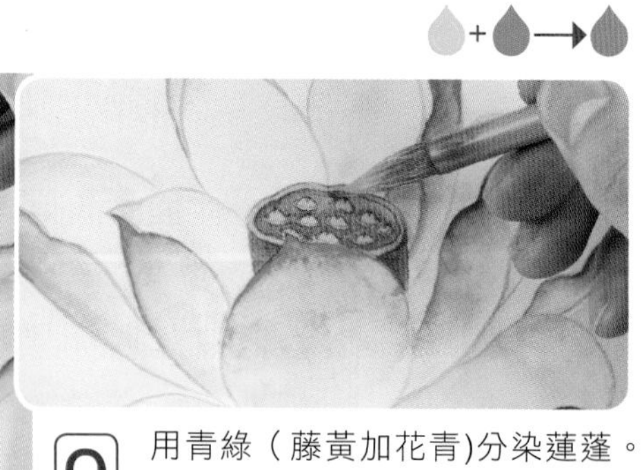

9 用青綠（藤黃加花青)分染蓮蓬。

繪畫步驟：分染花瓣

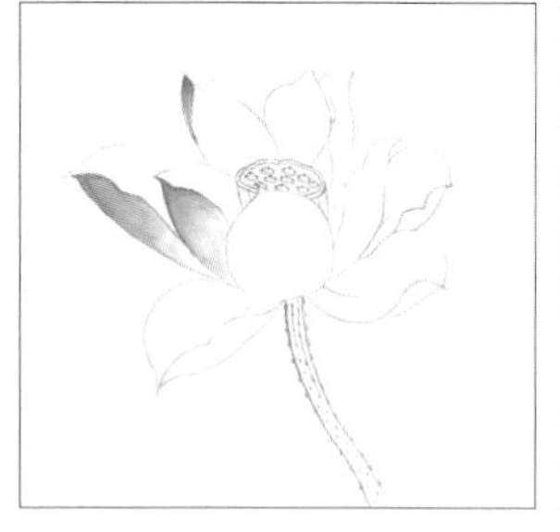

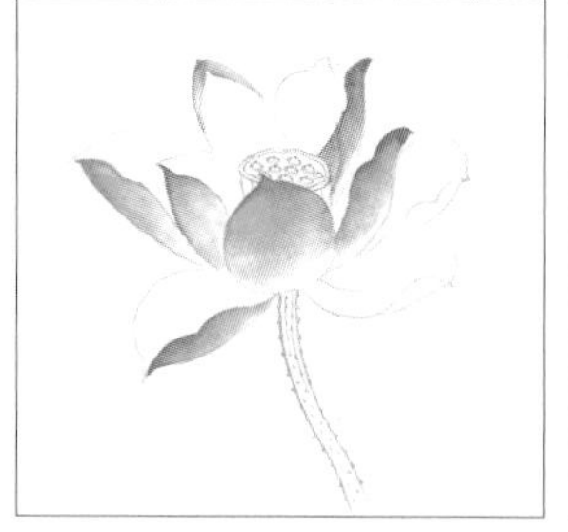

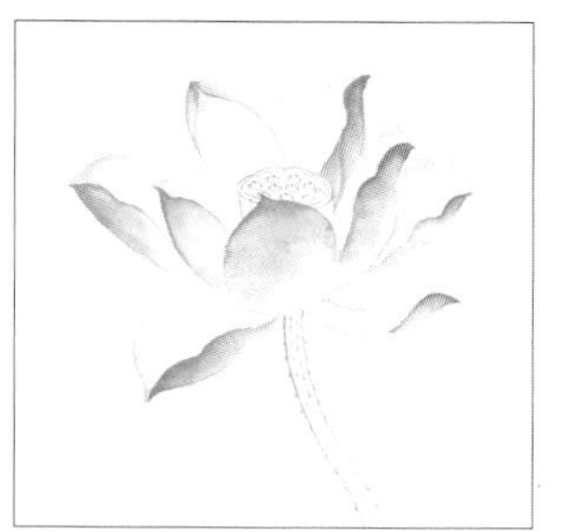

繪畫步驟：分染蓮蓬

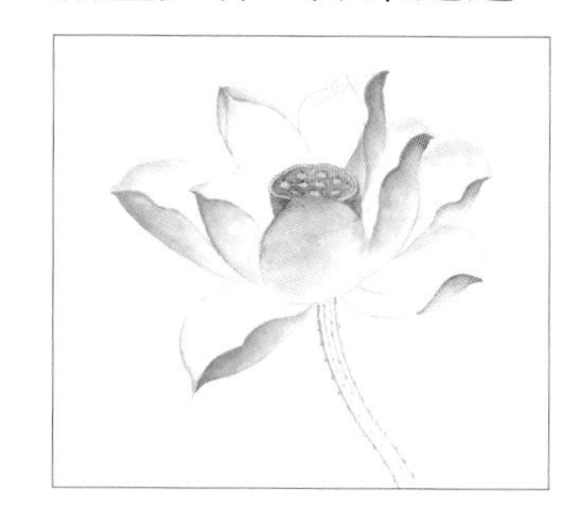

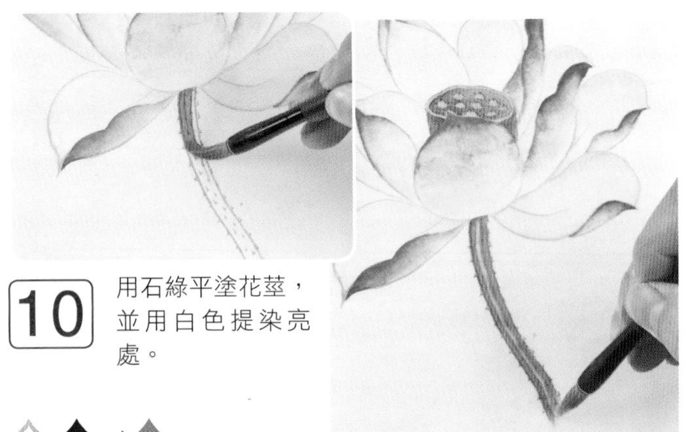

10 用石綠平塗花莖，並用白色提染亮處。

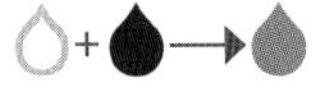

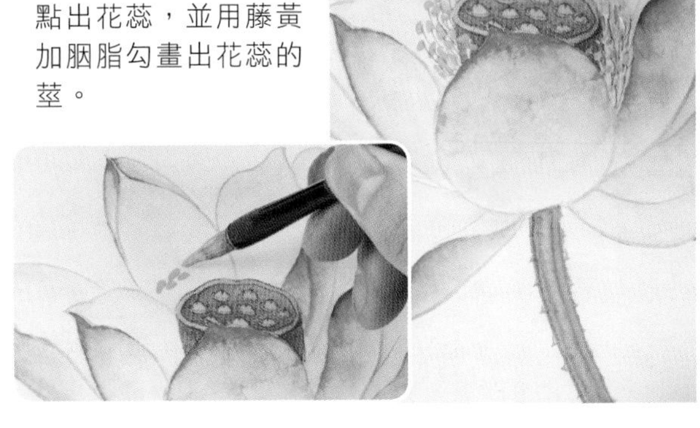

11 用藤黃加少許白粉勾點出花蕊，並用藤黃加胭脂勾畫出花蕊的莖。

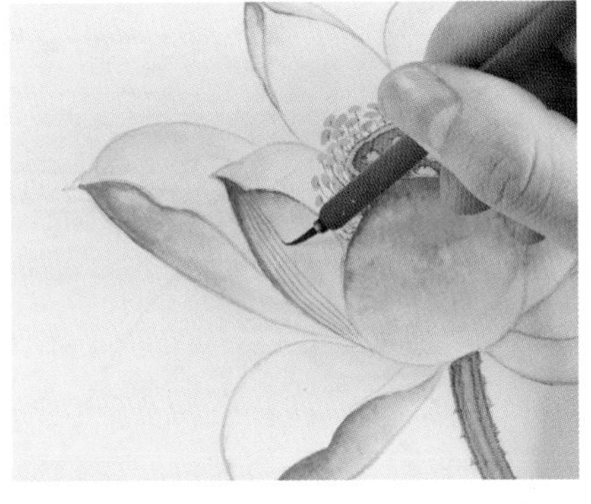

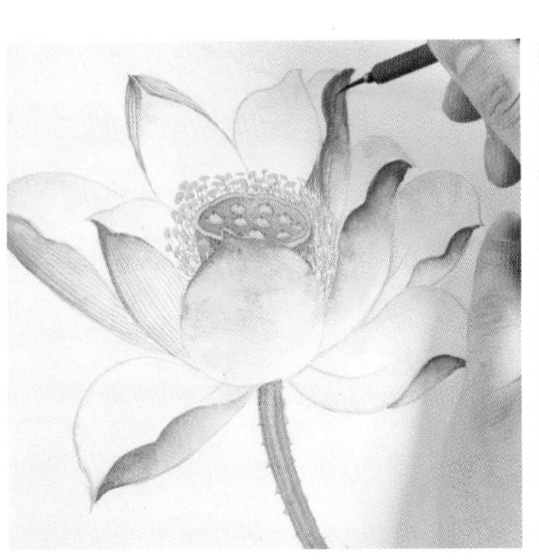

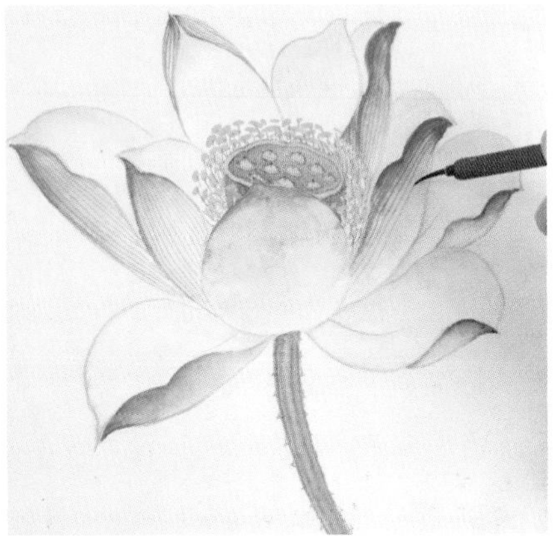

12 用勾勒筆蘸胭脂加水勾畫花瓣脈線，注意線條要流暢。

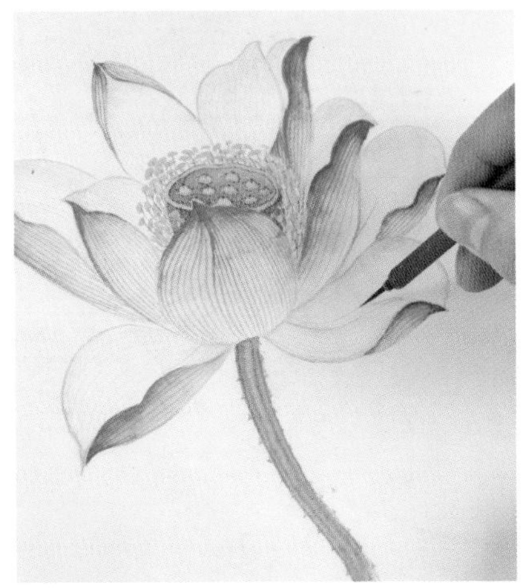

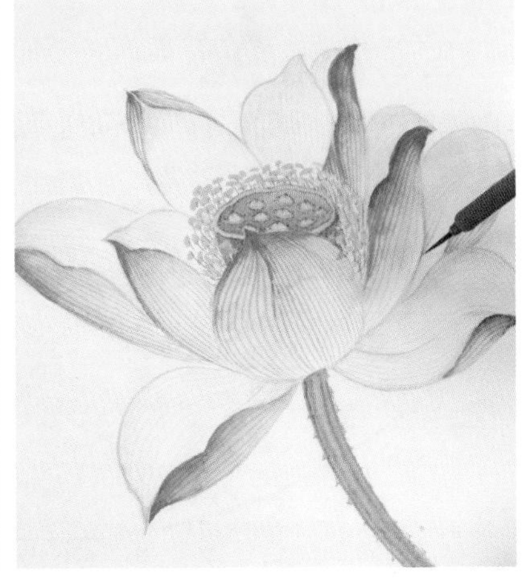

13 用更淡（胭脂加水）的墨色勾畫內瓣的脈線。

知識拓展

襯托

國畫設色技法。用一種顏色烘托出其他顏色的物像，使其形象突出，色彩豐富，增強其裝飾性。先以礦物色或固有色平塗紙上，使其均勻，色宜一次調足，不宜重調。為使顏色鮮豔明快，在上好色的物像背面塗一層顏色，也叫「襯托」。綠葉塗一層石綠。白花塗一層白粉等。此法在工筆繪畫中常用。

繪畫步驟：給蓮蓬、花蕊、莖上色

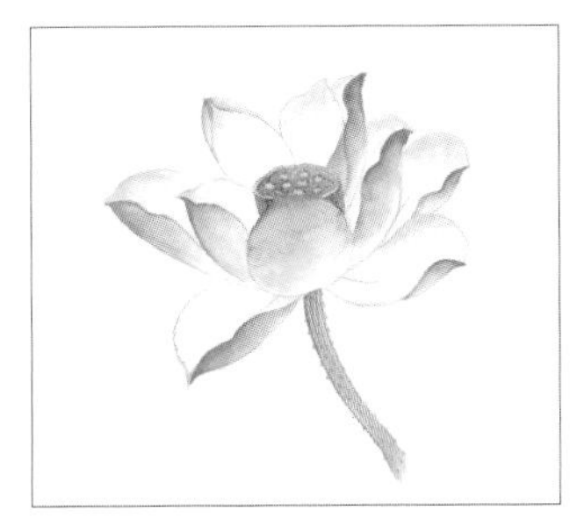

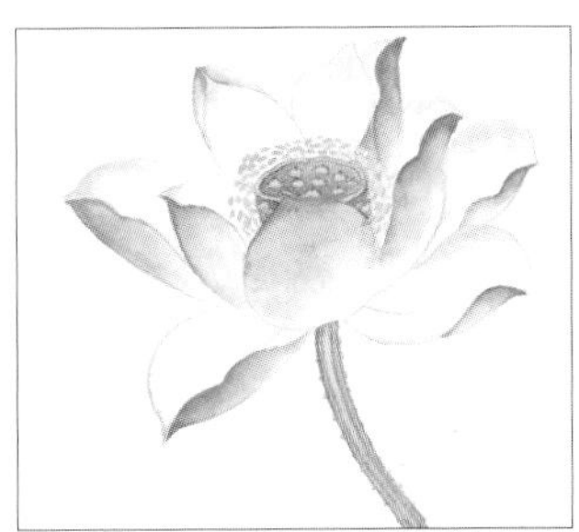

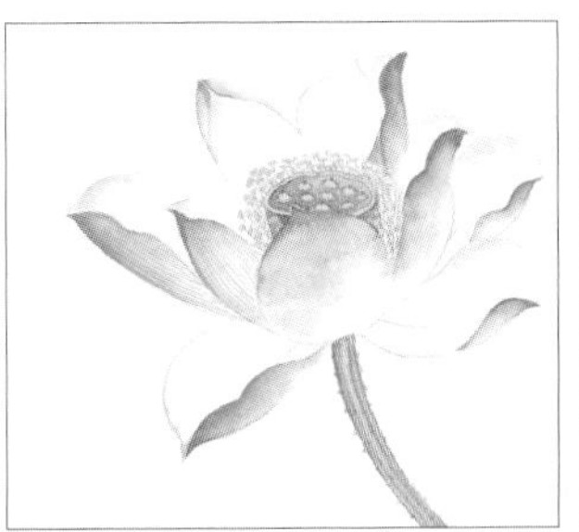

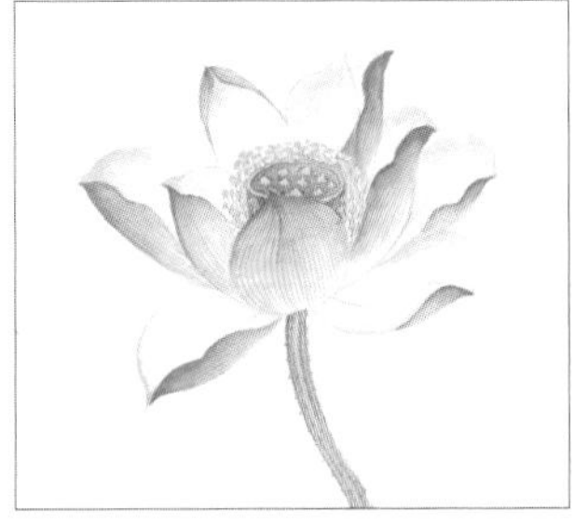

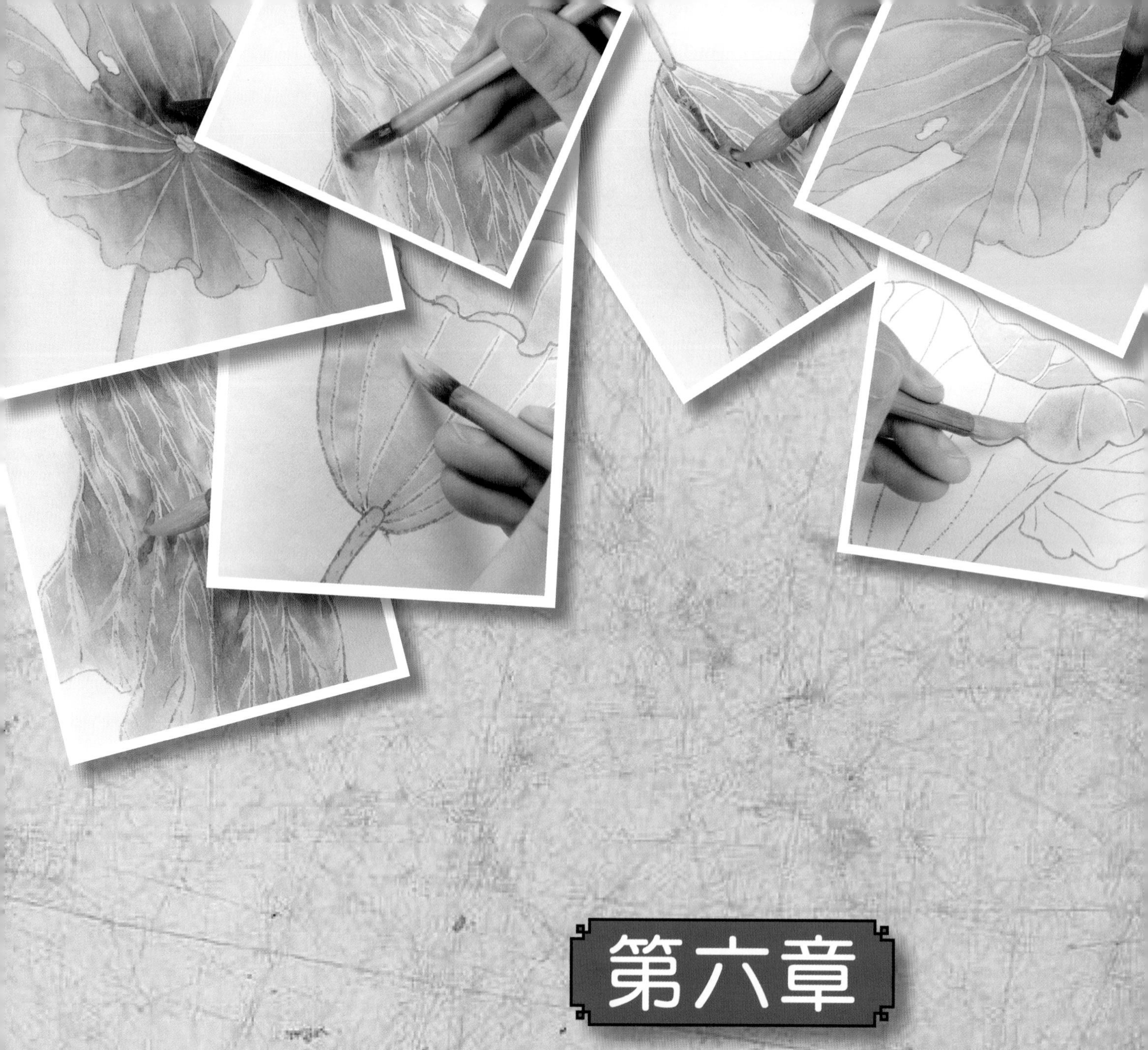

第六章

荷葉繪製精講

新生捲葉/正面荷葉/背面荷葉/殘葉

6.1 新生捲葉

荷花的新生捲葉有閉合、開合、半開、待展等捲合狀。捲合狀是荷葉的新生葉形狀，出水而迎風展露，上表面呈深綠色或黃綠色，較粗糙；下表面呈淡灰棕色，較光滑，勾畫時要依形而定。

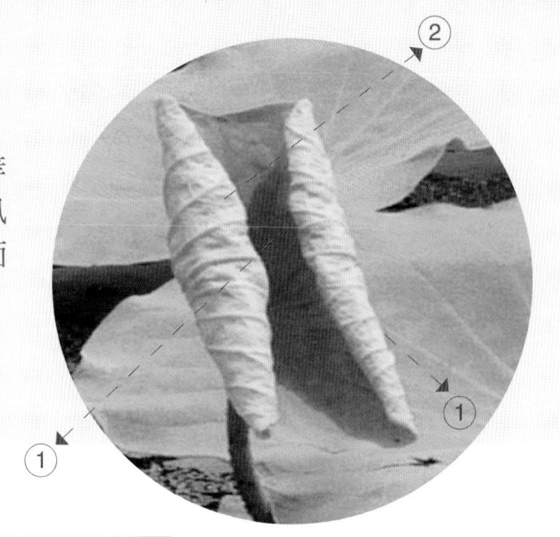

①正面葉 ②反面葉

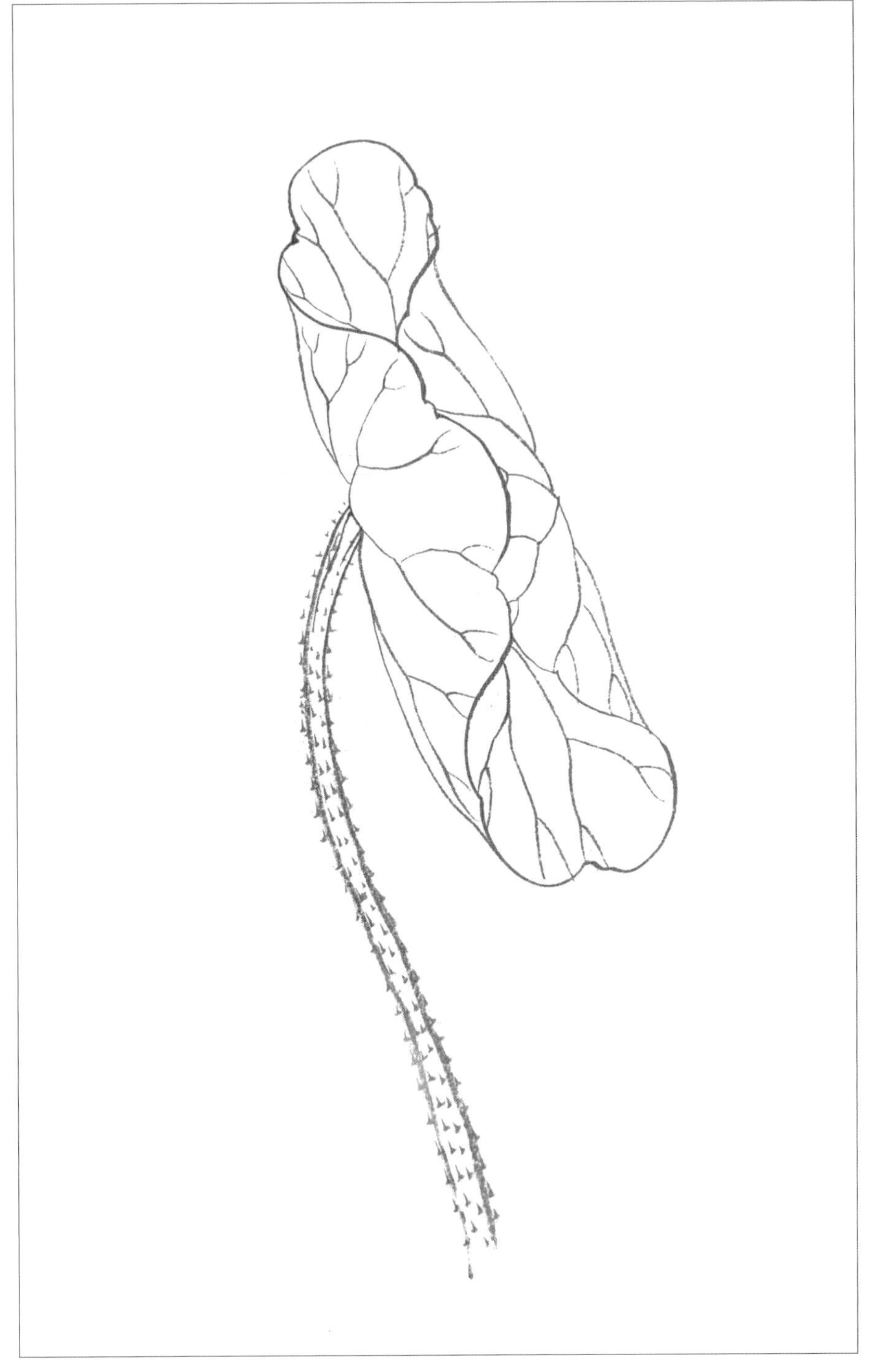

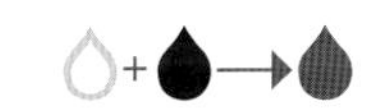

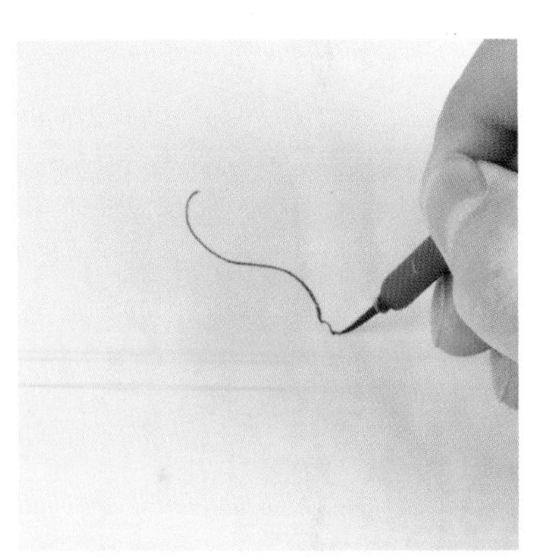

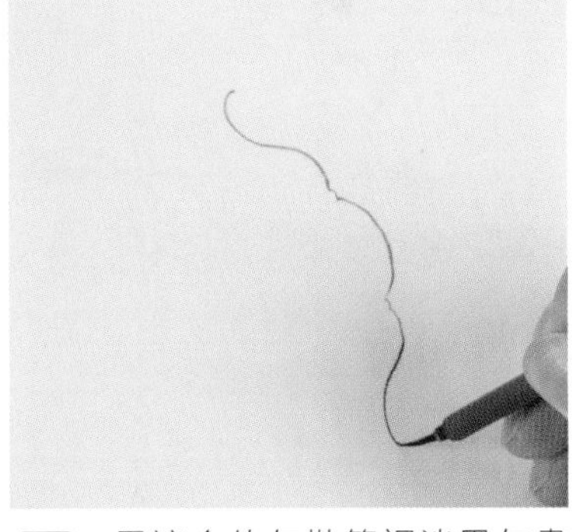

1 用適合的勾勒筆調淡墨勾畫捲葉的反捲處。

勾畫時，對墨和水的調和要均勻，運筆時要自然生動，線與線的交疊處要分出墨色的深淺濃淡變化。

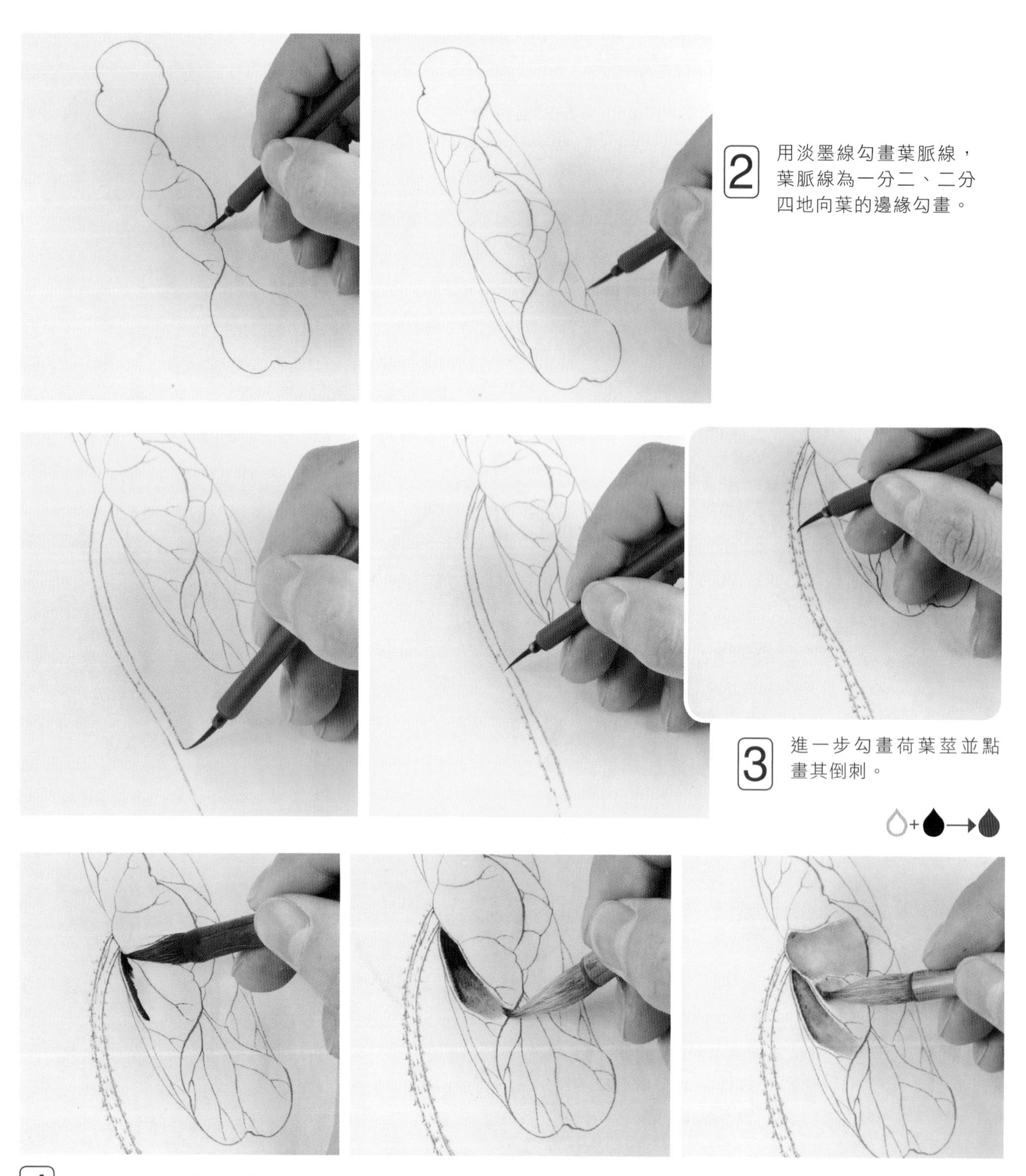

2 用淡墨線勾畫葉脈線，葉脈線為一分二、二分四地向葉的邊緣勾畫。

3 進一步勾畫荷葉莖並點畫其倒刺。

4 用墨對反面葉進行分染，分染時要留出水線，從根部向下要有濃淡的均勻變化。

繪畫步驟：勾墨線

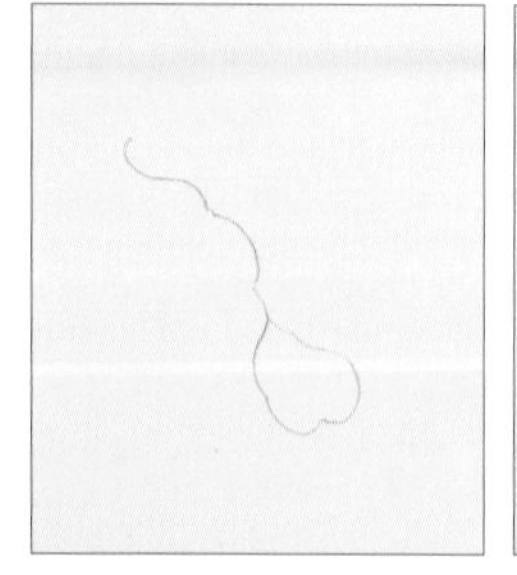

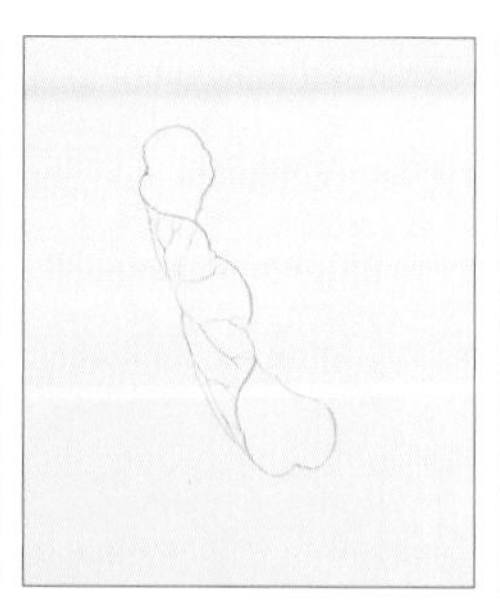

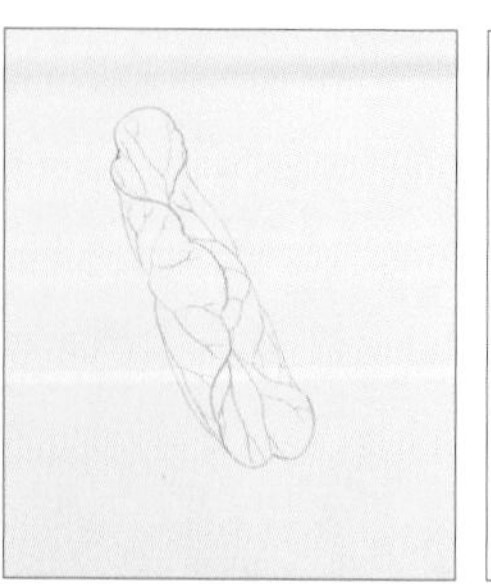

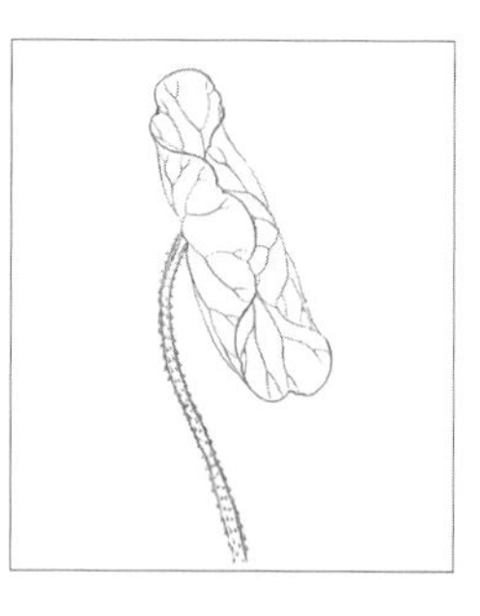

繪畫步驟：分染

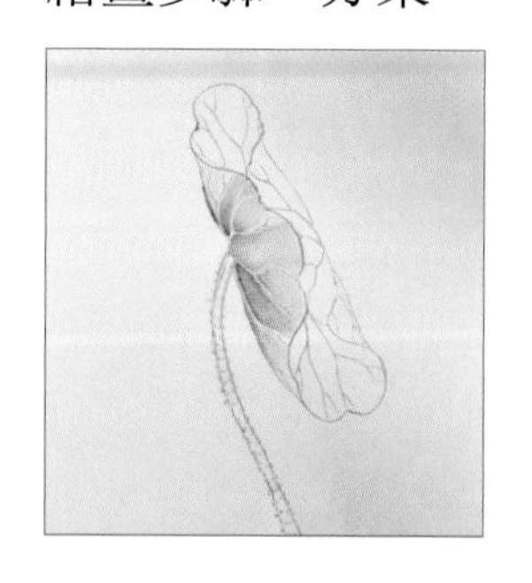

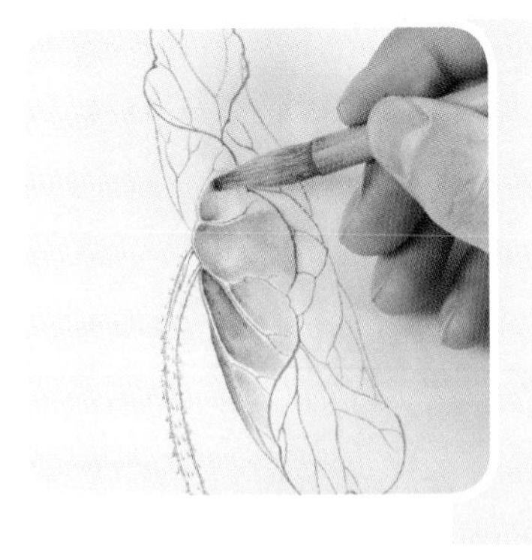

5 繼續對反面葉進行分染，分染時要注意控制水筆的用水。

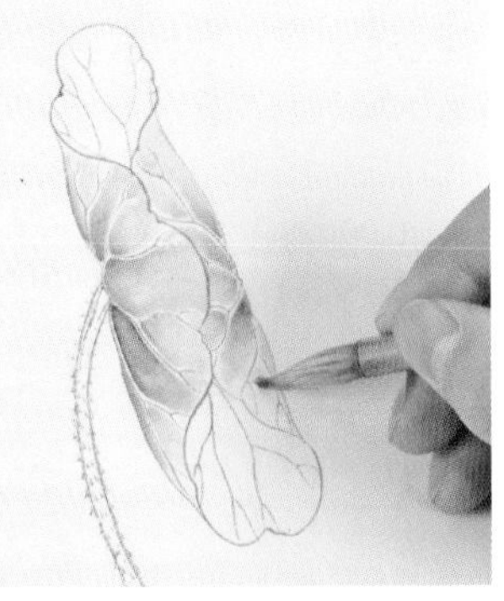

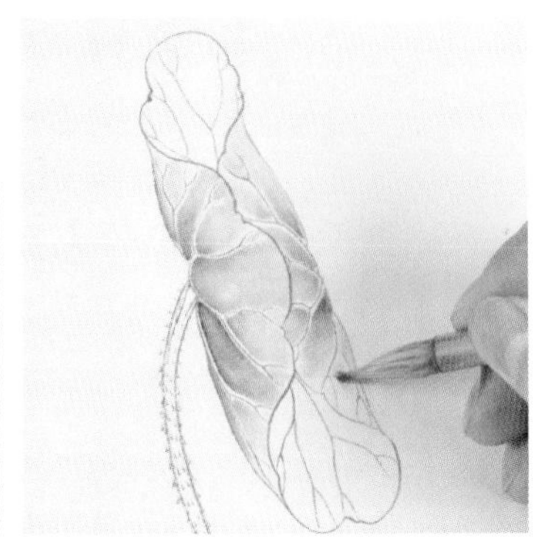

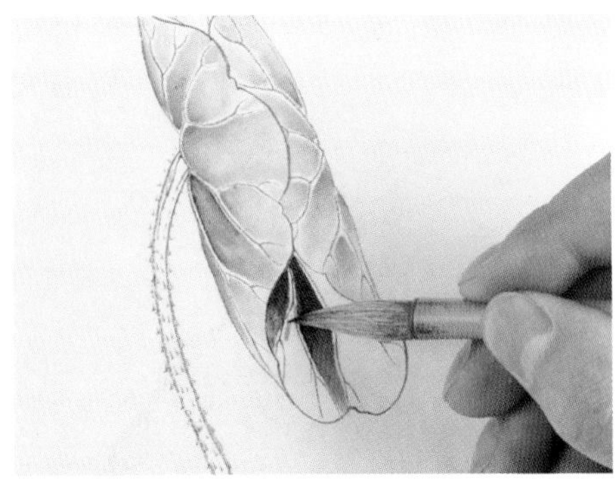

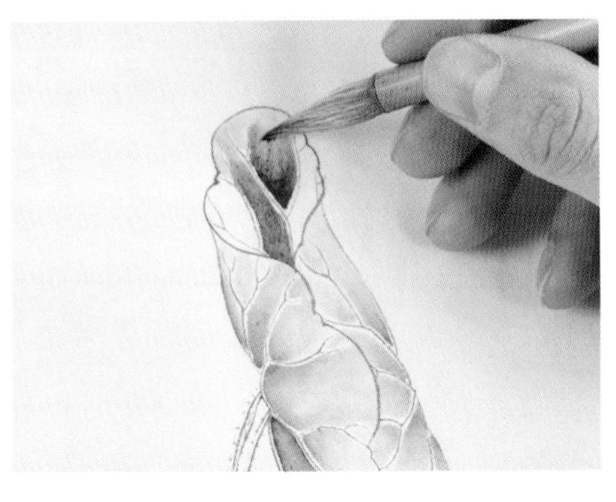

6 分染新生捲葉的正面葉，著色略重一些。

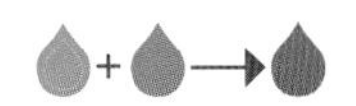

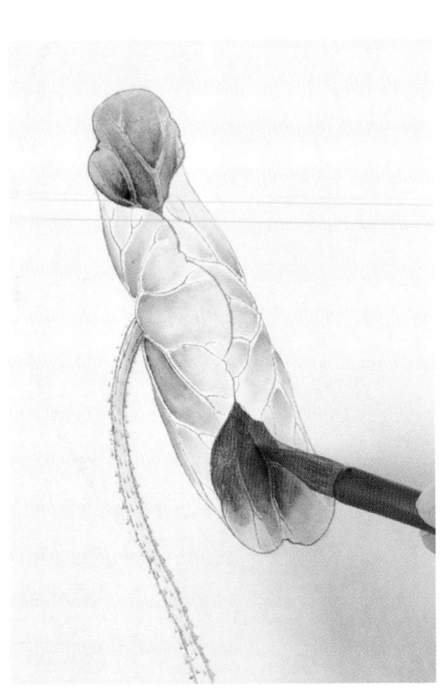

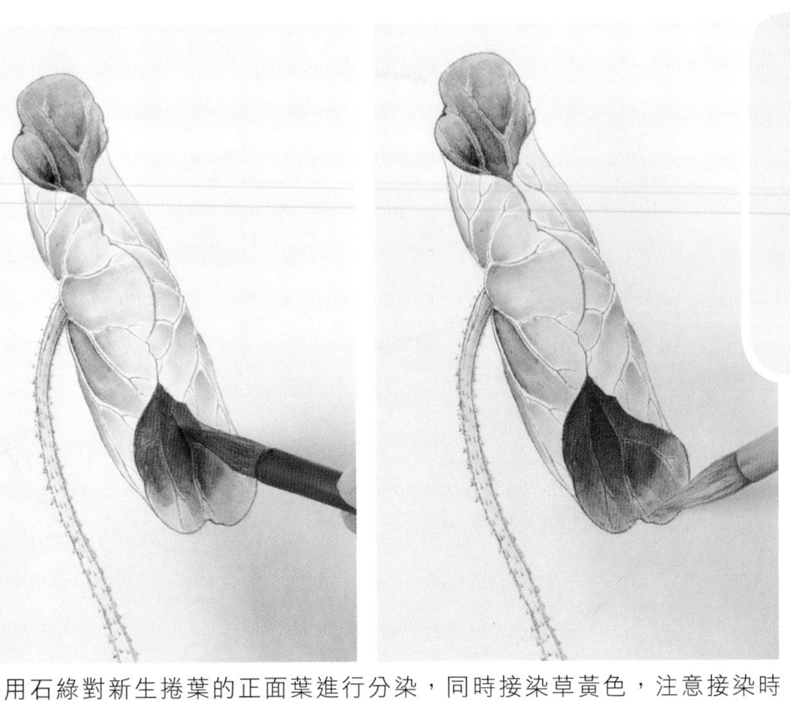

7 用石綠對新生捲葉的正面葉進行分染，同時接染草黃色，注意接染時要層次均勻。

知識拓展

分染時應注意的事項：（1）分染用的著色筆最好也使用羊毫；（2）分染的次數視畫面效果而定，如果一次分染效果不夠，可進行多次分染，但切忌太過厚重或把畫面弄髒；（3）清水筆暈染要快速及時，否則色塊一旦變乾便無法暈開，形成漬跡。

繪畫步驟：分染

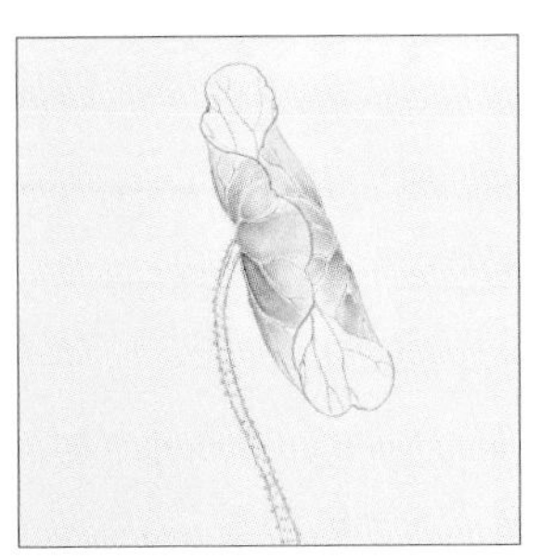

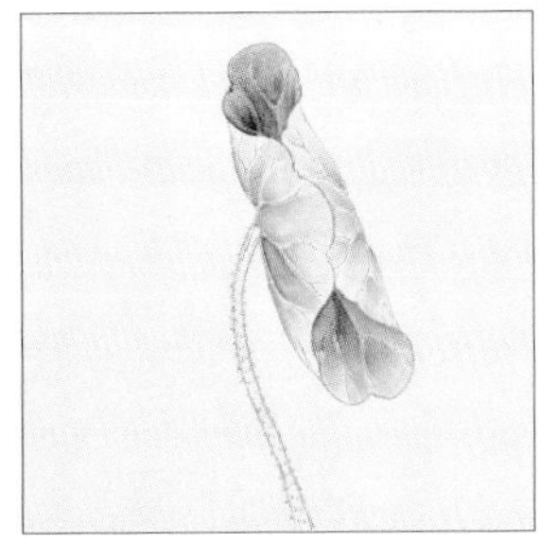

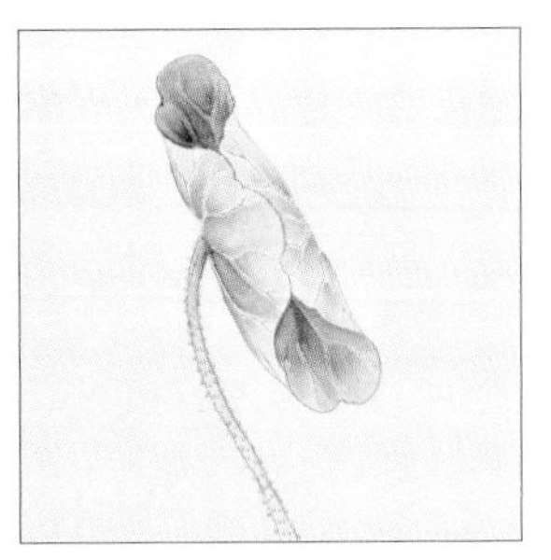

繪畫步驟：接染

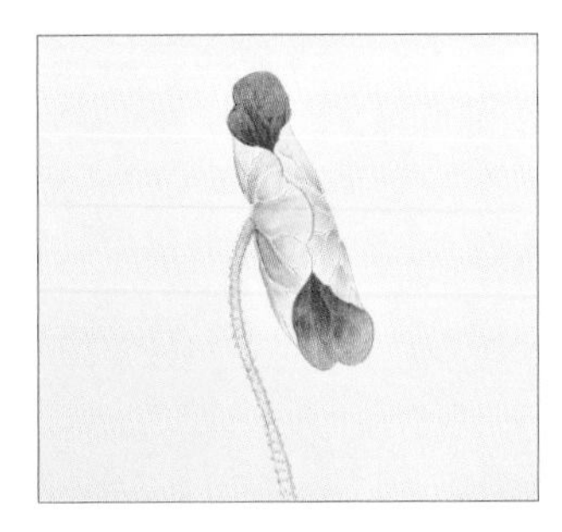

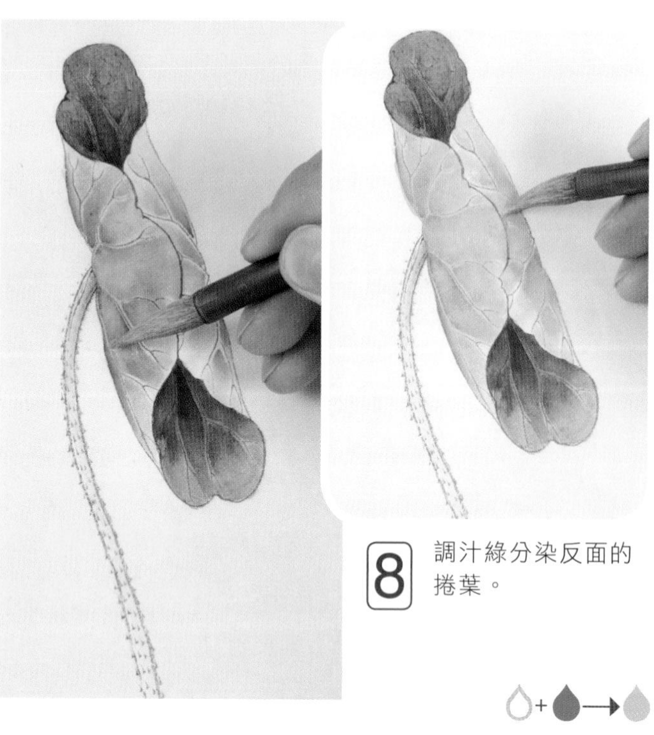
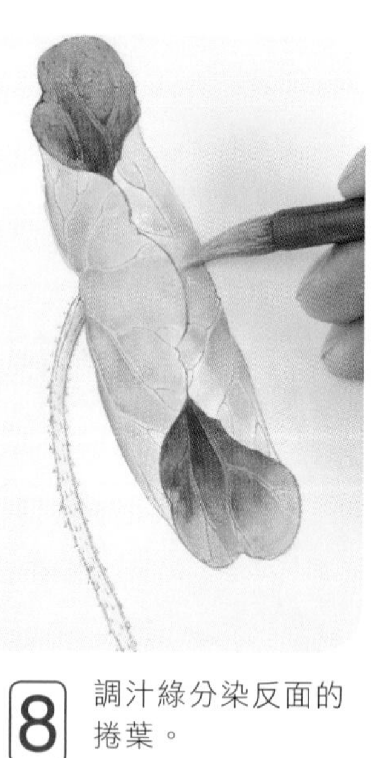

8 調汁綠分染反面的捲葉。

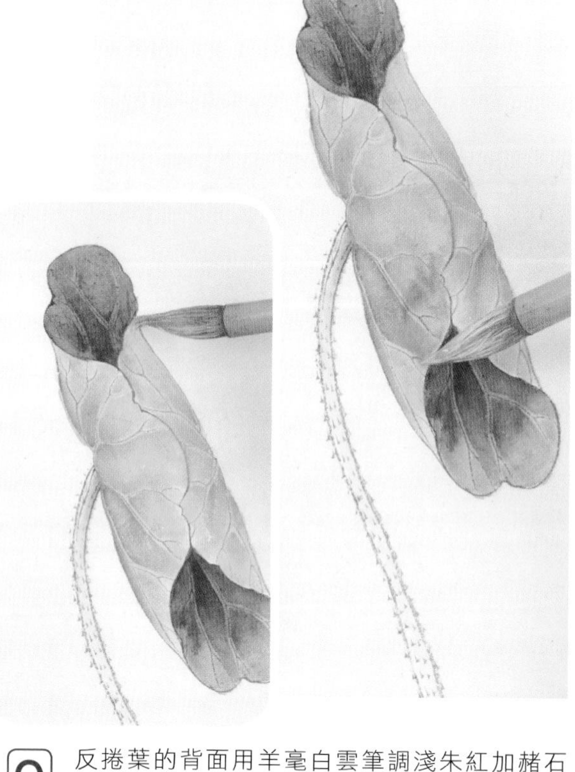

9 反捲葉的背面用羊毫白雲筆調淺朱紅加赭石接染，從邊緣處向下進行分染。

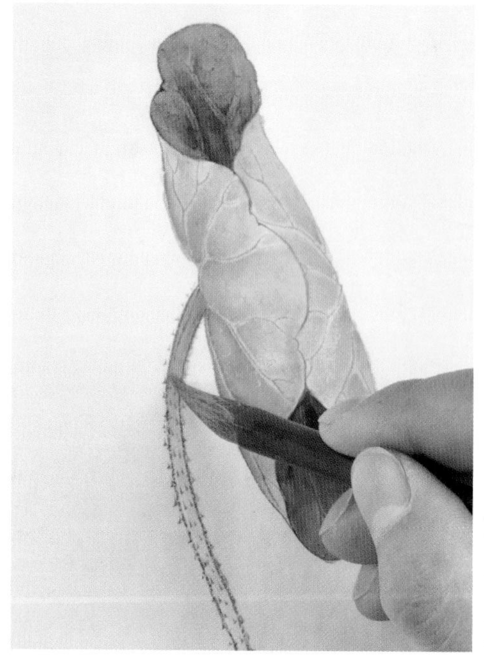

10 用汁綠罩染葉莖，內側較深的地方醒染石綠。完成對新生捲葉的勾畫。

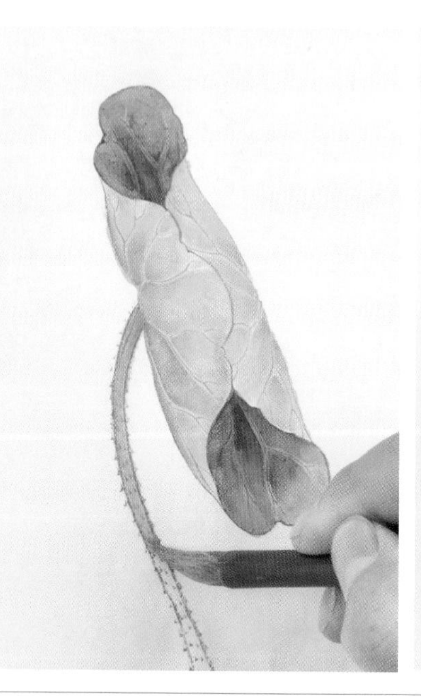
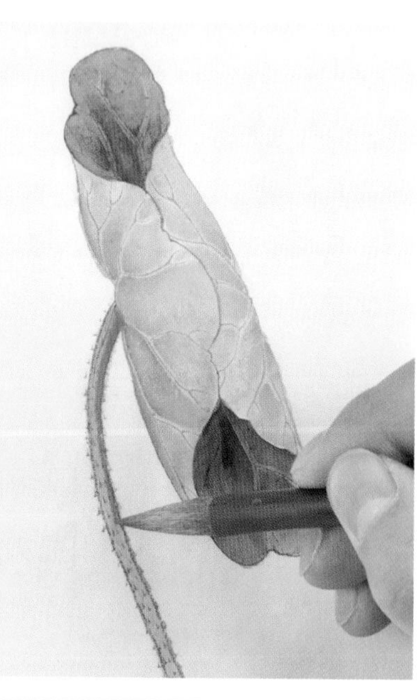

繪畫步驟：分染反捲葉

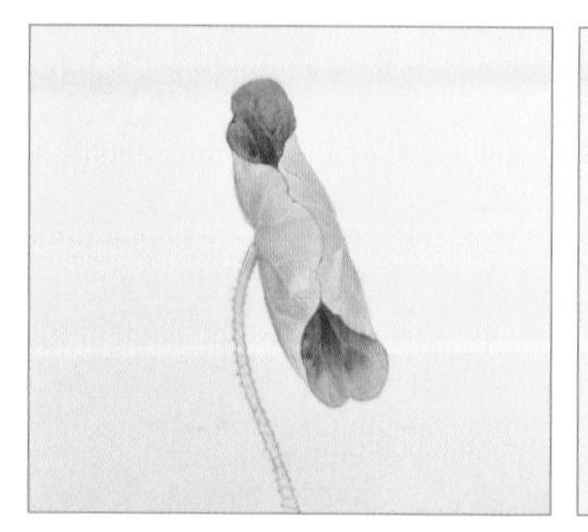
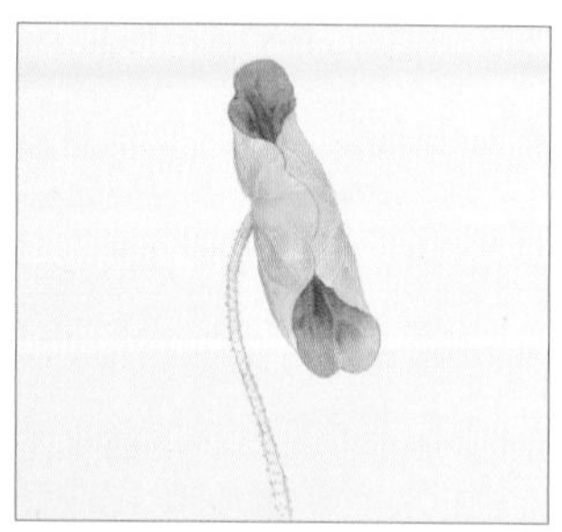
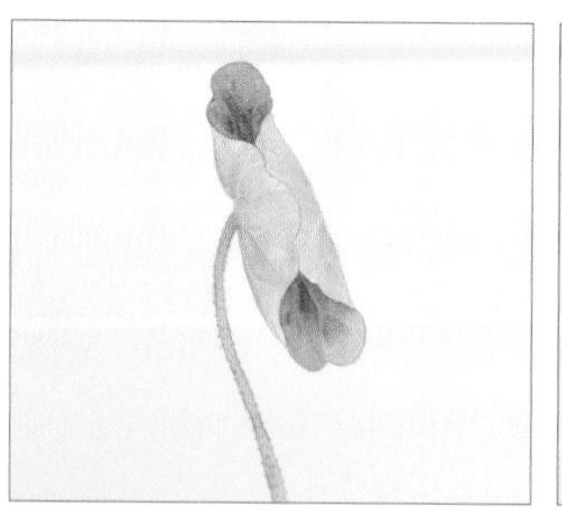
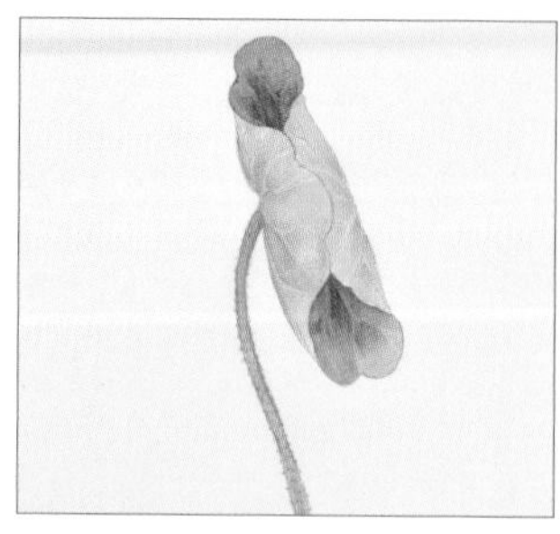

6.2 正面荷葉

正面荷葉整體呈圓形，邊緣為全圓或稍有起伏，葉脈由中部向四周呈有規律的散射狀，次脈不明顯；葉片正面顏色為草綠色，背面顏色呈灰棕色。繪製時，墨線顏色要適當加重（墨線通常根據葉片的深淺而確定濃淡），分染時由中部向葉片邊緣環形渲染。

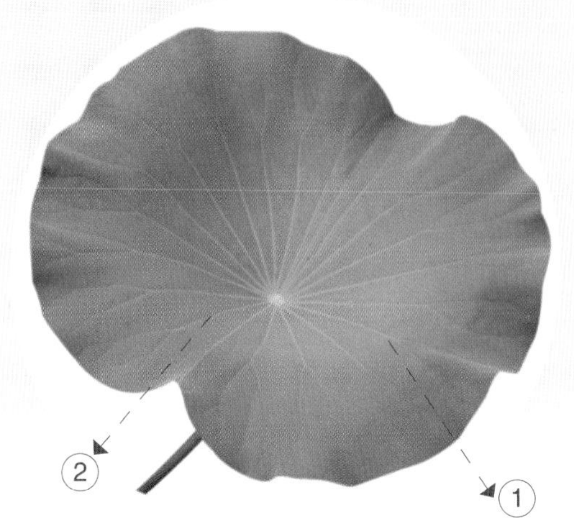

①葉片 ②葉脈

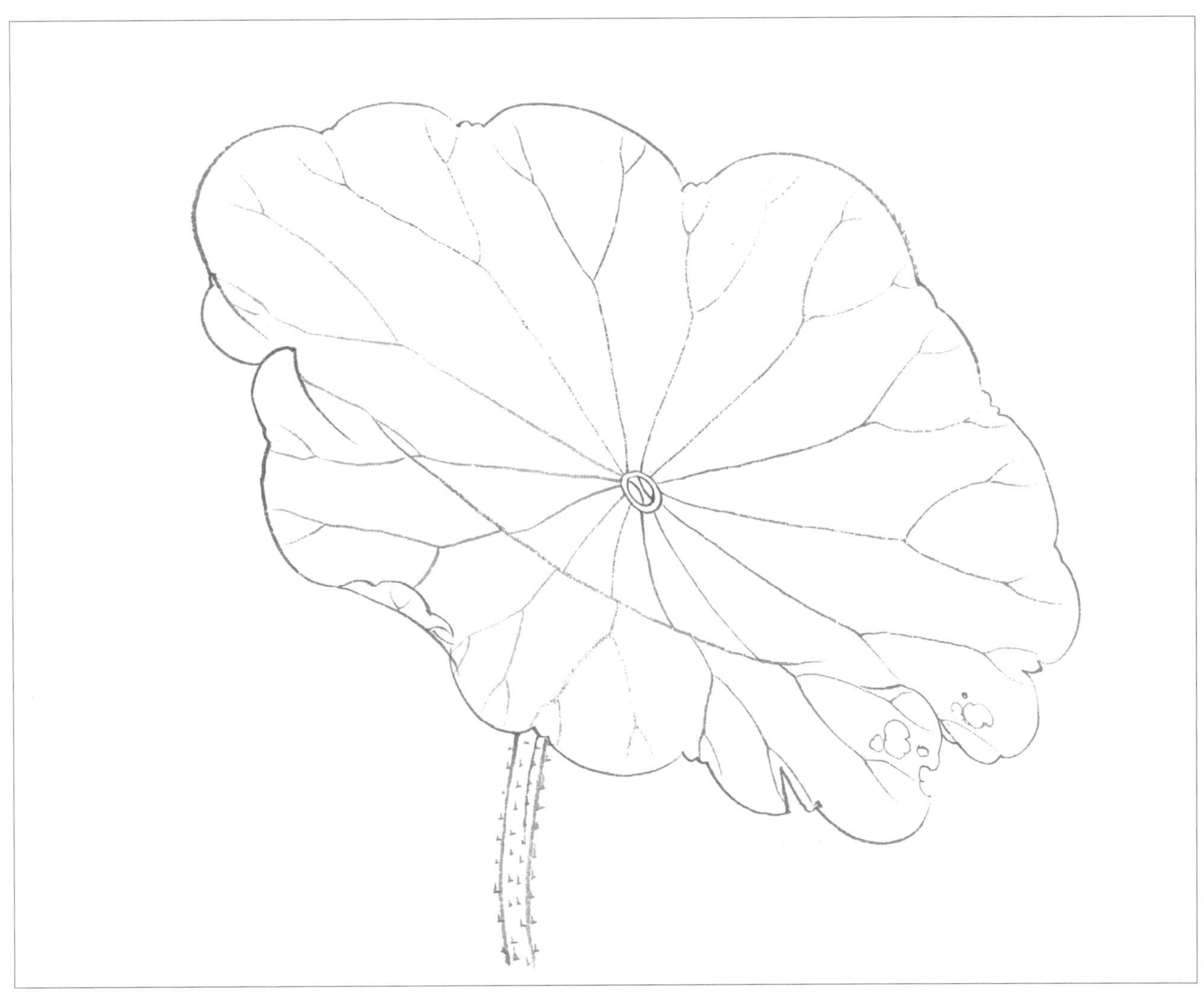

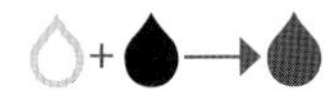

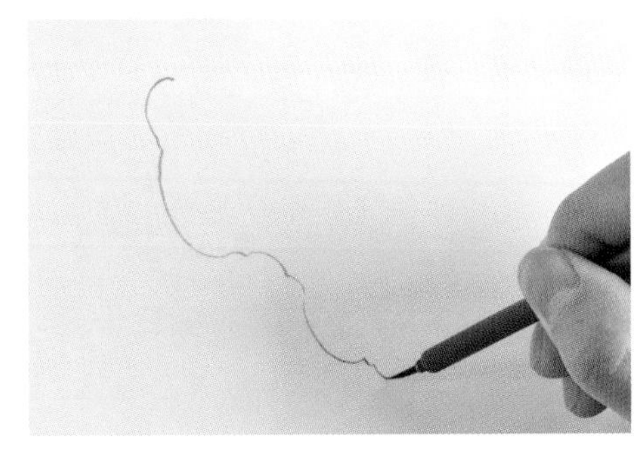

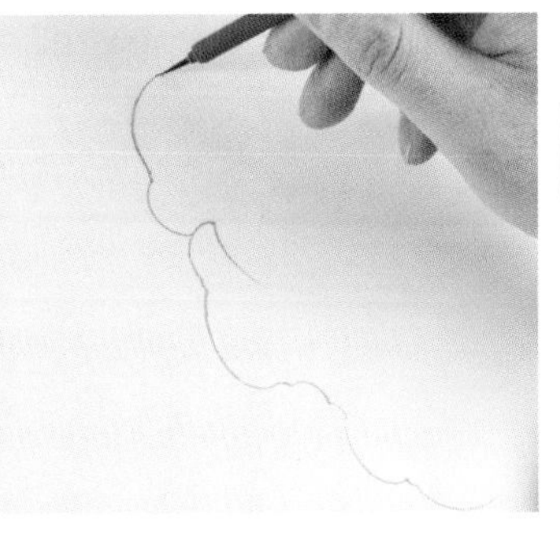

1 使用中葉筋勾勒筆，調淡墨（水加墨）從左上側勾起墨線。

勾荷葉邊緣線時要注意其皺摺處的線條轉向變化。

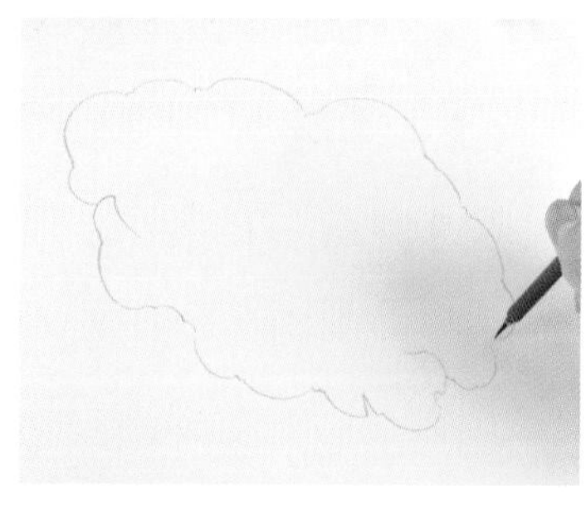
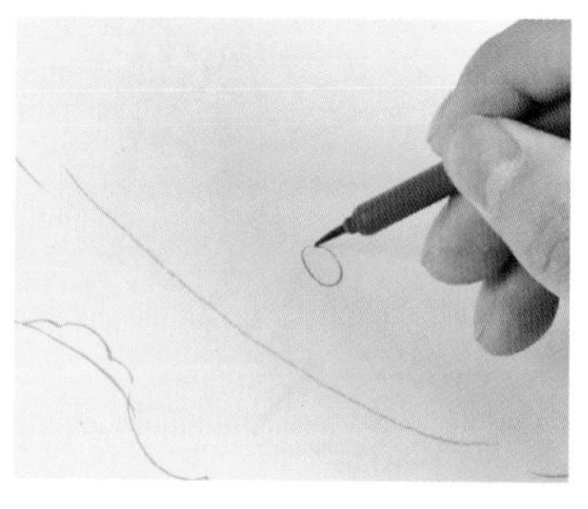
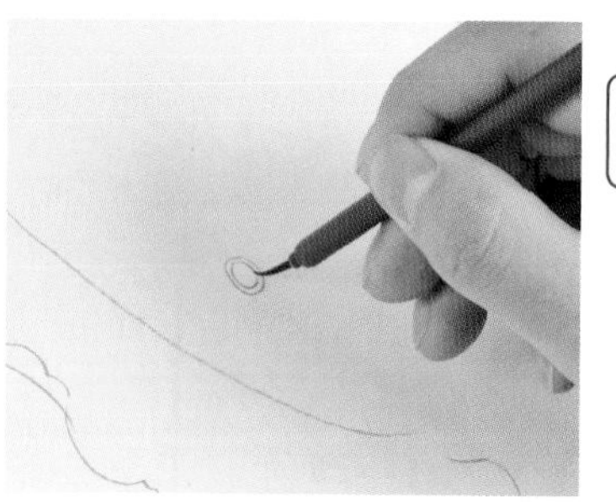

2 接著勾畫荷葉中間與莖相接處的葉柄接頭。

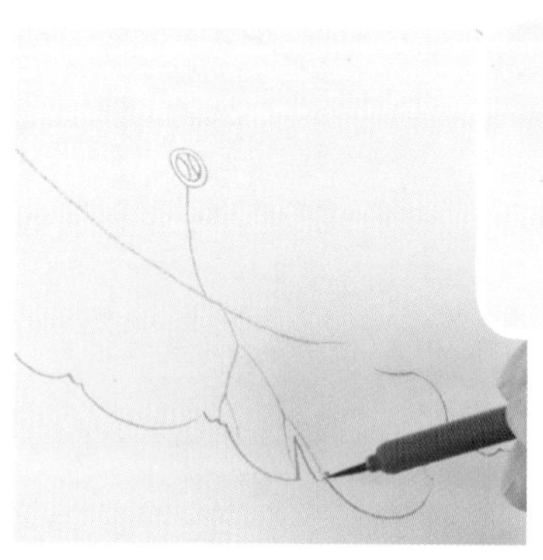
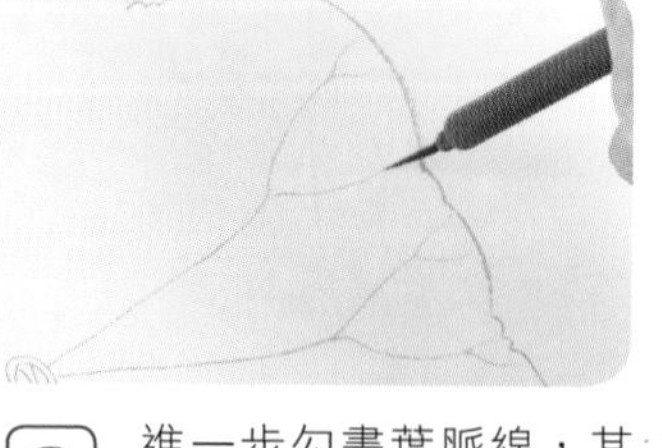

3 進一步勾畫葉脈線，其濃度略淺於邊緣線。

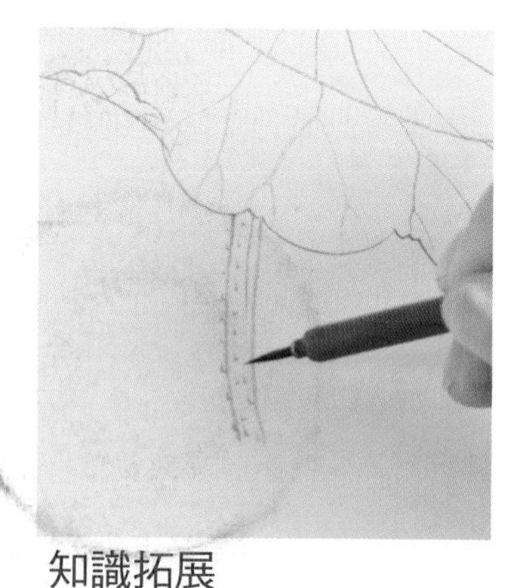
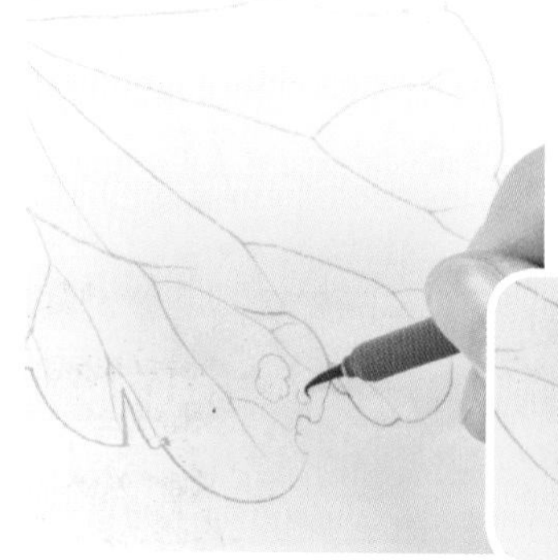

4 勾畫荷葉邊緣及被蟲咬噬的殘破處。

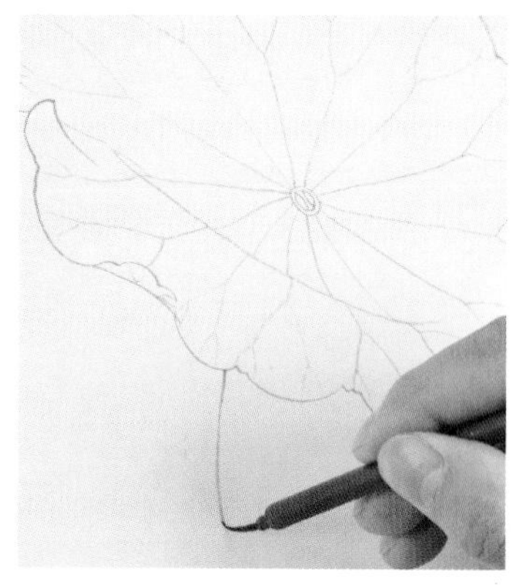
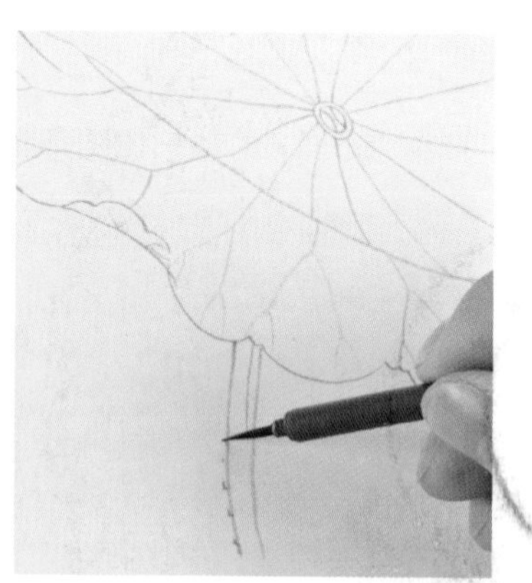
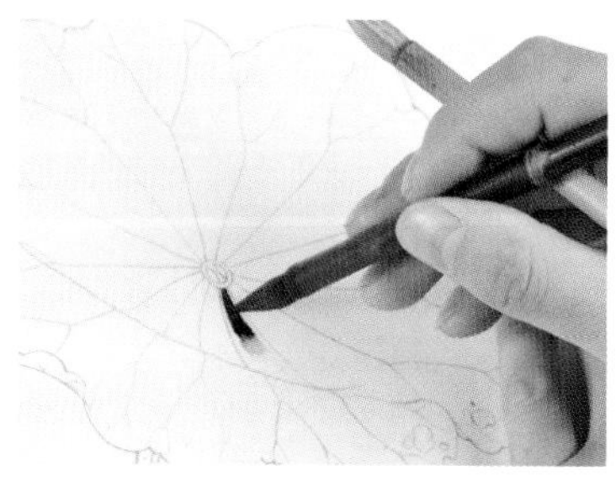

5 勾畫葉莖。

知識拓展

工筆與寫意

國畫一般分為工筆和寫意兩種，此外還有一些半工半寫的畫法。工筆畫偏重於理智，強調秩序、條理和規範，講究製作，「三礬九染」，程序較複雜，有激情也不能像決堤的洪水那樣發洩出來，而是要在不斷深化的過程中慢慢地注入作品之中，包括自己的思想、理念和追求；要有既敏感又冷靜的頭腦和精確的思考、縝密的經營以及恰如其分的安排，要求畫得周周到到、明明白白、條理清楚、絲絲入扣；要將繪畫的第一感覺自始至終地保持下來，內容和形式要達到高度和諧。

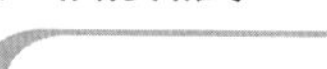
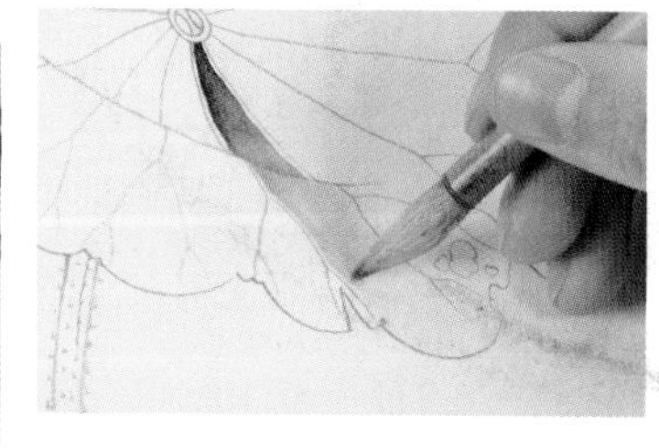

6 用羊毫白雲筆，蘸墨分染荷葉，分染時要留出水線部分。

繪畫步驟：勾墨線

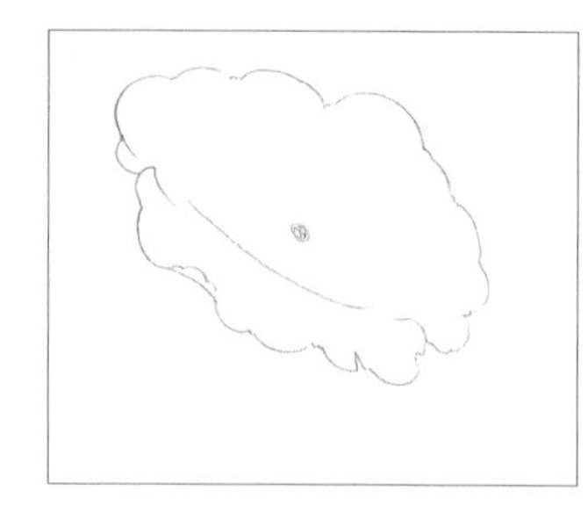
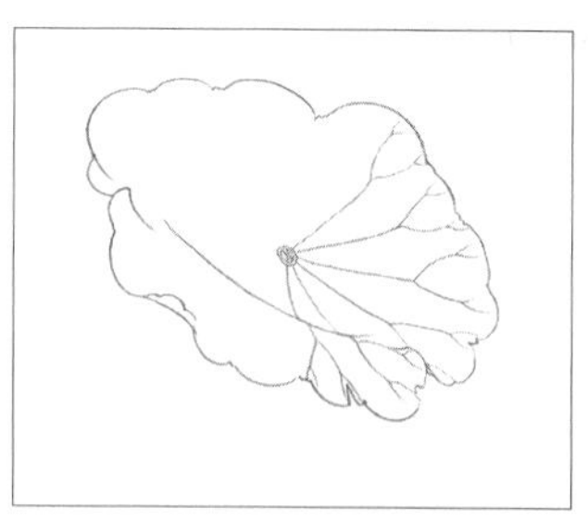
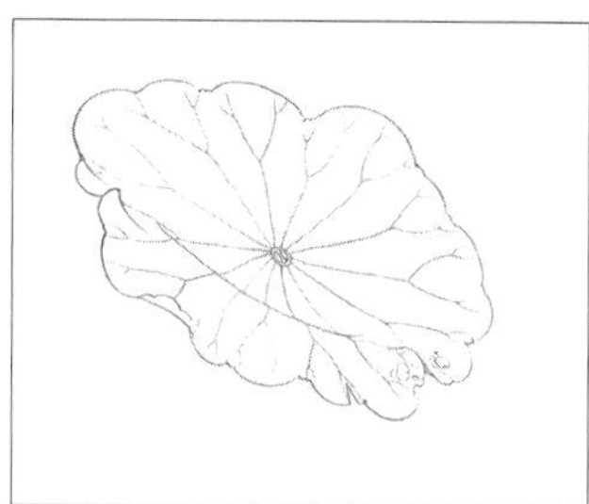
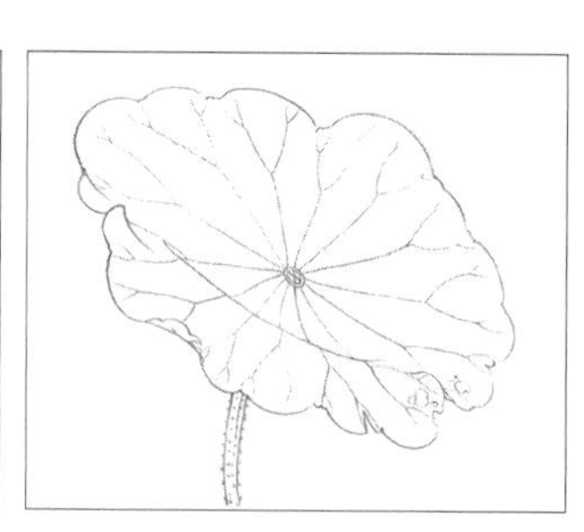

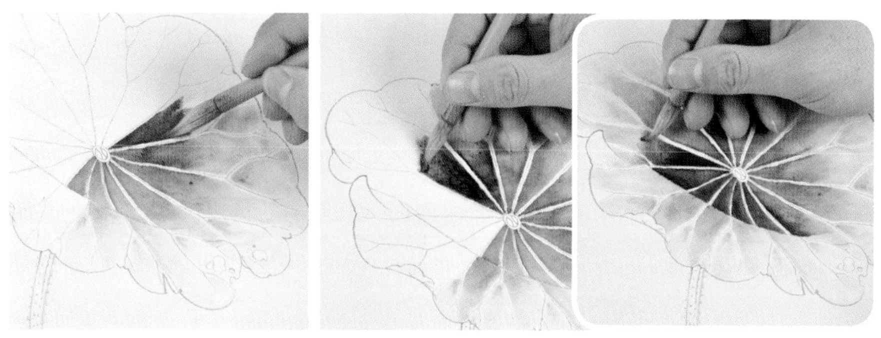

7 沿著葉脈依次用墨分染荷葉。

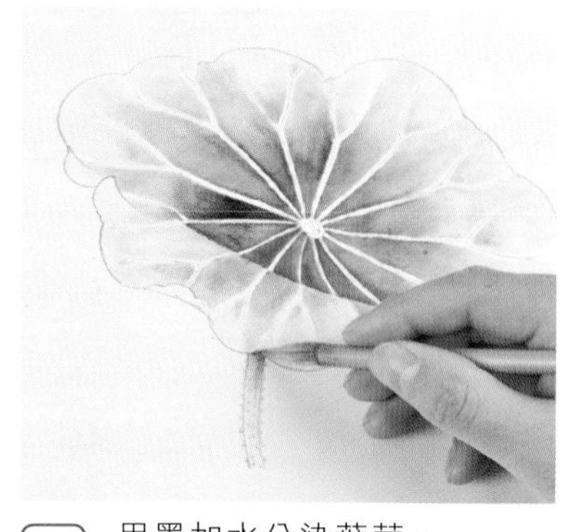

8 用墨加水分染葉莖。

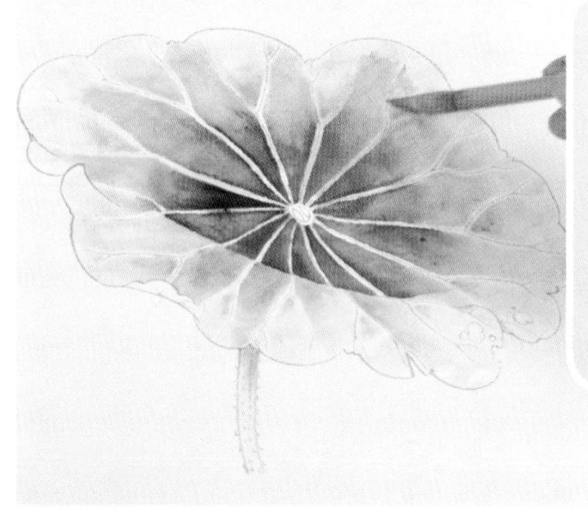

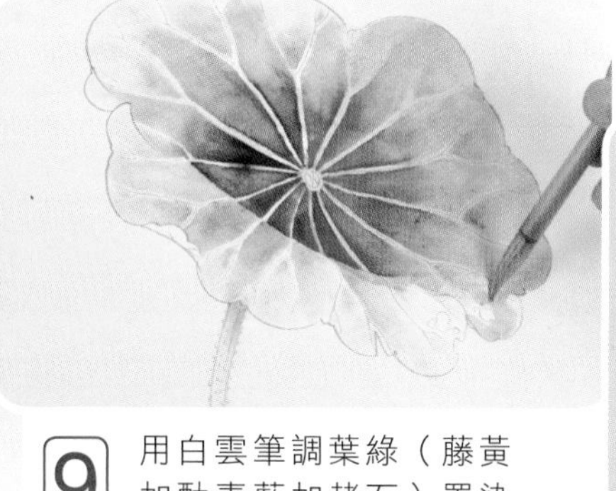

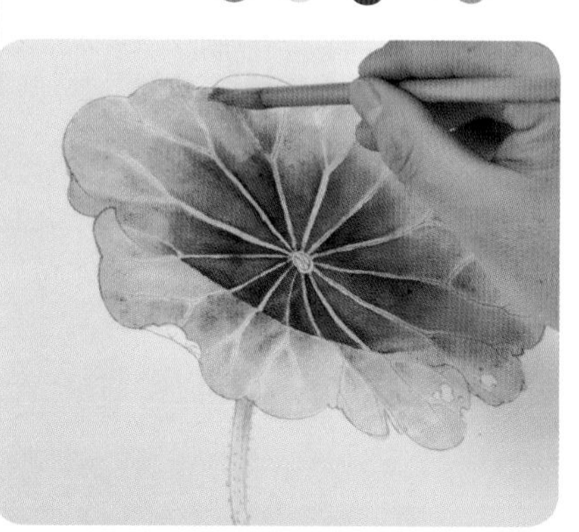

9 用白雲筆調葉綠（藤黃加酞青藍加赭石）罩染整片荷葉。

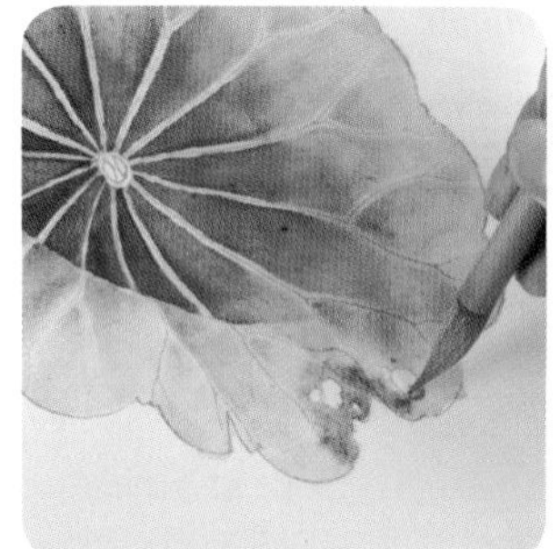

10 調赭石加少許胭脂，提染荷葉的殘處。

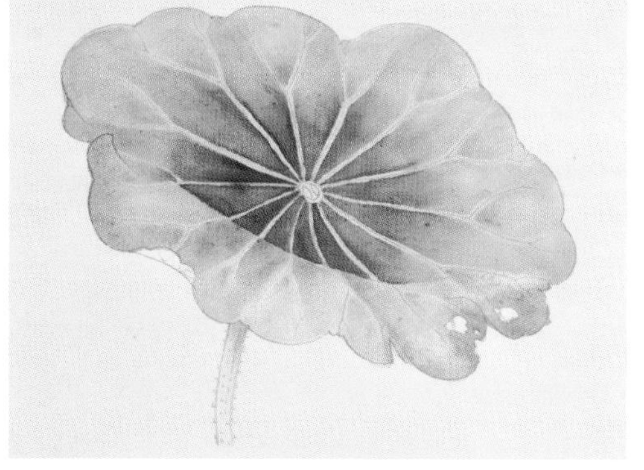

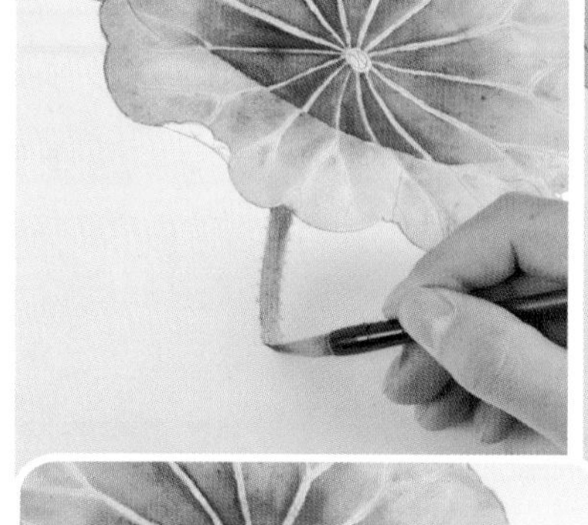

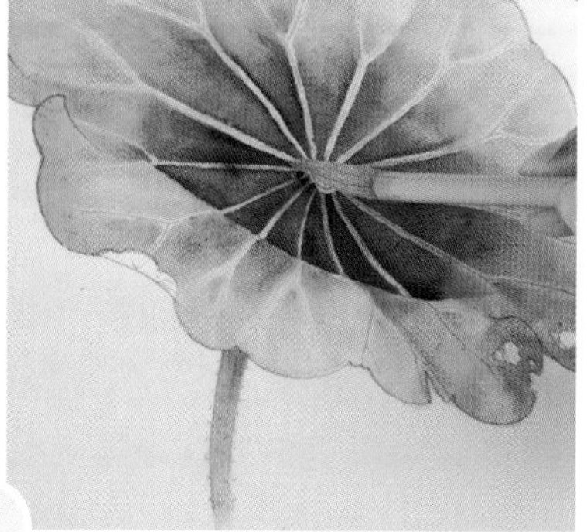

11 用白雲筆調深綠進行局部醒染。

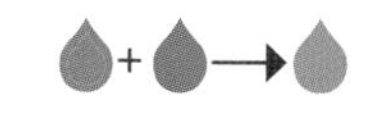

繪畫步驟：分染加罩染

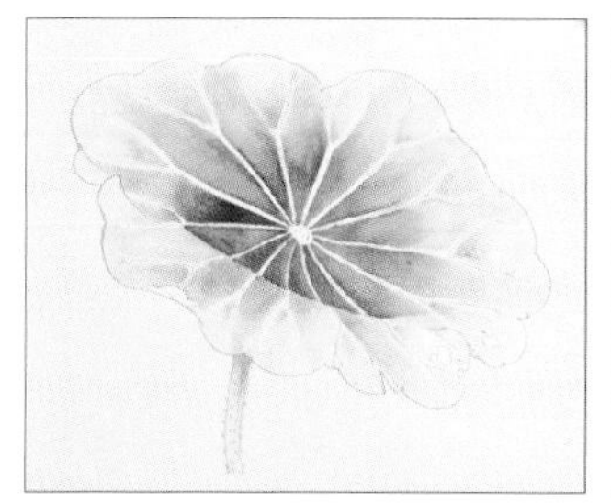

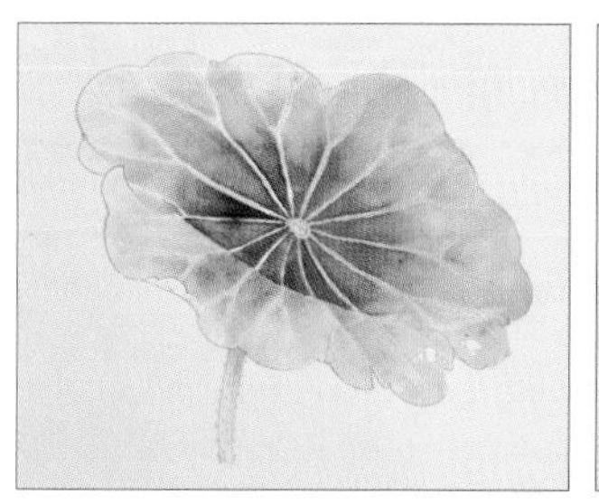

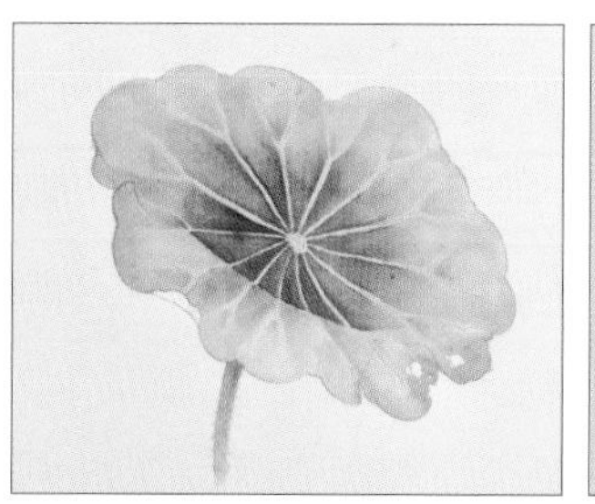

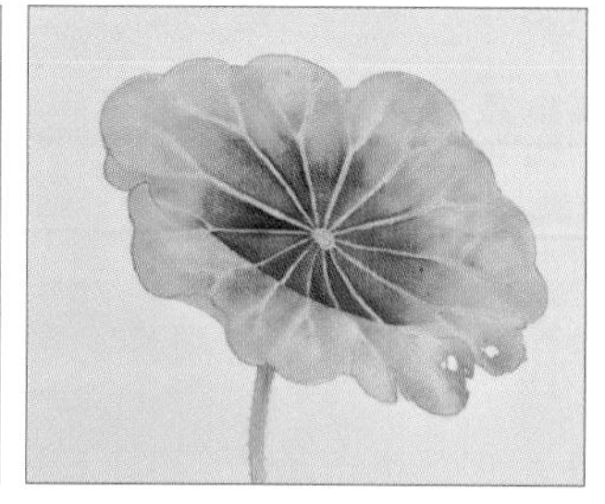

6.3 背面荷葉

背面荷葉整體姿態呈漏斗狀，葉片邊緣向下翻捲，且起伏較大。繪製時，注意墨線的透視變化，線條轉折處要自然柔順，盡量不要出現鋒利尖銳的線條；在著色時，背面葉子的色澤要淡於正面的葉子。

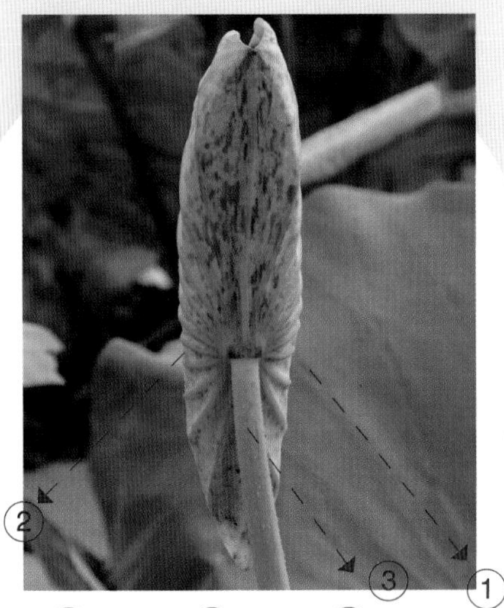

① 葉片 ② 葉脈 ③ 葉莖

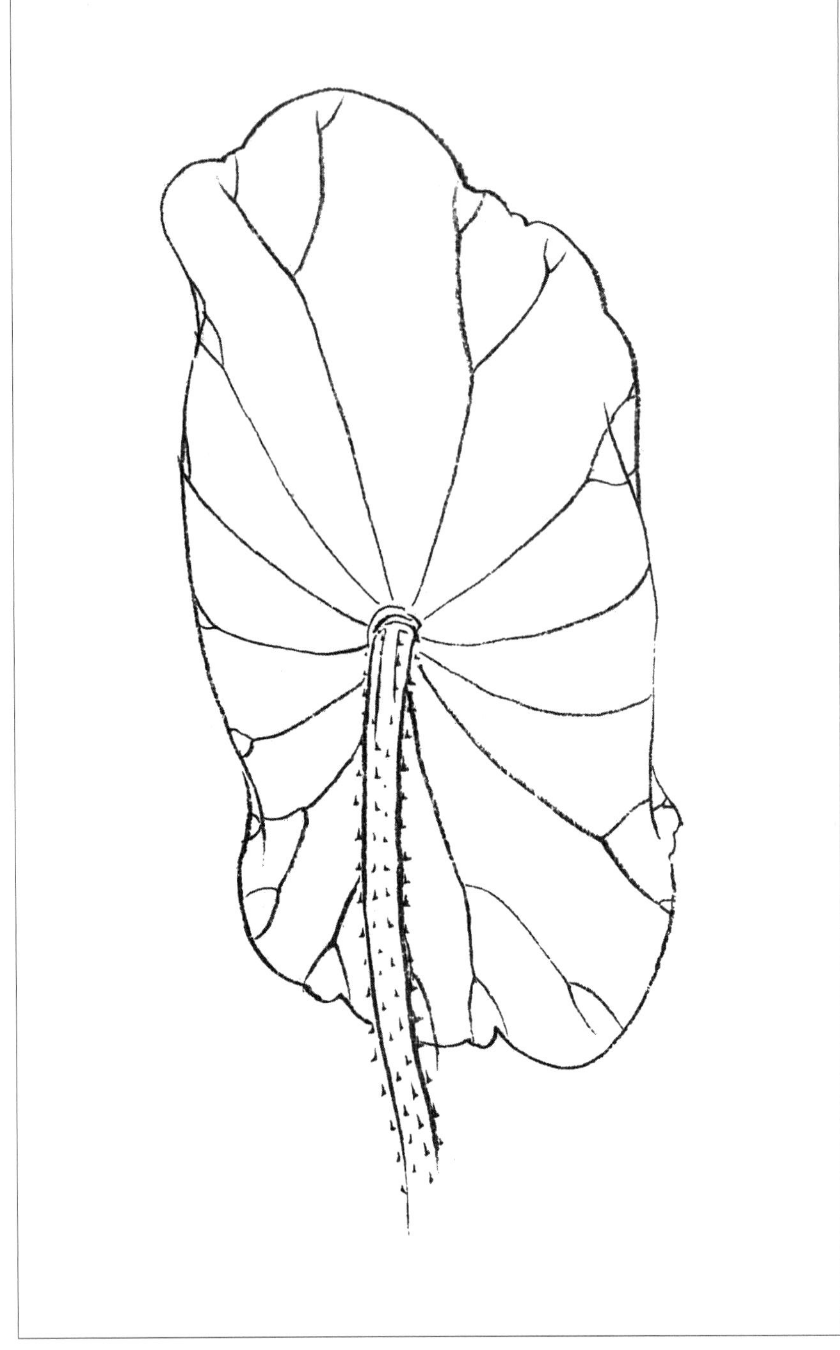

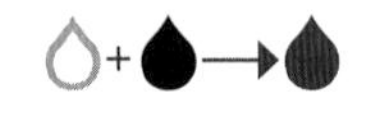

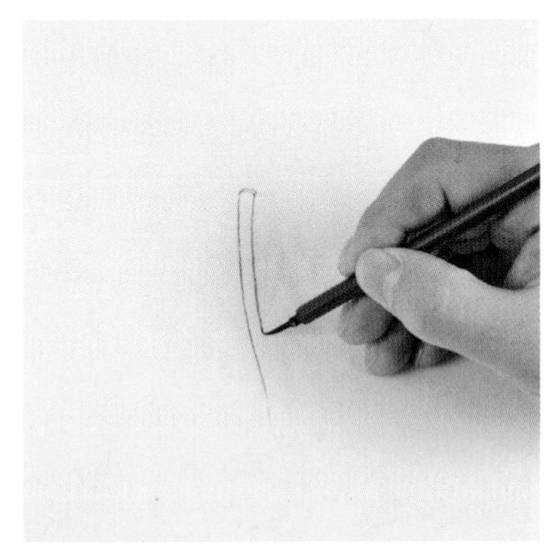

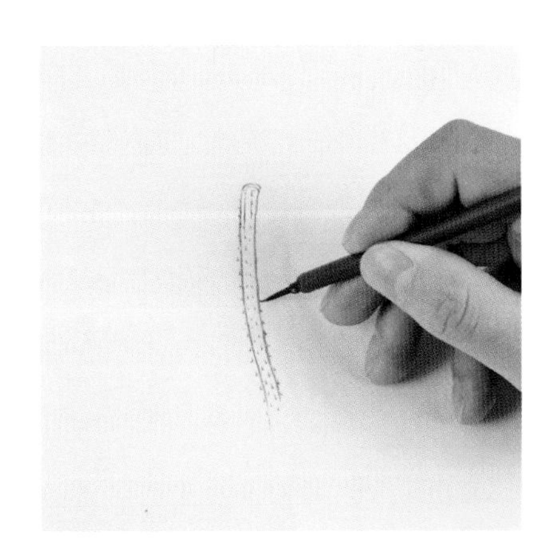

1 用勾勒筆調重墨勾畫荷葉莖。

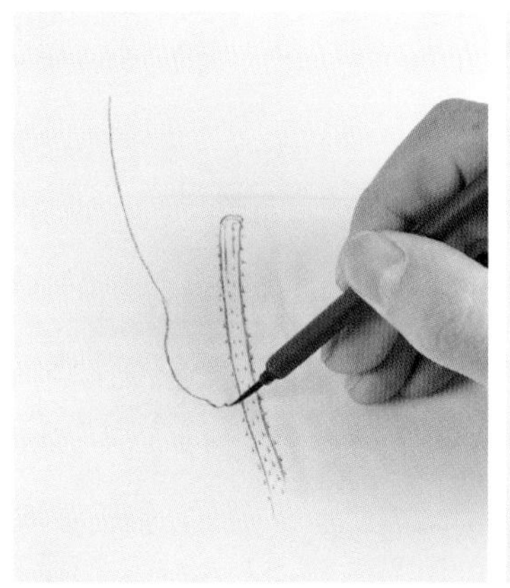
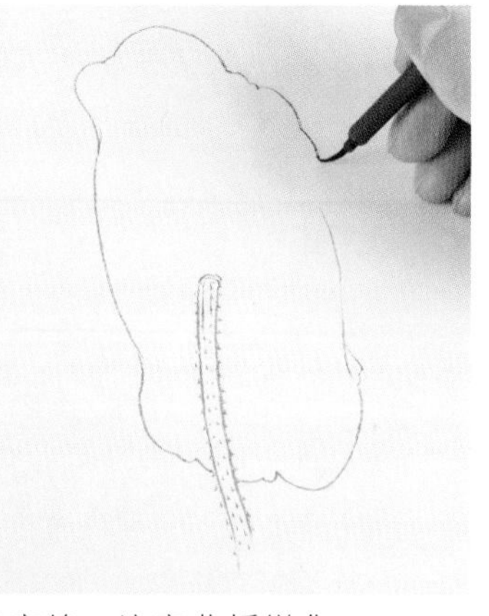

2 進一步勾畫反向荷葉的外輪廓線，注意曲折變化。

勾畫荷葉邊緣線時，運筆要自然流暢，切忌不可重複用筆。

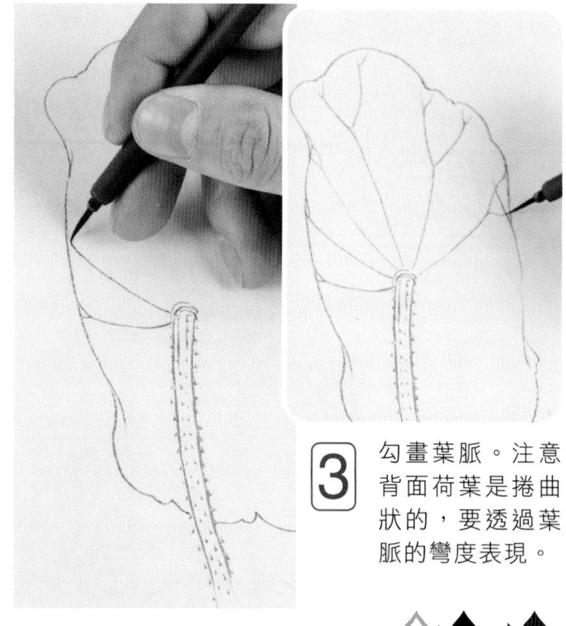

3 勾畫葉脈。注意背面荷葉是捲曲狀的，要透過葉脈的彎度表現。

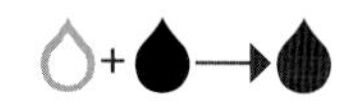

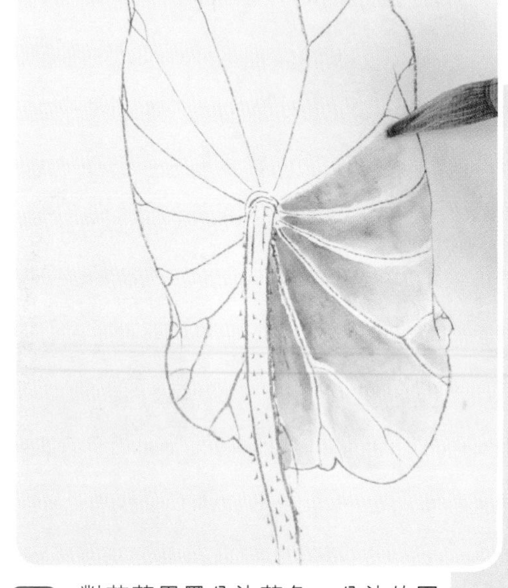
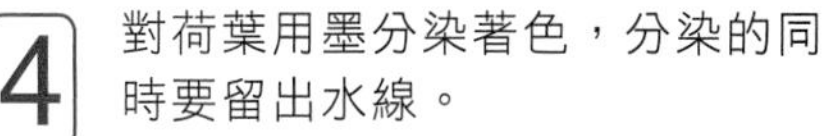
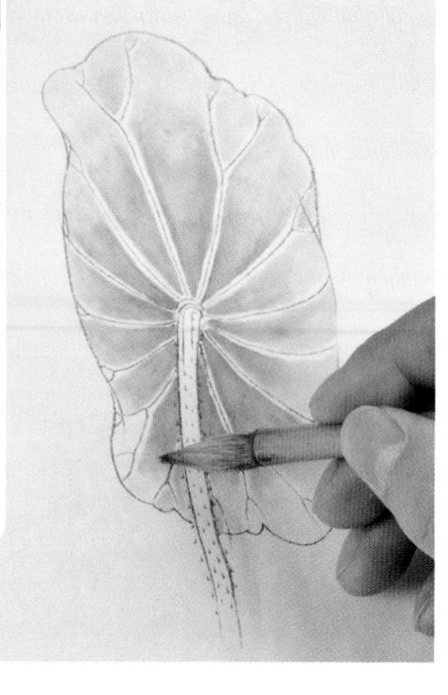
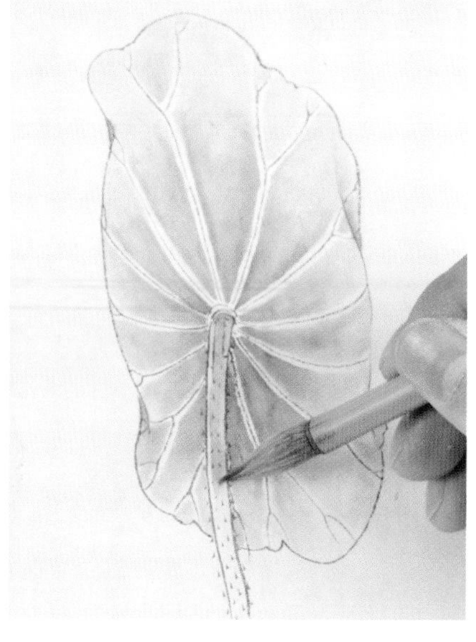

4 對荷葉用墨分染著色，分染的同時要留出水線。

知識拓展

提染

提染是為了加強畫面的層次感、整體感，而對畫面的某一局部所作的「微調」。通常是在染色接近完成時用某種色對小面積、局部進行提亮或加深。以工筆花卉為例，提染的方法是用筆尖蘸較濃的白粉，側鋒用筆，局部從瓣邊上提一些由深至淺、由淺到無的白粉，這樣就加強了花朵的立體感。

繪畫步驟：勾墨線

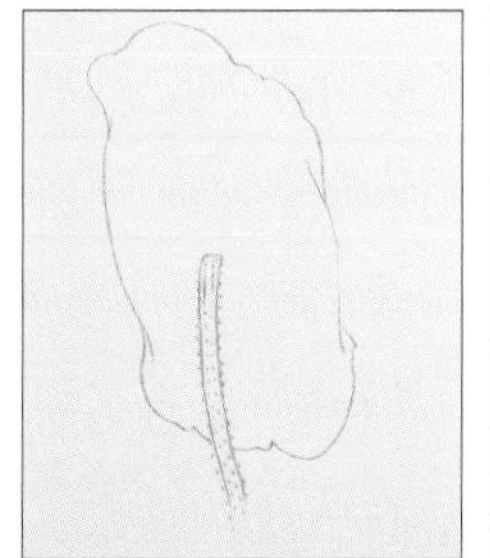
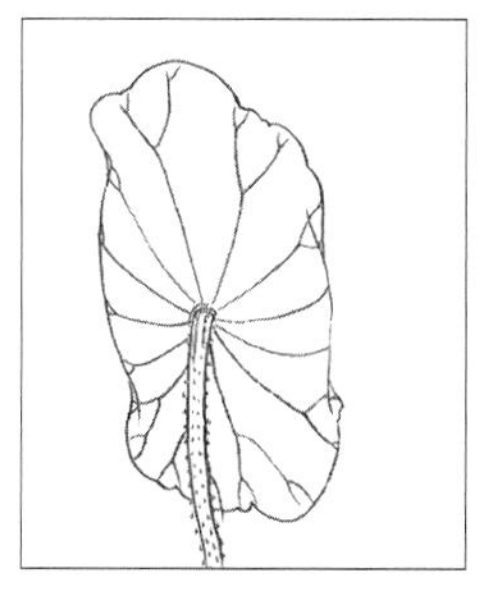

繪畫步驟：分染墨色

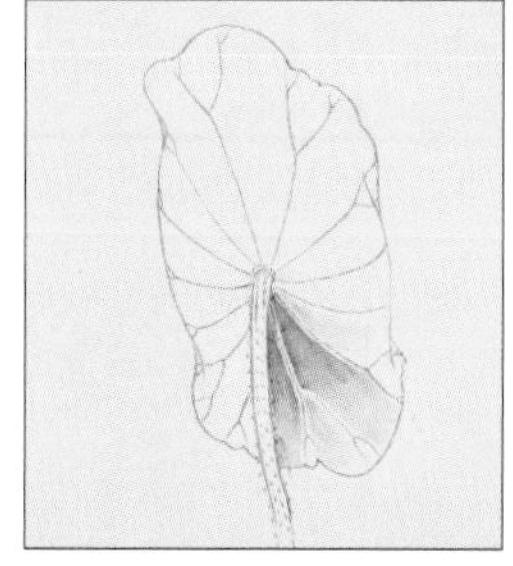
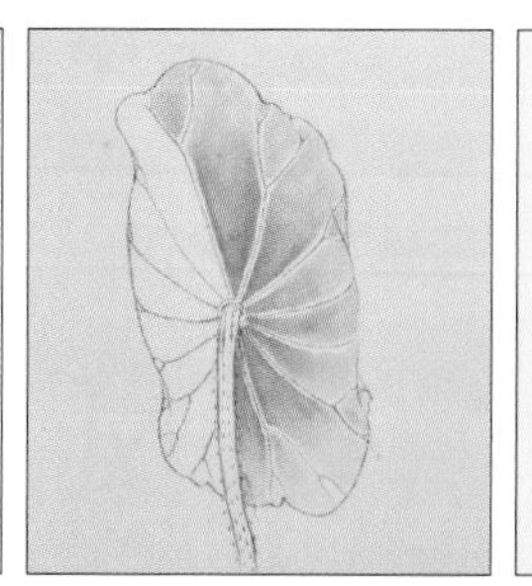
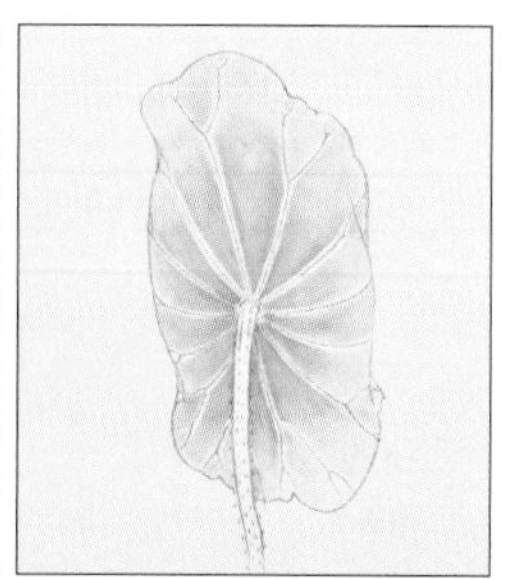

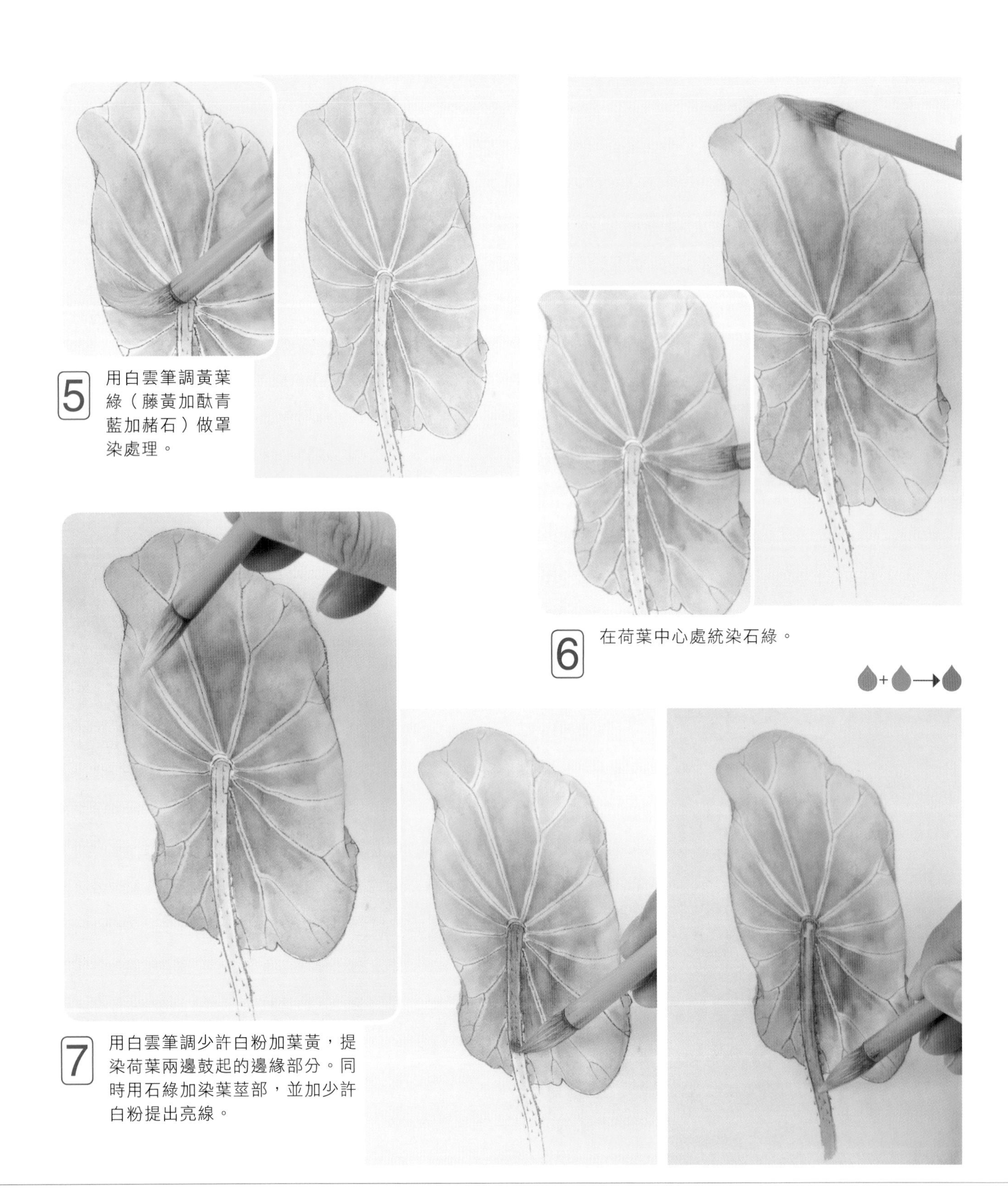

5 用白雲筆調黃葉綠（藤黃加酞青藍加赭石）做罩染處理。

6 在荷葉中心處統染石綠。

7 用白雲筆調少許白粉加葉黃，提染荷葉兩邊鼓起的邊緣部分。同時用石綠加染葉莖部，並加少許白粉提出亮線。

繪畫步驟：罩染加提染

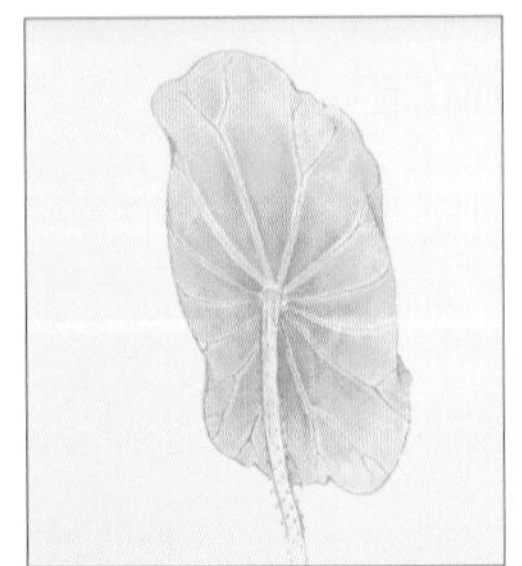
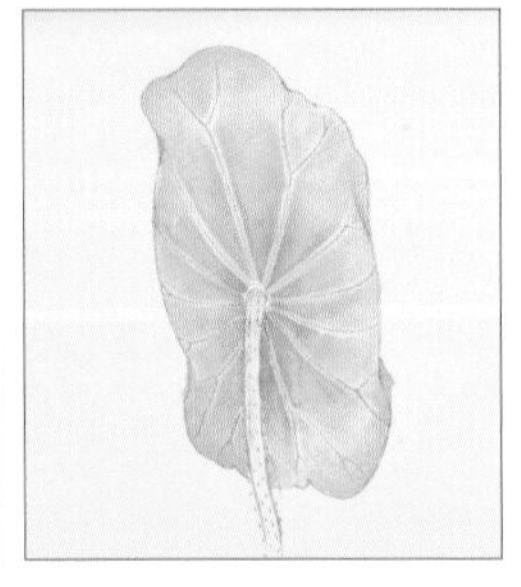
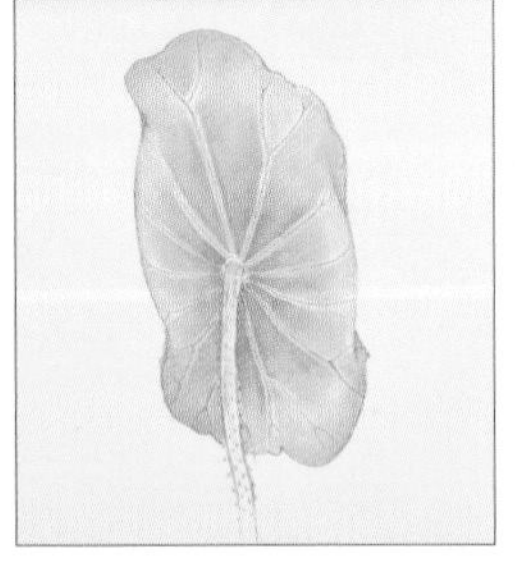
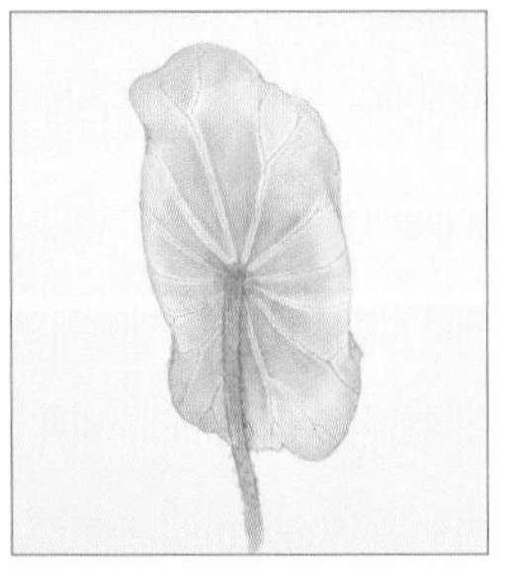
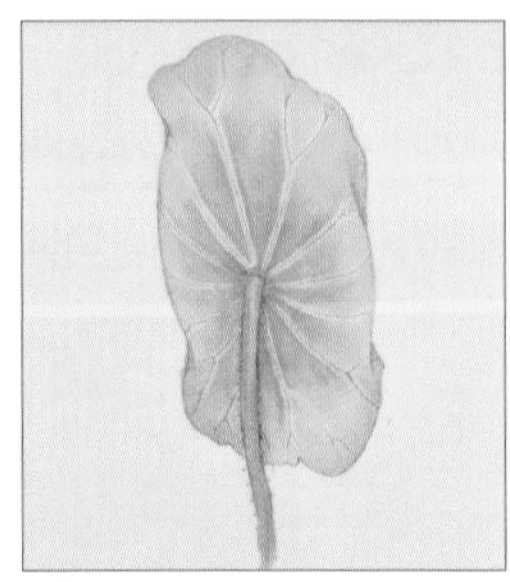

6.4 殘葉

殘葉是荷葉開敗之後呈現的狀態，整體呈下垂的形態，葉片邊緣皺摺較多，勾勒時要注意線條的曲折變化。殘葉的顏色相對於剛生的荷葉來說偏黃，染色時可以採用接染的方法突出殘葉的形態。

② ①

① 殘葉 ② 枯莖

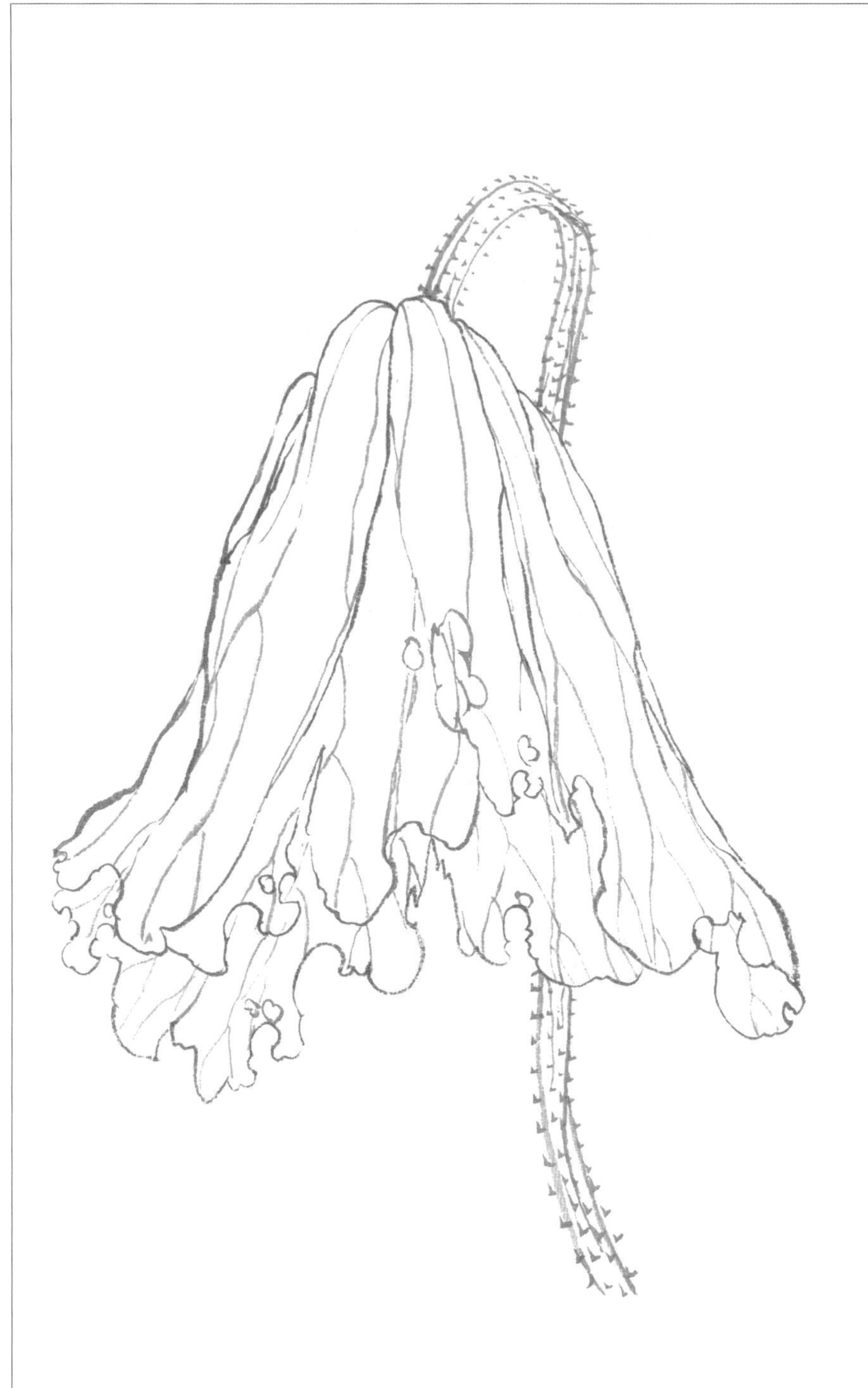

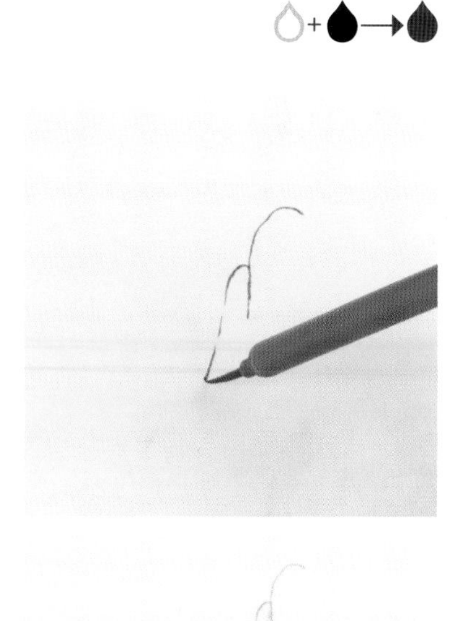

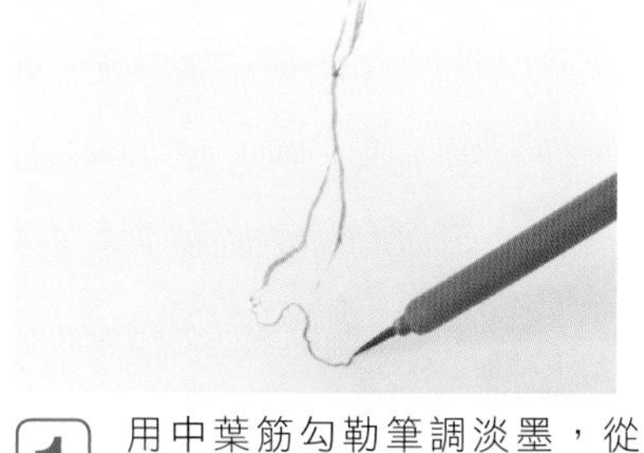

1 用中葉筋勾勒筆調淡墨，從殘葉的末端畫起。

勾殘荷葉的時候注意所用線條多為曲折或不規則的線條，同時要分出深淺、內外的關係。

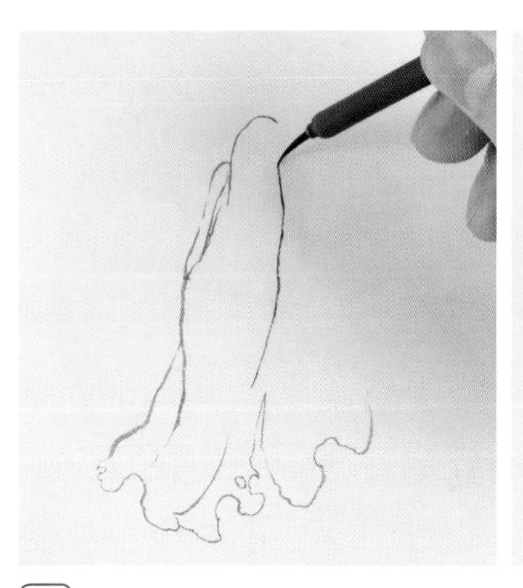
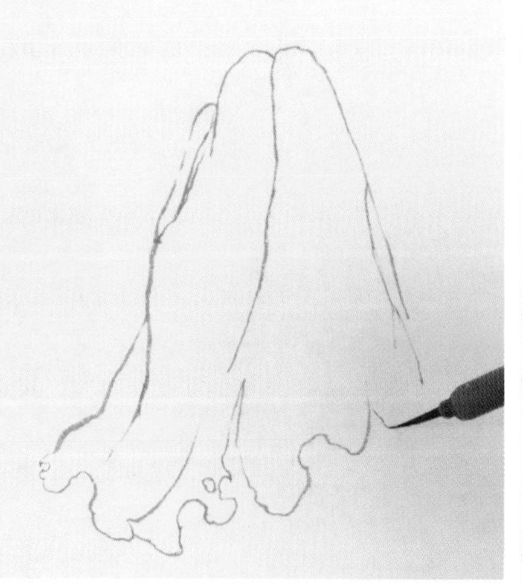
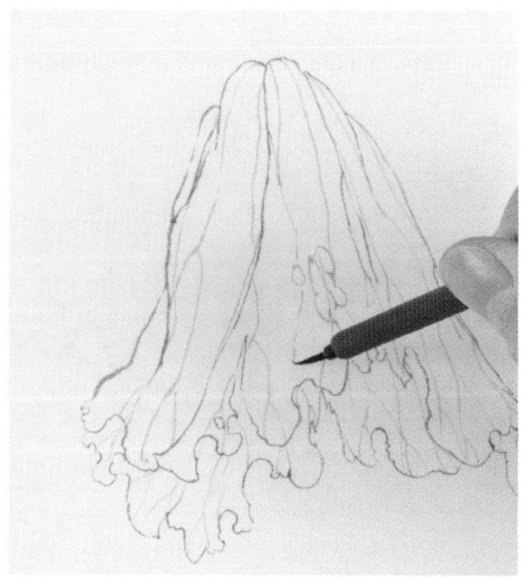

2 完成對殘葉的整體勾勒，要多勾一些枯敗的地方。

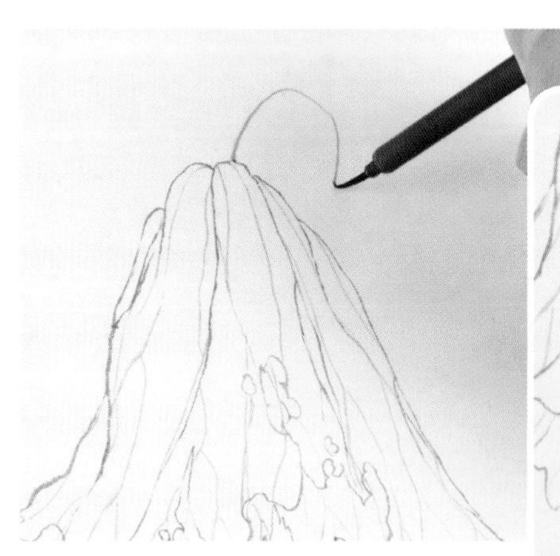

3 勾出枯莖，在其上多畫一些皺摺的線條表現出枯敗的感覺。

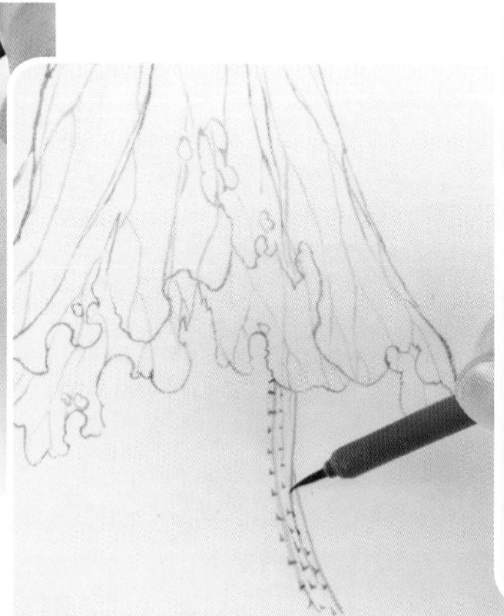
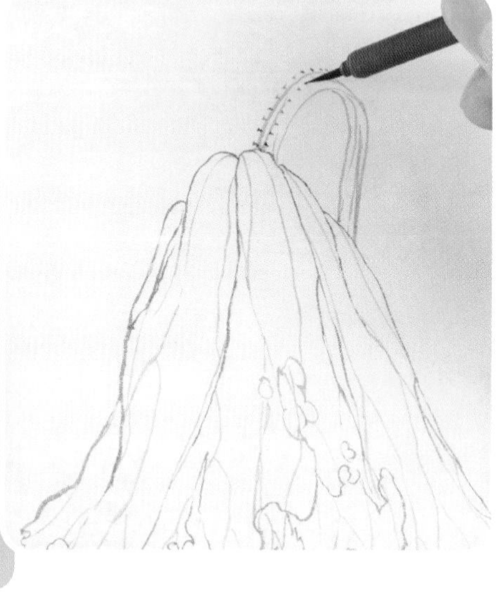

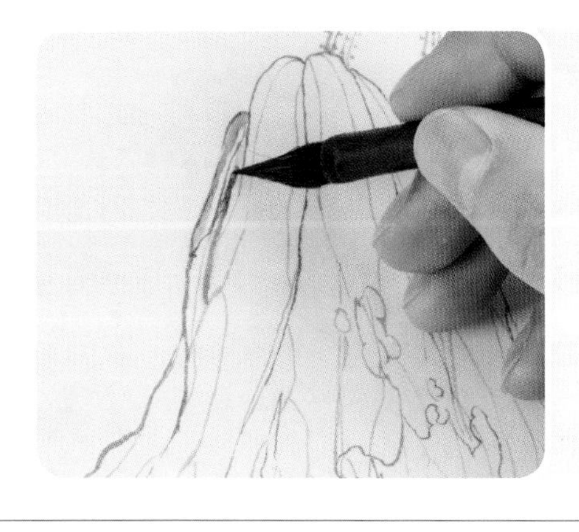
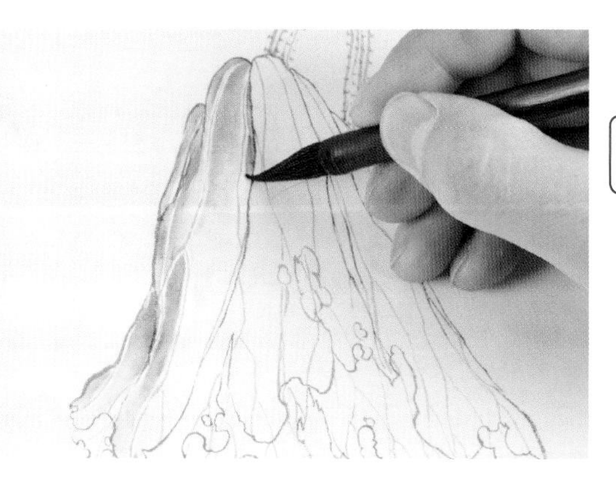
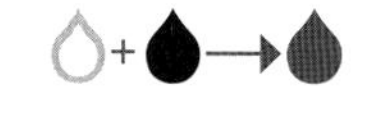

4 再以墨分染葉子，分染時注意深淺關係的變化。

繪畫步驟：勾墨線

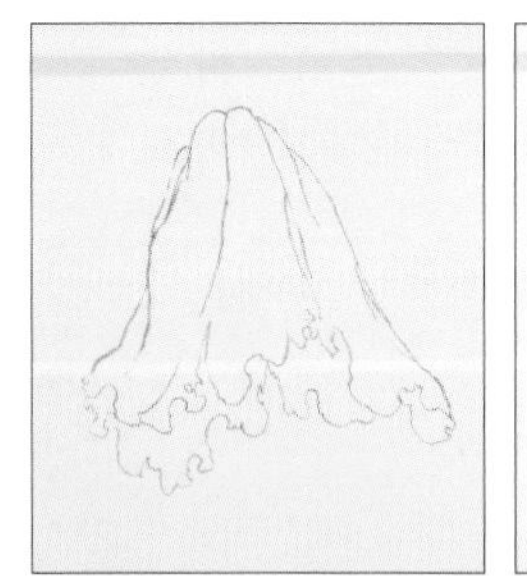
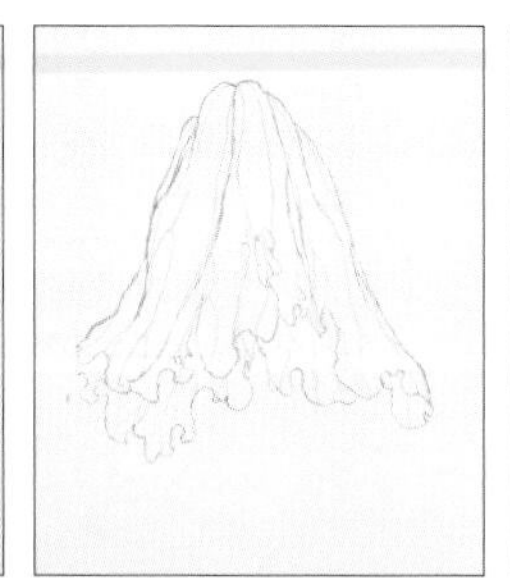
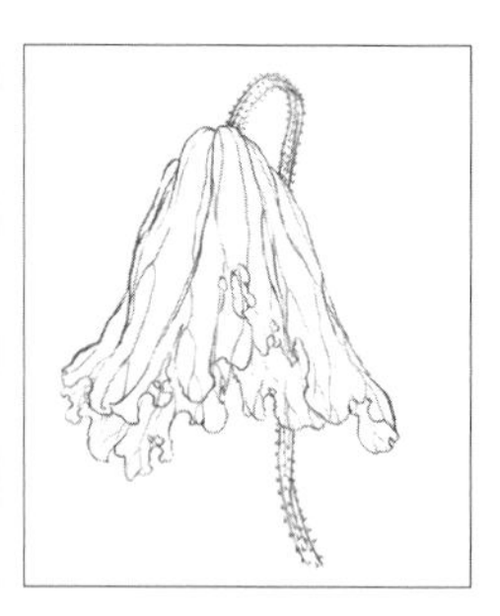

繪畫步驟：分染

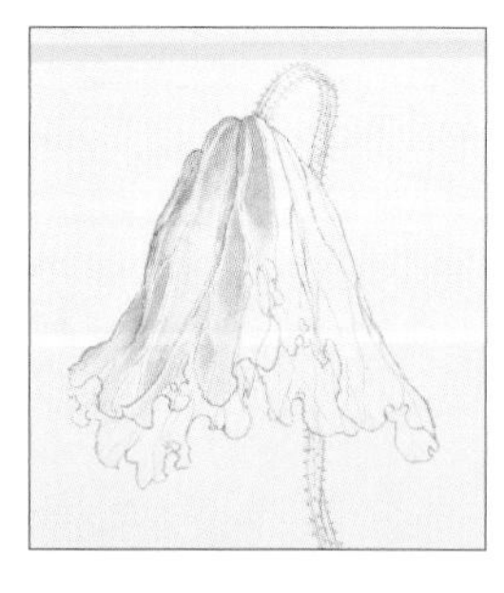
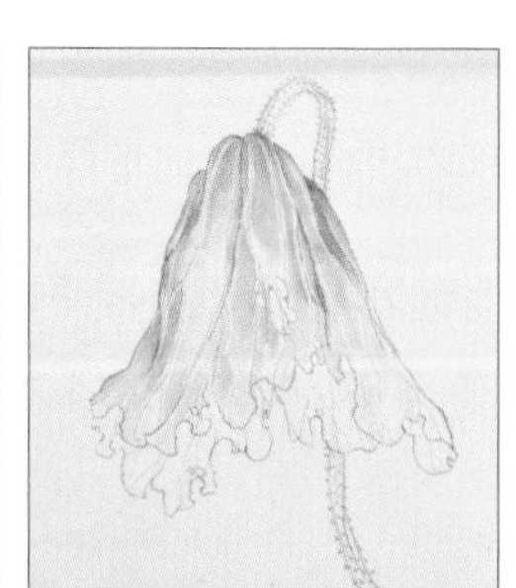

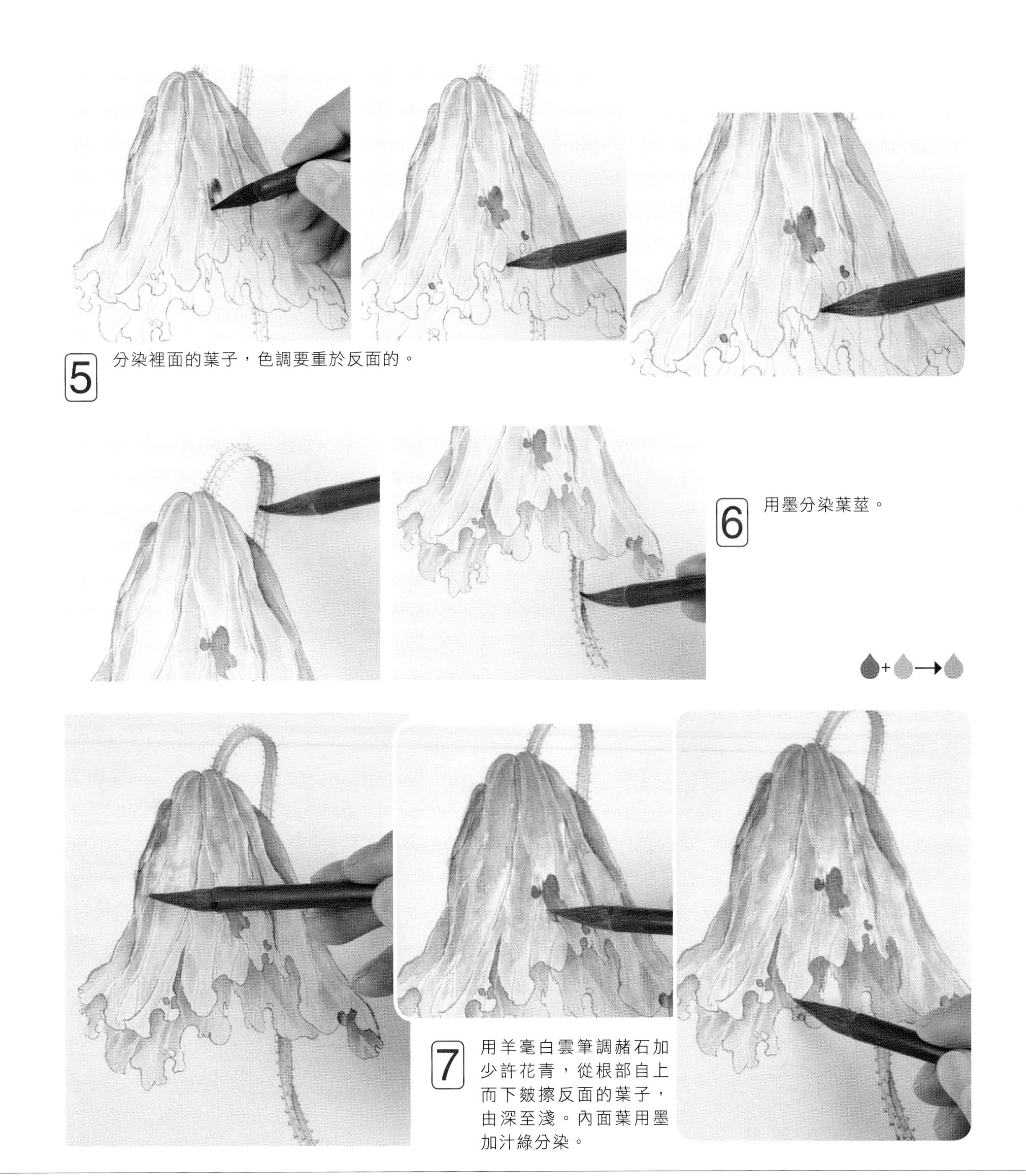

5 分染裡面的葉子，色調要重於反面的。

6 用墨分染葉莖。

7 用羊毫白雲筆調赭石加少許花青，從根部自上而下皴擦反面的葉子，由深至淺。內面葉用墨加汁綠分染。

繪畫步驟：分染墨色

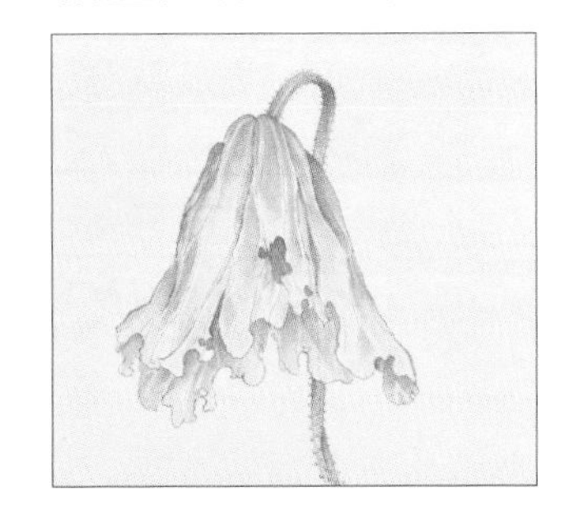

繪畫步驟：皴染葉背面

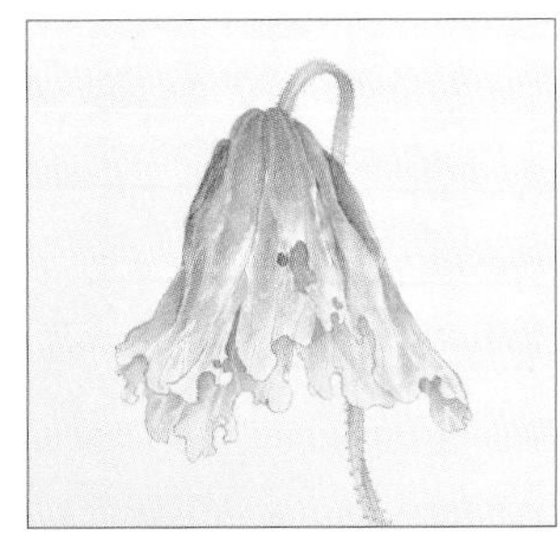

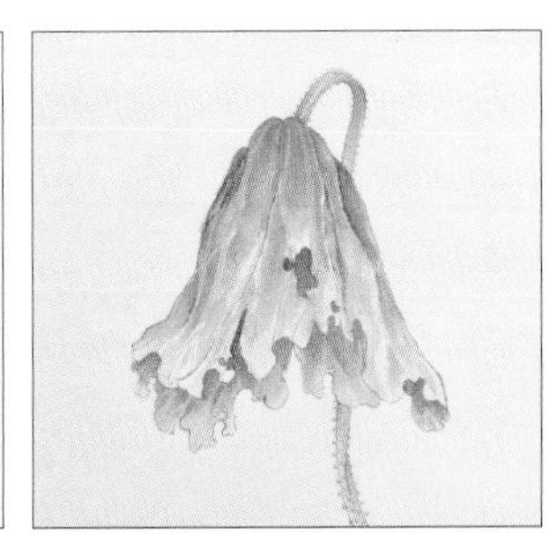

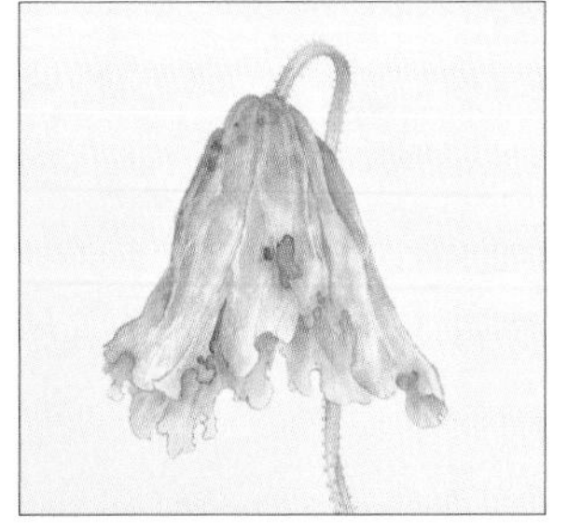

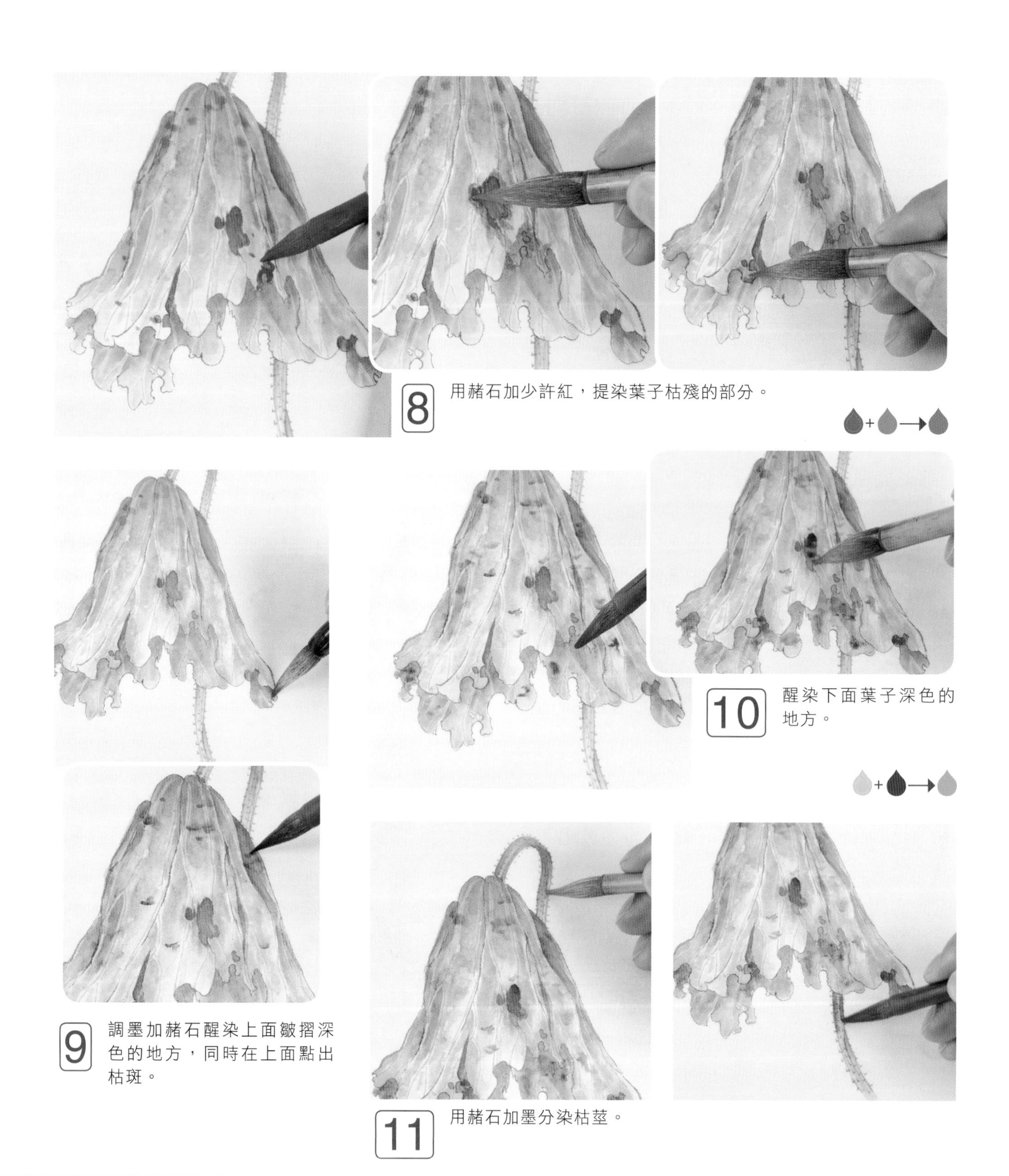

8 用赭石加少許紅，提染葉子枯殘的部分。

9 調墨加赭石醒染上面皺摺深色的地方，同時在上面點出枯斑。

10 醒染下面葉子深色的地方。

11 用赭石加墨分染枯莖。

繪畫步驟：細節的渲染

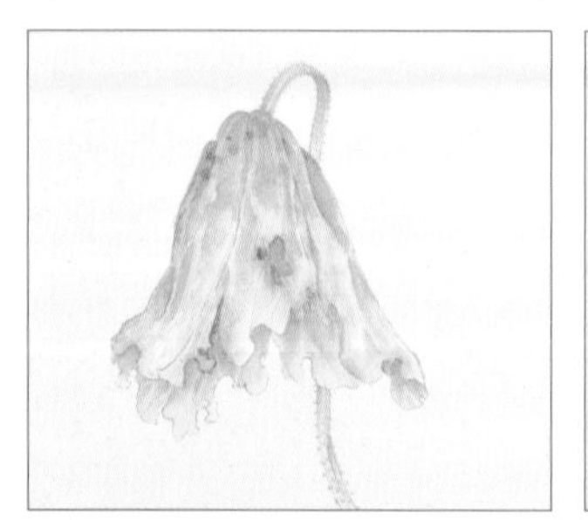

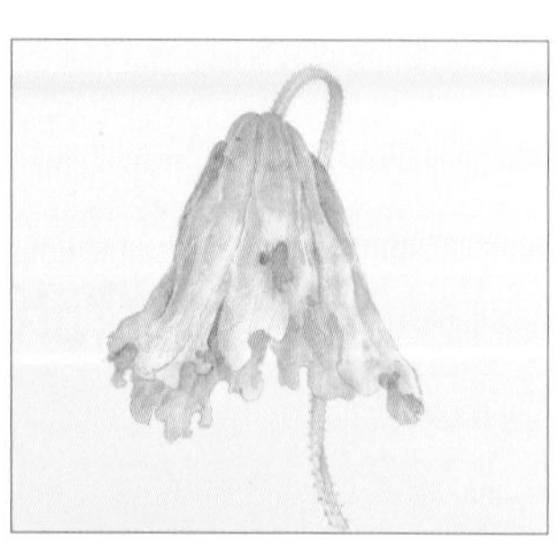

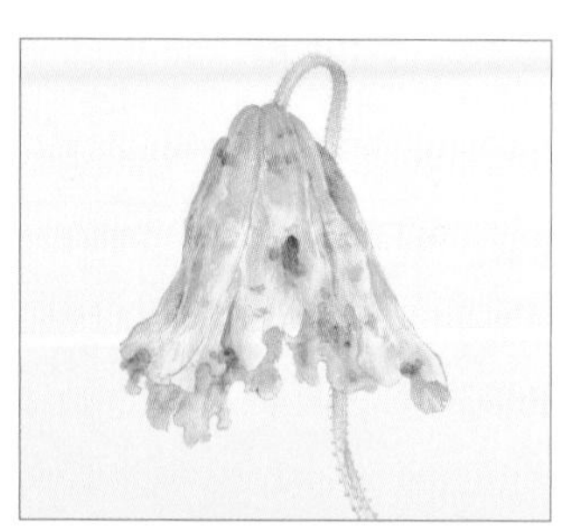

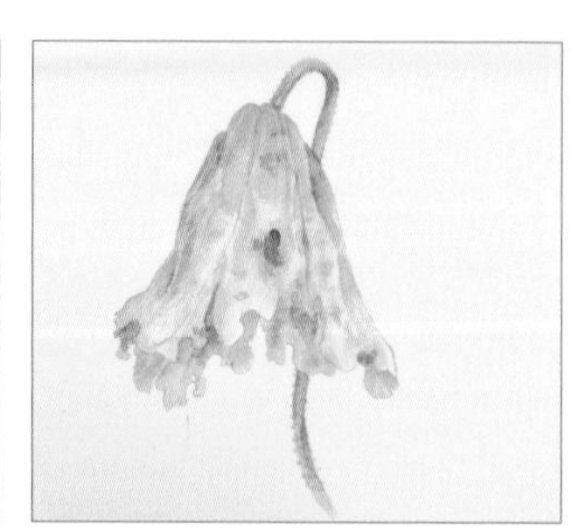

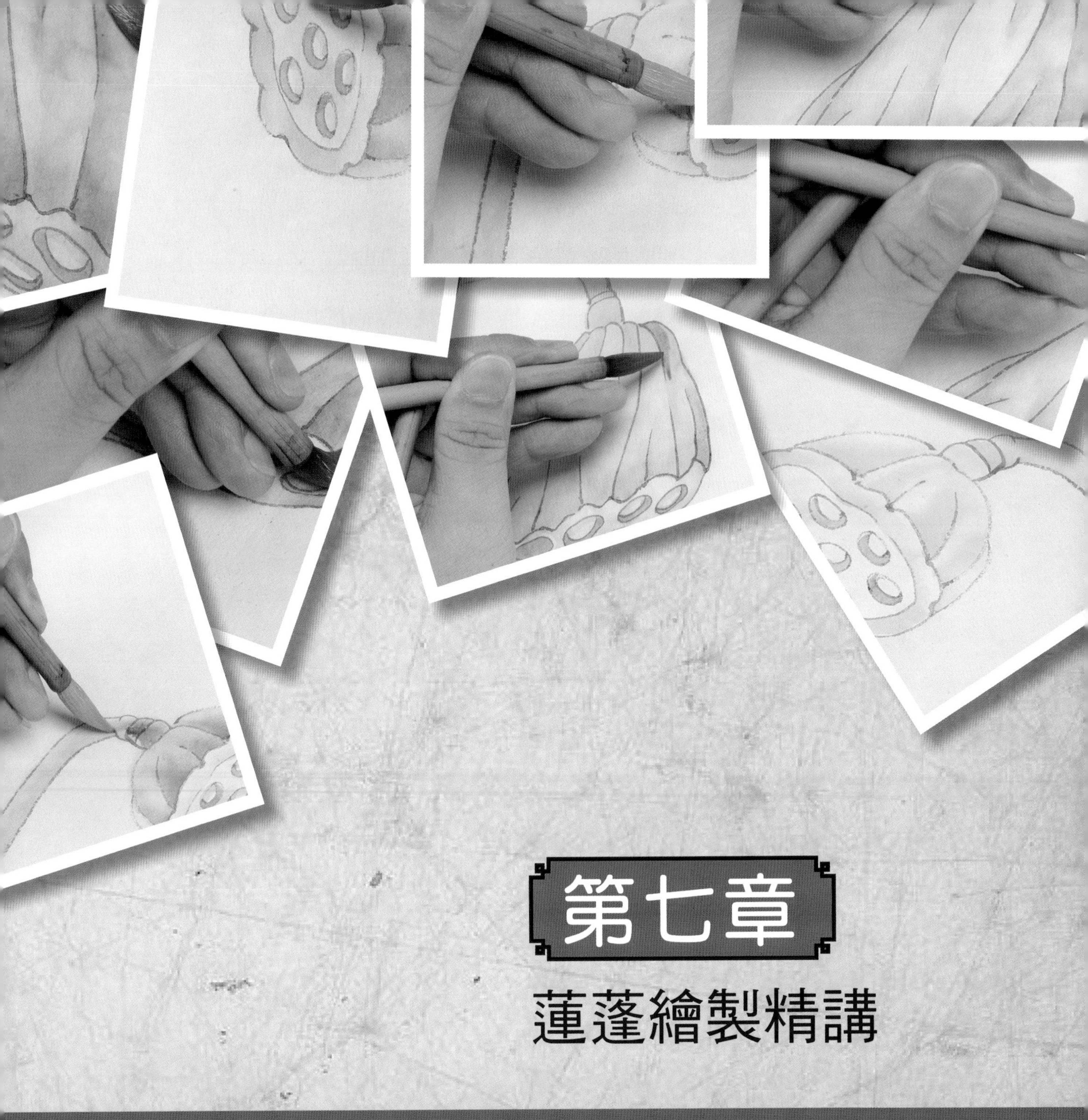

第七章

蓮蓬繪製精講

新蓮蓬/枯蓮蓬

7.1 新蓮蓬

蓮蓬，又稱蓮房，是埋藏荷花雌蕊的倒圓錐狀海綿質花托。花托表面具有多數散生蜂窩狀孔洞，受精後逐漸膨大而稱之為蓮蓬。嫩蓮蓬是在花瓣凋謝之後所展現的形態，先是草綠後逐漸變為深綠。蓮蓬整體為半圓形表面多皺摺。

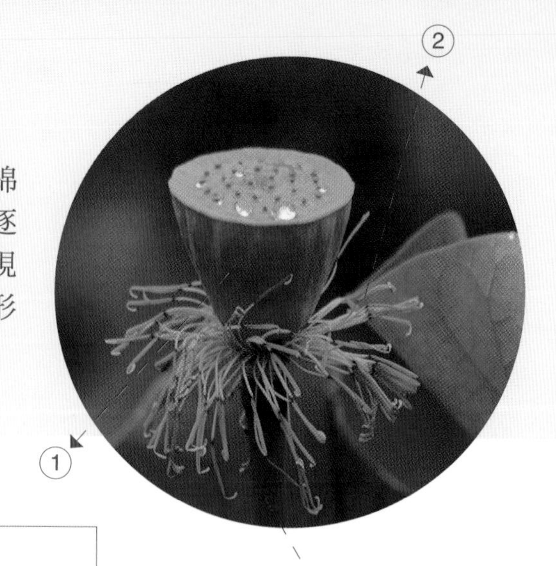

①蓮蓬 ②花蕊 ③花莖

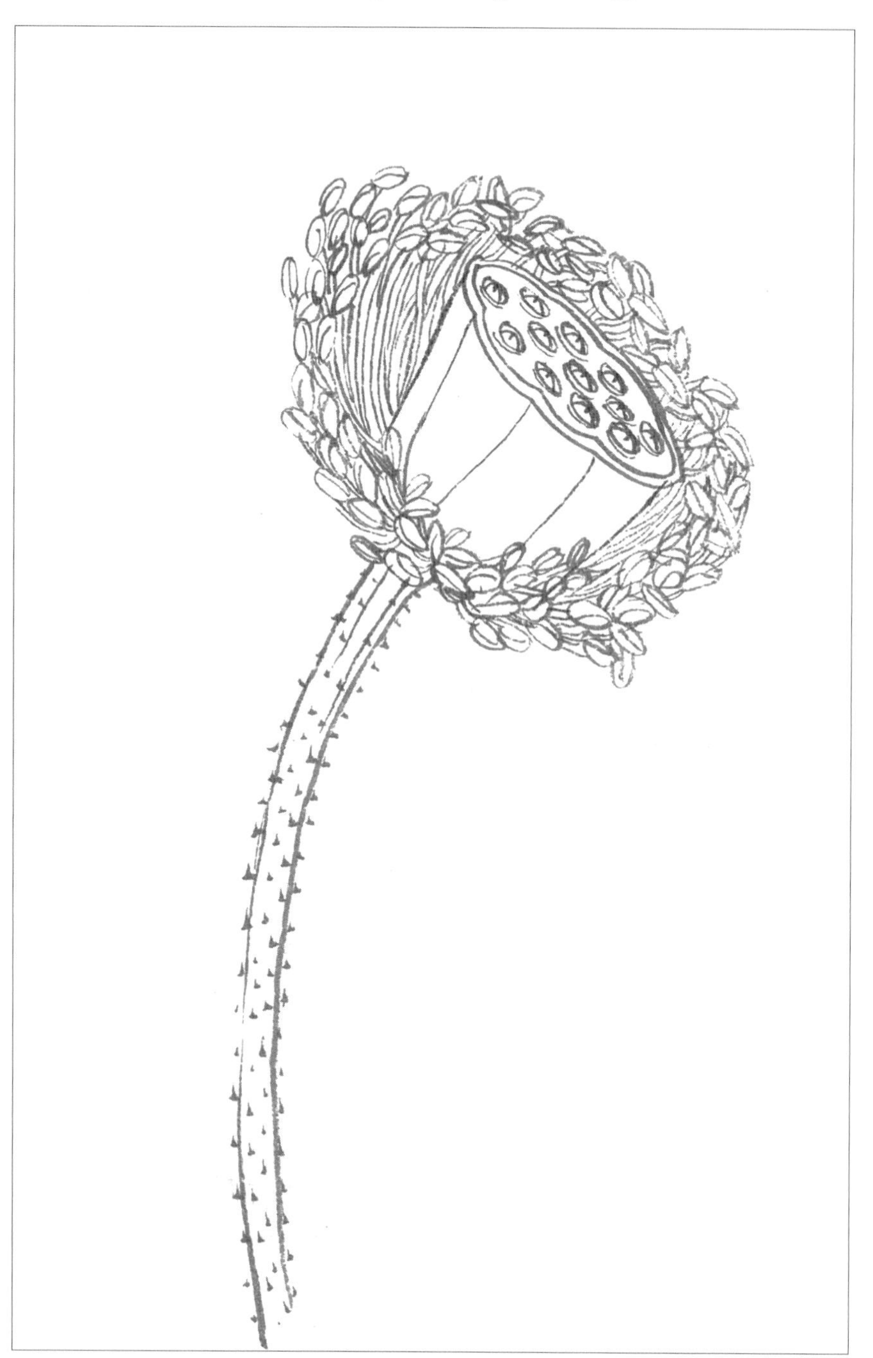

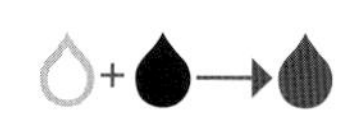

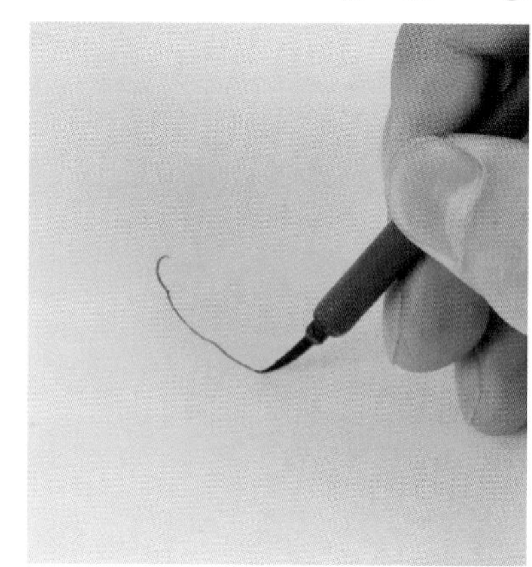

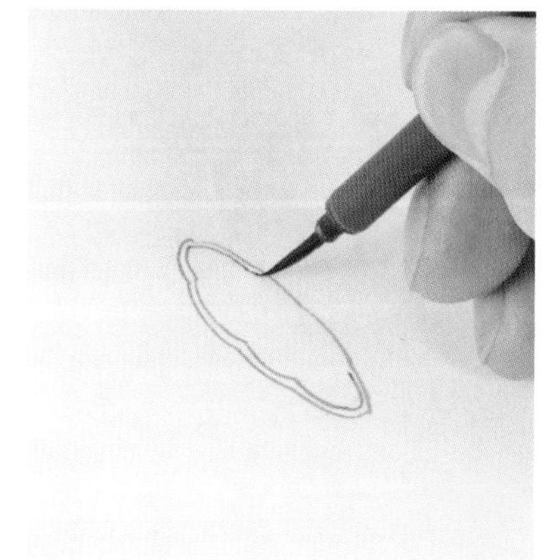

1 選用中葉筋勾勒筆，調淡墨從蓮蓬上端邊緣勾起。

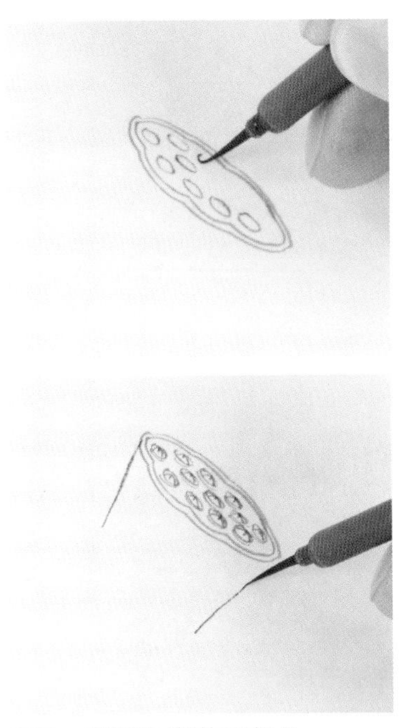

2 接著勾畫蓮子部分。

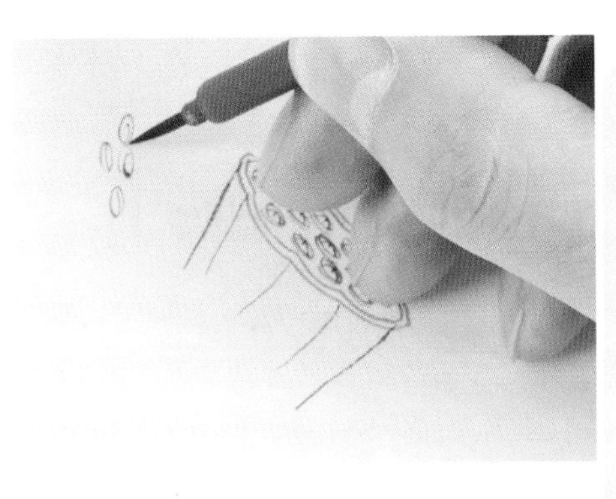

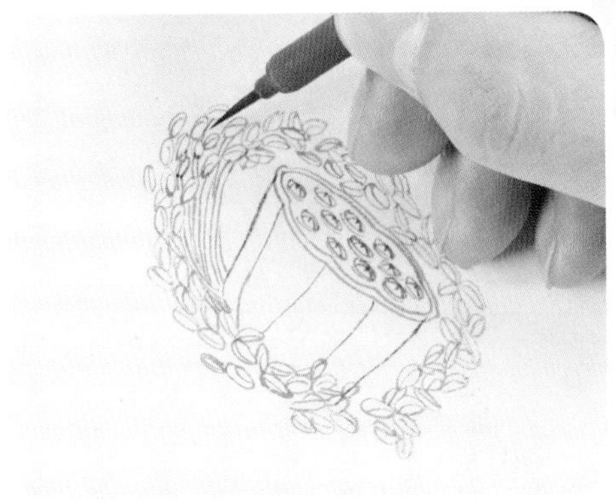

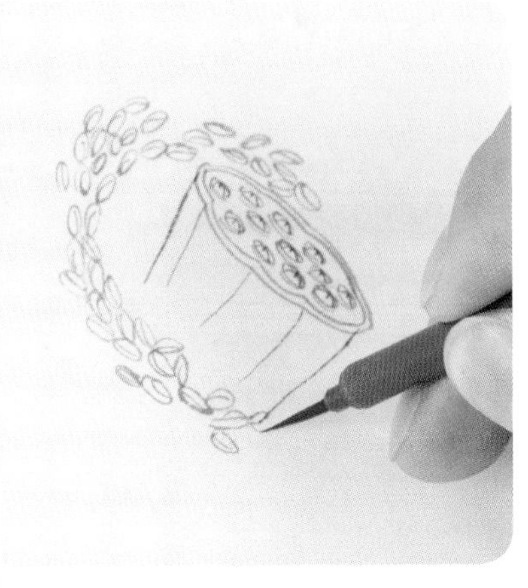

3 調和較淡一些的墨，沿著蓮蓬周圍勾畫花蕊，其形狀與方向可適當地有所變化。

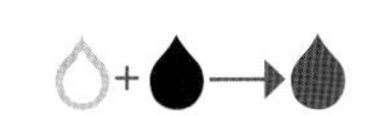

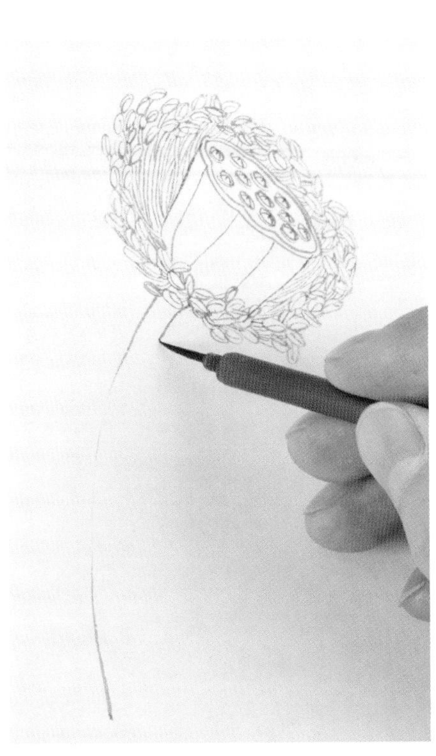

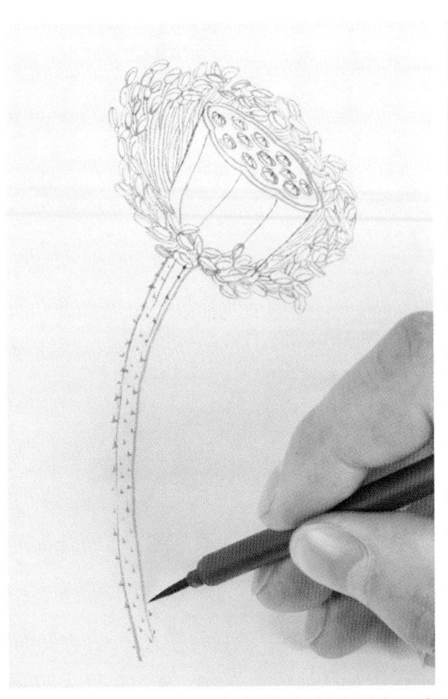

4 勾畫花莖，點畫其上的倒刺。畫莖的時候要根據蓮蓬頭的走向做弧形勾勒，其外形要給人舒服的感覺。

繪畫步驟：勾墨線

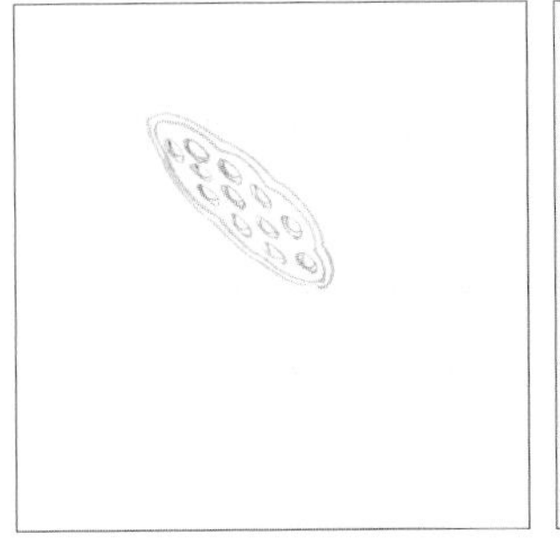

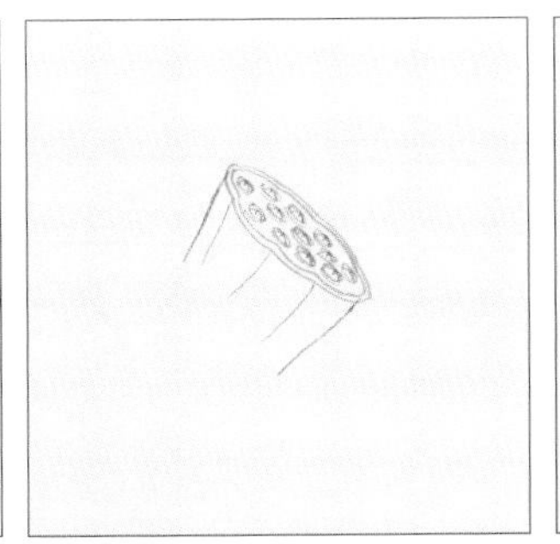

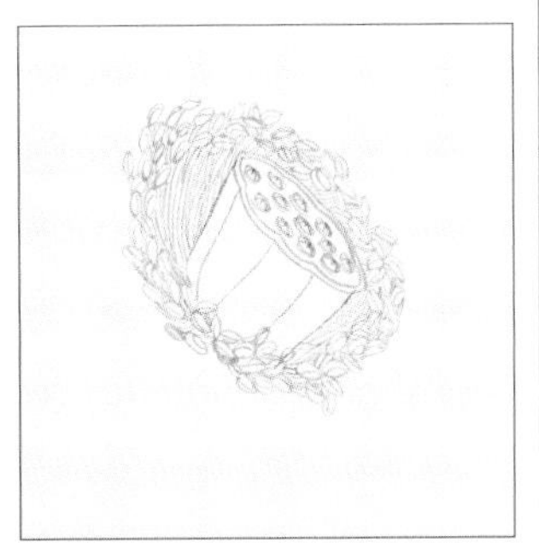

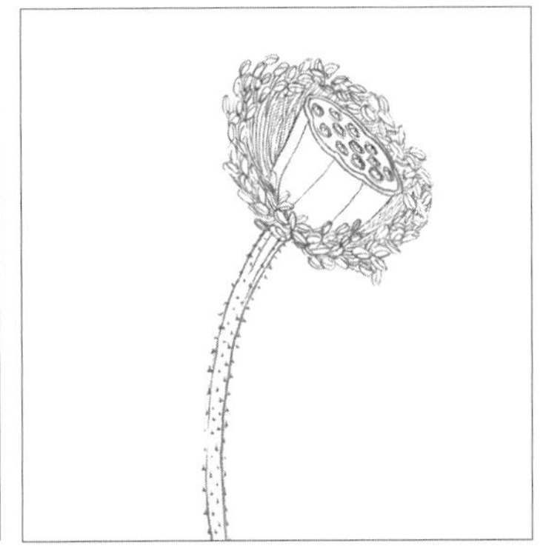

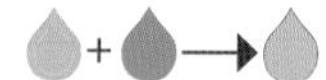

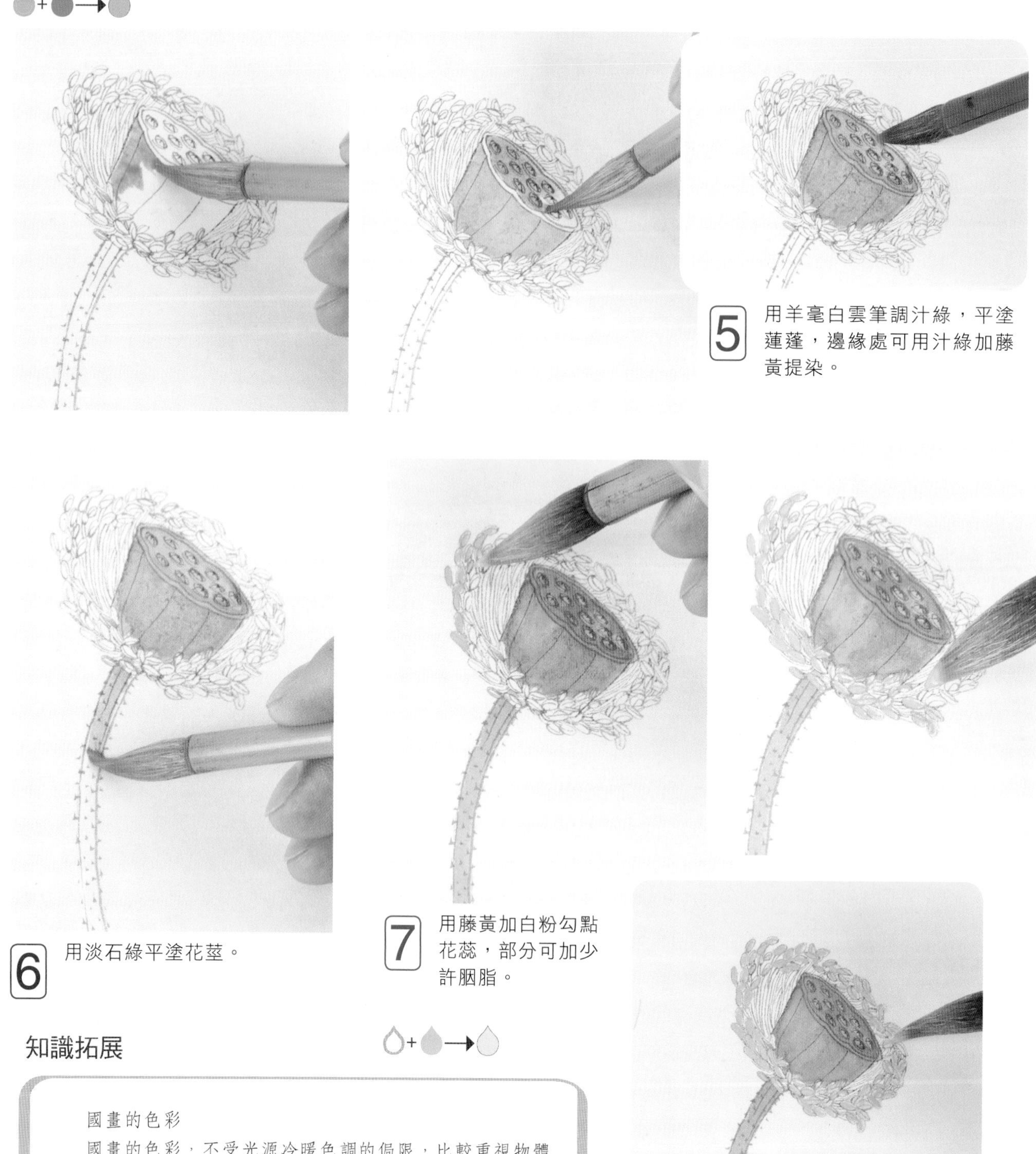

5 用羊毫白雲筆調汁綠，平塗蓮蓬，邊緣處可用汁綠加藤黃提染。

6 用淡石綠平塗花莖。

7 用藤黃加白粉勾點花蕊，部分可加少許胭脂。

知識拓展

國畫的色彩

國畫的色彩，不受光源冷暖色調的侷限，比較重視物體本身的固有色，而不去強調在特殊光線下的環境色。畫哪一種物品，就賦予哪一種物品的基本色，以達到色與物、色與線、色與墨、色與色的調和。

繪畫步驟：塗、點染

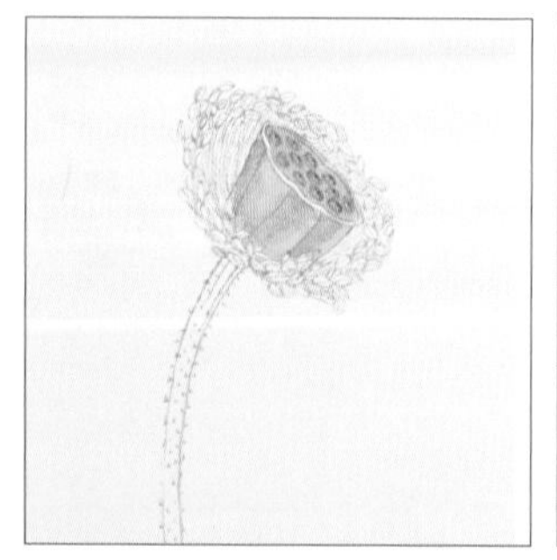

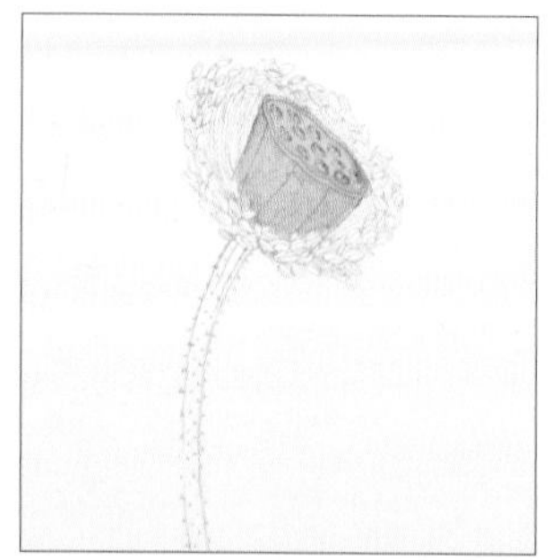

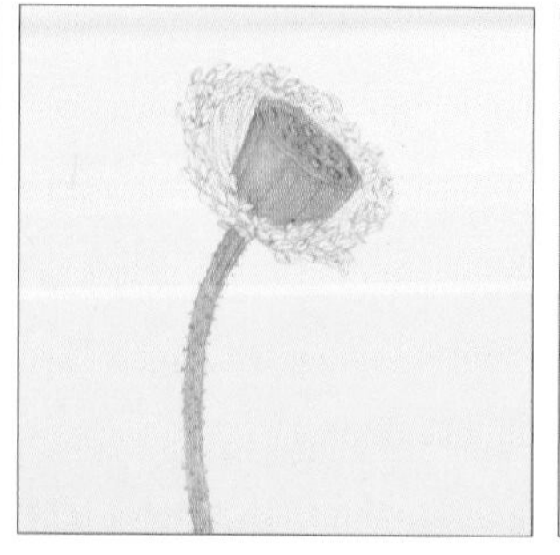

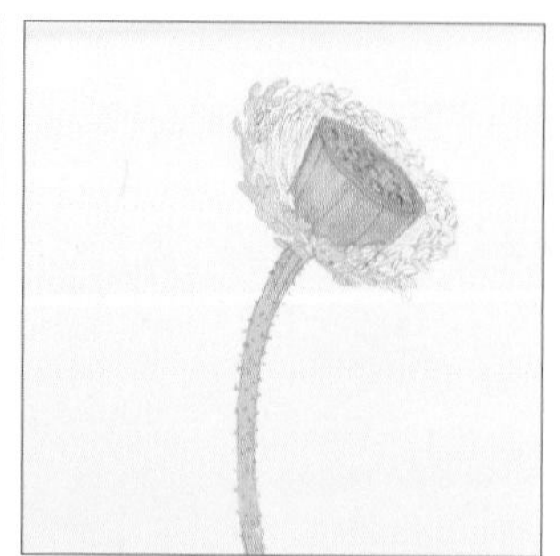

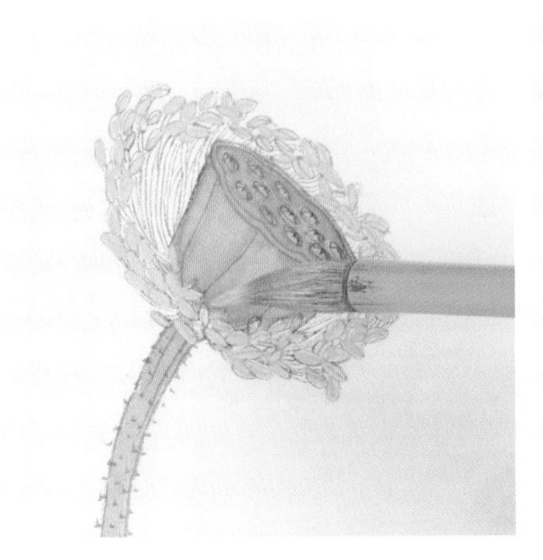

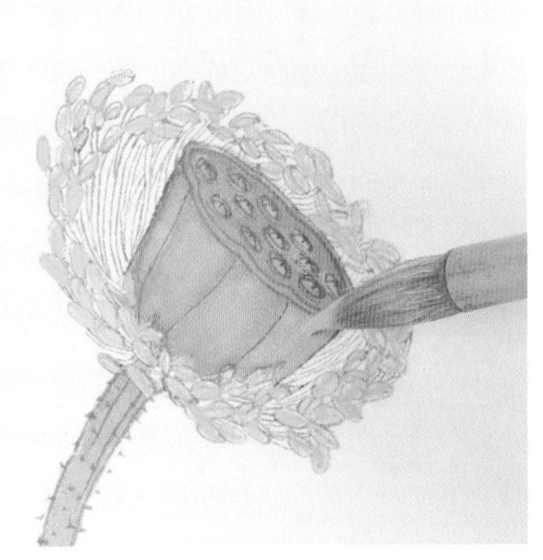

8 用汁綠調少許藤黃提染蓮蓬凸起的地方，蓮子周邊較深的地方可用石綠醒染一下。

用汁綠分染花莖。

這裡強調一下，在用色上的比例會直接影響到繪畫色調的深淺變化，對初學者來說要多加練習。

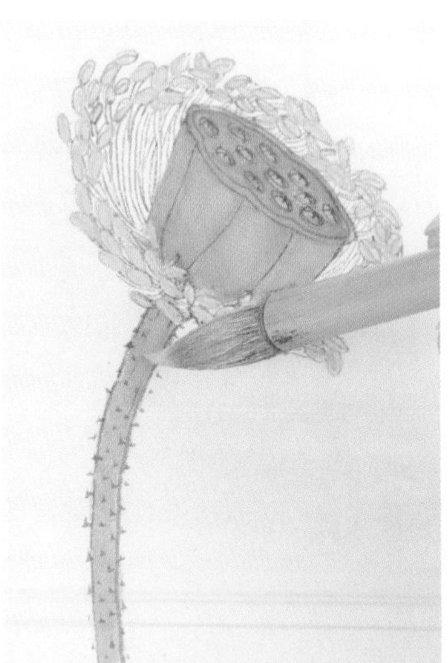

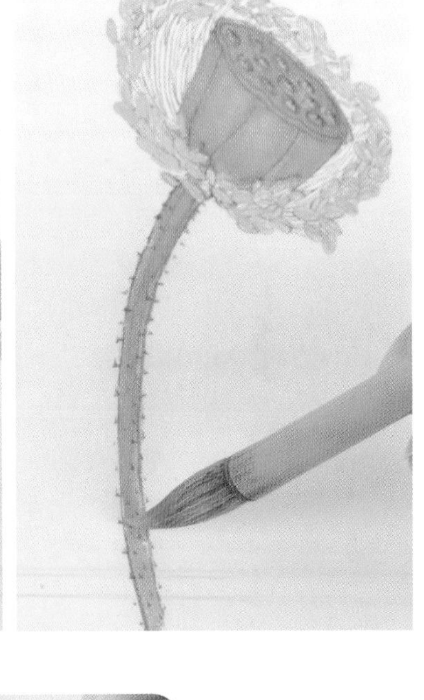

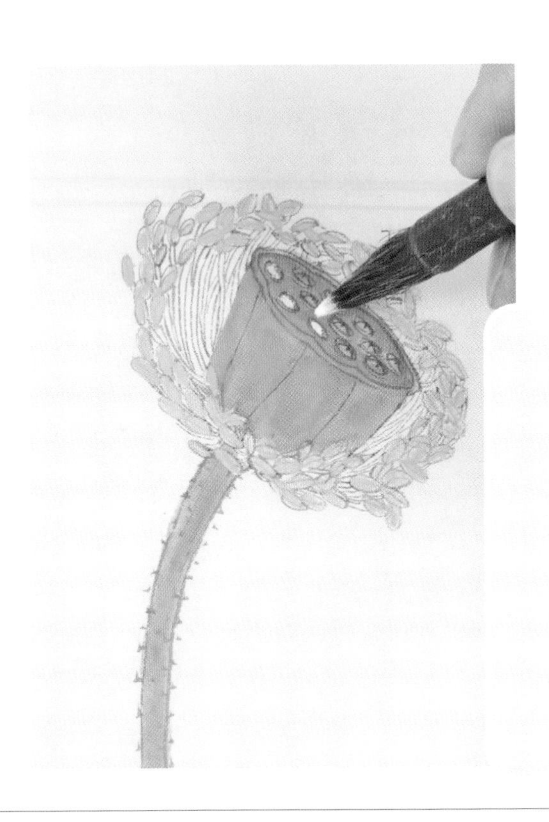

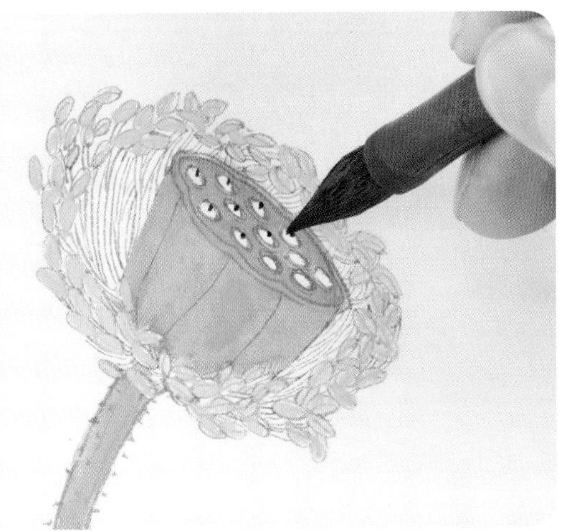

10 用白粉提點蓮子，以重墨勾提蓮子蒂點。

繪畫步驟：分染

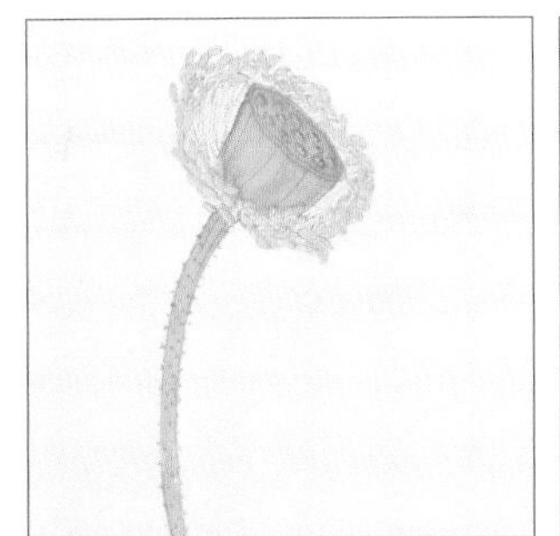

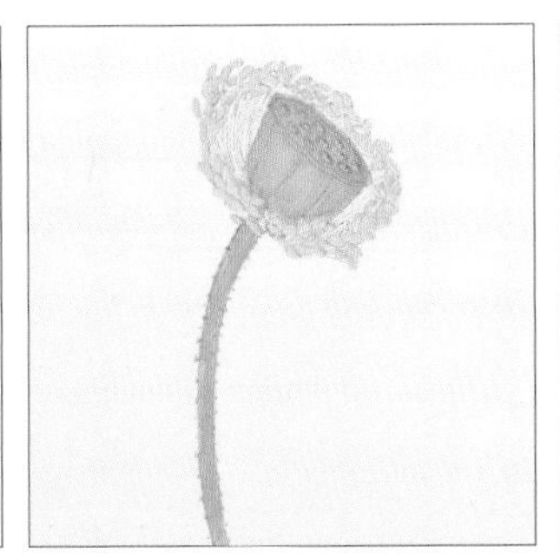

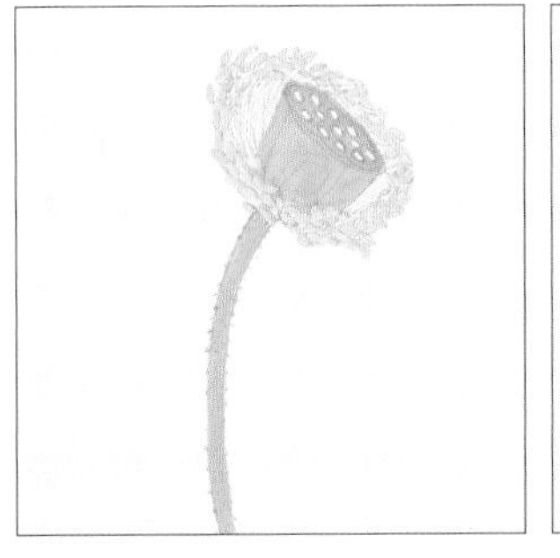

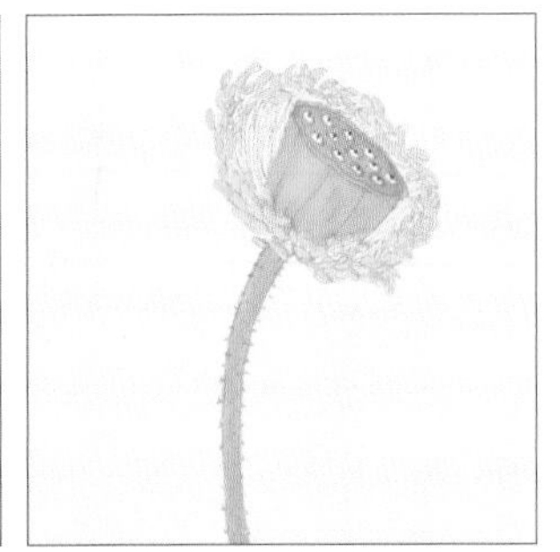

7.2 枯蓮蓬

枯蓮蓬，整體為黃褐色，蓮蓬乾癟下垂。形狀為不規則的半圓形；表面皺摺感更強，且呈乾枯狀。在勾墨線時，墨線的顏色應稍重，著色時，重在掌握其顏色與乾枯質感的表現。

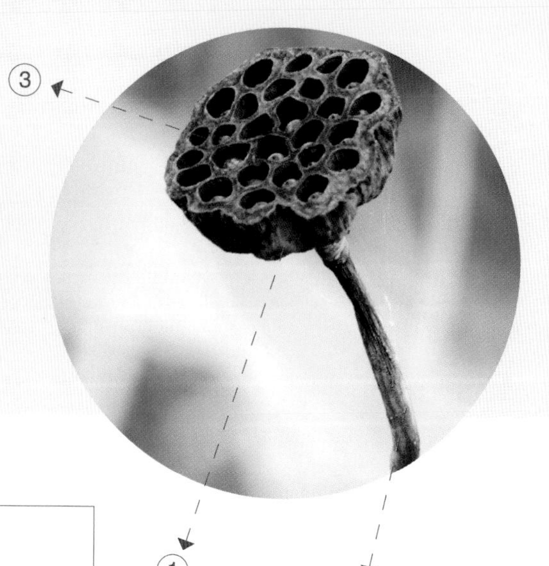

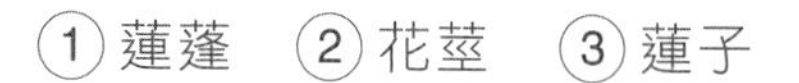

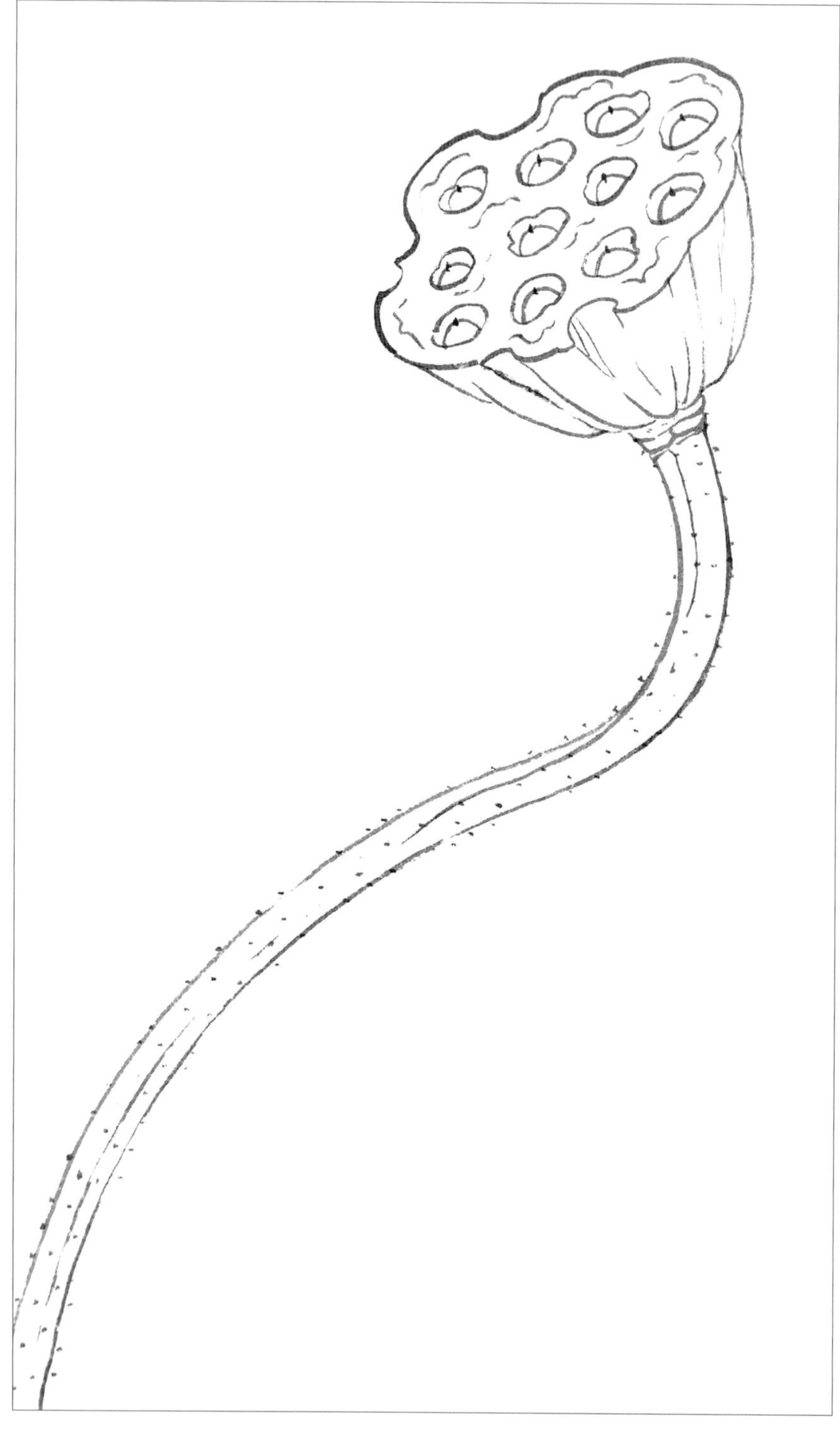

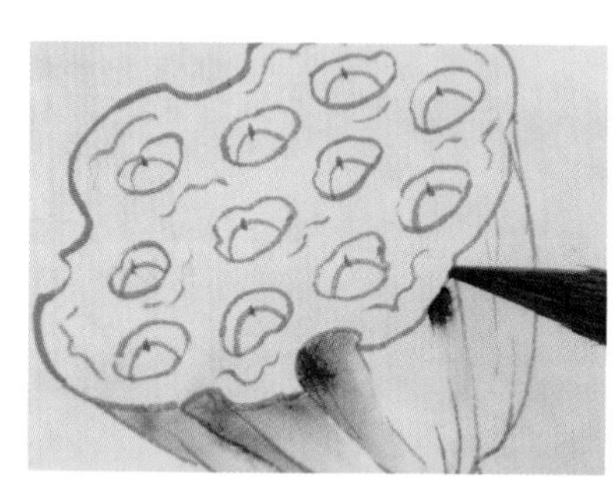

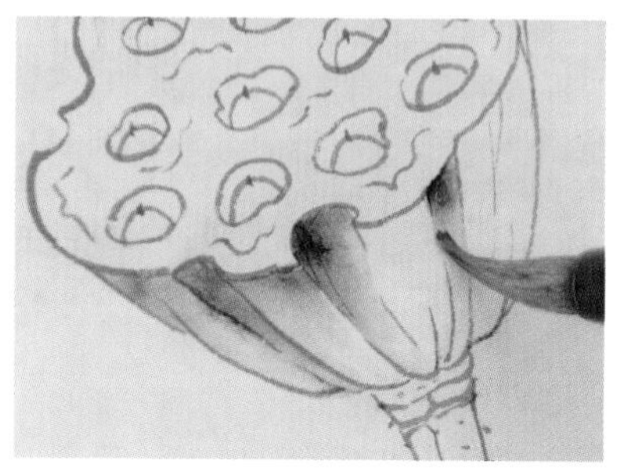

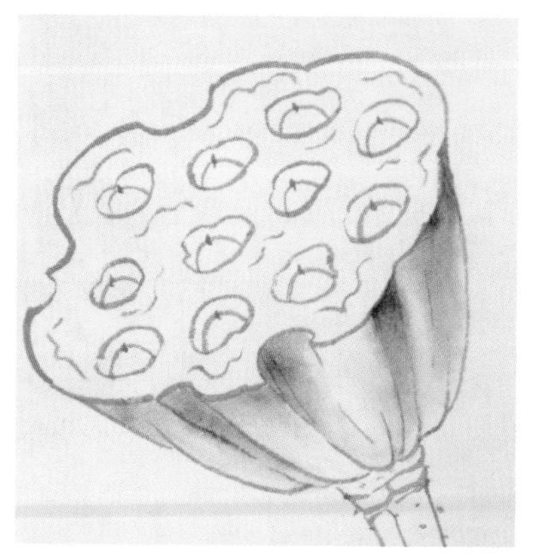

1 用勾勒筆勾勒枯蓮蓬的外形之後，用墨色對蓮蓬先進行分染。注意結合枯蓮蓬的外形特點進行分染。

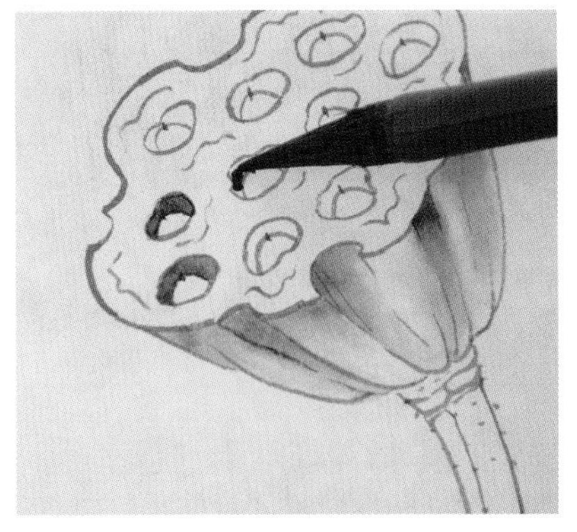
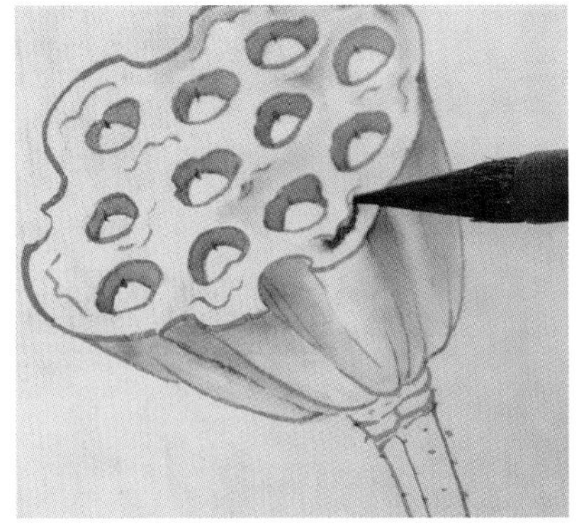
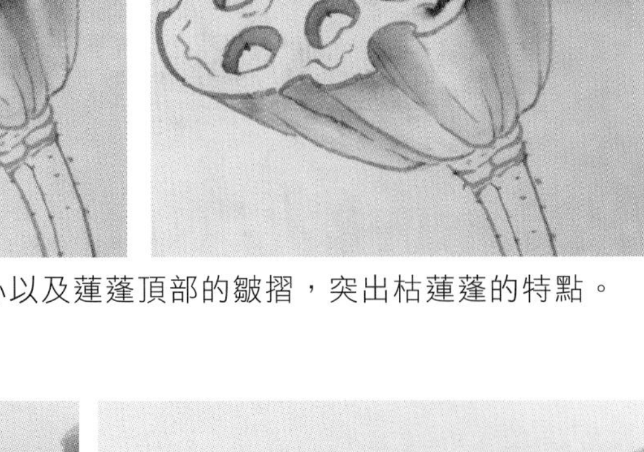

2 開始用墨色分染蓮心以及蓮蓬頂部的皺摺，突出枯蓮蓬的特點。

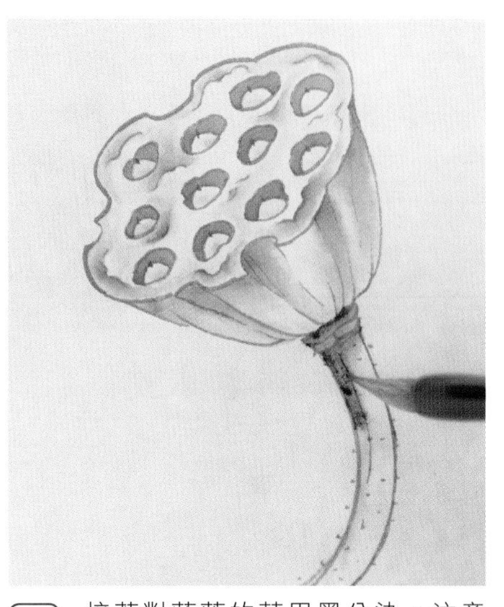

3 接著對蓮蓬的莖用墨分染，注意皺摺的處理。

蓮蓬的外輪廓線就是我們常說的邊緣線，勾出的線條要虛實結合且有波動，皺摺感是表現的關鍵所在。

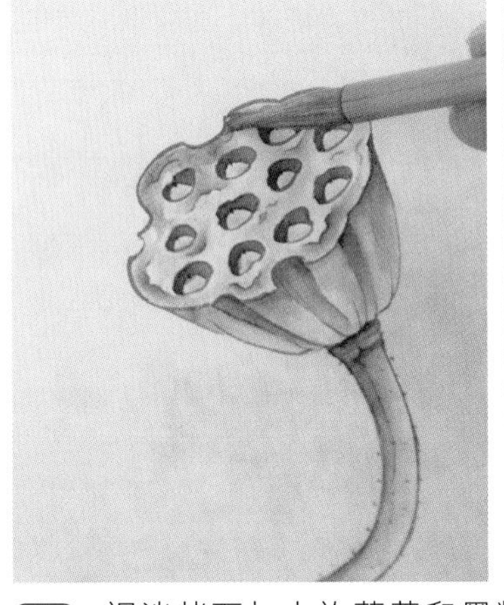
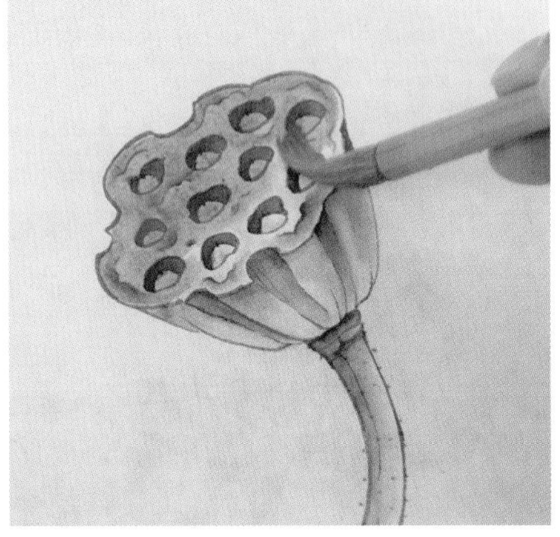

4 調淡赭石加少許藤黃和墨對蓮蓬進行罩染，顏色稍淡，突出分染後的底色。

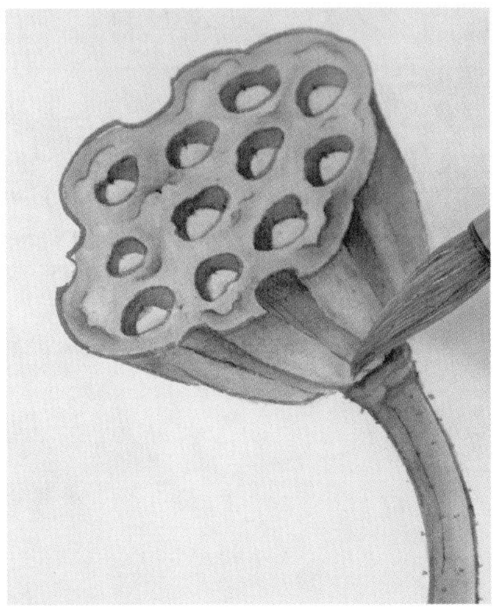
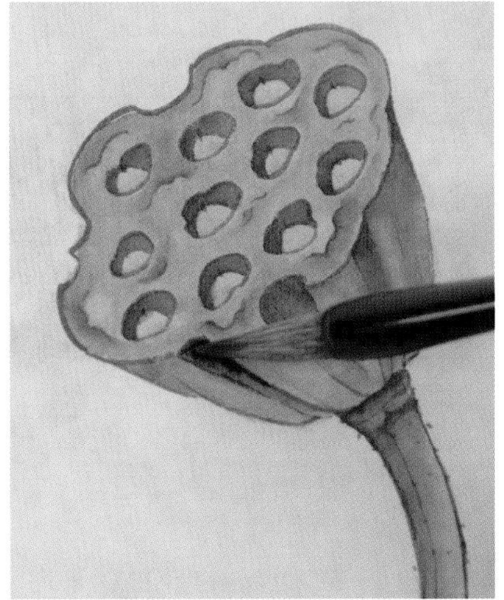
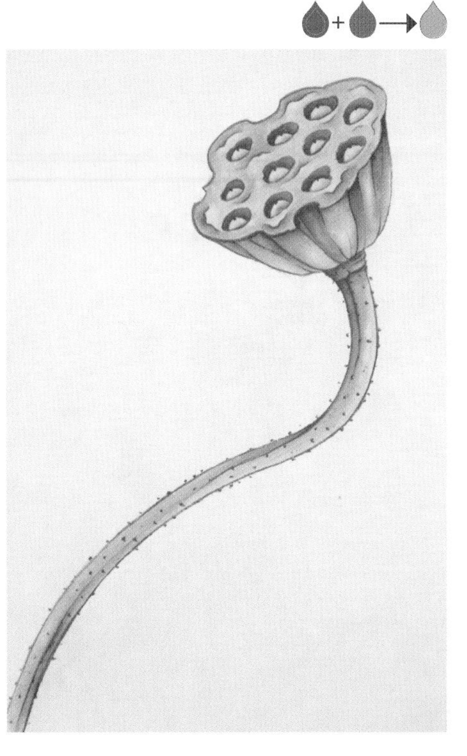

繪畫步驟：分染

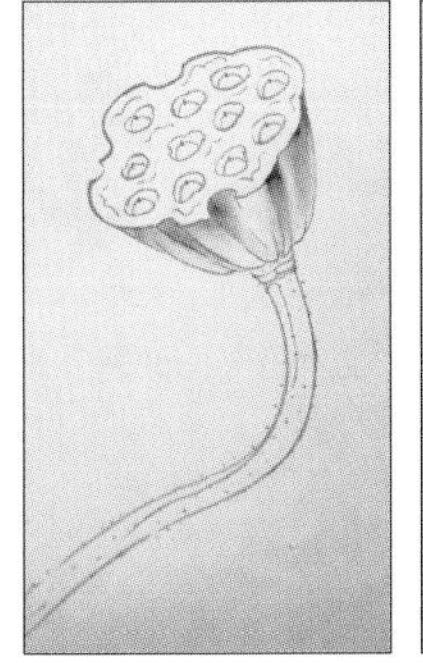
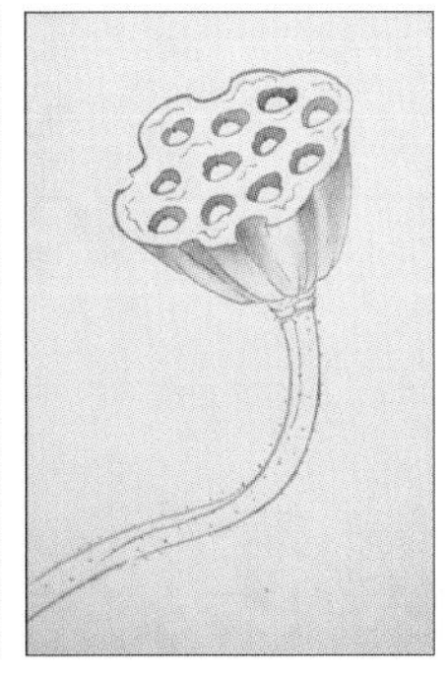
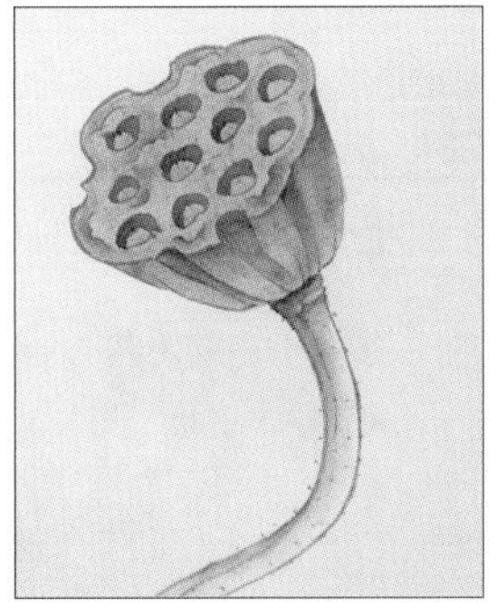
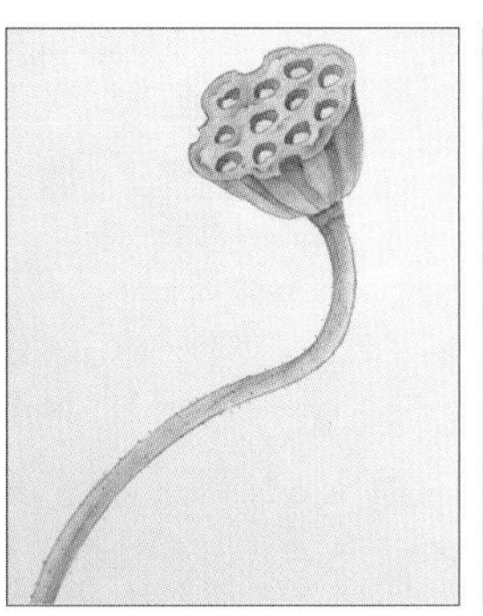
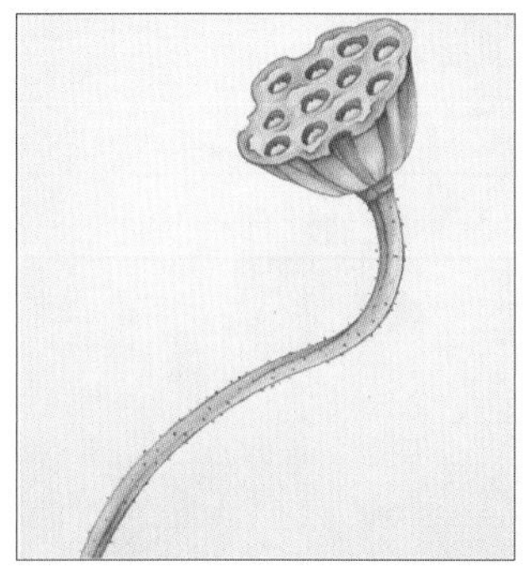

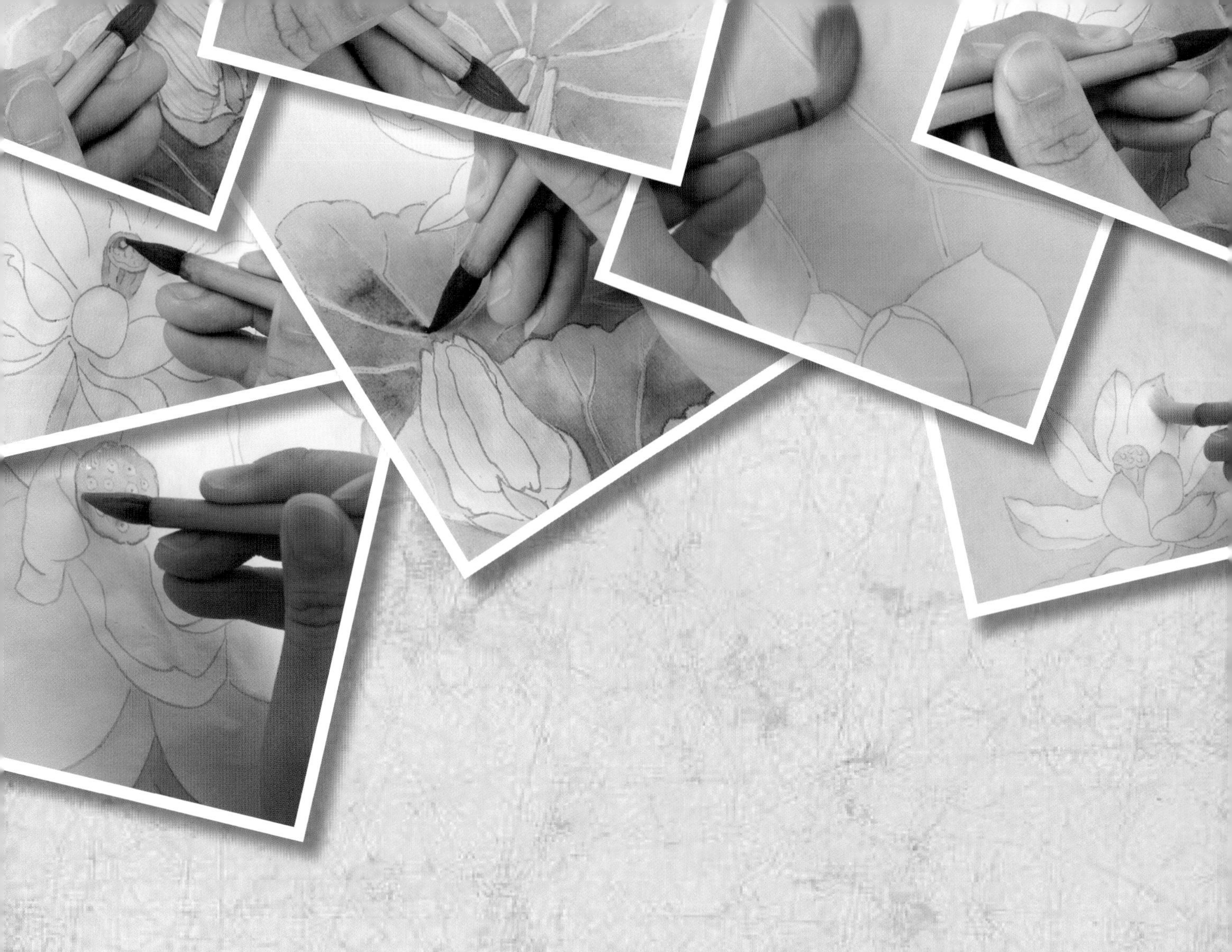

第八章

作品繪製

作品一/作品二/作品三

8.1 作品一

繪製整幅荷花，一般以盛開的花頭為主體，佈局時應將其安排在畫面的視覺中心，以綠葉陪襯，在色彩上形成對比。畫面如果只有主體花頭，會顯得孤立單調，必須有體型較小的花苞或初放花頭相襯托，相互形成呼應，也使畫面變得豐富，經久耐看。

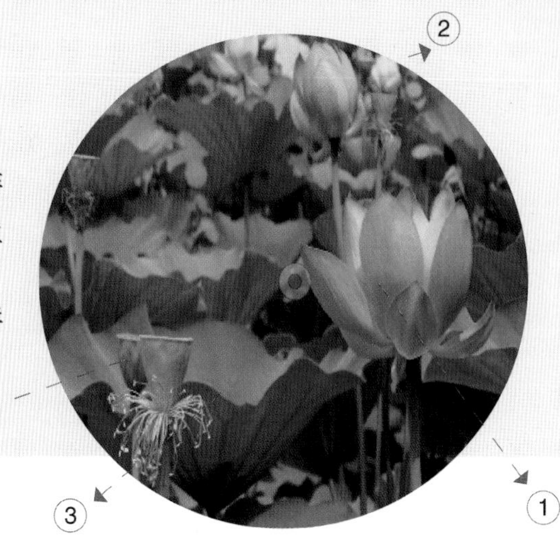

①花頭 ②花苞 ③荷葉 ④蓮蓬

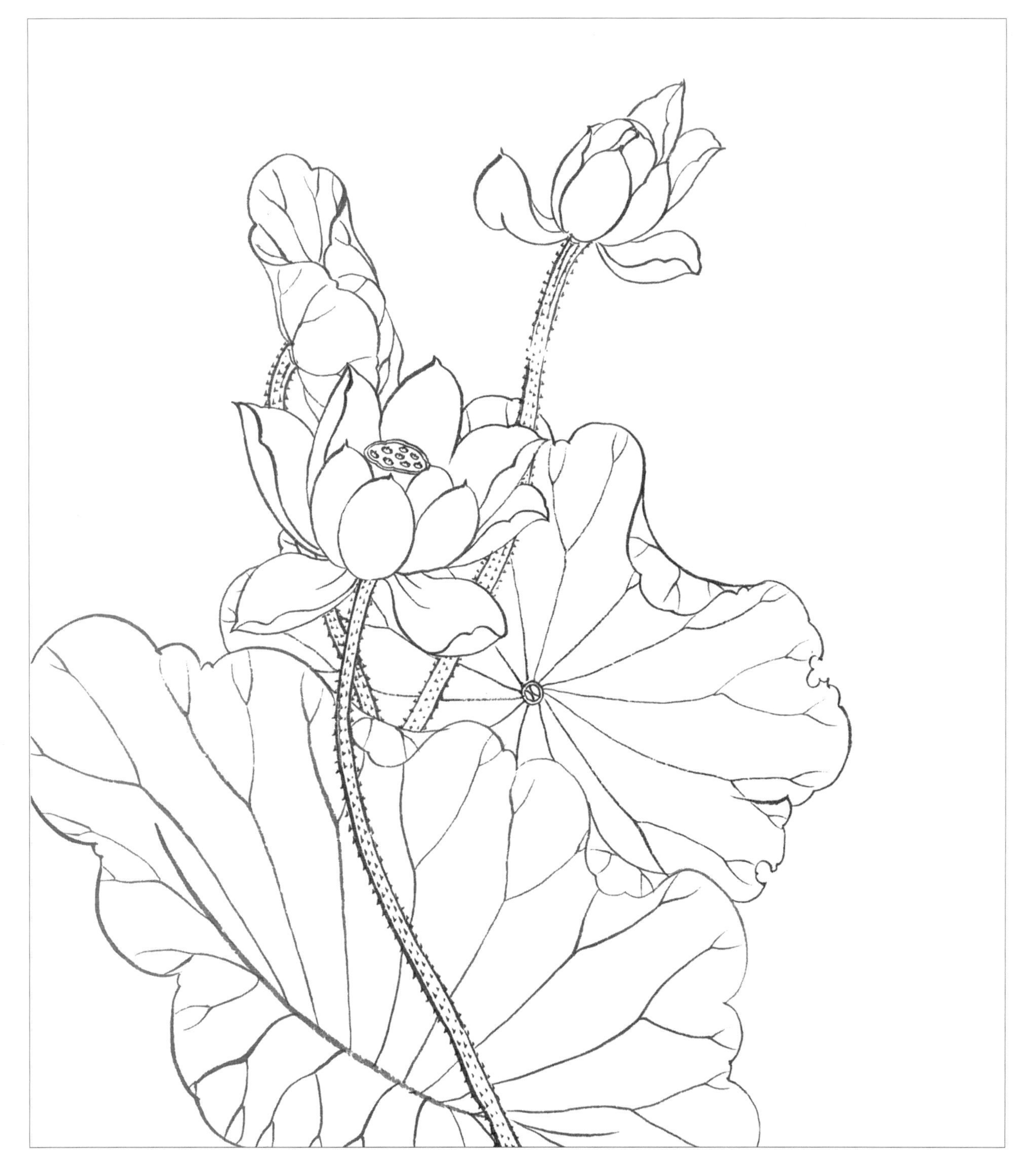

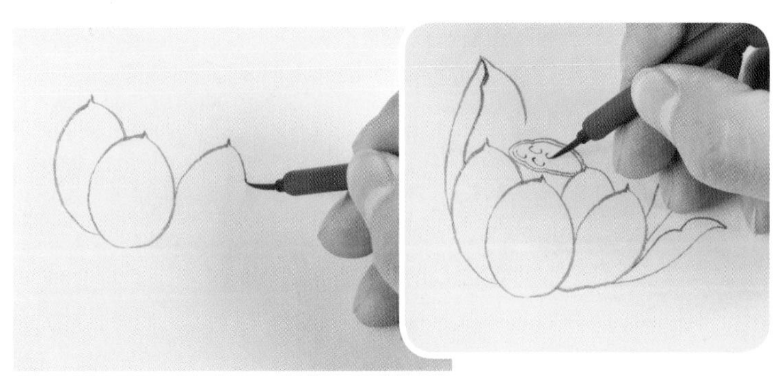

1 用勾勒筆調淡墨從花頭勾起，對荷花進行整體的白描創作。

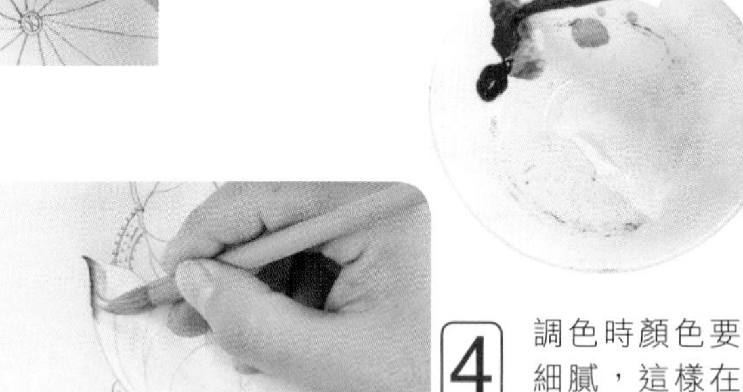

2 在勾描線的時候要注意各個部位的相互搭配，統稱為「構圖」。

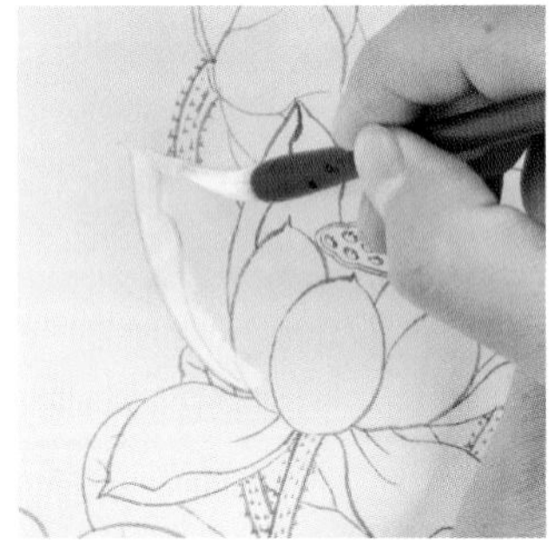

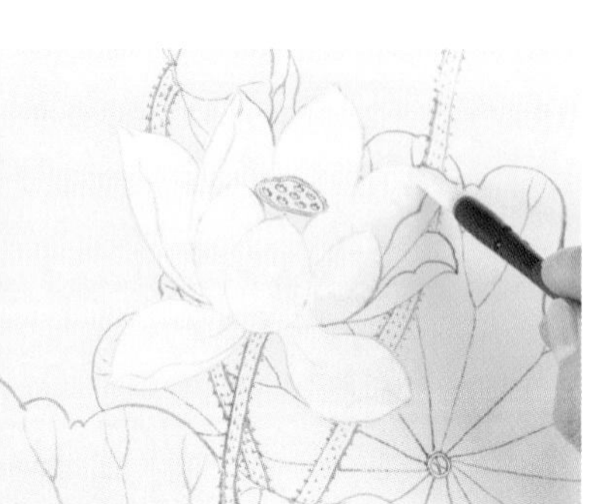

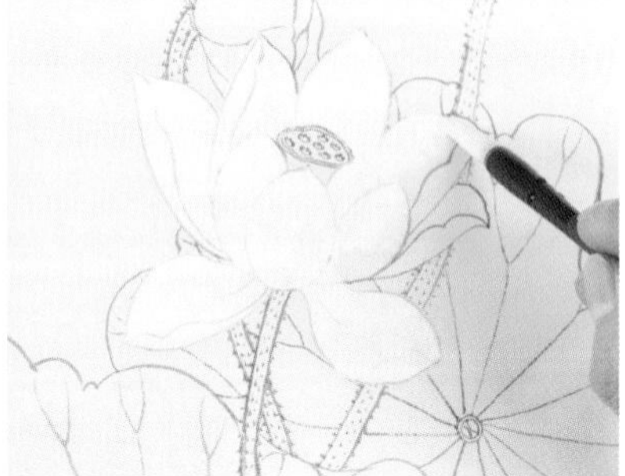

3 用白雲筆調白粉對花頭的花瓣進行平塗。

4 調色時顏色要調和得均勻細膩，這樣在紙上暈染時才能均勻地暈開。

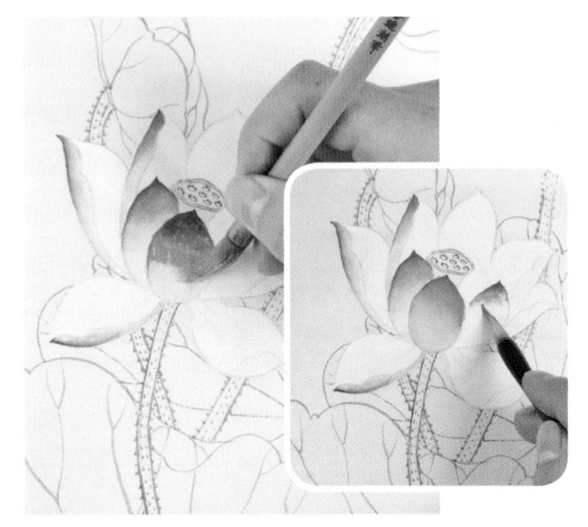

5 調大紅對花瓣進行分染上色。

為了使分染出的色調統一，在調色時要一次調成功，切忌同一遍分染使用多次的調色。

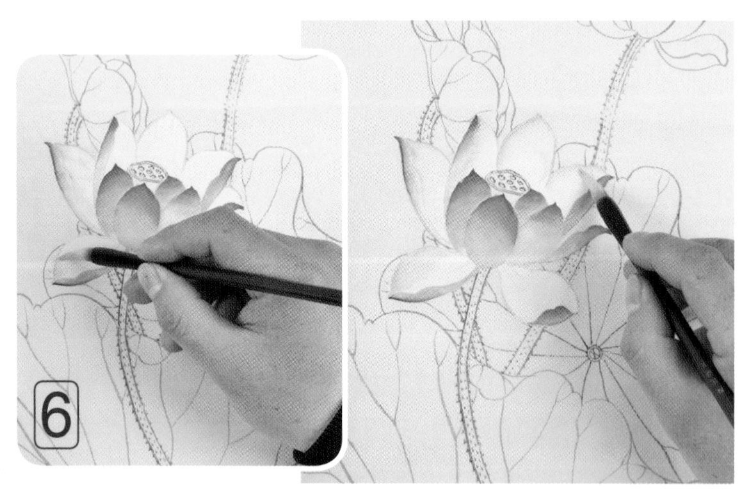

6

繪畫步驟：勾墨線

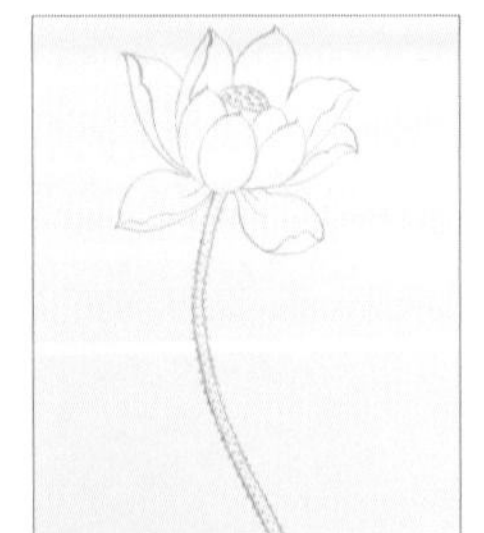

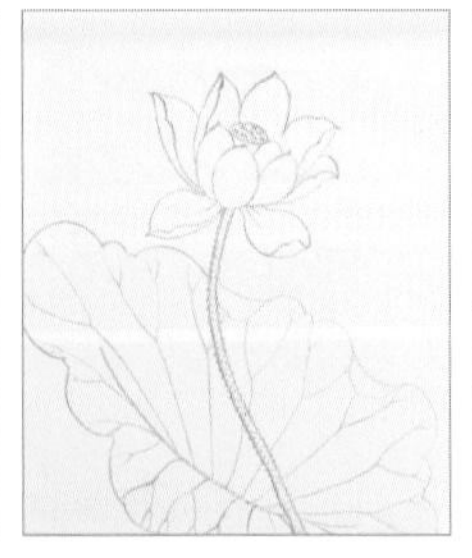

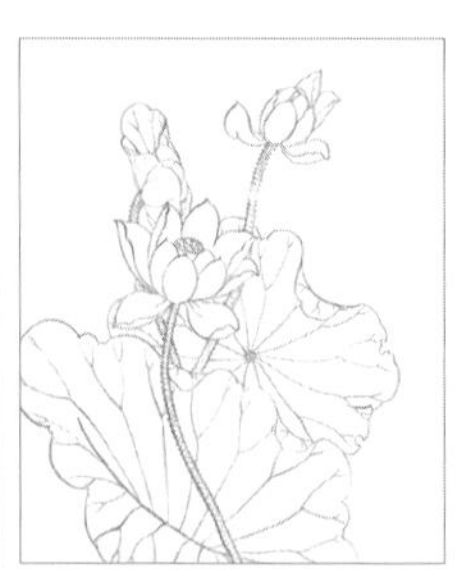

繪畫步驟：平塗

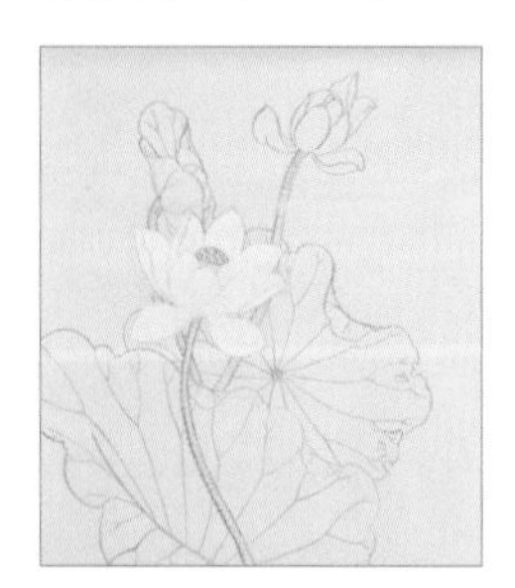

繪畫步驟：分染

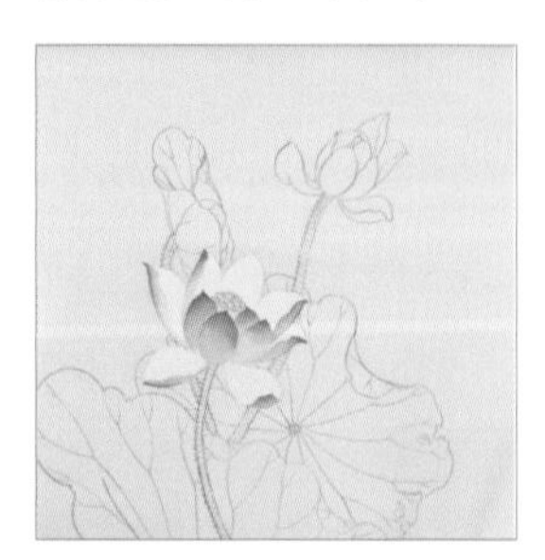

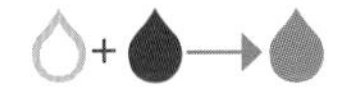

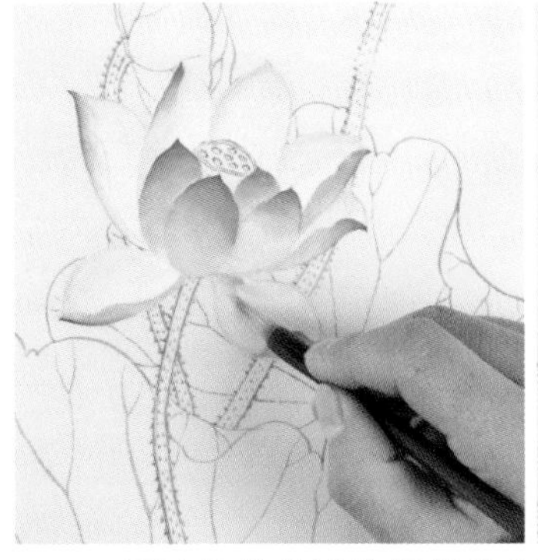

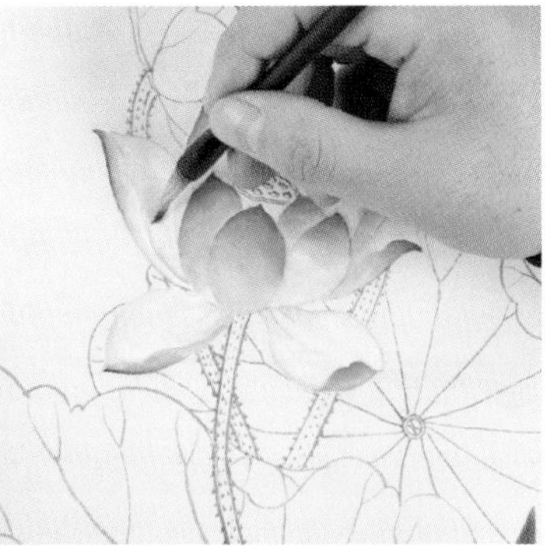

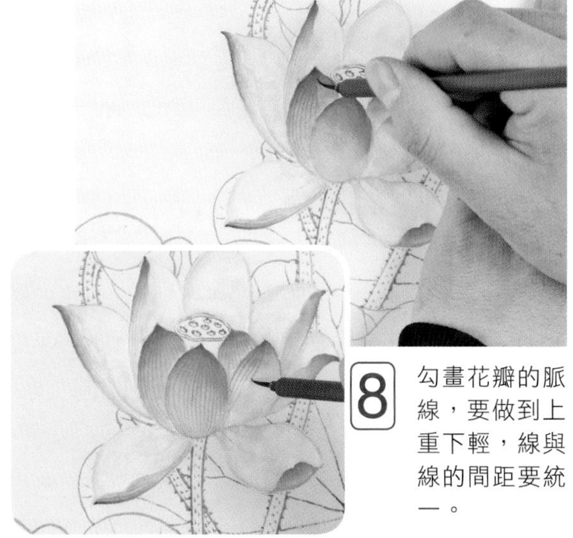

7 調汁綠從花瓣的根部進行接染，分染的時候要層次均勻。

8 勾畫花瓣的脈線，要做到上重下輕，線與線的間距要統一。

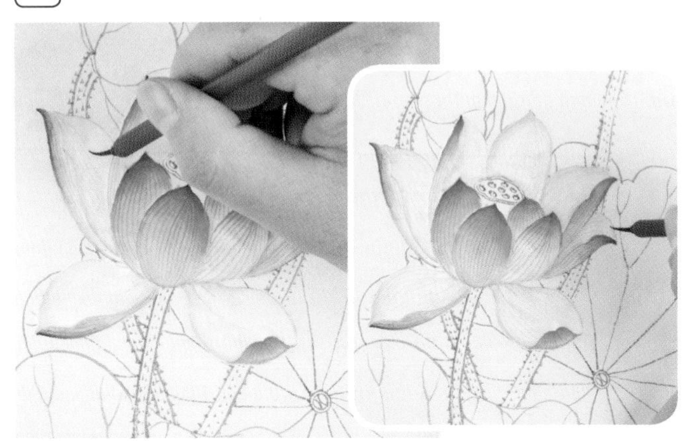

9 調胭脂加水勾花瓣脈線，反瓣的略重一些，內瓣的略輕一些，做到正反面有變化、對比。

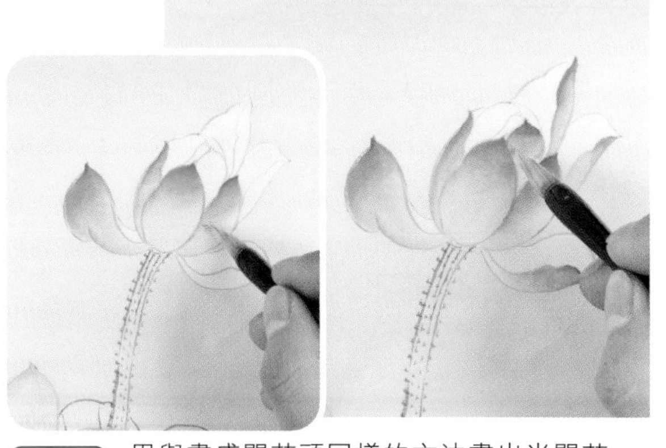

10 用與畫盛開花頭同樣的方法畫出半開花頭，並分染花瓣。

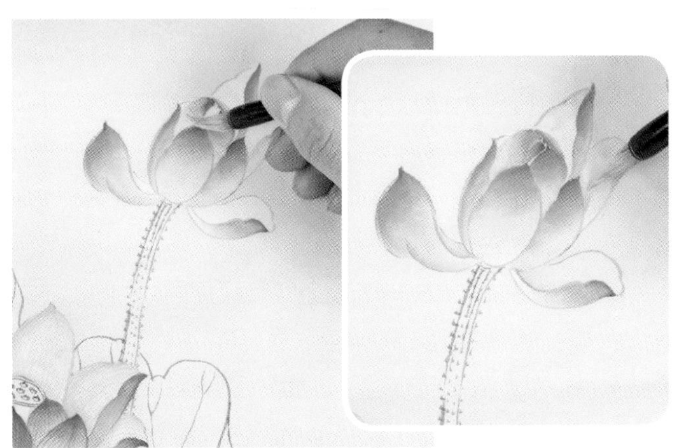

11 進一步分染其他的花瓣。

注意分染的時候水筆的運用，對層次色的處理要自然均勻。

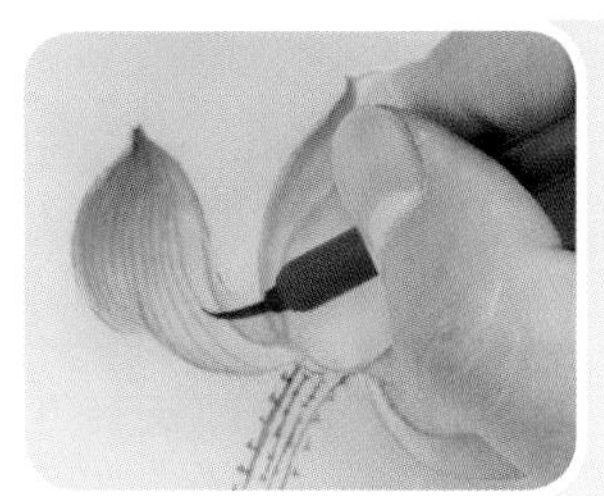

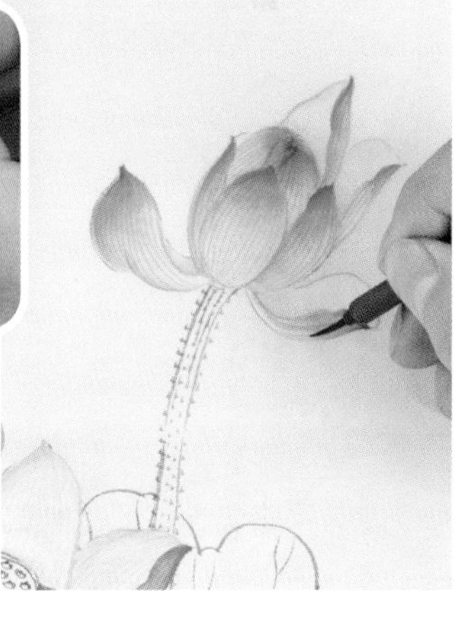

12 用勾勒筆調淡胭脂色勾花瓣脈線。

繪畫步驟：分染花瓣

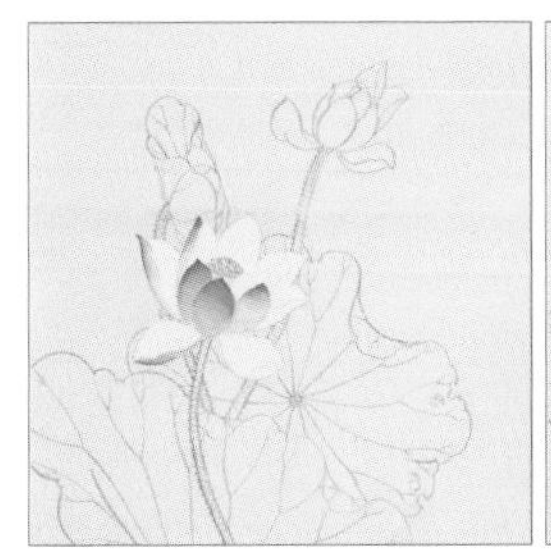

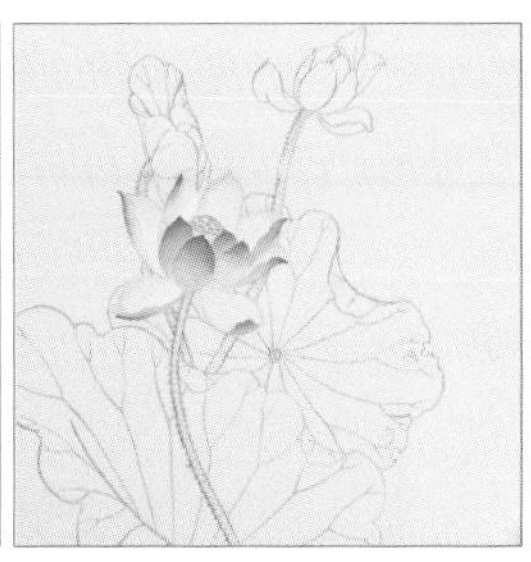

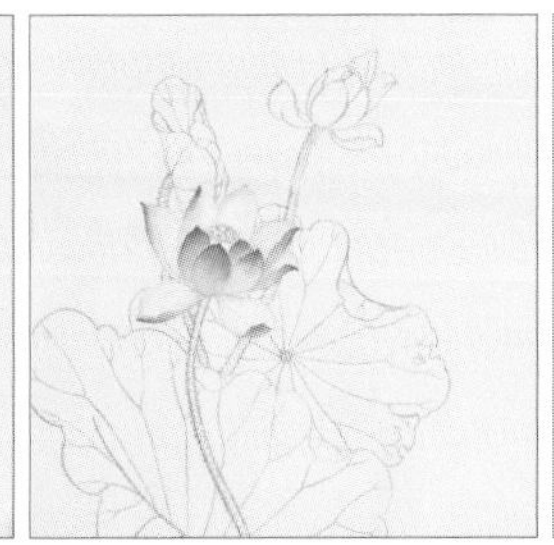

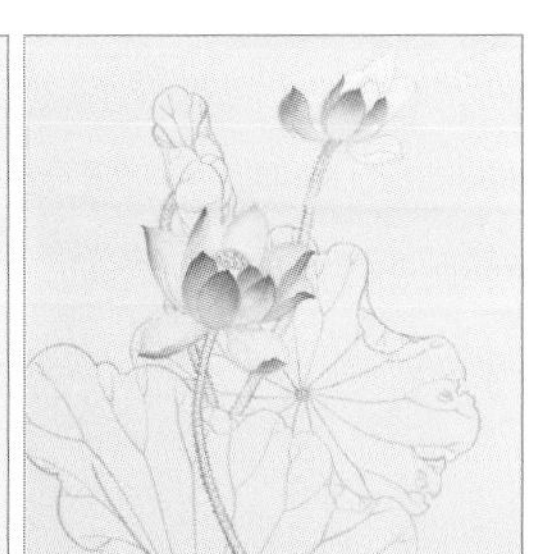

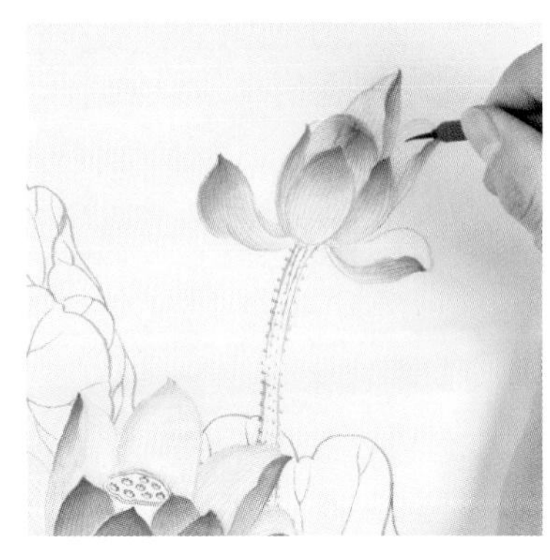
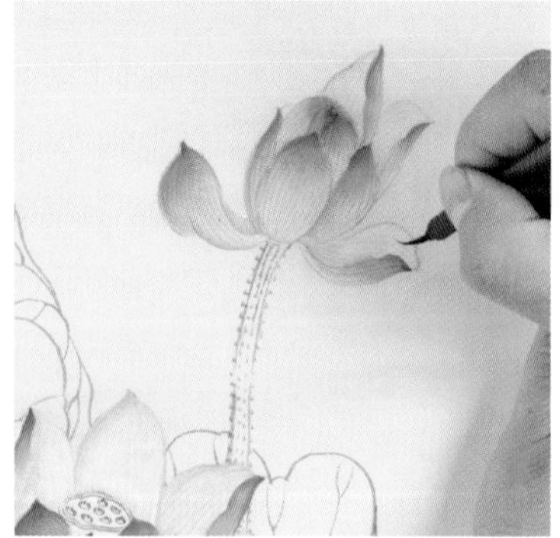

13 用更淡一些的胭脂色勾半開花頭花瓣內瓣的脈線。

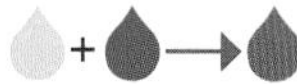

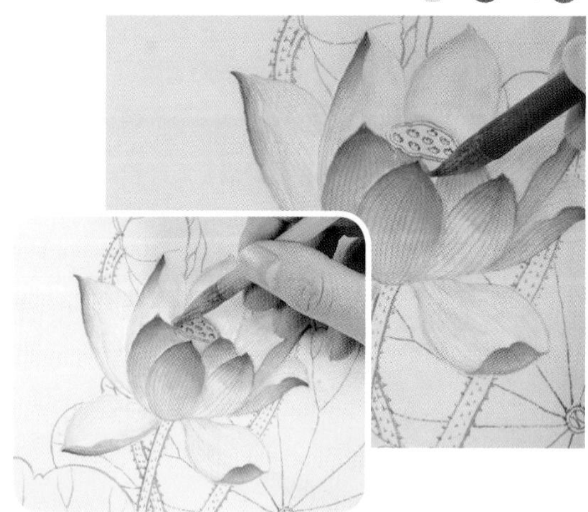

14 用鵝黃加赭石平塗蓮蓬，用汁綠分染較深的地方。

蓮蓬的表面並不是平滑的，而是凹凸起伏的，分染時可適當使用點染的手法表現出這一特點。

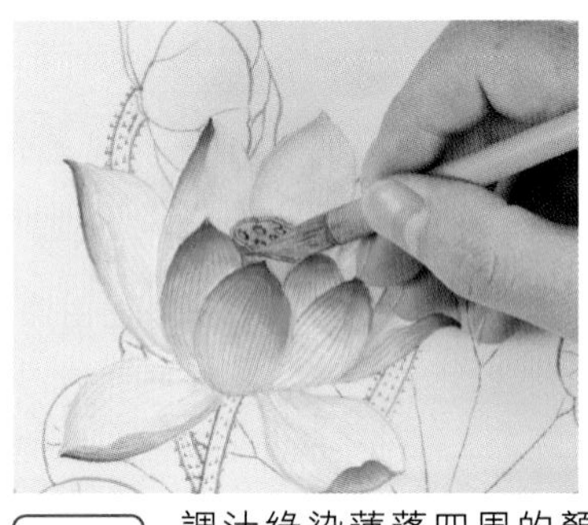
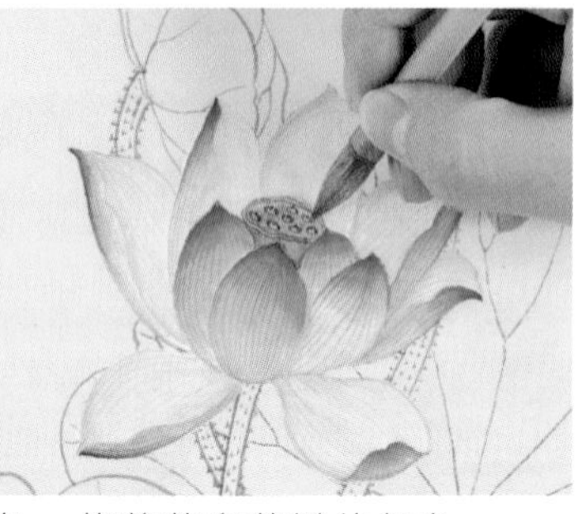

15 調汁綠染蓮蓬四周的顏色，使蓮蓬和花瓣的顏色區分開來。

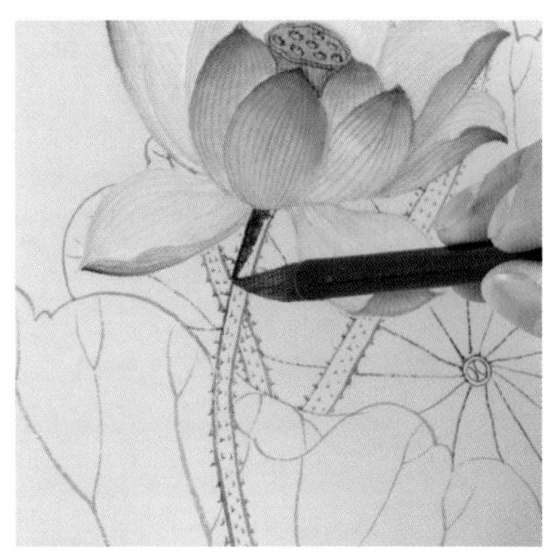
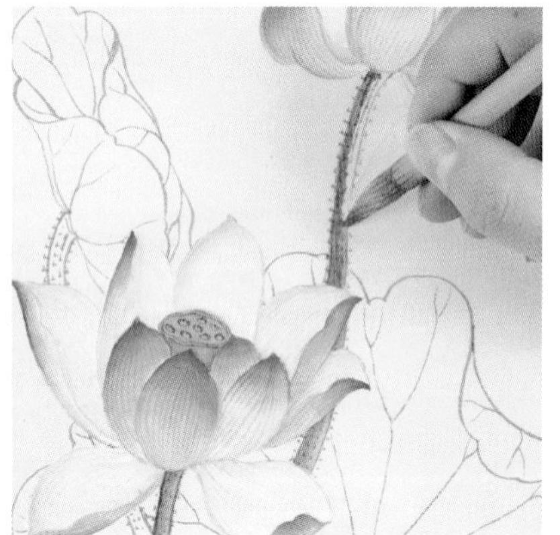
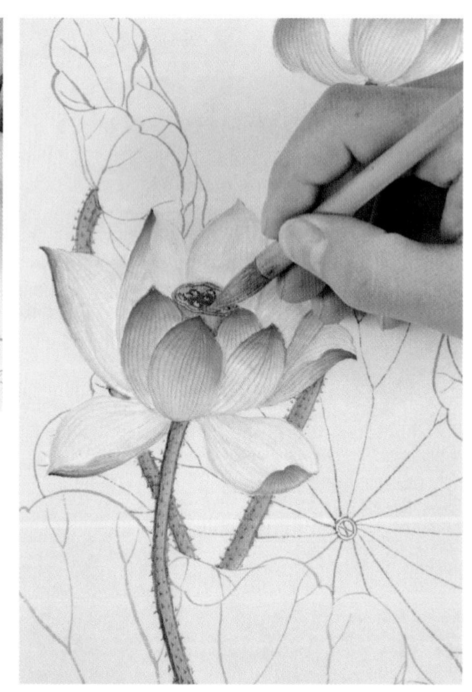
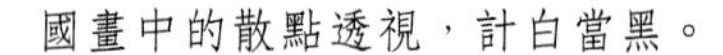

16 用汁綠分染花莖，部分可做醒染。

知識拓展

國畫中的散點透視，計白當黑。

國畫用焦點透視法，也用散點透視法，既有嚴守真實的畫面空間和布白，也有打破真實畫面、按構圖需要而平列的空間和布白。使物像在畫面上出現時，可以按實物在畫面上的藝術需要分布。國畫在空白處尤其注意經營，常常借用書法上的計白當黑。即對沒有畫面的部位要像有畫面的部位一樣做認真的推敲和處理。

繪畫步驟：分染第二個花頭和莖

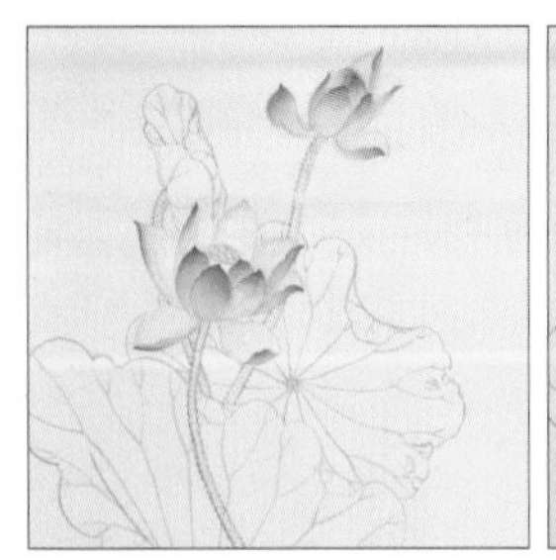
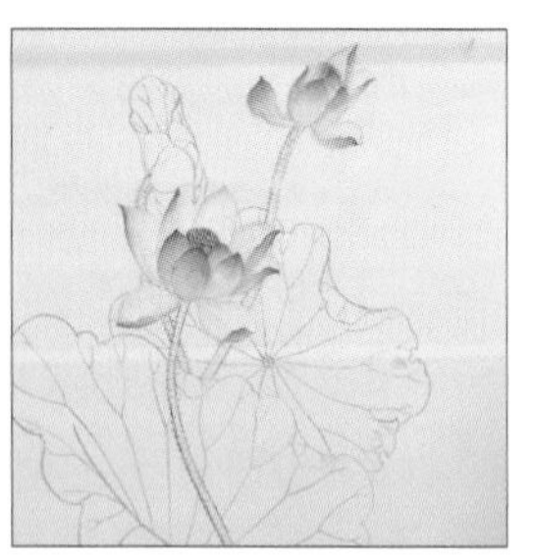
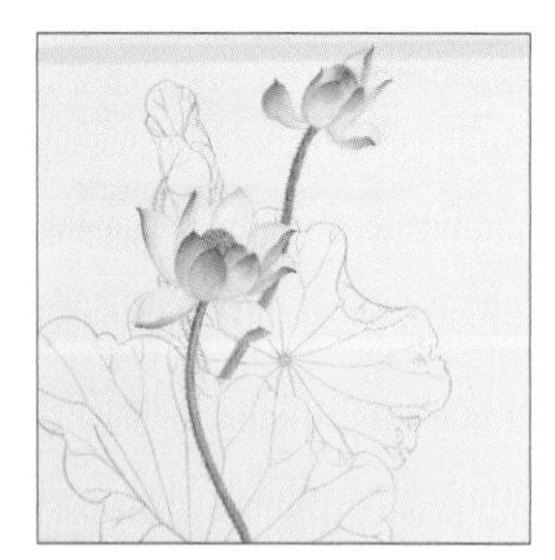
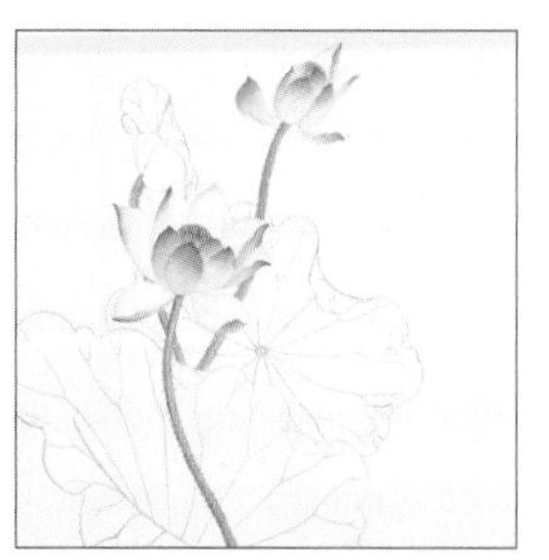

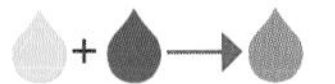

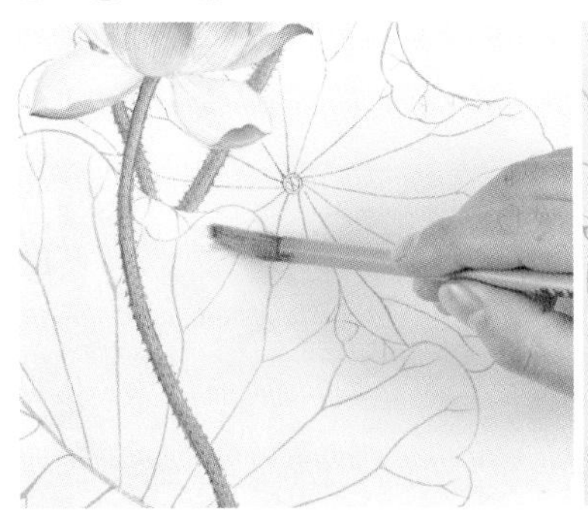

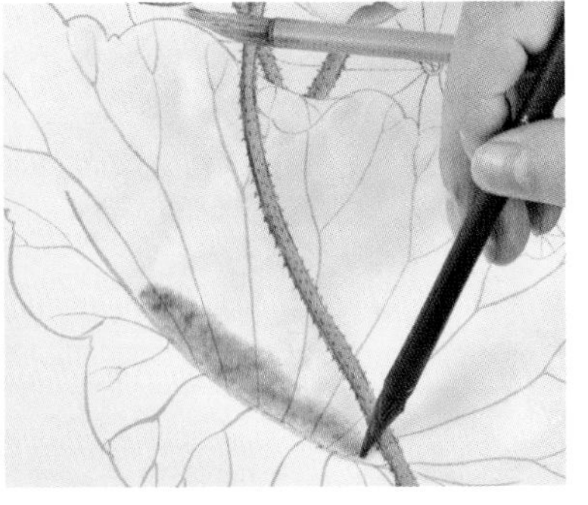

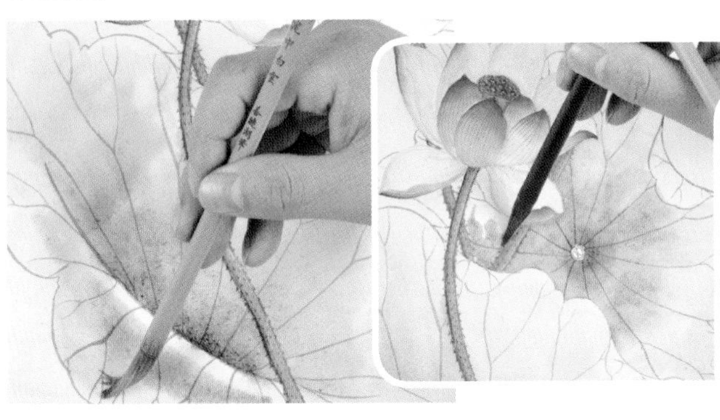

17 分染荷葉。先給要分染的葉子上一遍水，待未乾時從荷葉中心處分染草綠。

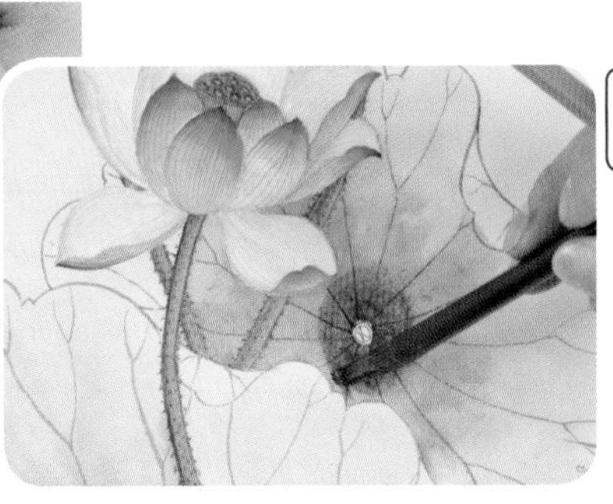

對較深的地方可以用草綠加少許墨再進行分染。

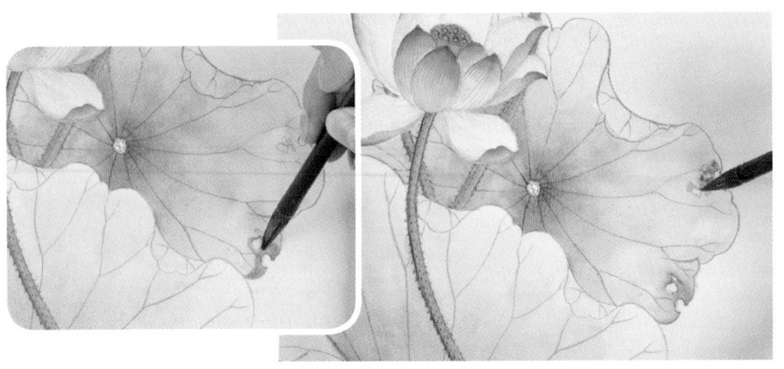

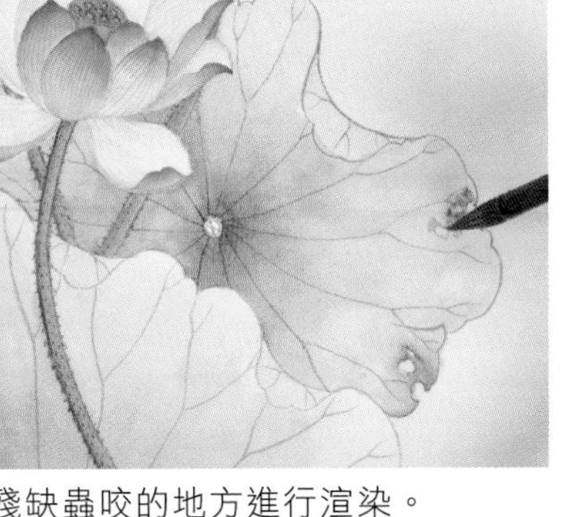

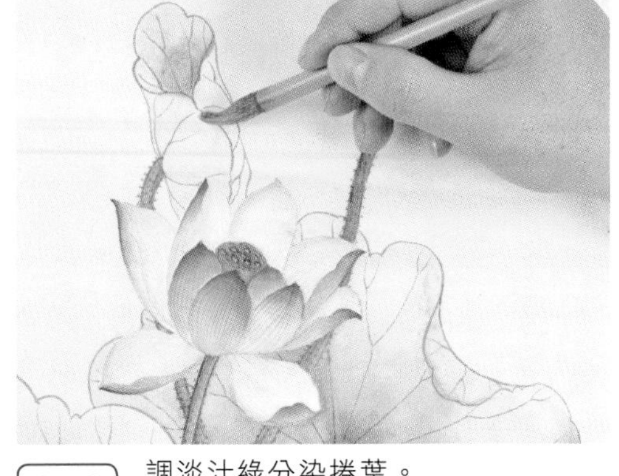

18 在分染的時候要從荷葉的中心向外圈由深到淺逐層進行分染。可多分染幾遍，直到滿意為止。

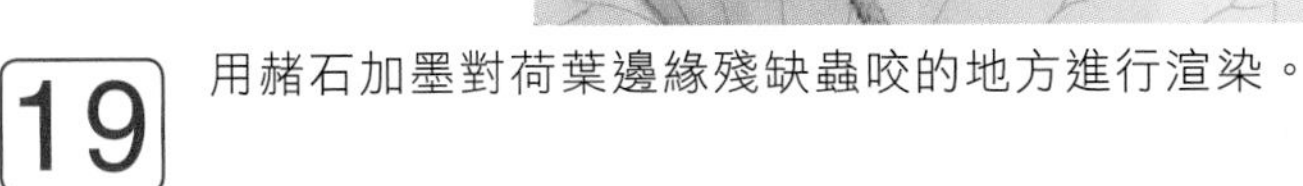

19 用赭石加墨對荷葉邊緣殘缺蟲咬的地方進行渲染。

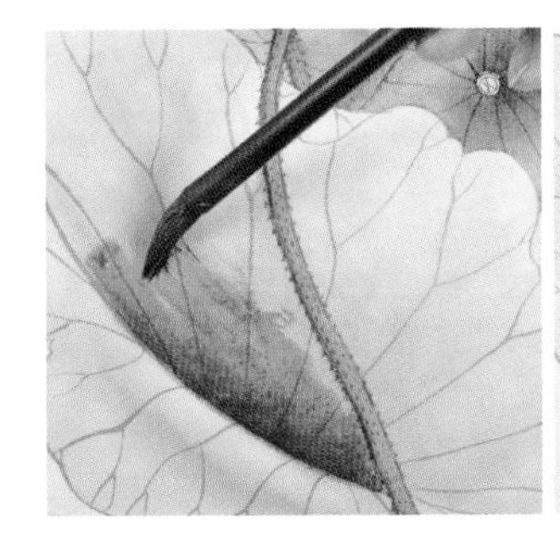

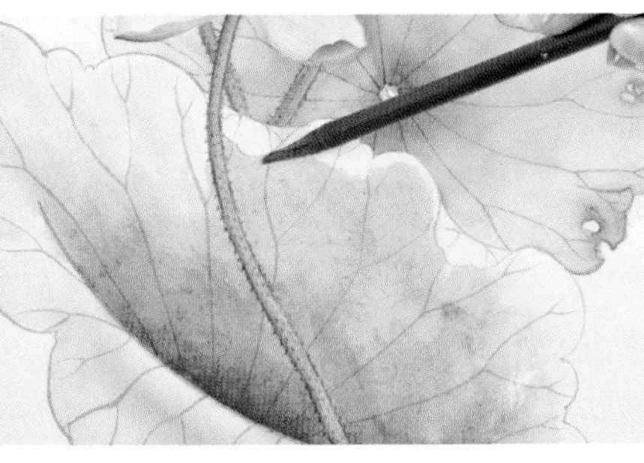

20 調淡汁綠分染捲葉。

21 在荷葉上要採用多次的分染、罩染、平塗。分染和罩染時可將紙微微打濕，同時用筆要快，切忌畫完後停頓時間過長，這樣容易留有色漬。

繪畫步驟：
分染荷葉 1

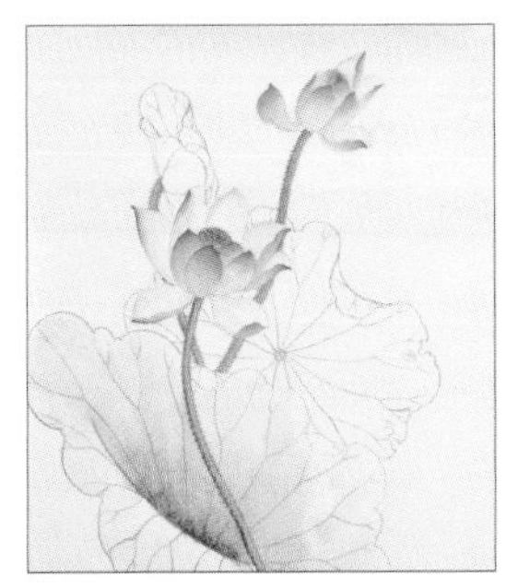

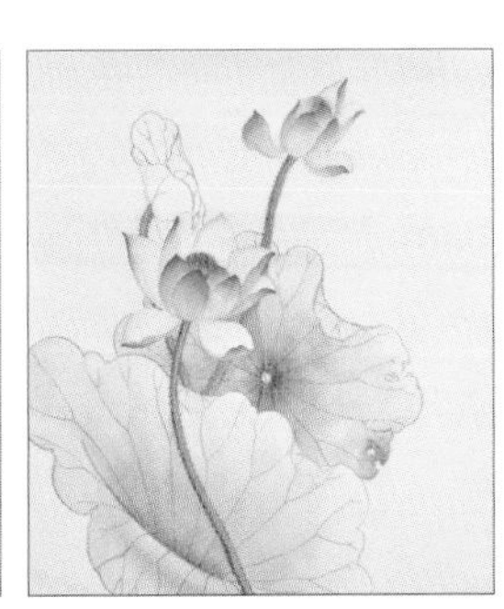

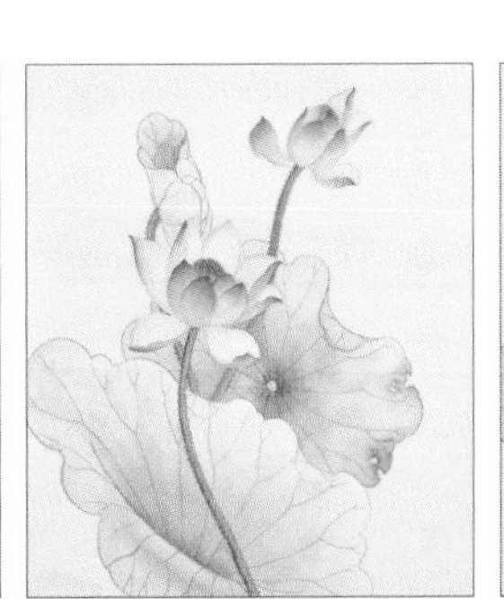

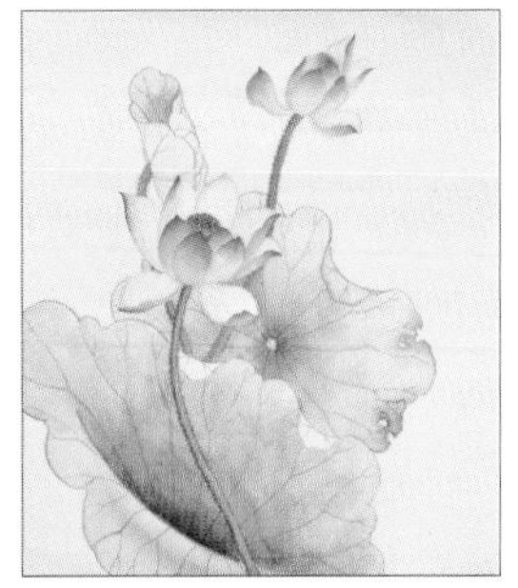

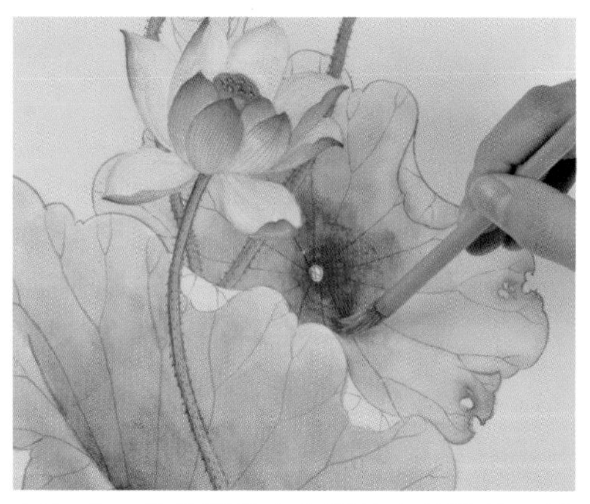

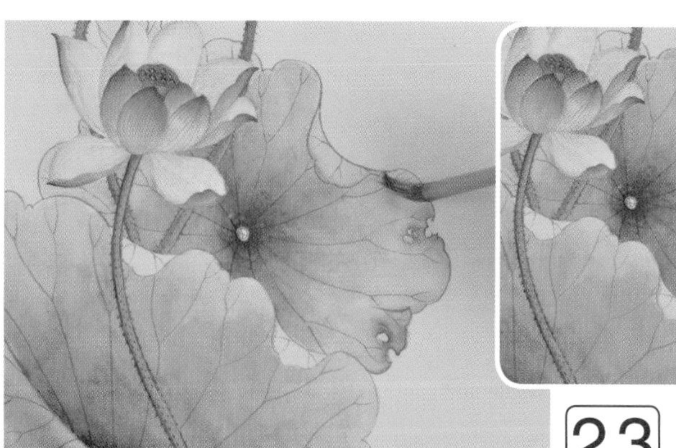

22 從荷葉的中心開始向外渲染，並及時暈染開來。

23 再次對荷葉進行分染以及罩染，邊緣可適當接染一些赭石加硃磦。

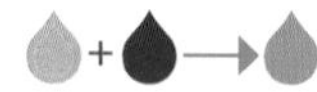

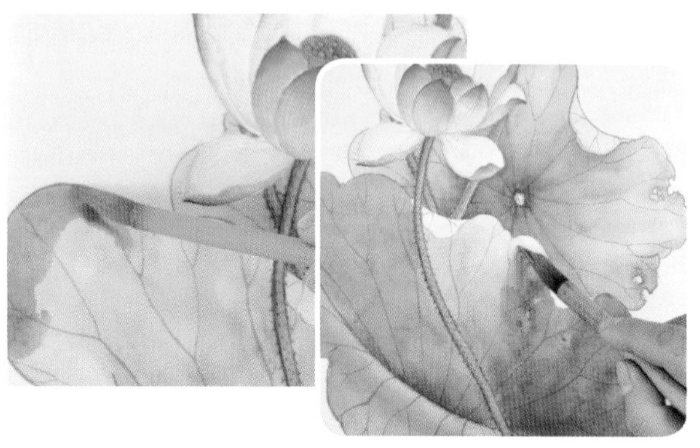

24 對前面的荷葉整個用汁綠罩染一遍，並用深綠分染葉內根部。

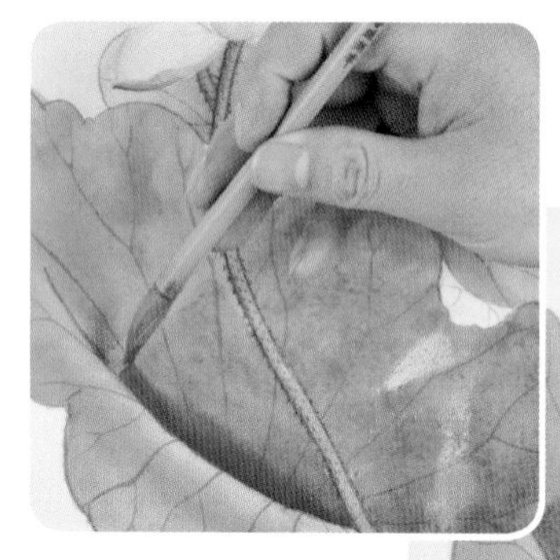

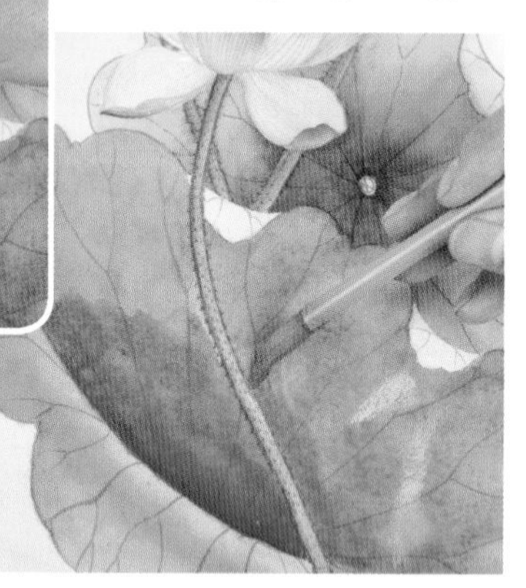

初學者要等罩染色乾透之後再進行分染。

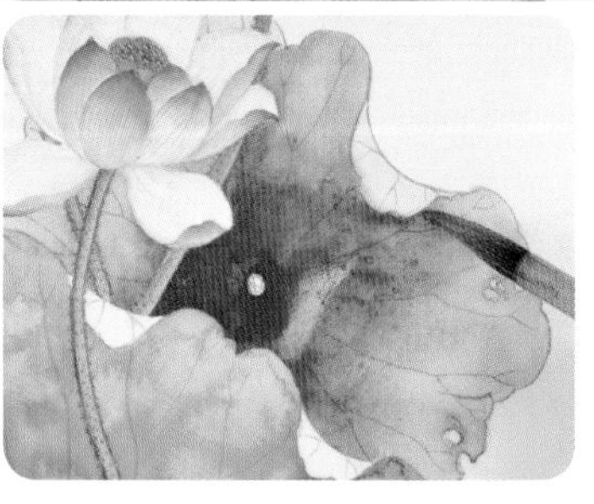

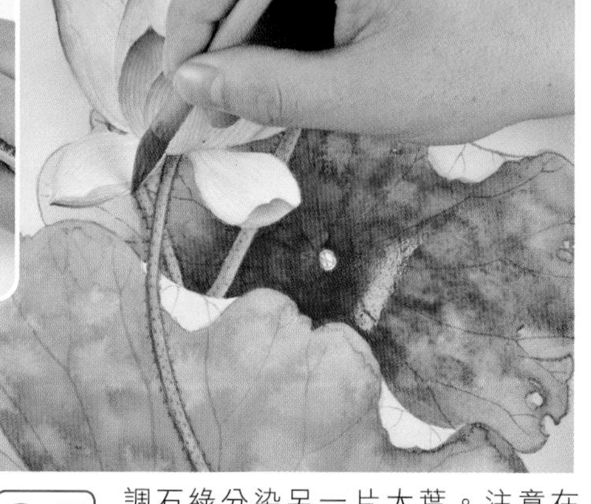

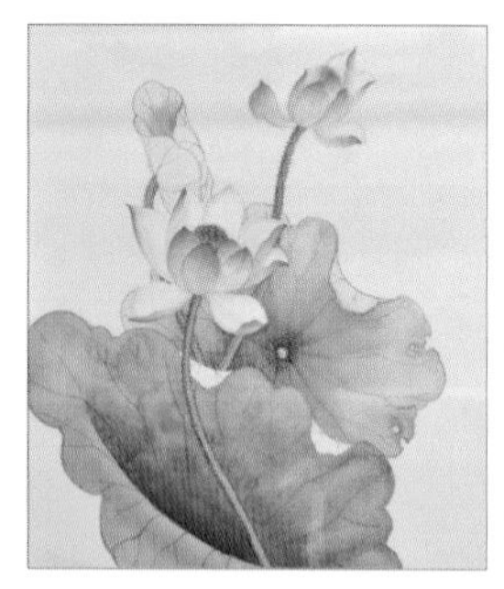

25 調石綠分染另一片大葉。注意在色墨未乾時用水在荷葉周邊做沖彩法，以便形成不規則的肌理。

知識拓展

國畫意境的表達

國畫要求筆與墨結合，情與景結合，畫家憑藉著這種感受，激起描繪這些景象的激情，於是作品作為情景相生的複寫而重現，使情景交融在一起，產生某種意境。

至於氣韻生動，即畫家所創造的藝術靈境不同於一般的寫生畫，應成為富有生氣、新鮮而活潑、有詩一般的韻味畫作，使觀者神往無窮。如果沒有表現出如此生動、韻味豐富的內涵，就不能給予人這些感受，而達不到國畫引人入勝的意境。

繪畫步驟：
分染荷葉 2

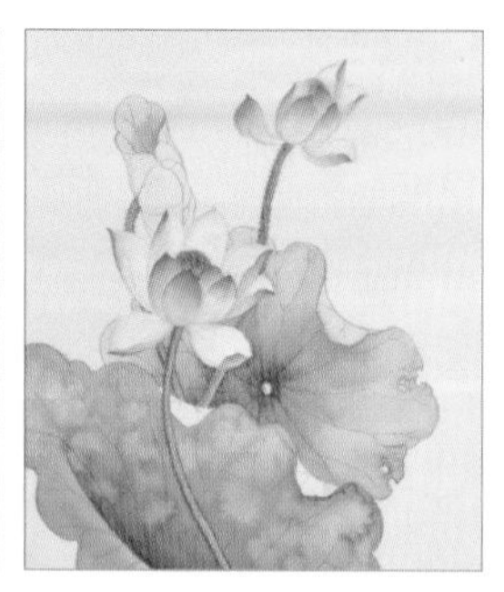

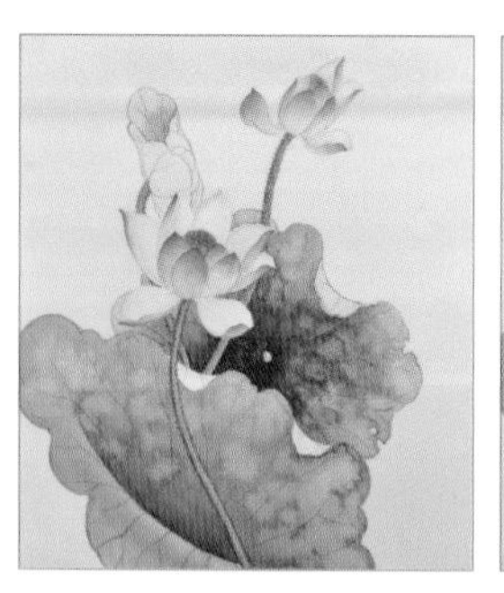

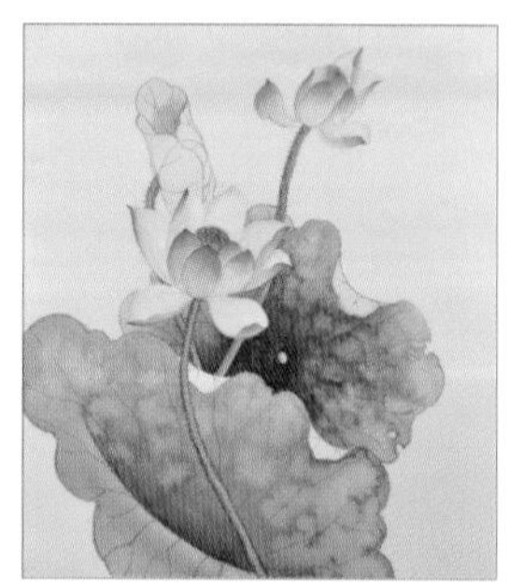

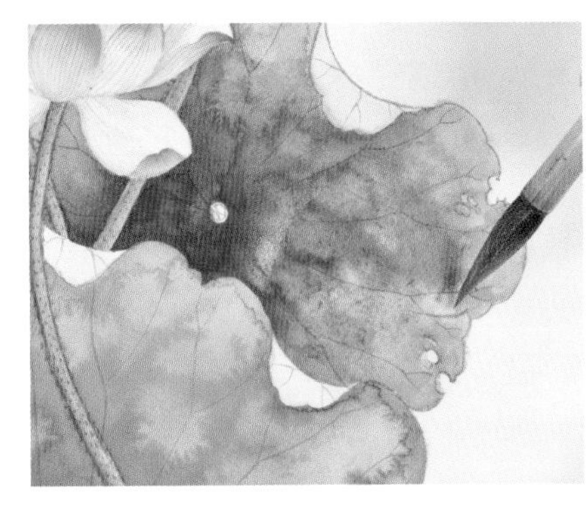

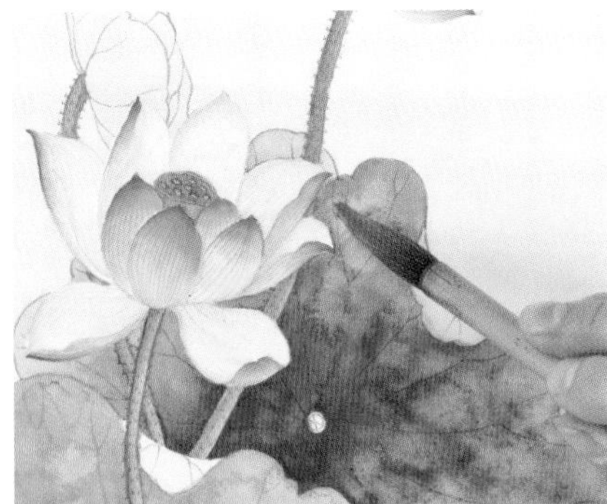

26 用赭石加藤黃提染荷葉的部分邊緣處。

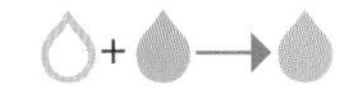

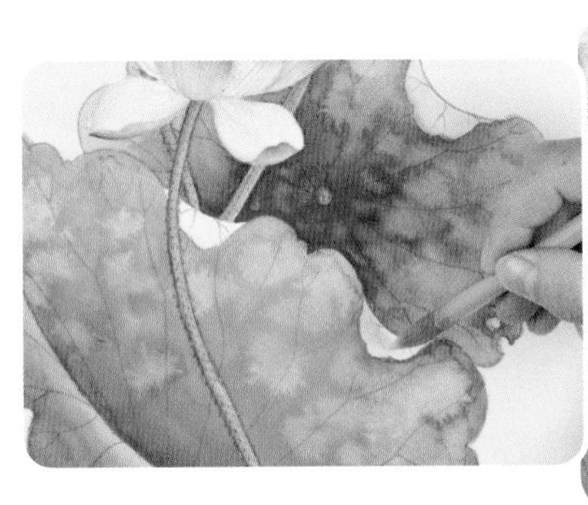

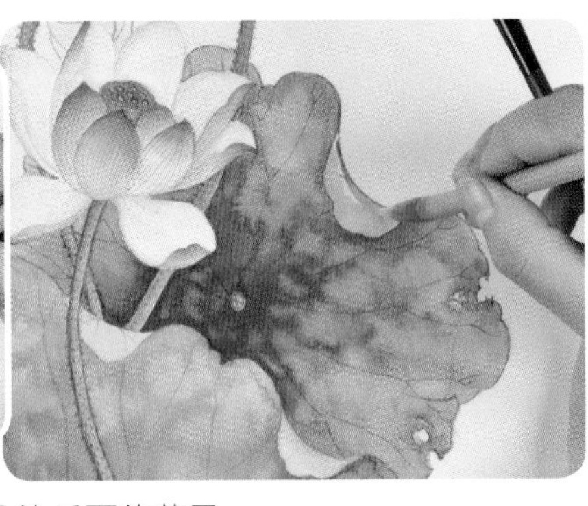

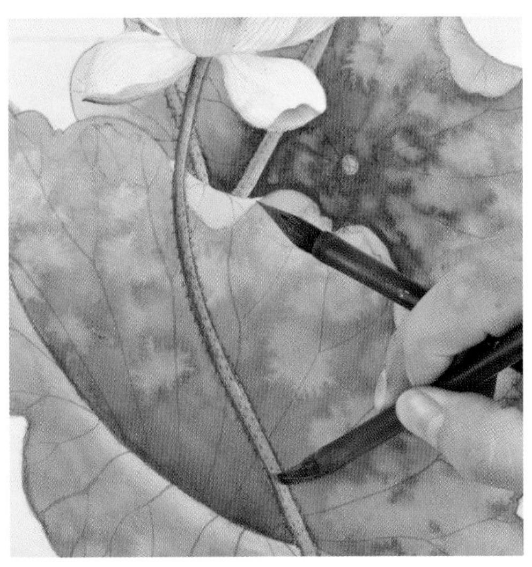

27 用花青加少許藤黃加白粉分染反面的葉子。

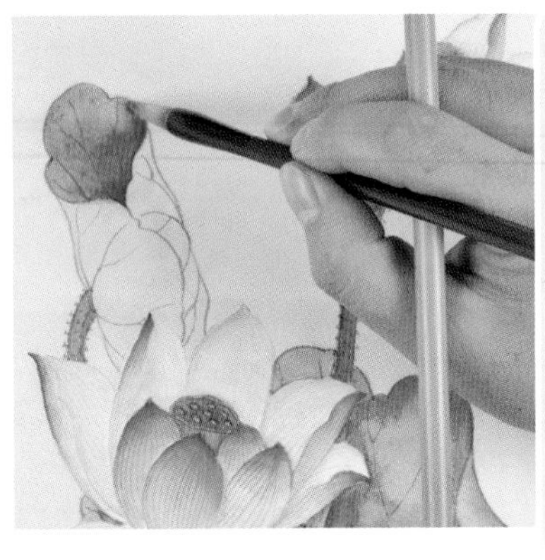

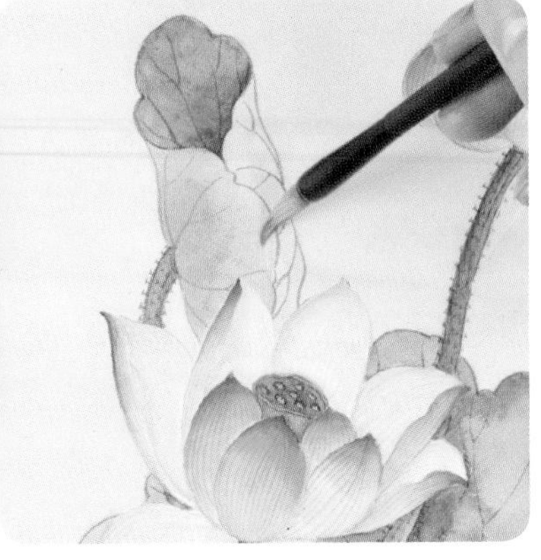

28 分染捲葉。分染反捲葉子的時候可加一些白粉。

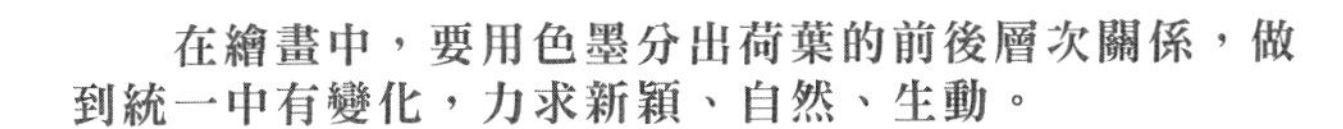

在繪畫中，要用色墨分出荷葉的前後層次關係，做到統一中有變化，力求新穎、自然、生動。

29 用深綠分染花、葉莖。

繪畫步驟：
分染荷葉 3

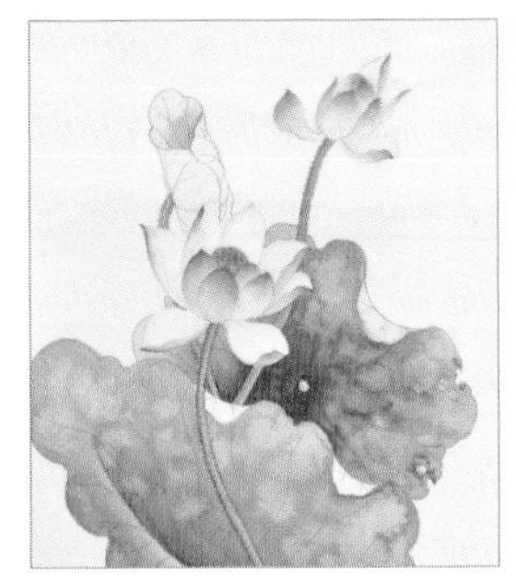

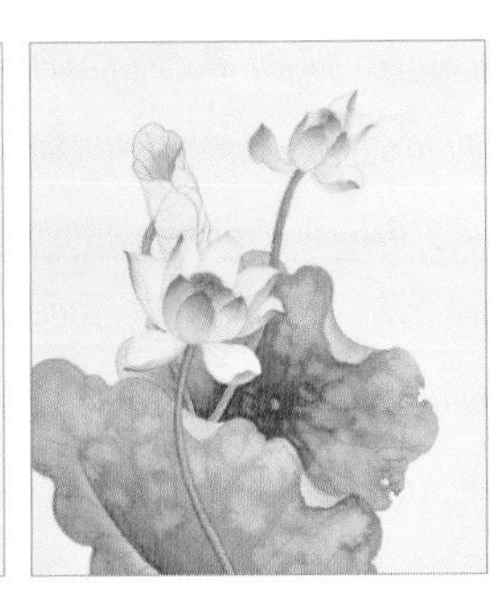

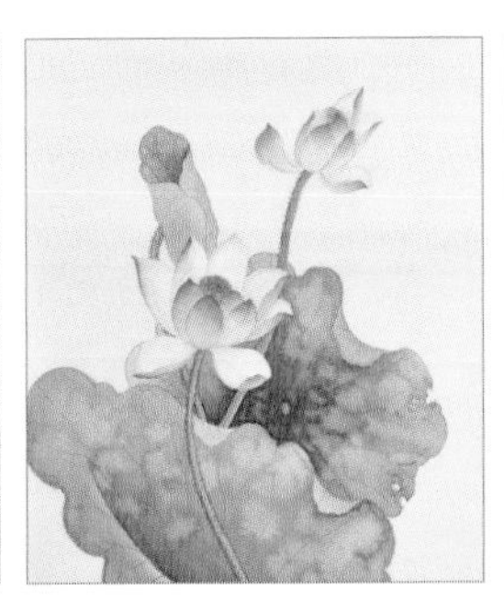

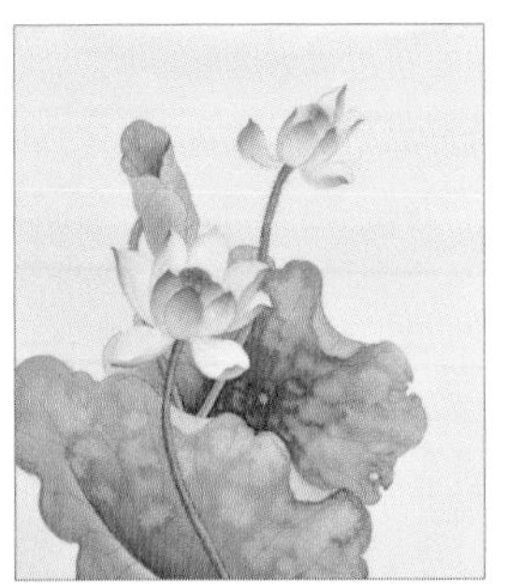

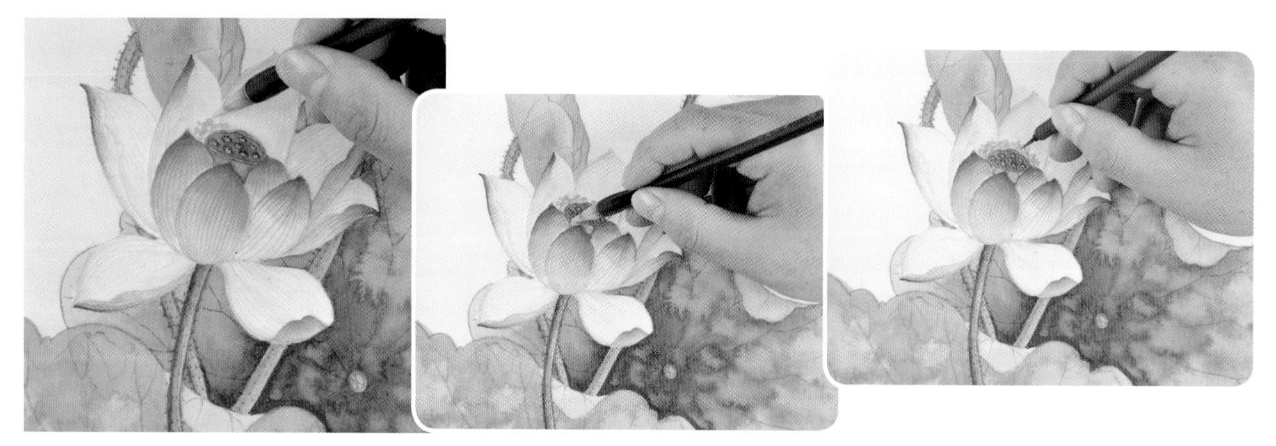

30 用藤黃加白粉點染荷花的花蕊，並用胭脂加少許藤黃勾畫花蕊的莖絲。

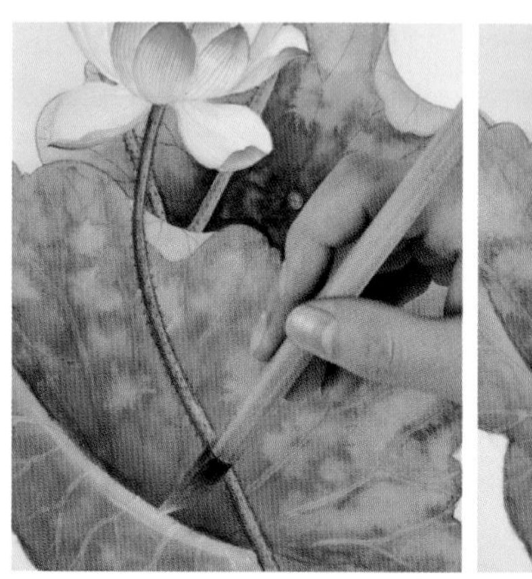

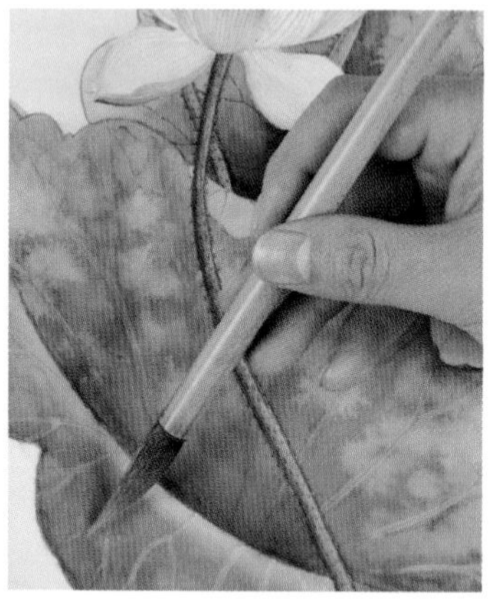

31 用白粉加些許汁綠勾葉脈、水線。調汁綠加白粉提染正面向下翻的葉子亮處。

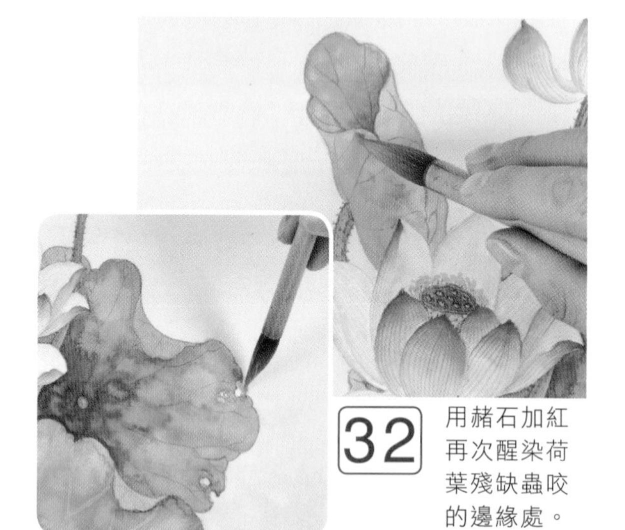

32 用赭石加紅再次醒染荷葉殘缺蟲咬的邊緣處。

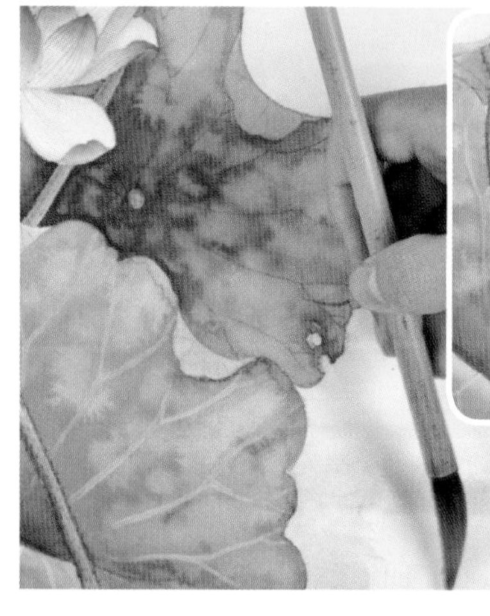

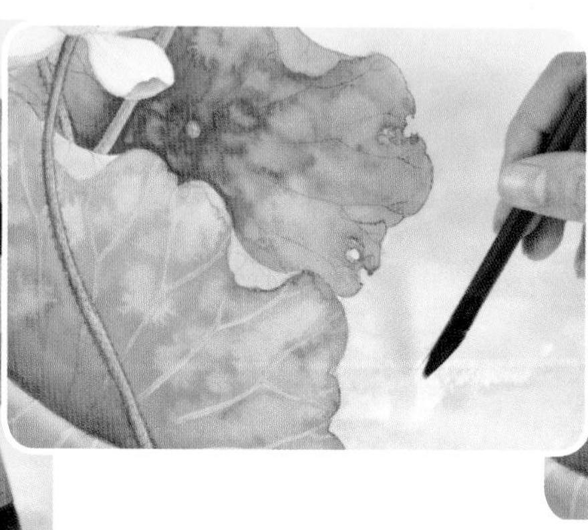

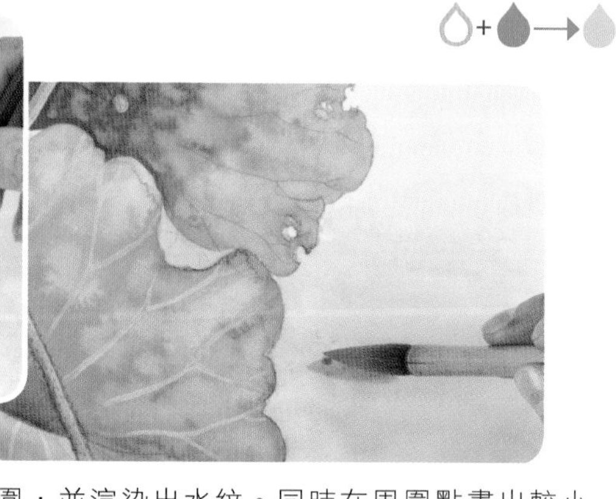

33 用淡石綠烘染荷葉的周圍，並渲染出水紋。同時在周圍點畫出較小的蓮葉，要分成組來畫，以使畫面生動。

繪畫步驟：點花蕊、烘染背景

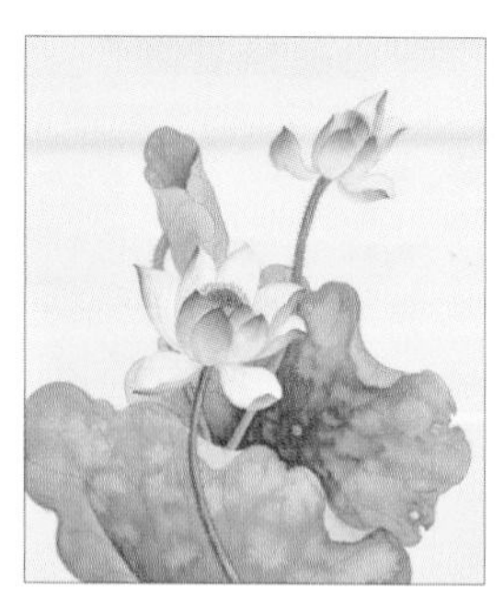

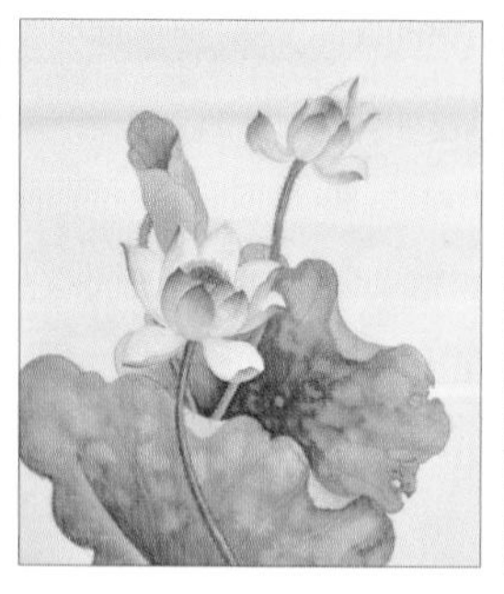

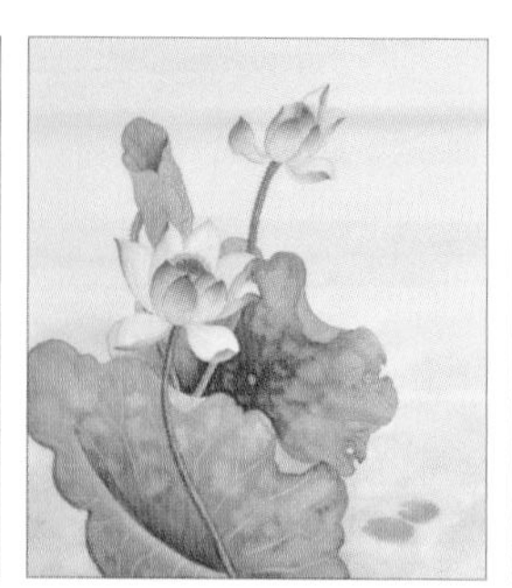

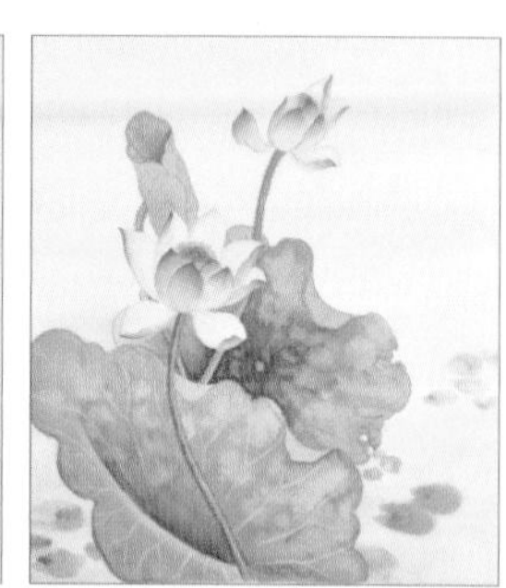

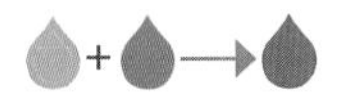

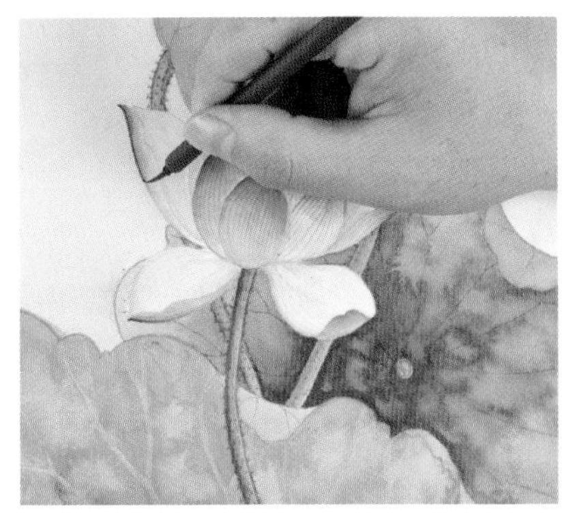

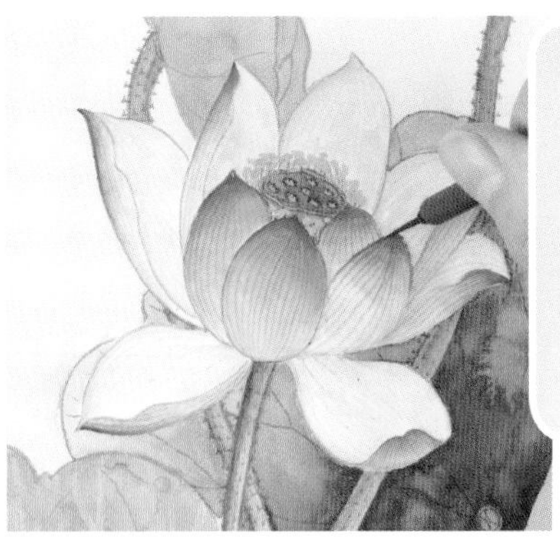

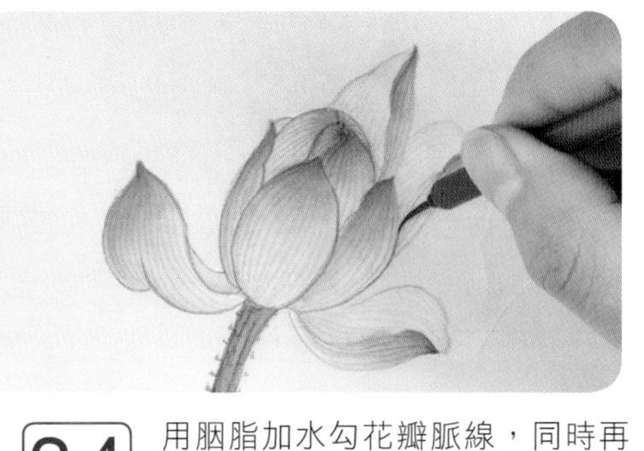

34 用胭脂加水勾花瓣脈線，同時再復勾一遍花頭。

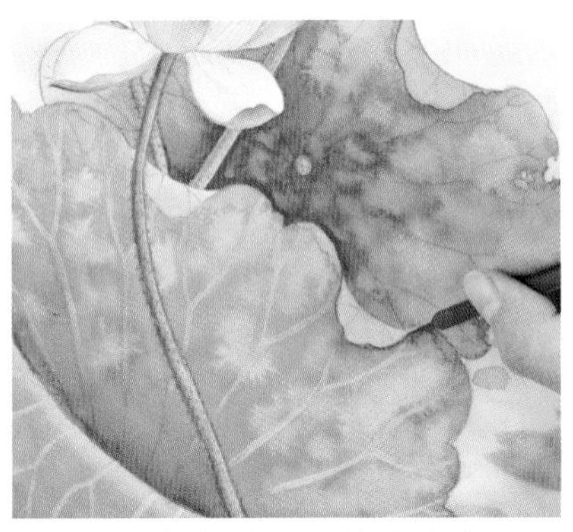

35 對色線不明的邊緣處可用墨線或色線順著其邊緣再勾描一次。

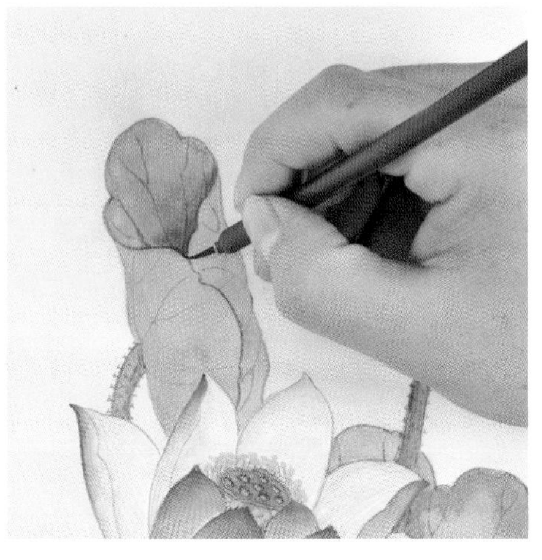

知識拓展

白描烘暈法：白描烘暈法一般用於白色花朵與淺色調的畫面，是在白描的基礎上，用花青、赭石或淡墨在物像周圍烘暈。注意，這種暈法從濃到淡要逐漸變化，要掌握水分，不要留下水漬與筆觸，使畫面產生烘雲托月之感。

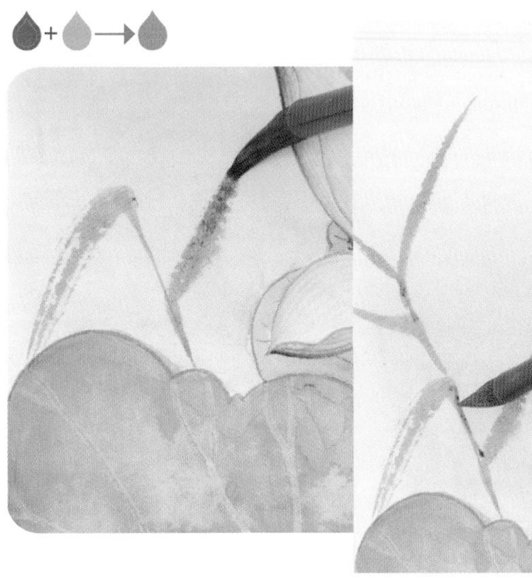

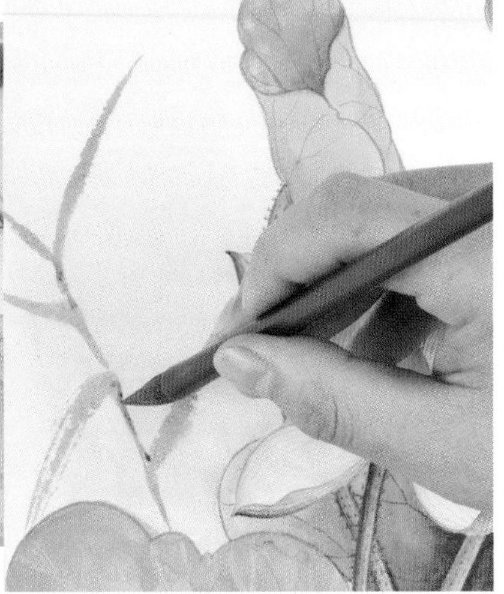

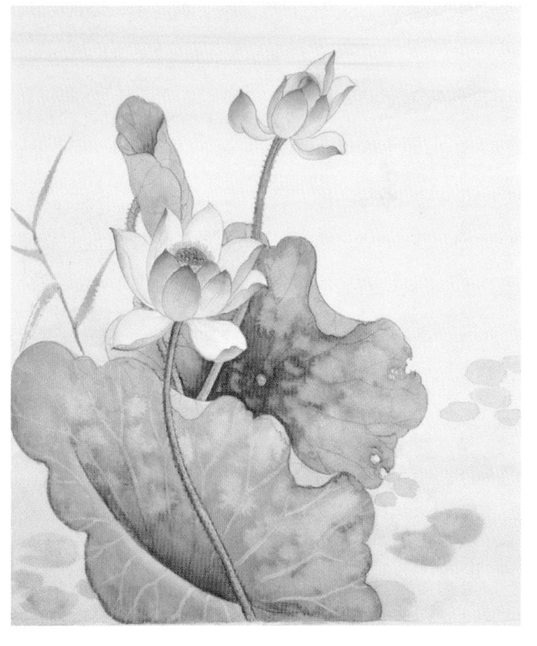

36 最後調赭石加墨加水，用寫意的表現方法勾畫蘆葦。

繪畫步驟：復勒和配景

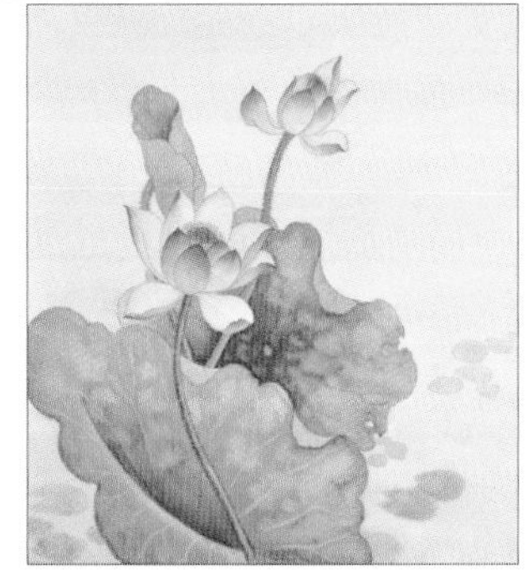

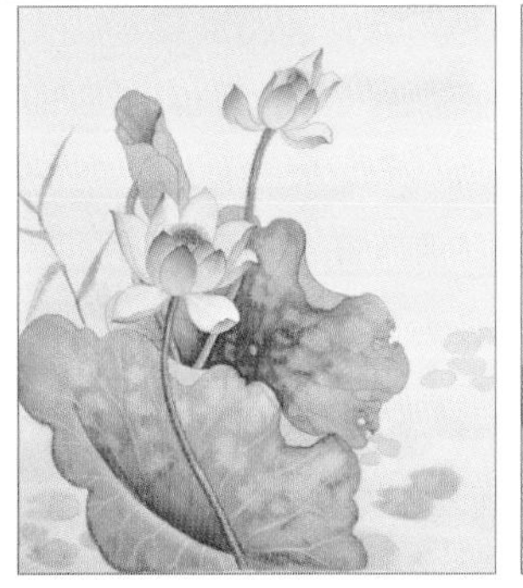

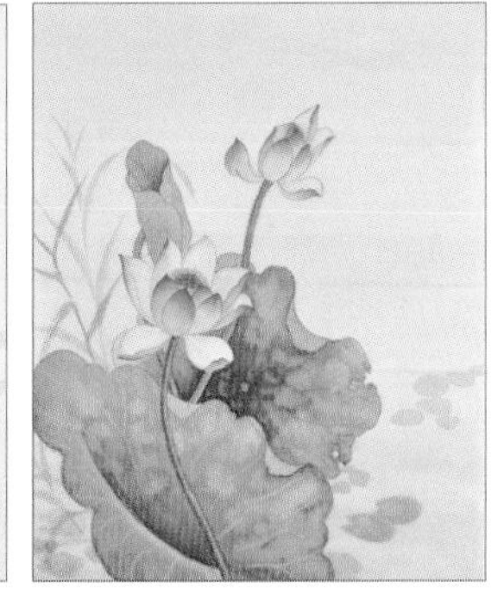

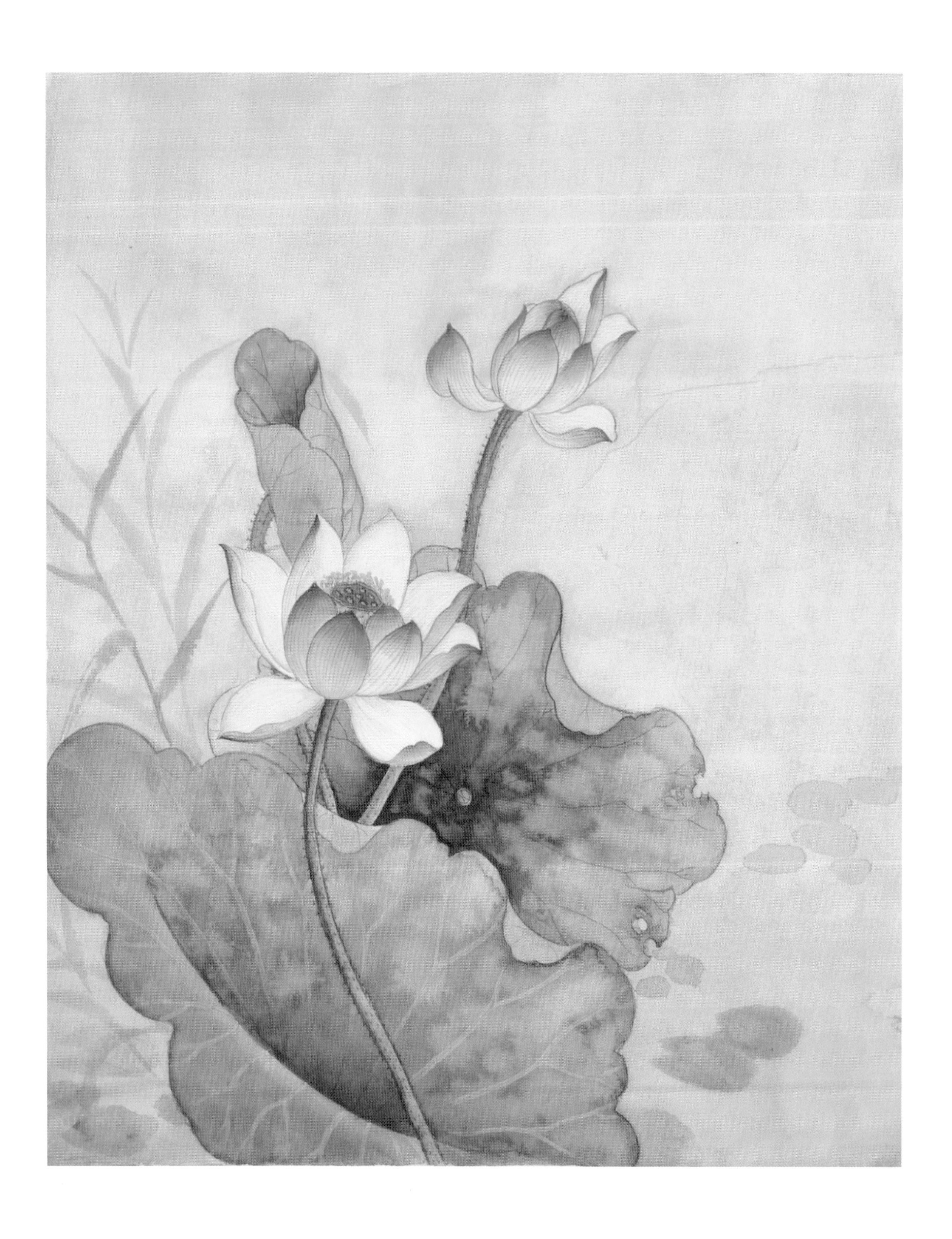

8.2 作品二

作品上花、葉分布要互相襯托，主體之外要適當留白，這樣既可使畫面有空間感，虛處又能留給觀賞者以無限的遐想，否則會顯得窒息逼人。做到「疏可走馬、密不透風」才是恰到好處。蜻蜓的點綴給畫面添加了動的元素，是畫面中的「點睛」之筆。

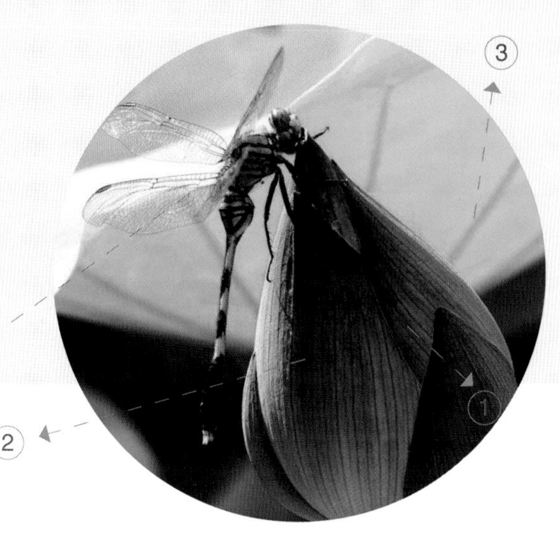

① 蜻蜓　② 花苞　③ 荷葉

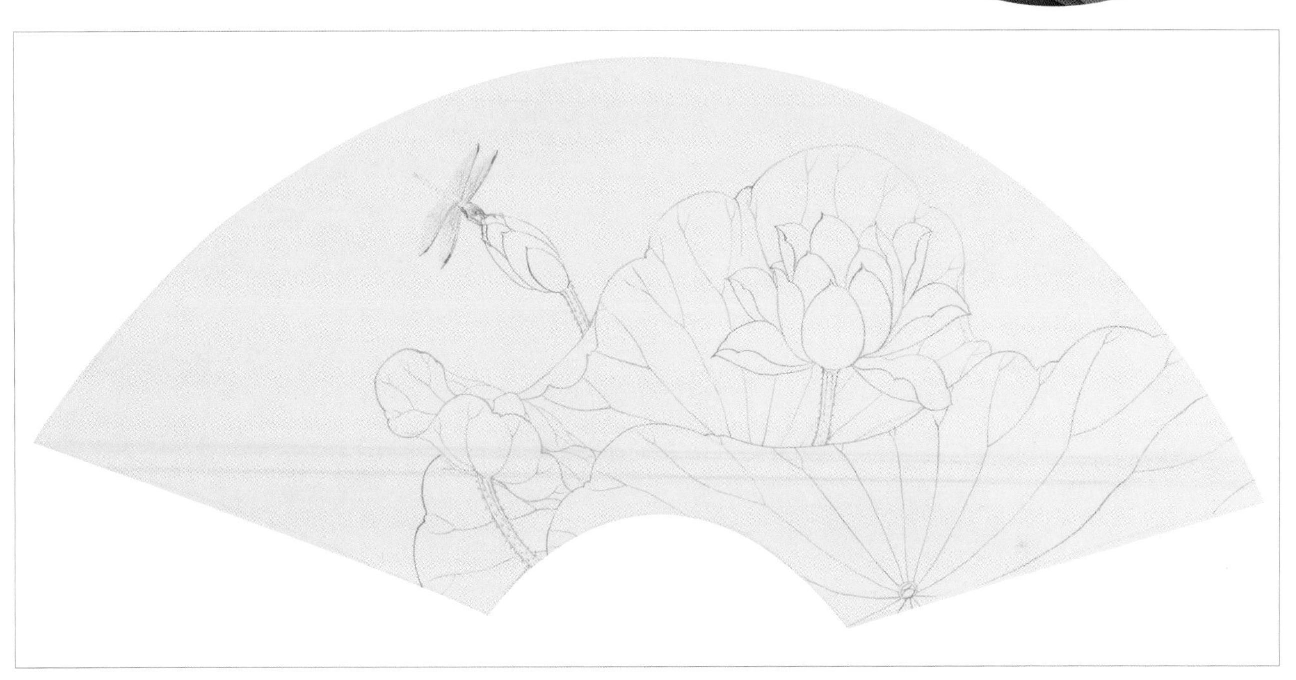

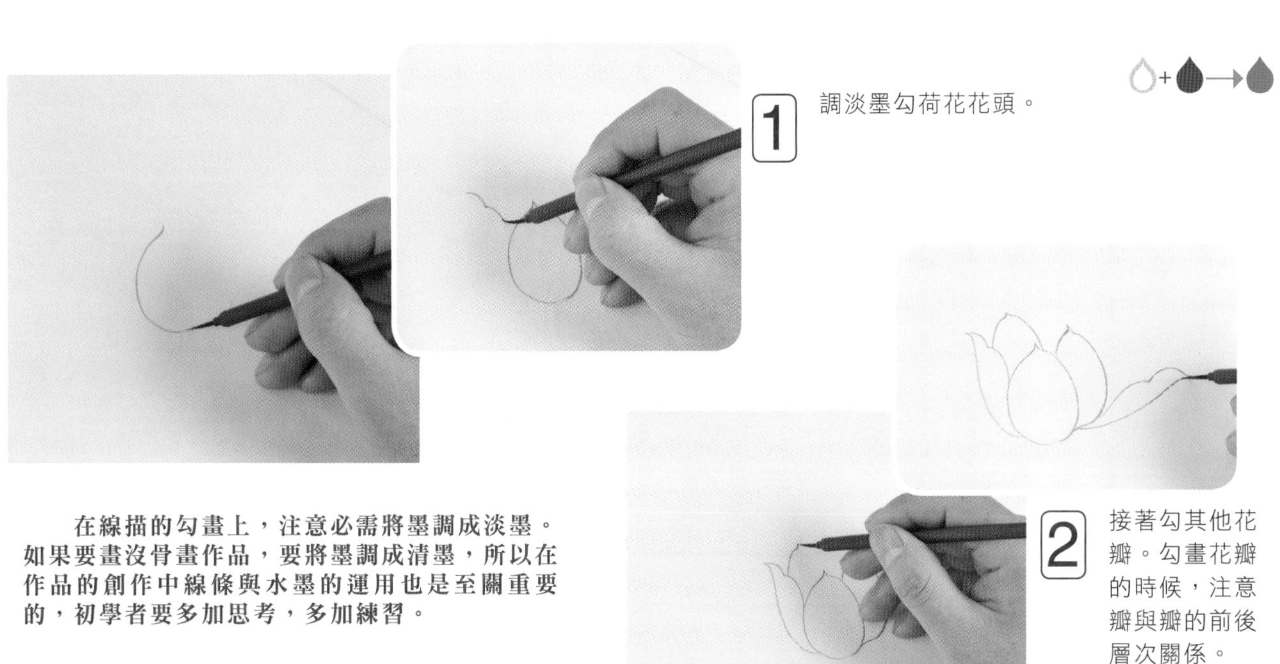

1 調淡墨勾荷花花頭。

在線描的勾畫上，注意必需將墨調成淡墨。如果要畫沒骨畫作品，要將墨調成清墨，所以在作品的創作中線條與水墨的運用也是至關重要的，初學者要多加思考，多加練習。

2 接著勾其他花瓣。勾畫花瓣的時候，注意瓣與瓣的前後層次關係。

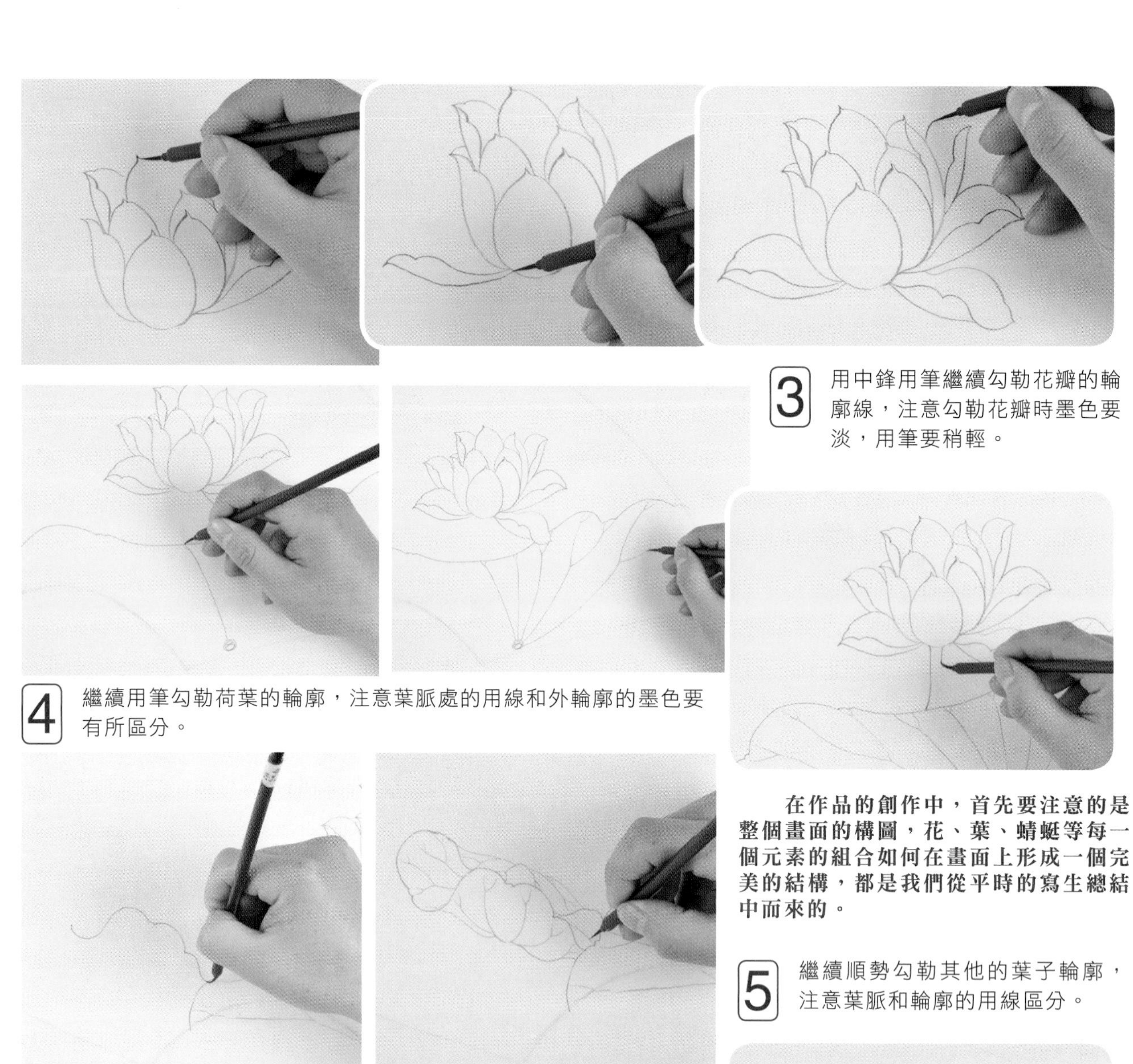

3 用中鋒用筆繼續勾勒花瓣的輪廓線，注意勾勒花瓣時墨色要淡，用筆要稍輕。

4 繼續用筆勾勒荷葉的輪廓，注意葉脈處的用線和外輪廓的墨色要有所區分。

在作品的創作中，首先要注意的是整個畫面的構圖，花、葉、蜻蜓等每一個元素的組合如何在畫面上形成一個完美的結構，都是我們從平時的寫生總結中而來的。

5 繼續順勢勾勒其他的葉子輪廓，注意葉脈和輪廓的用線區分。

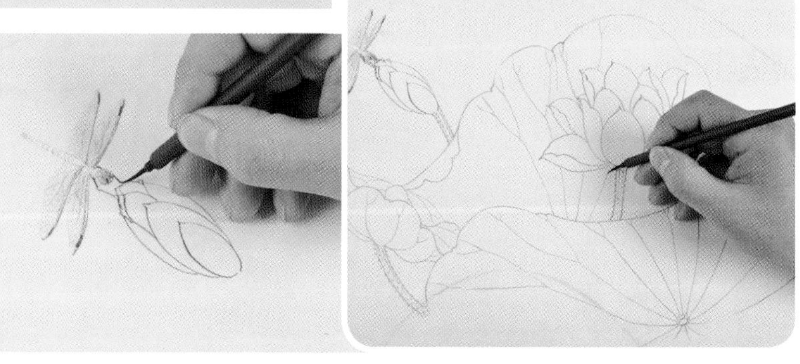

6 調淡墨勾畫蜻蜓，注意勾畫時和花苞的搭配關係。

繪畫步驟：勾墨線

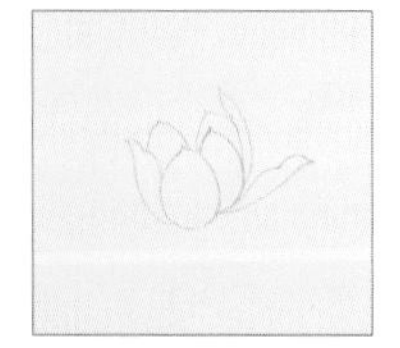
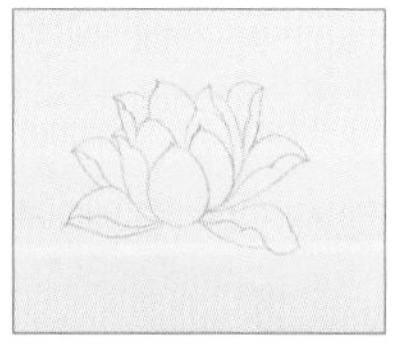
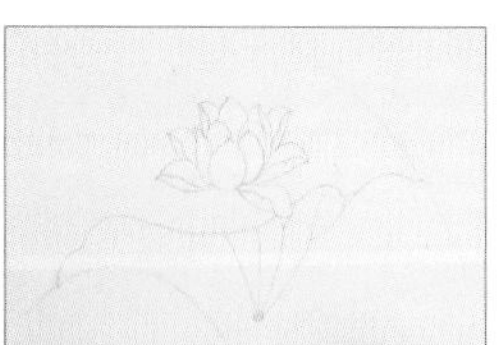

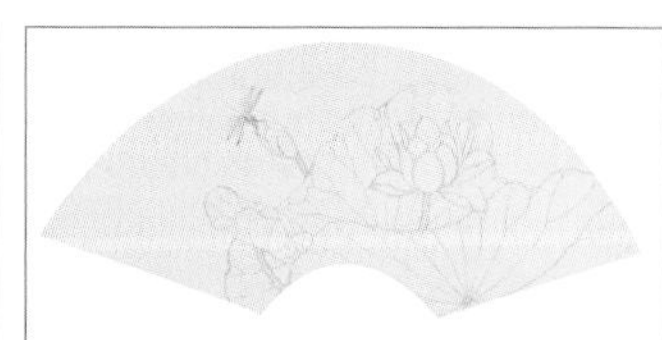

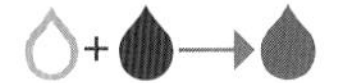

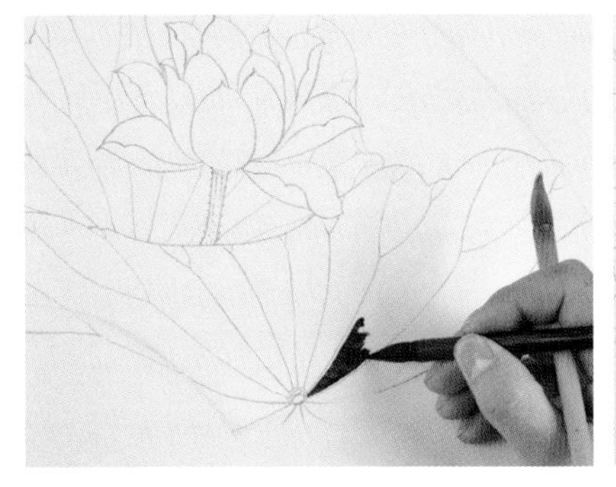

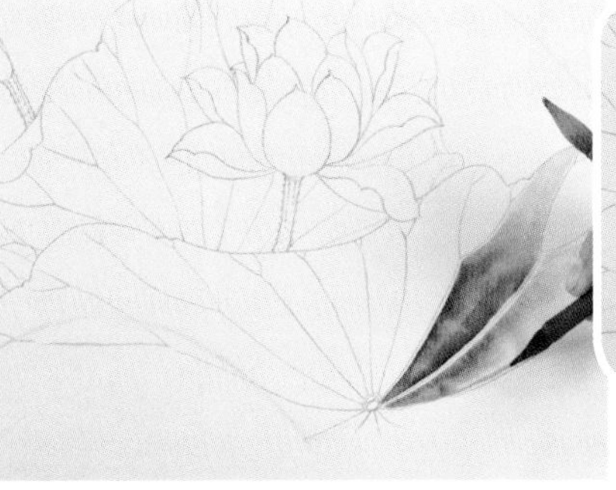

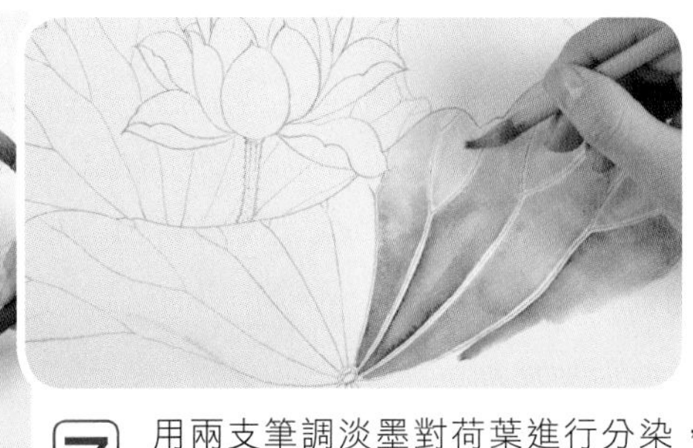

7 用兩支筆調淡墨對荷葉進行分染，同時要留出水線。

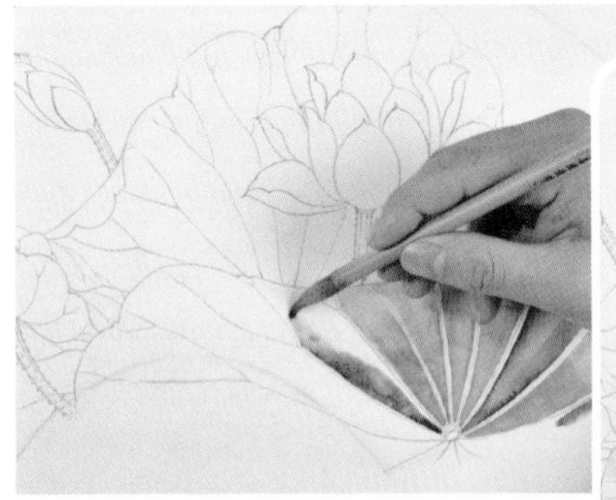

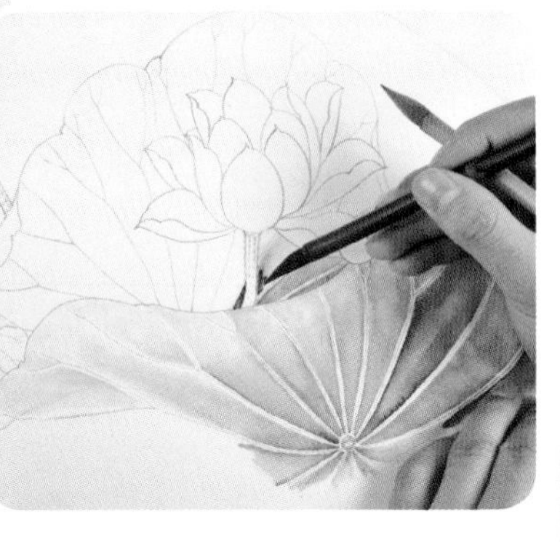

8 繼續分染荷葉。注意前後葉在明暗層次上的區分。

9 分染的同時要注意墨色的均勻，避免色漬的產生，對層次多的要分出層次關係。

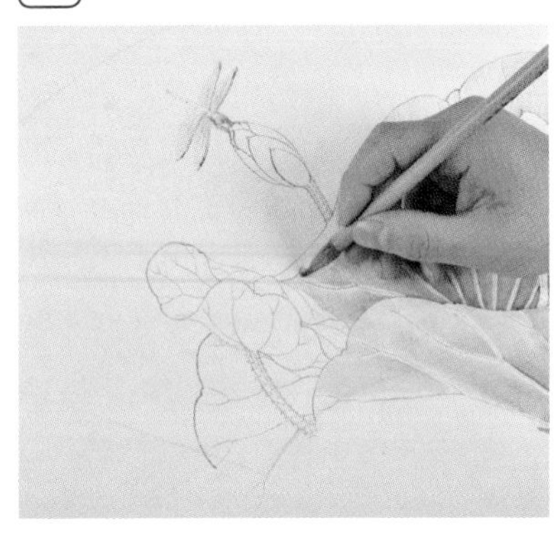

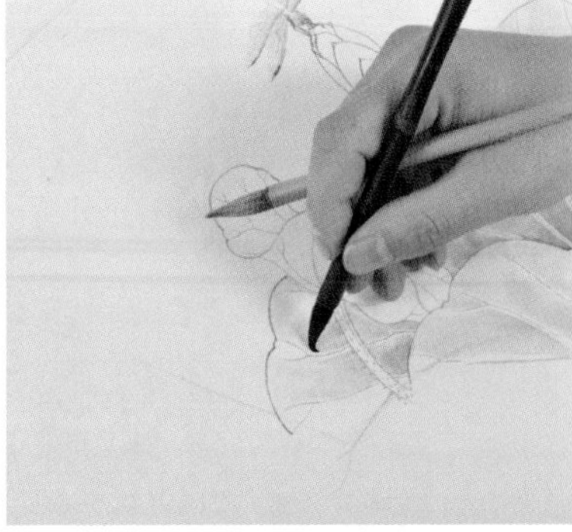

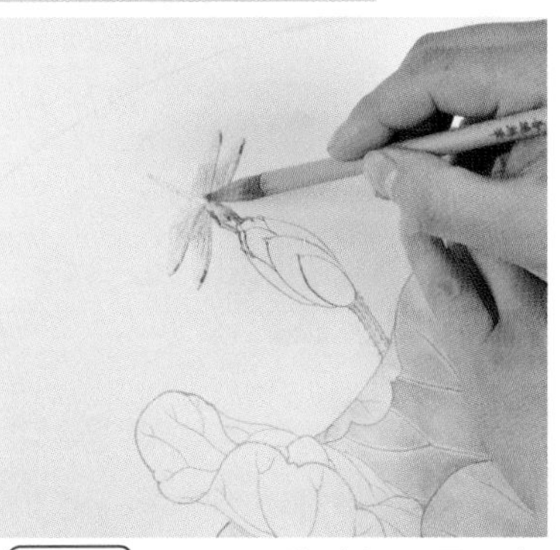

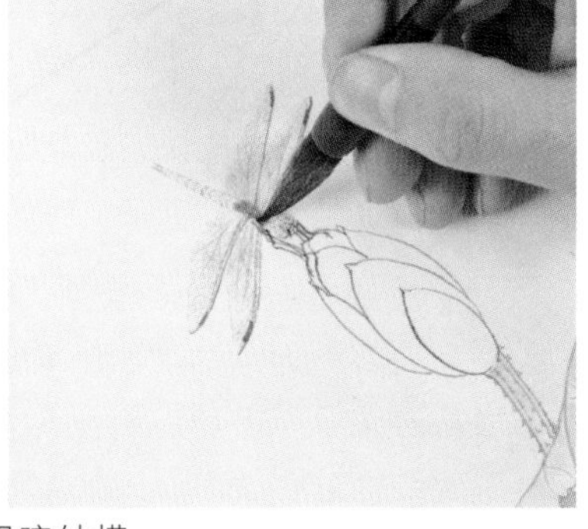

10 分染荷葉，從內向外進行分染；分染蜻蜓，從翅膀根部淡墨分染，墨色不要太多。

知識拓展

填勾法：填勾法又叫「雙勾廓填」。從寫生提煉得來的線條，用重墨雙勾出形象的不同質感，並在此基礎上填色。雙勾法和「勒」法完全一致，不過「勒」法使用的線條不一定是墨，可以用比較重的顏色。雙勾法是先用重墨勾出，接著再填色，這是它們的區別。使用這種方法要注意的是色不侵墨，要保持墨線的流暢生動感。

11 用墨分染蜻蜓，區分出明暗結構。

繪畫步驟：分染 1

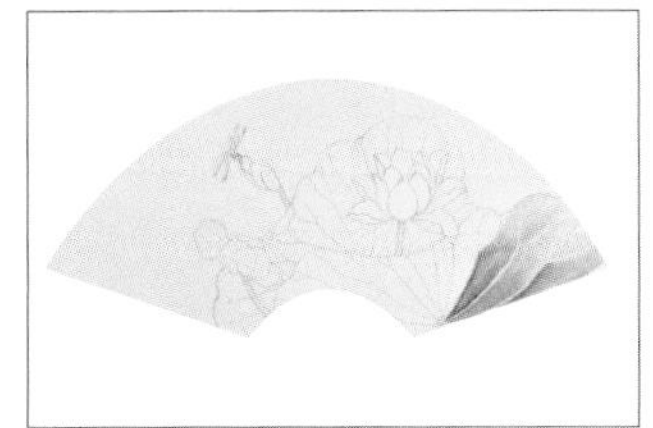

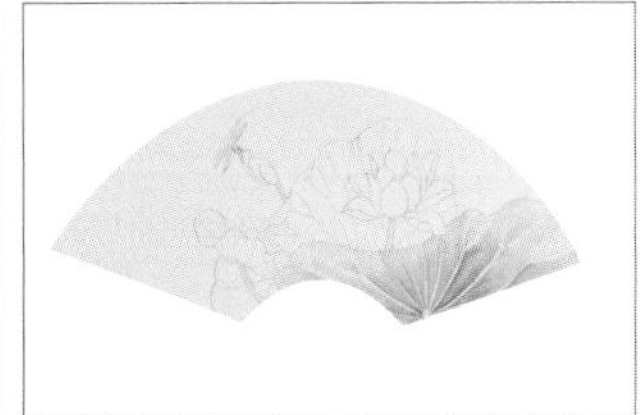

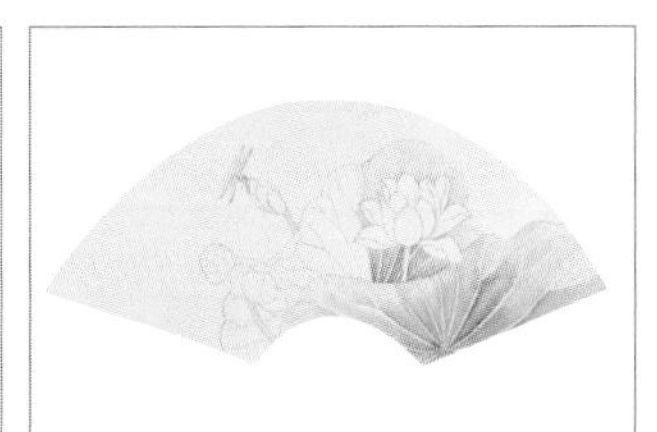

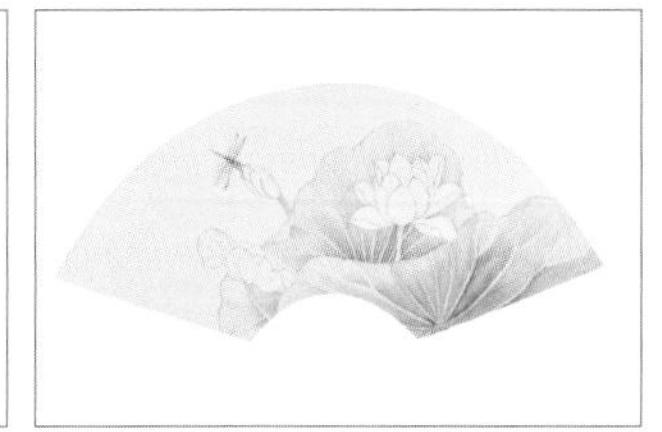

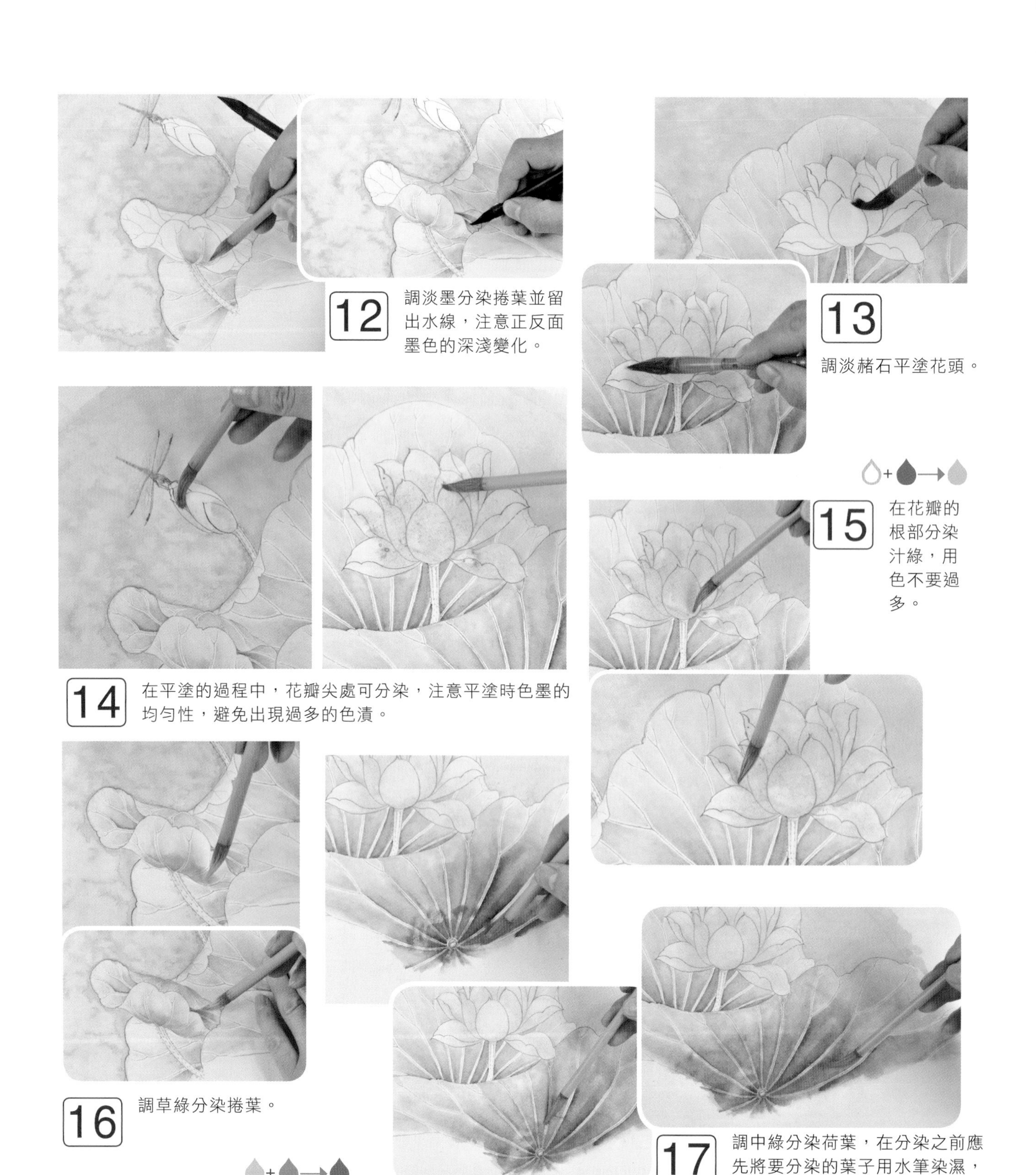

12 調淡墨分染捲葉並留出水線，注意正反面墨色的深淺變化。

13 調淡赭石平塗花頭。

14 在平塗的過程中，花瓣尖處可分染，注意平塗時色墨的均勻性，避免出現過多的色漬。

15 在花瓣的根部分染汁綠，用色不要過多。

16 調草綠分染捲葉。

17 調中綠分染荷葉，在分染之前應先將要分染的葉子用水筆染濕，待未乾的時候再進行分染。

繪畫步驟：分染 2

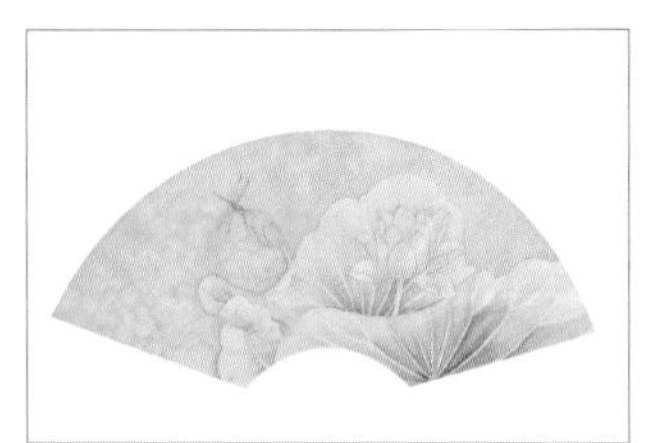

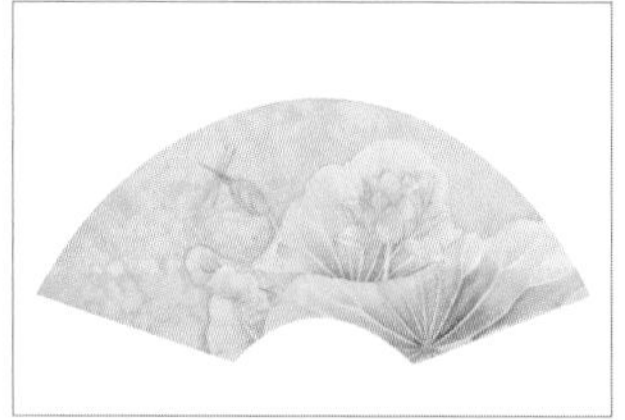

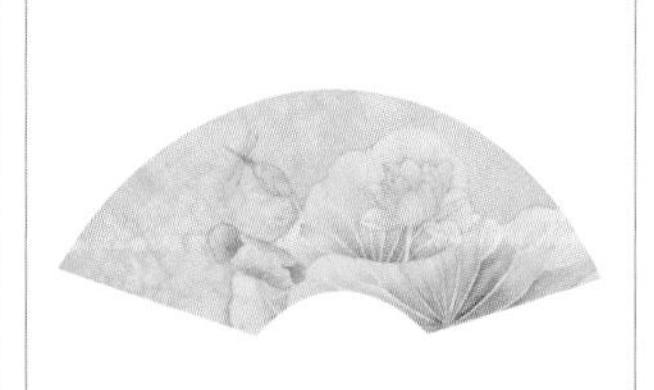

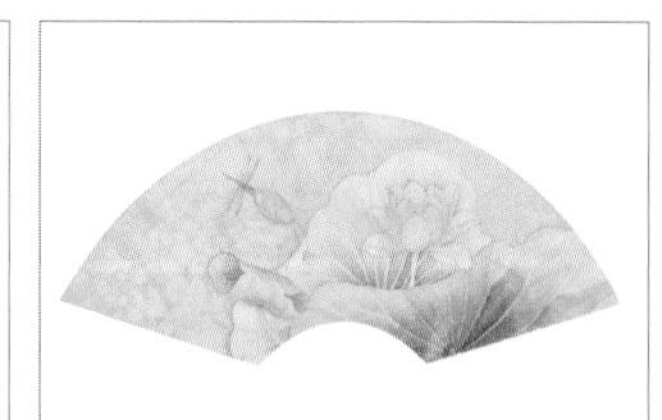

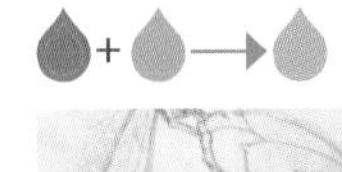

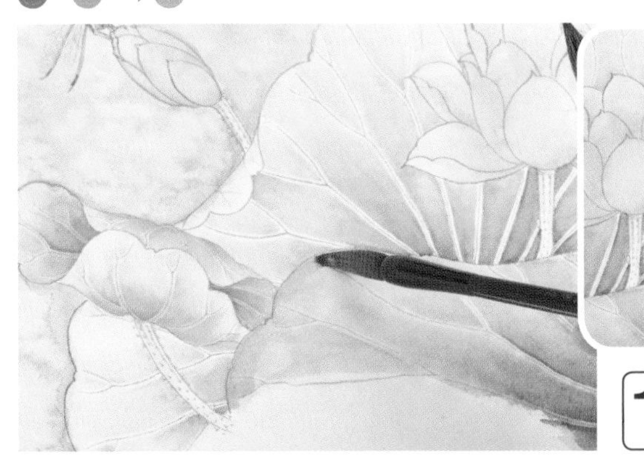

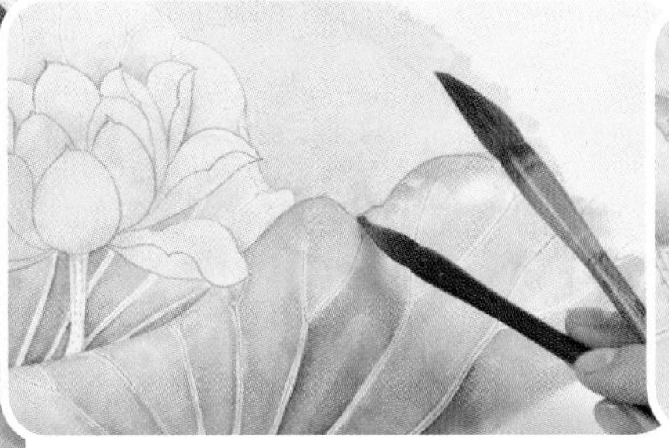

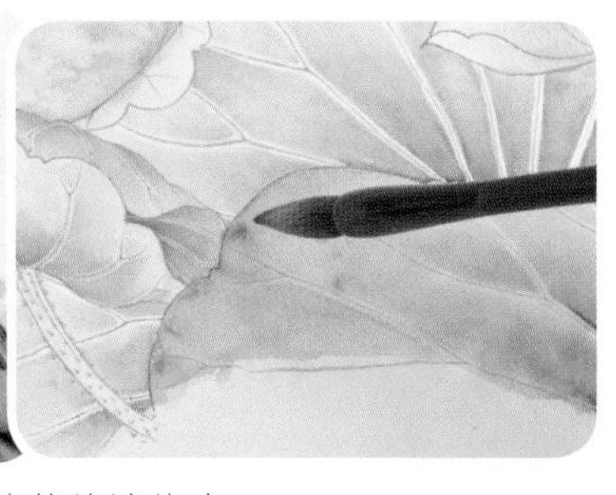

18 調赭石加少許的紅接染荷葉的邊緣處。

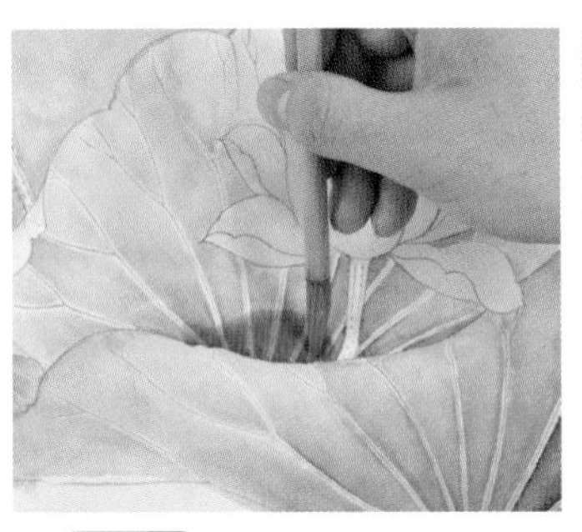

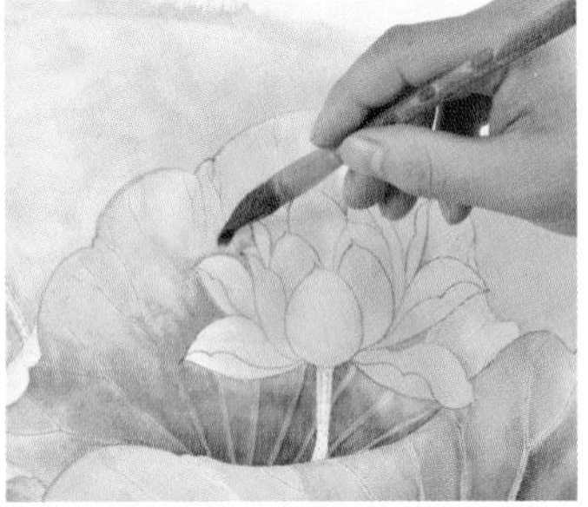

19 石綠分染另一片荷葉。

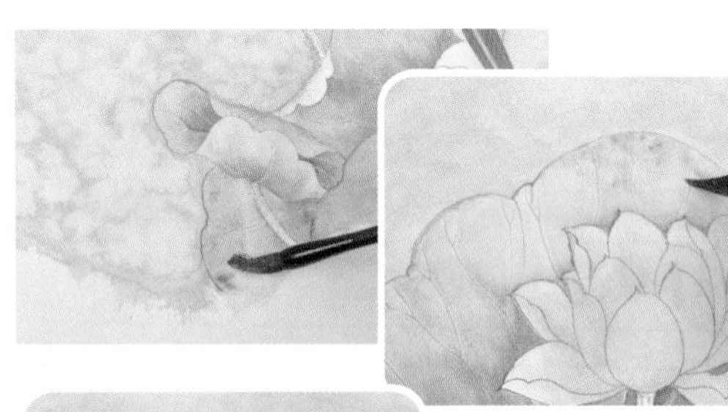

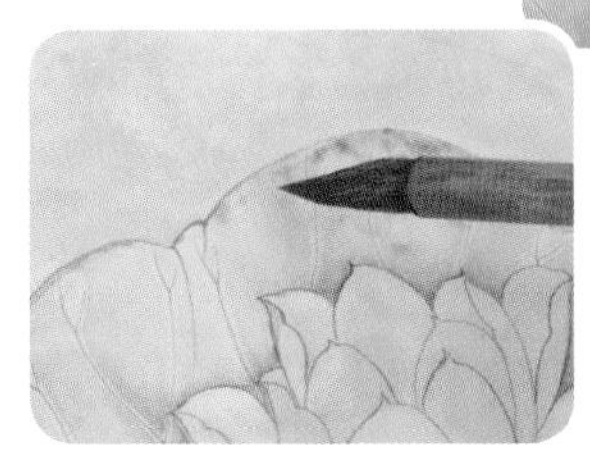

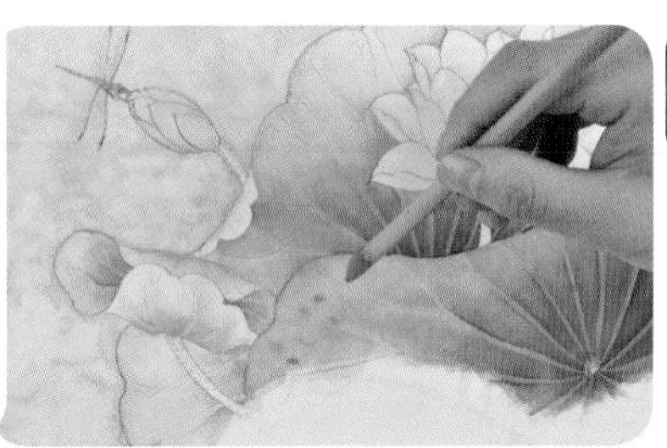

20 調淡橙色渲染發黃的邊緣。

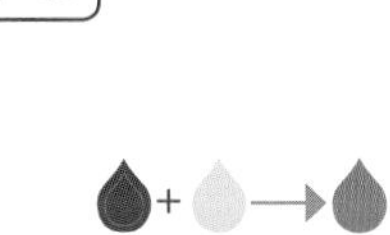

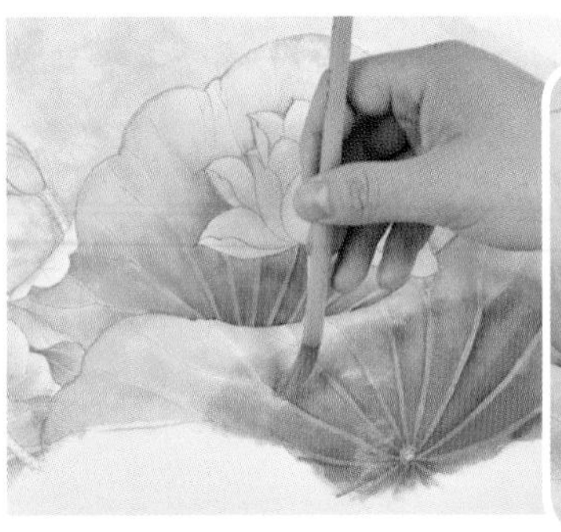

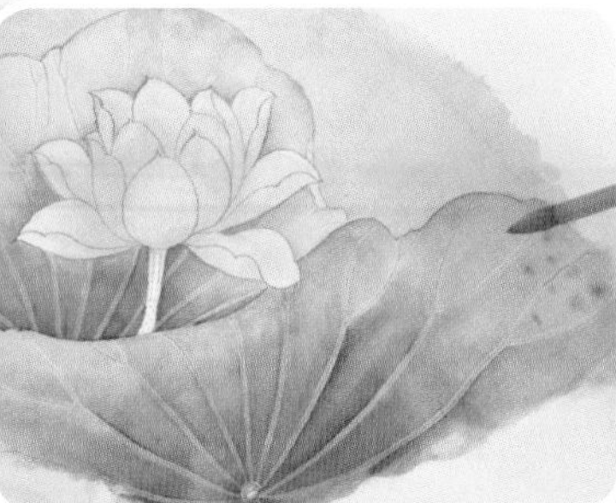

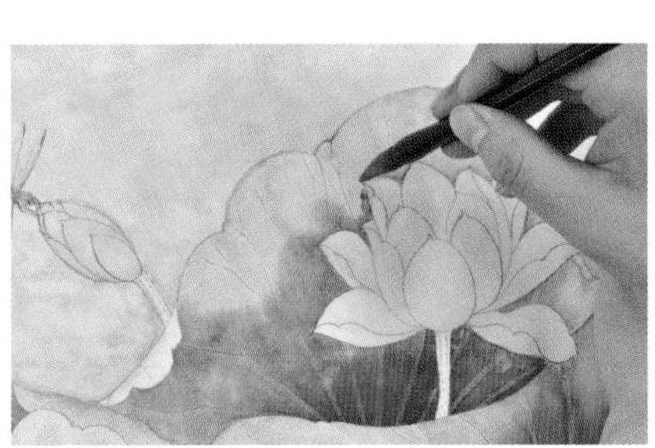

21 再一次對荷葉進行分染，同時在荷葉的邊緣處用色墨點出肌理效果。

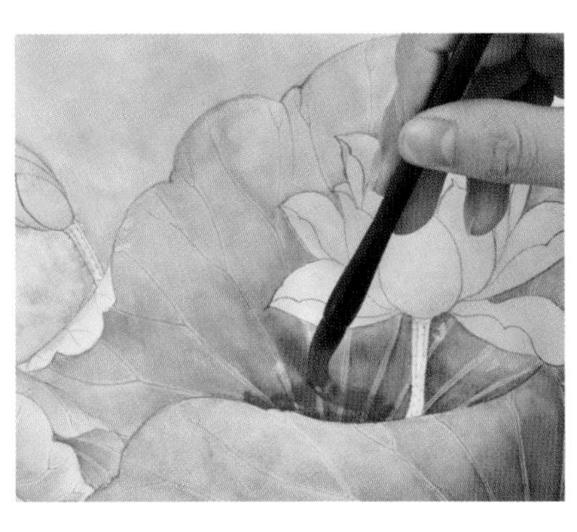

22 調石綠加些許藤黃繼續分染另一片荷葉，注意要和上一片荷葉分出層次關係。

知識拓展

兼工帶寫法：兼工帶寫法是指融合工筆畫法與寫意畫法的優點，注重神態的表現和抒發作者的情感。

繪畫步驟：分染3

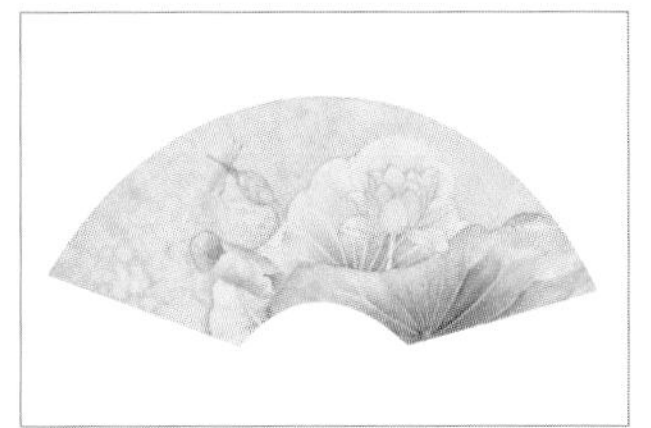

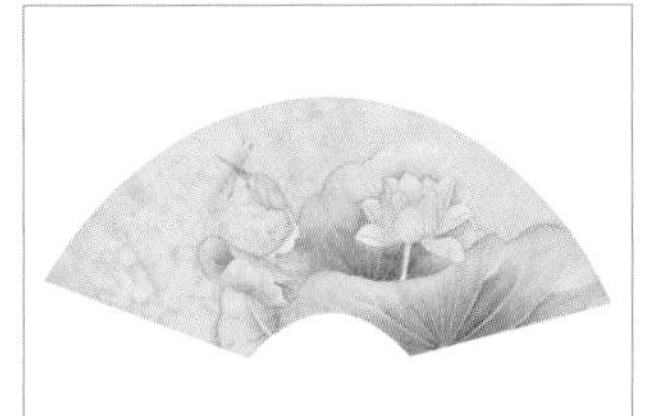

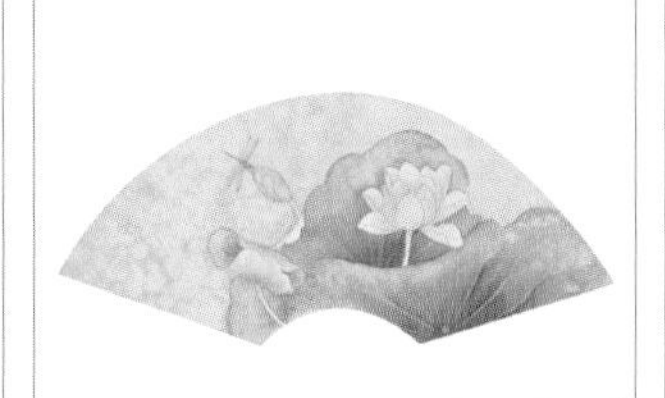

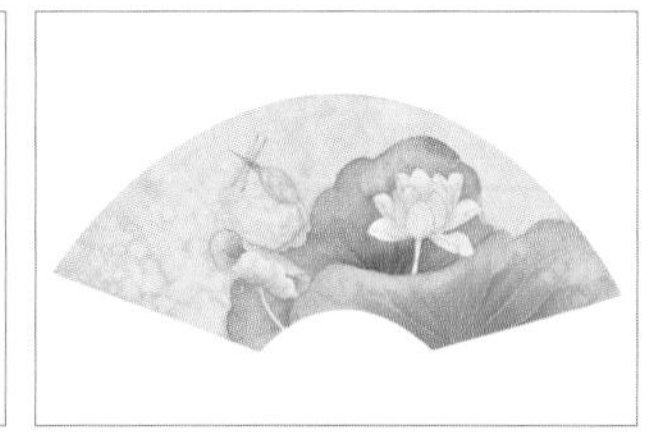

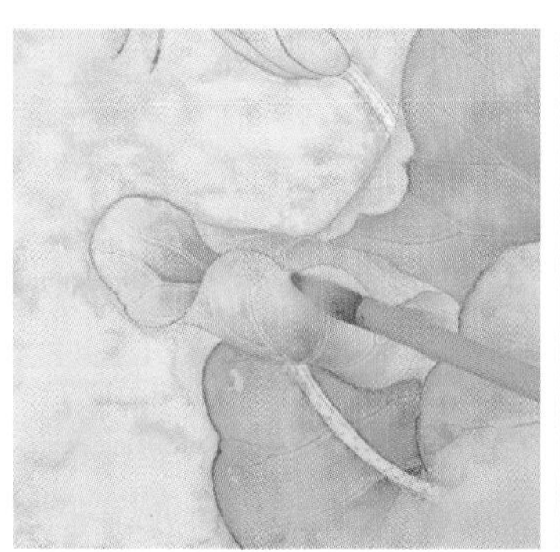

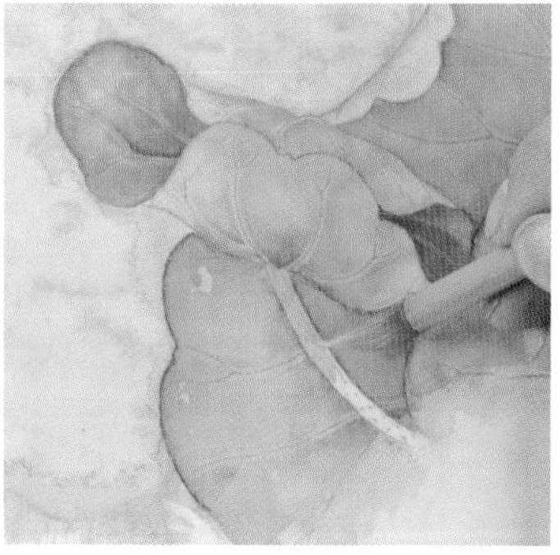

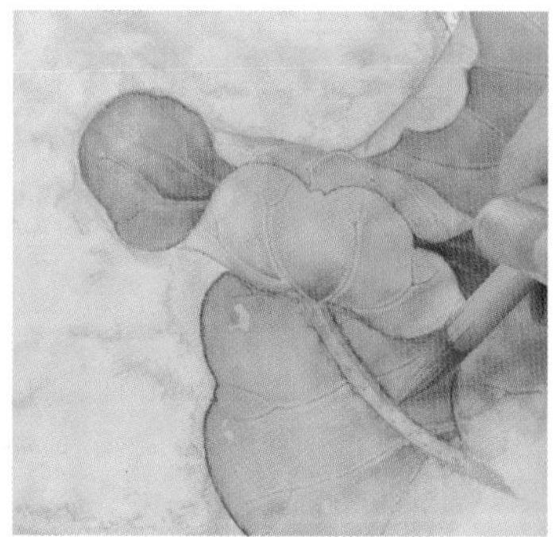

23

調淡石綠平塗荷葉莖並用中綠加以分染或醒染。

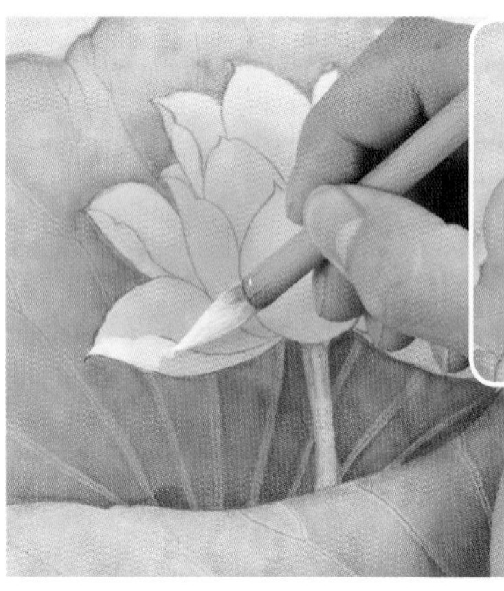

24

調白粉分染荷花花瓣。

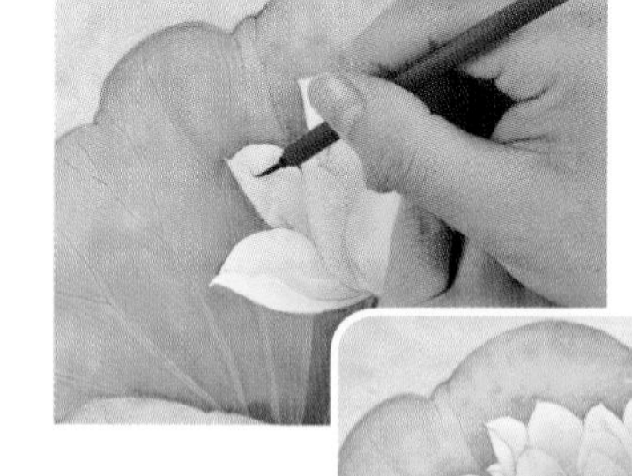

調淡墨或淡赭石加墨勾勒花瓣脈線，勾畫時注意前後花瓣脈線的用墨深淺。

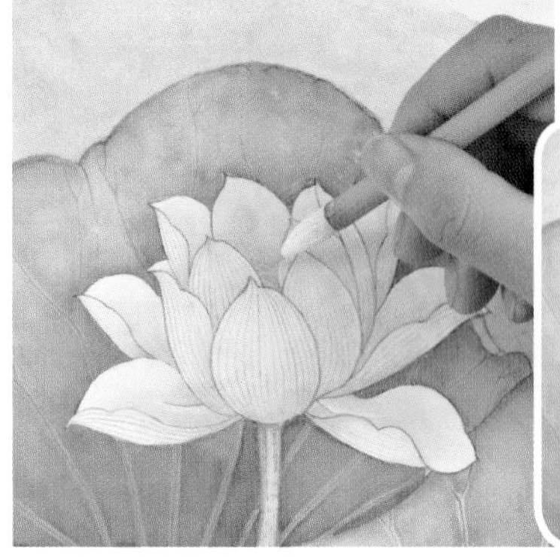

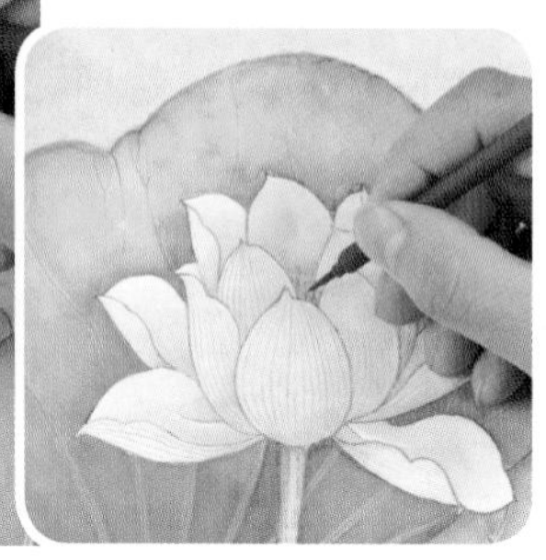

25

調藤黃加白點染花蕊。

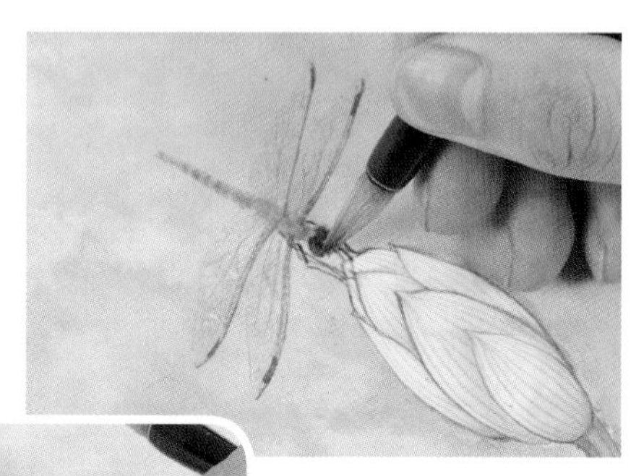

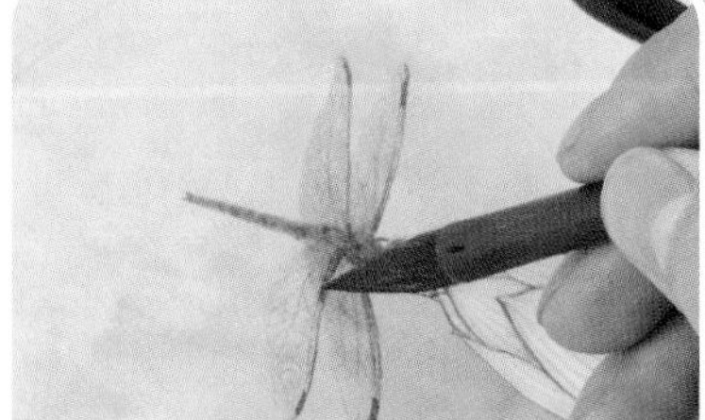

26

再以淡紅加少許藤黃分染蜻蜓的翅膀和軀幹。

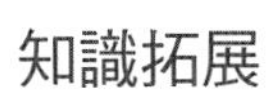

知識拓展

立粉法：這種技法是點花蕊的重要手法之一，畫花蕊時調和藤黃和白色，色彩的濃度要加大，長鋒筆豎立筆鋒，緩慢點出蕊的形狀，濕潤時色彩會高出紙面，待乾後形成兩邊高中間凹的視覺效果，十分有立體感。

繪畫步驟：分染 4

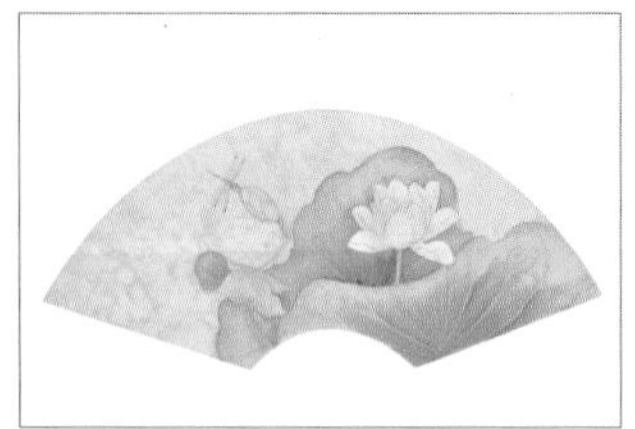

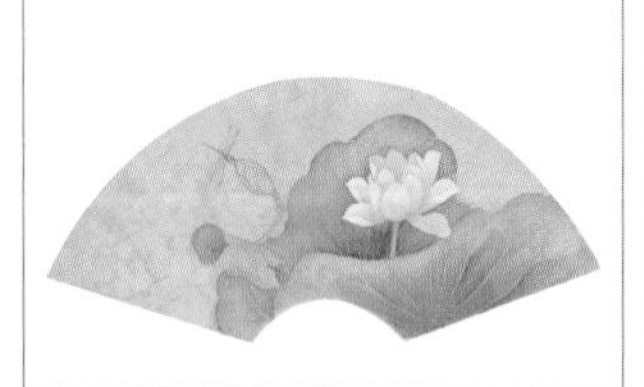

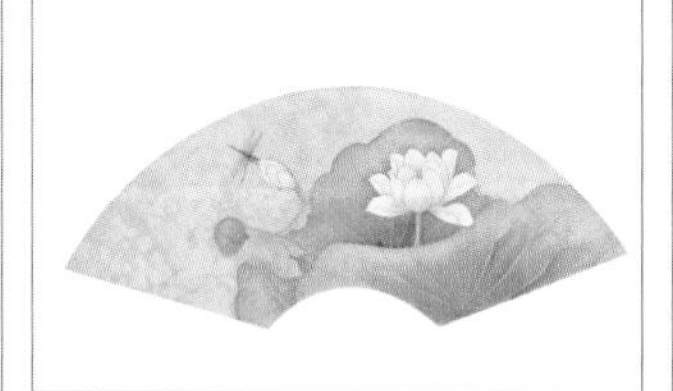

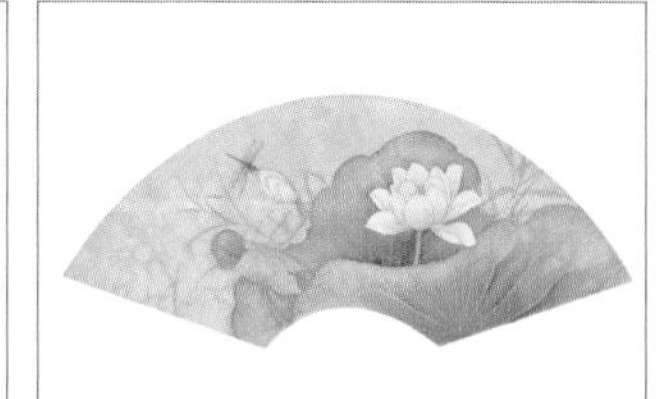

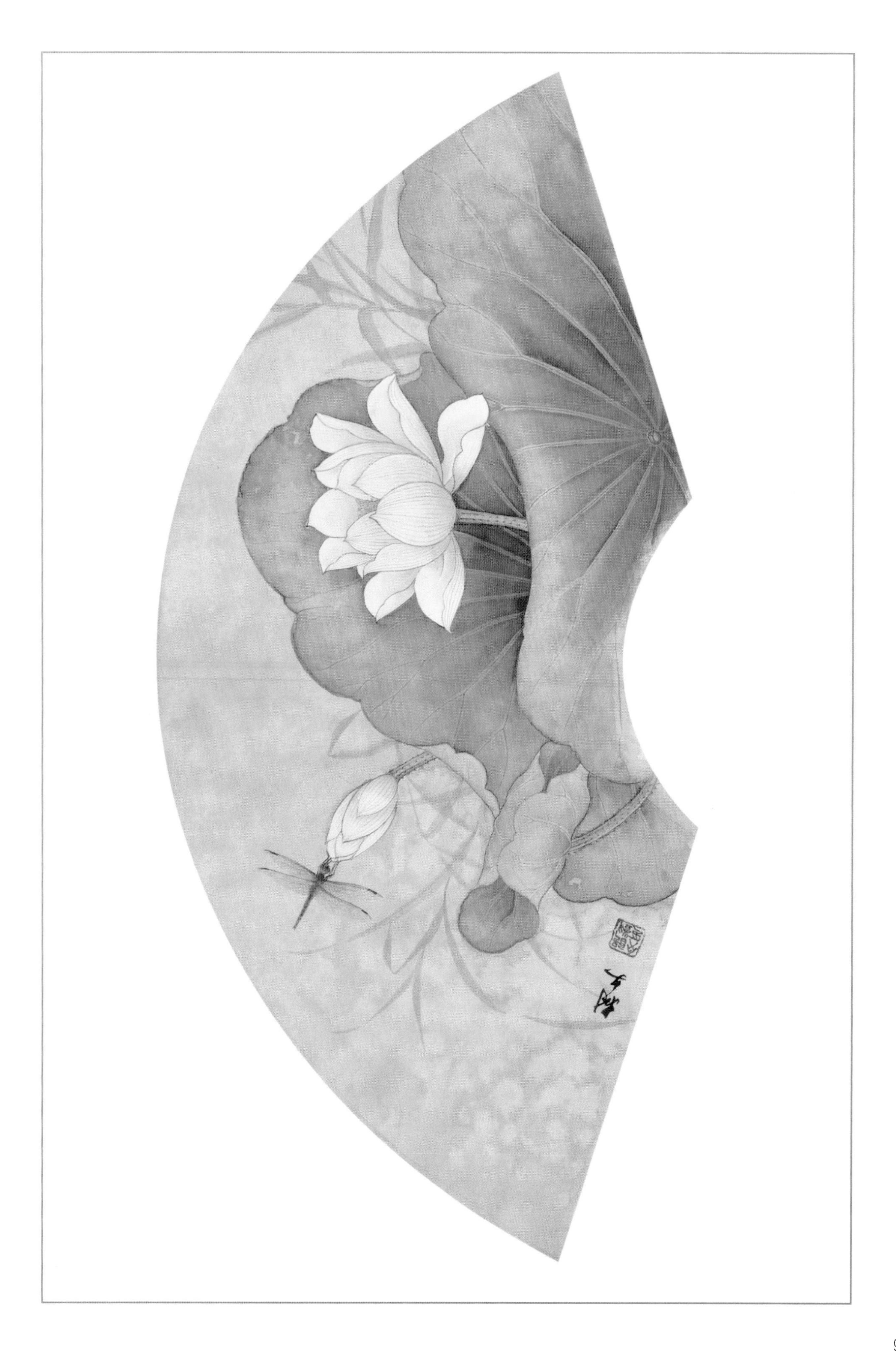

8.3 作品三

「竹塢無塵水檻清，相思迢遞隔重城，秋陰不散霜飛晚，留得枯荷聽雨聲。」殘荷的淒涼之美，新生和枯敗的相互對比，讓人能有所思量。在繪畫創作中主要抓住物像的形態和所要表達的思想。

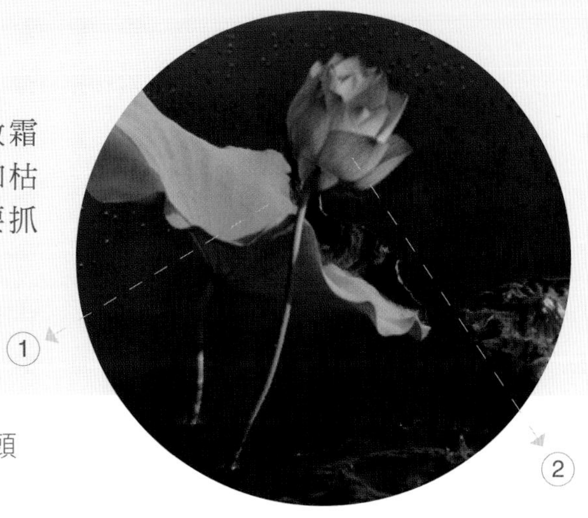

① 枯葉 ② 花頭

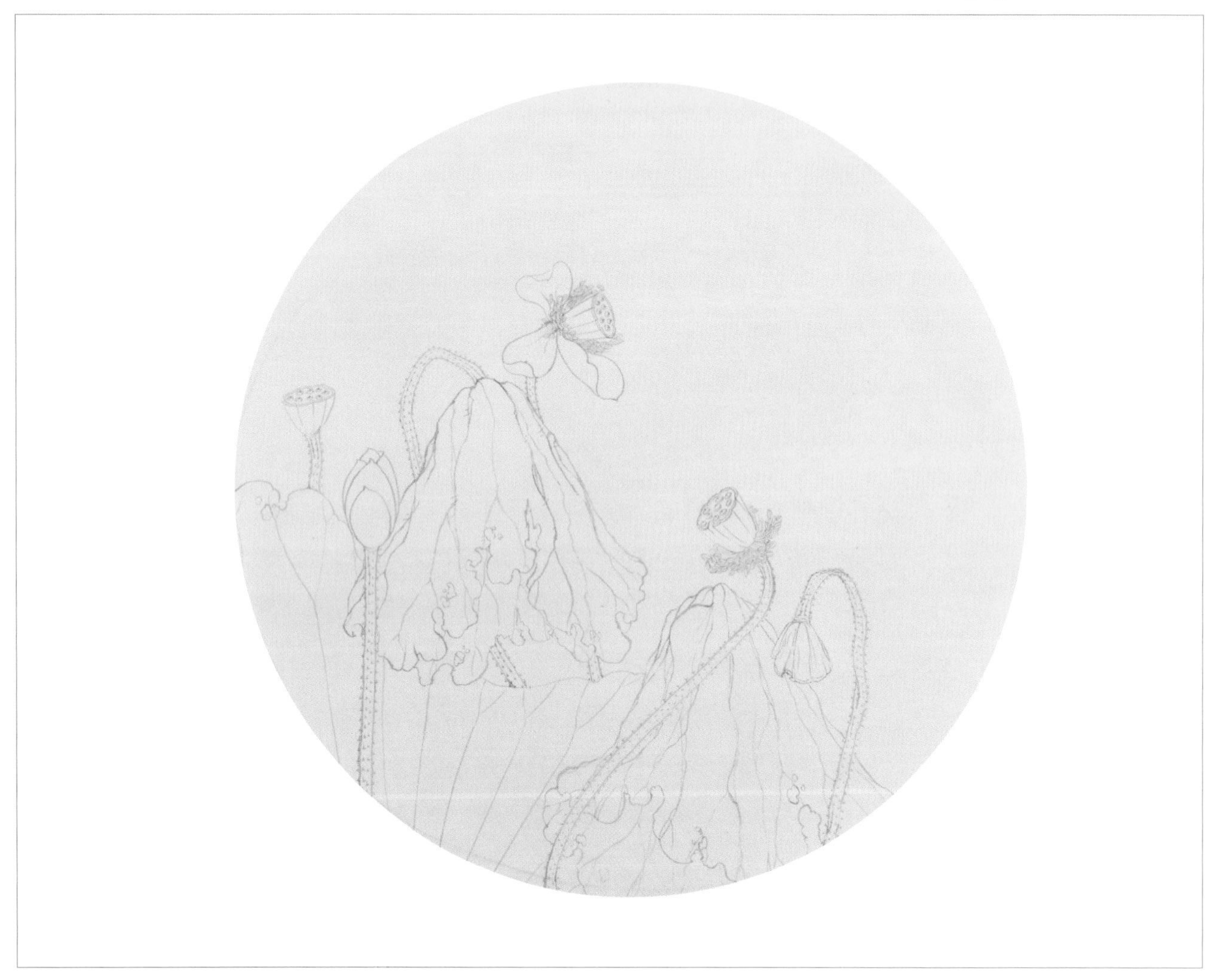

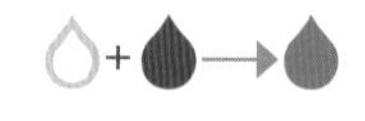

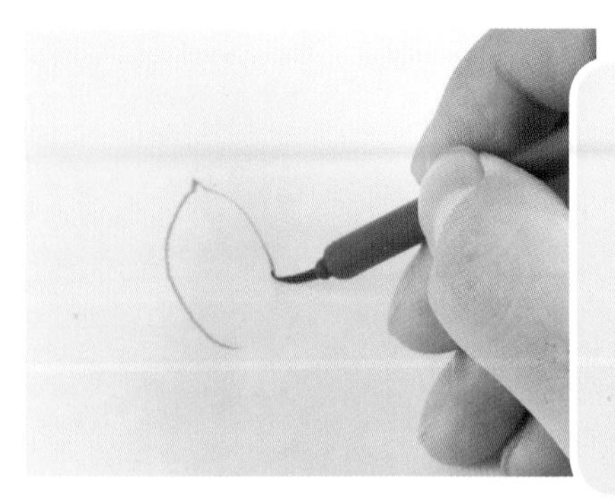

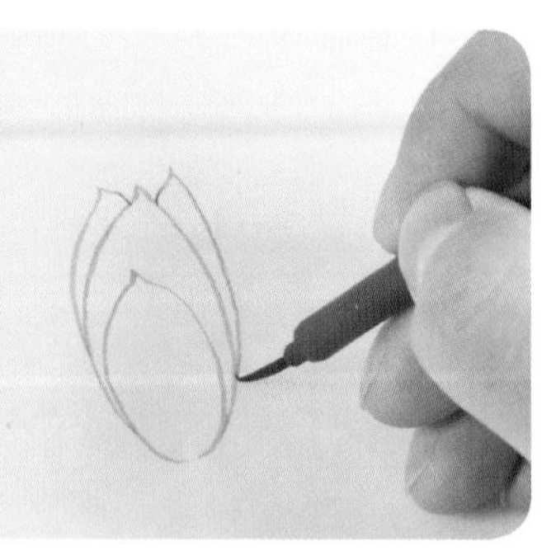

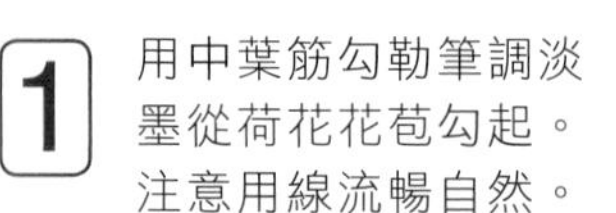

1 用中葉筋勾勒筆調淡墨從荷花花苞勾起。注意用線流暢自然。

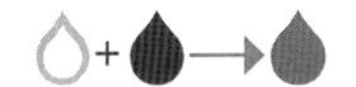

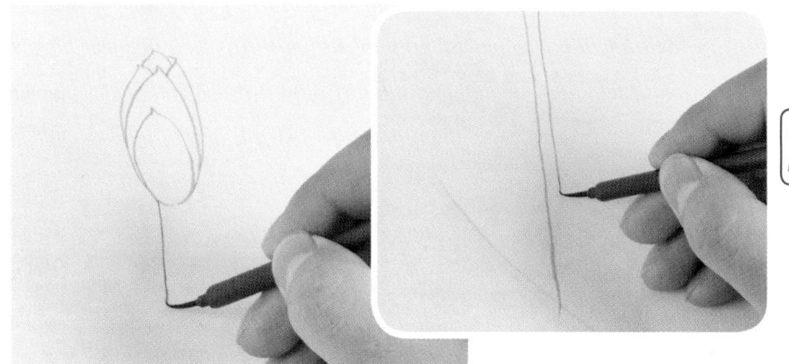

2 用淡墨勾出花莖。

知識拓展

撒鹽：特殊技法的一種。鋪好底色後，趁濕在上面撒上食鹽，任其自然滲化後，形成雪花狀的肌理效果。

塗蠟：特殊技法的一種。在未畫或畫到中間過程時，在畫面上不規則地塗抹上一些石蠟，使畫面產生局部不掛色的斑駁效果。此法也可表現下雨時的效果。

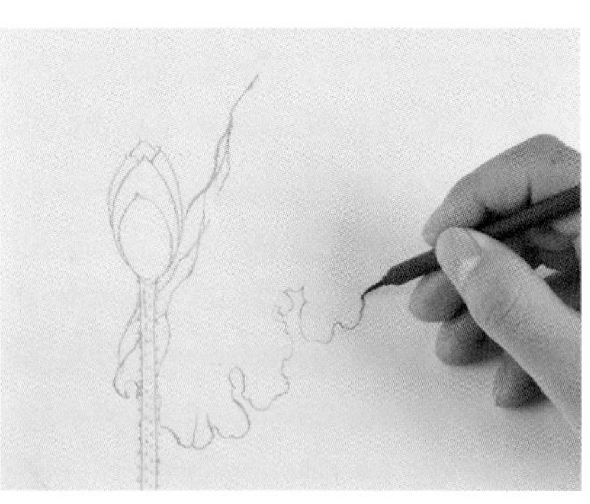

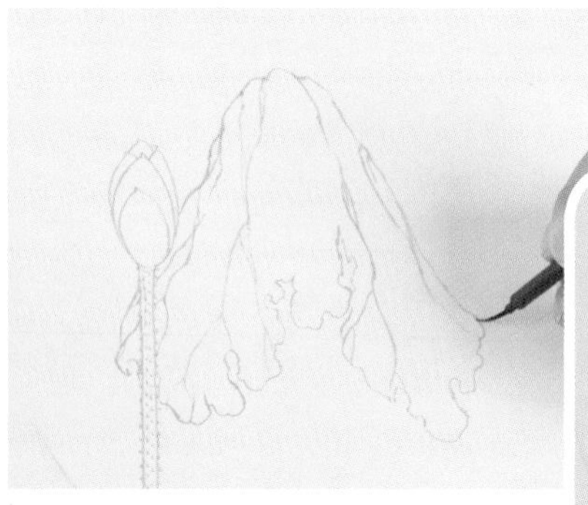

3 用淡墨勾畫下垂的枯葉，注意線條多用曲折的畫法表現。

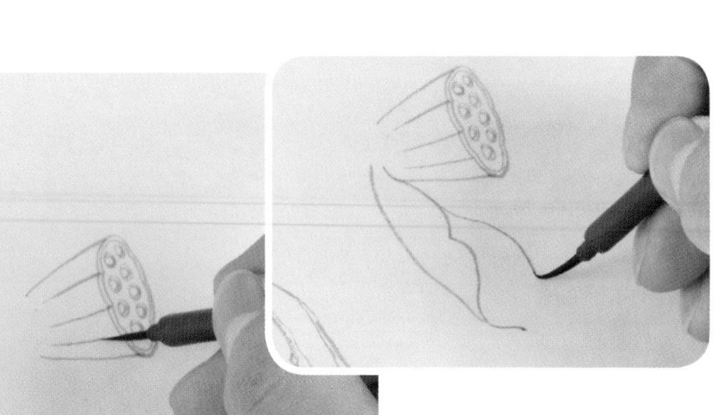

4 用淡墨勾畫殘荷的花瓣和蓮蓬。

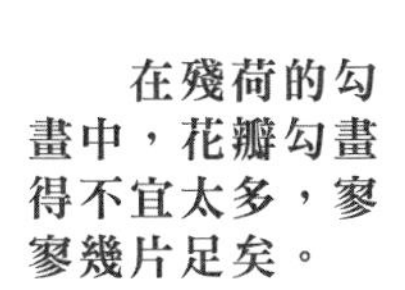

在殘荷的勾畫中，花瓣勾畫得不宜太多，寥寥幾片足矣。

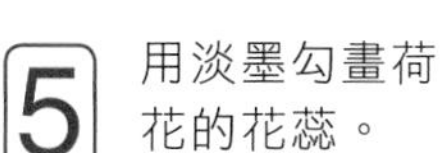

5 用淡墨勾畫荷花的花蕊。

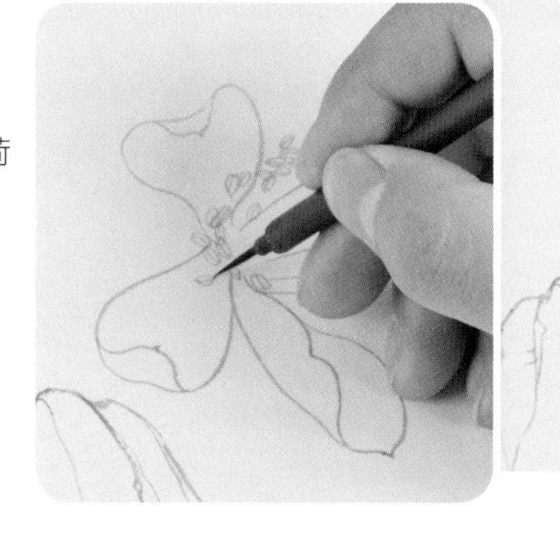

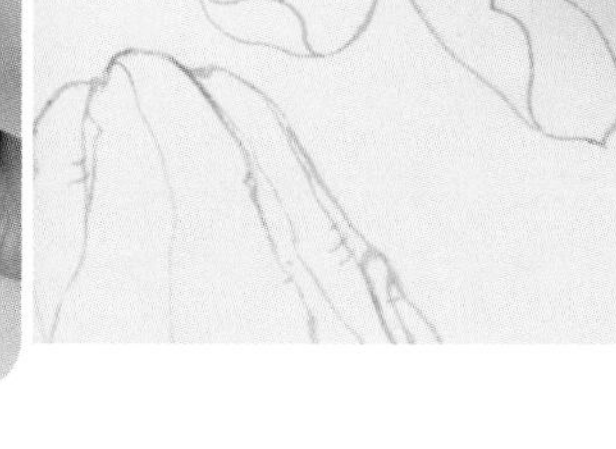

繪畫步驟：勾墨線

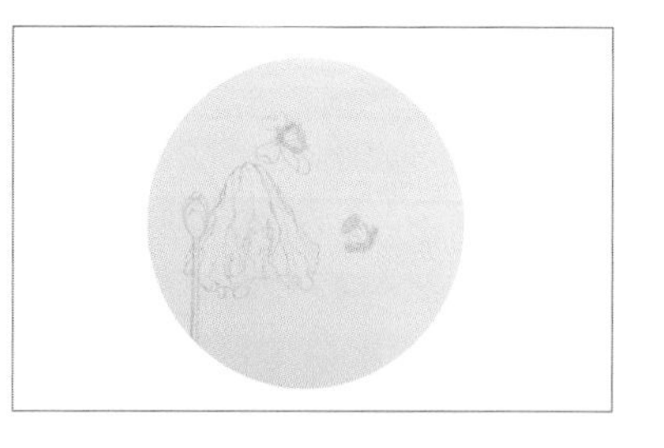

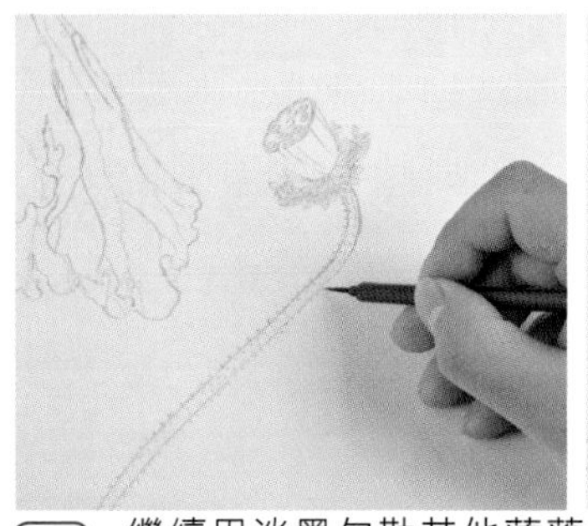

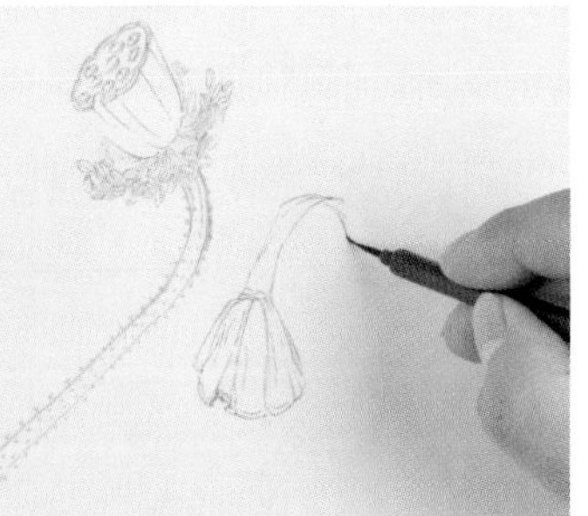

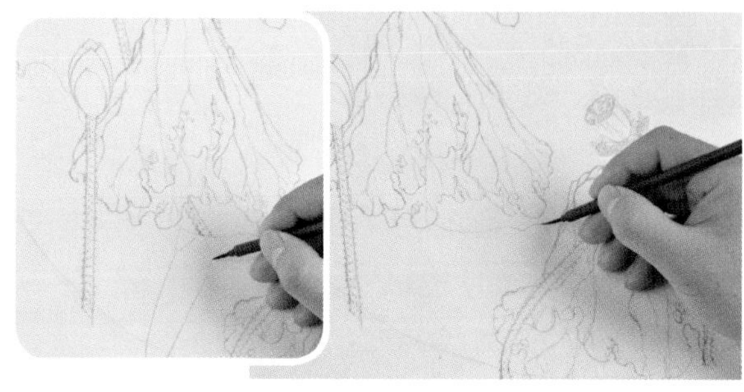

6 繼續用淡墨勾勒其他蓮蓬和殘枯的荷葉，注意用墨勾畫出前後的濃淡變化。

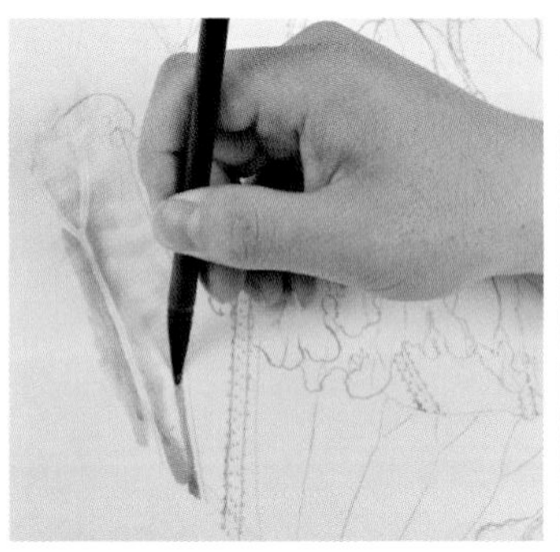

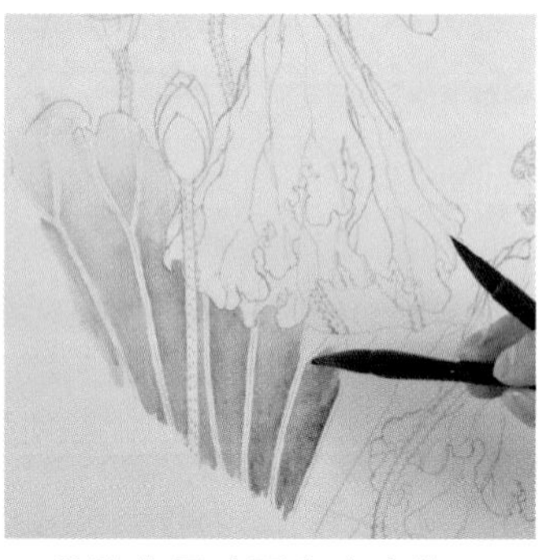

7 用兩支筆調淡墨分染荷葉，分染的同時要留出水線。

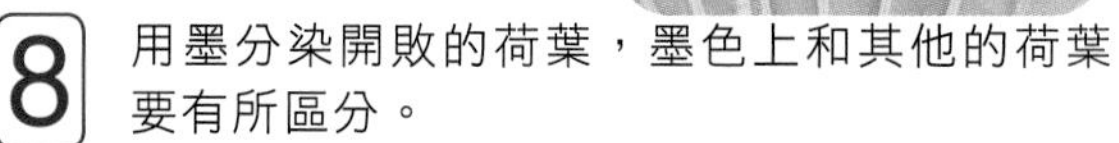

8 用墨分染開敗的荷葉，墨色上和其他的荷葉要有所區分。

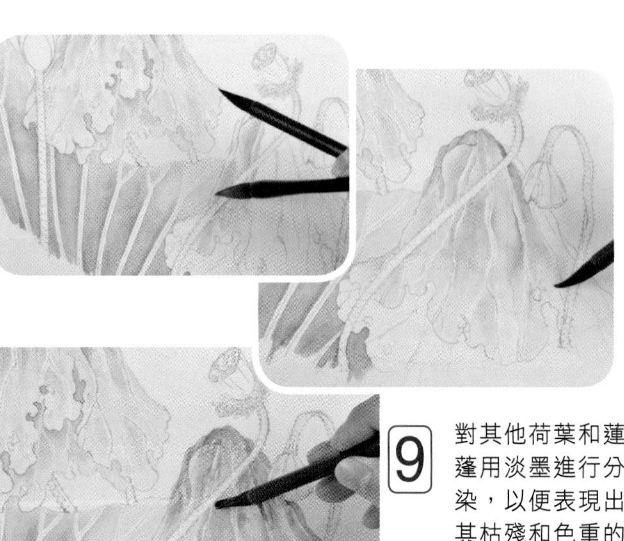

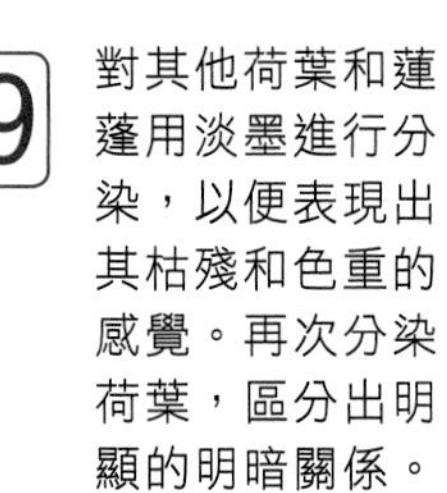

9 對其他荷葉和蓮蓬用淡墨進行分染，以便表現出其枯殘和色重的感覺。再次分染荷葉，區分出明顯的明暗關係。

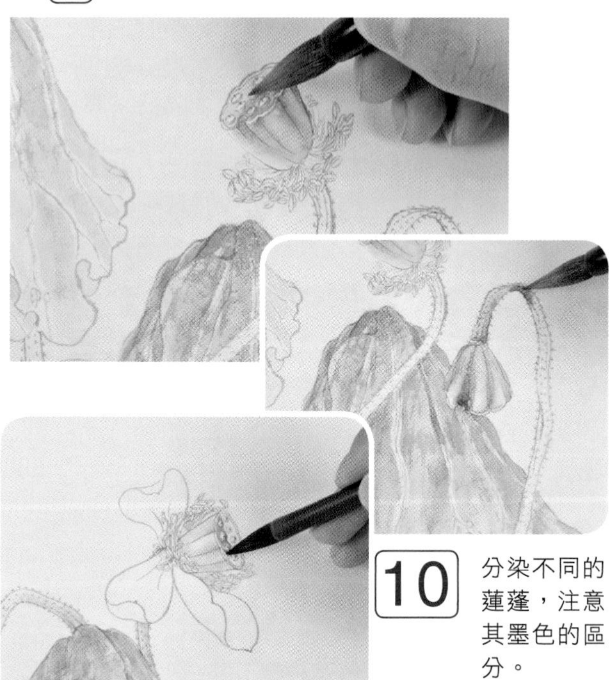

10 分染不同的蓮蓬，注意其墨色的區分。

繪畫步驟：勾墨線

繪畫步驟：分染 1

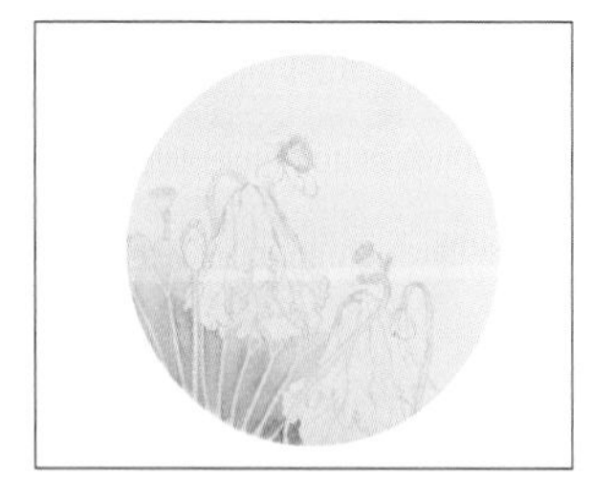

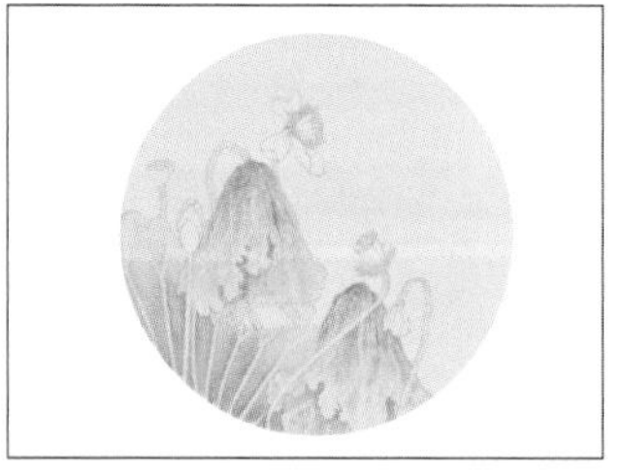

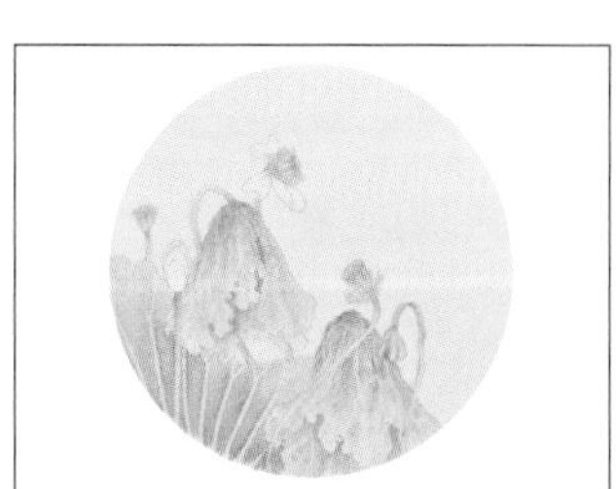

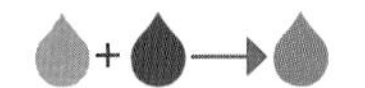

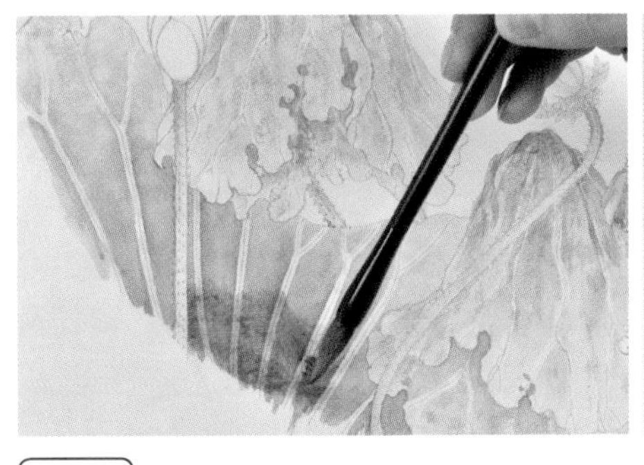
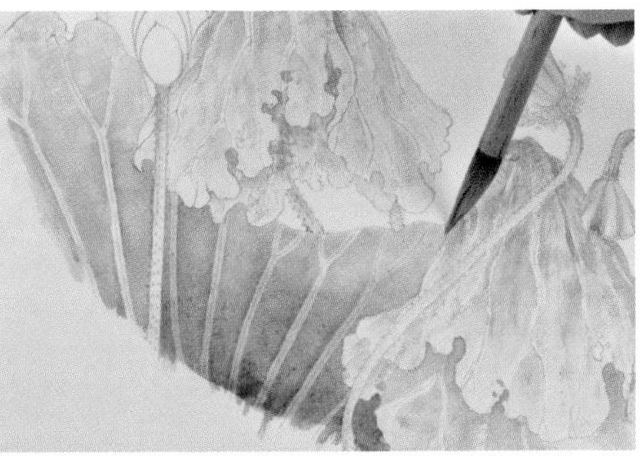
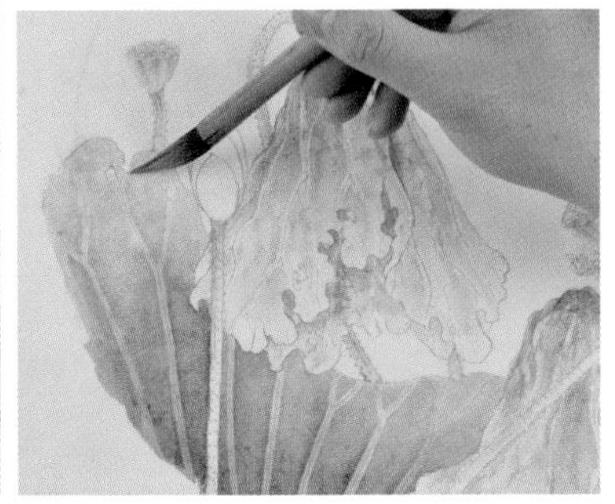

11 調石綠分染未完全枯黃的荷葉，從根部到葉子邊緣逐漸變淡。

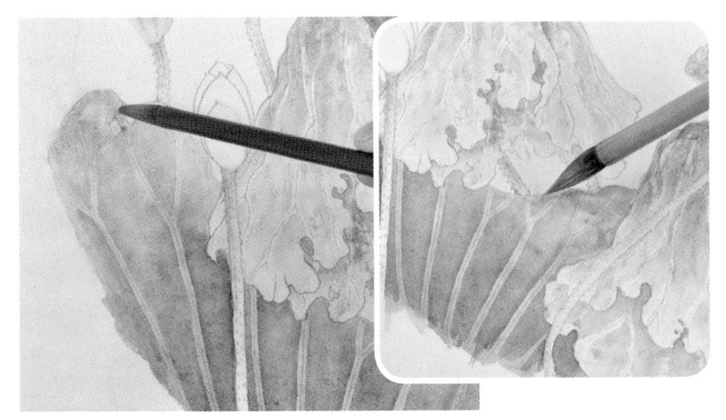
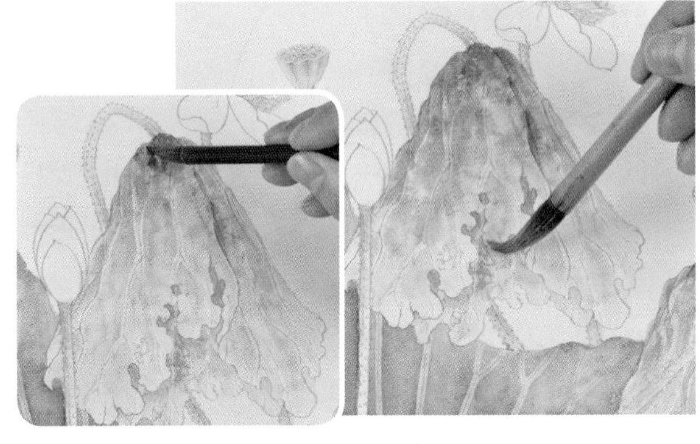

12 殘缺蟲咬的地方調赭石加墨點染。

13 下垂的枯葉可用赭石加墨進行皴染，根部略重，邊緣則淡。

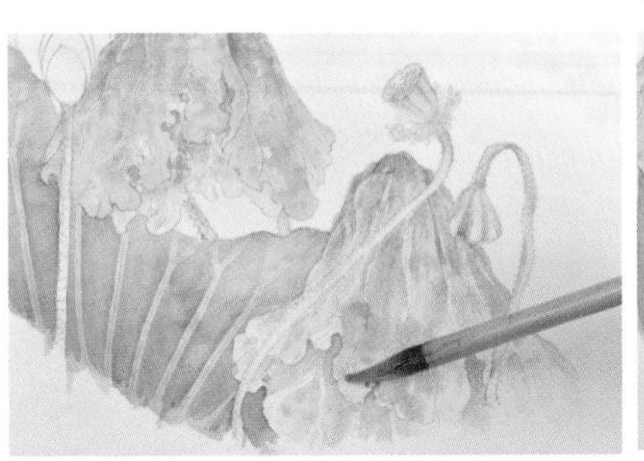
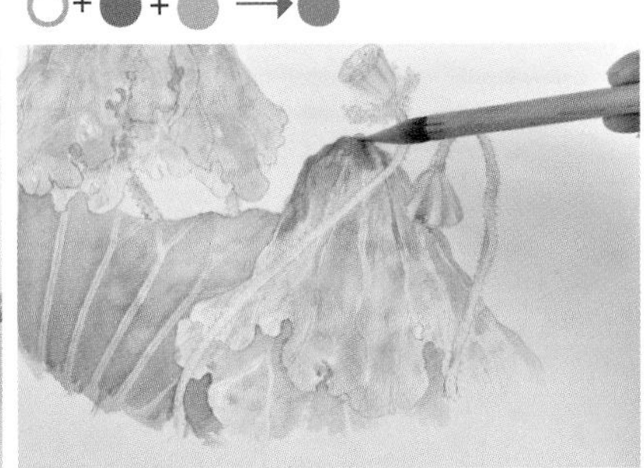

14 調藤黃加少許赭石和赭石加墨進行接染另一片下垂的荷葉。

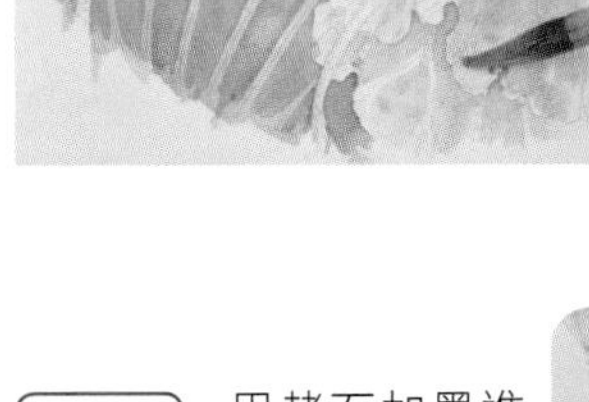
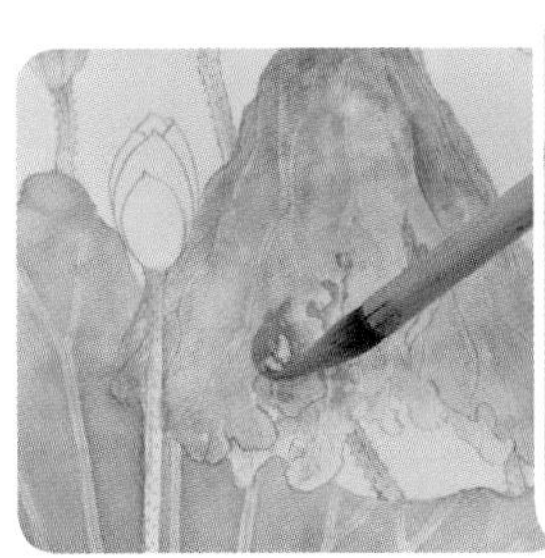
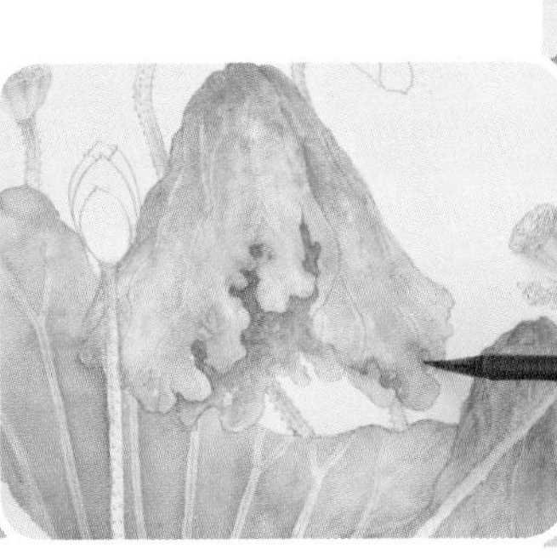
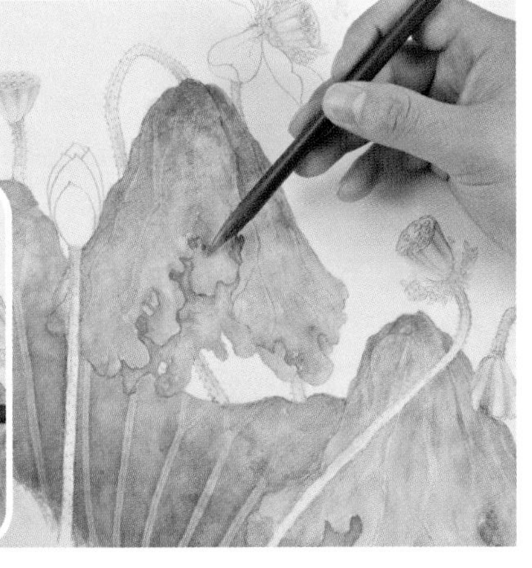

15 用赭石加墨進行提染殘缺的枯葉部分。

繪畫步驟：分染 2

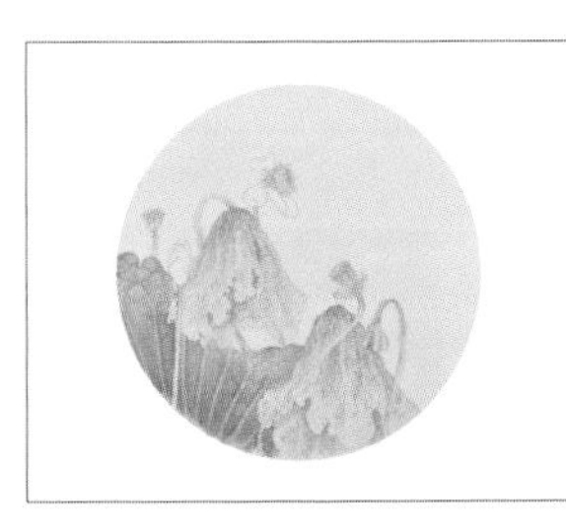
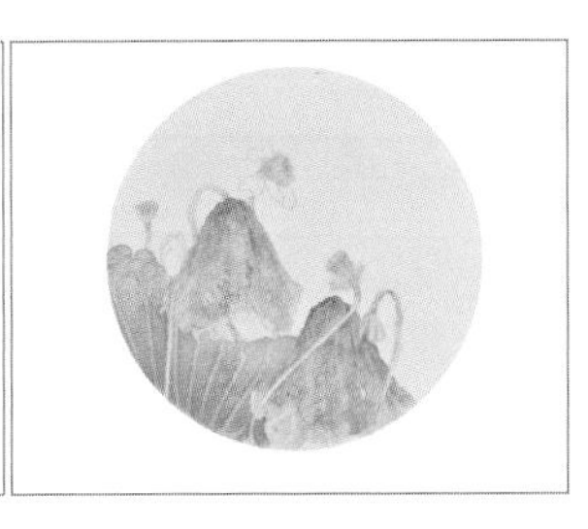
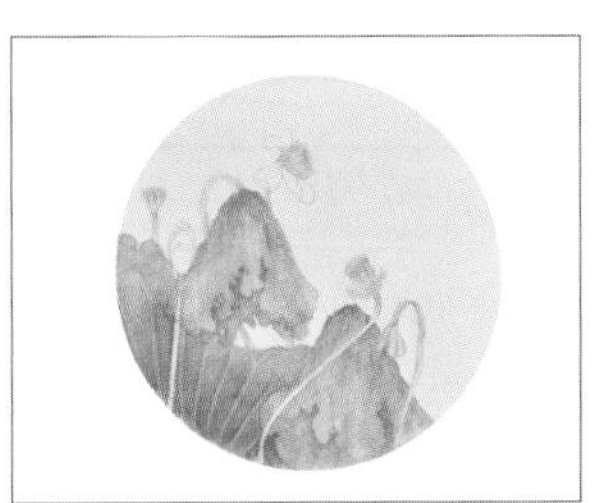
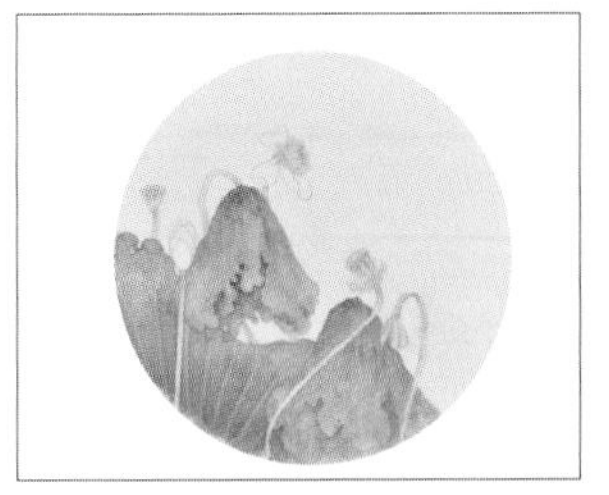

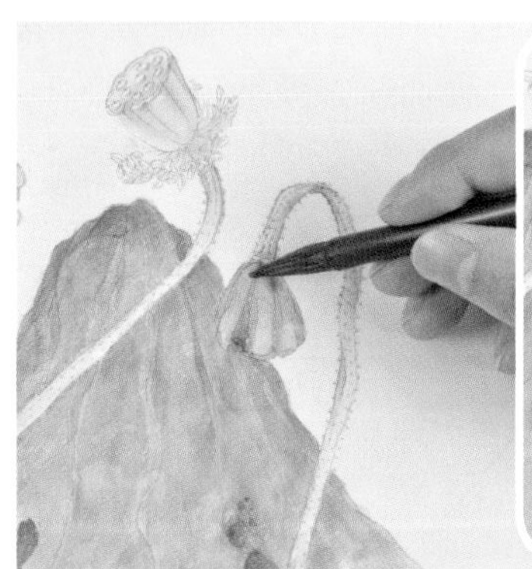
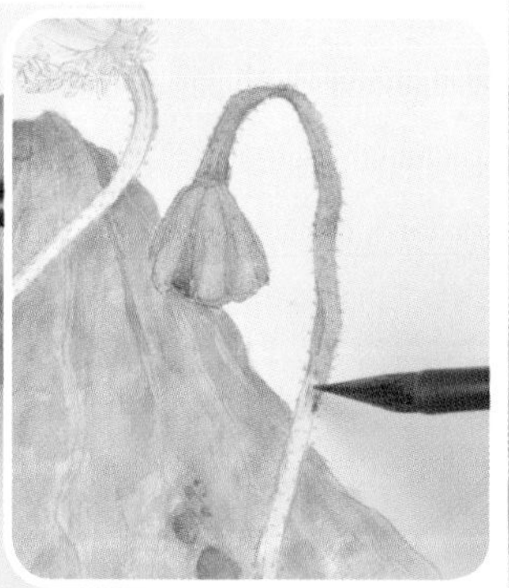
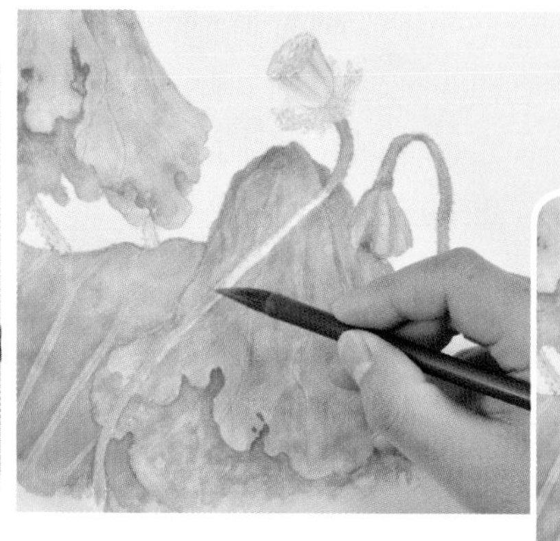
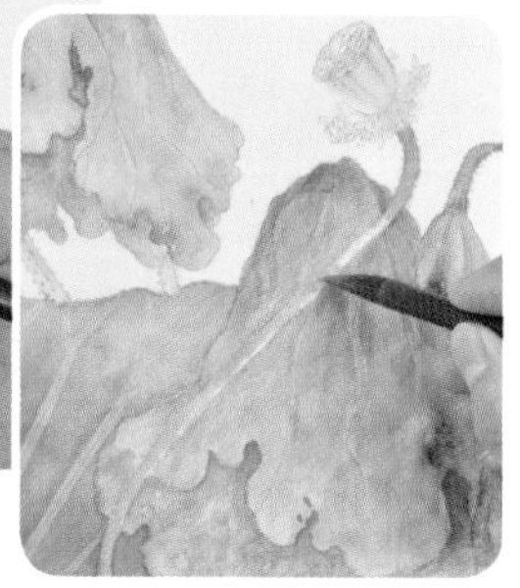

16 同樣的分染蓮蓬和荷莖，凹陷的地方可多渲染幾遍。

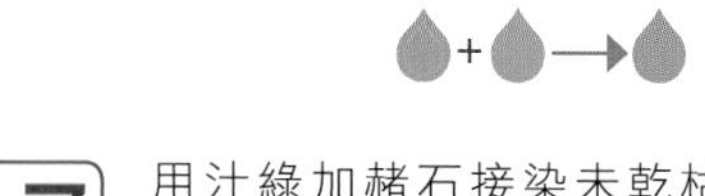

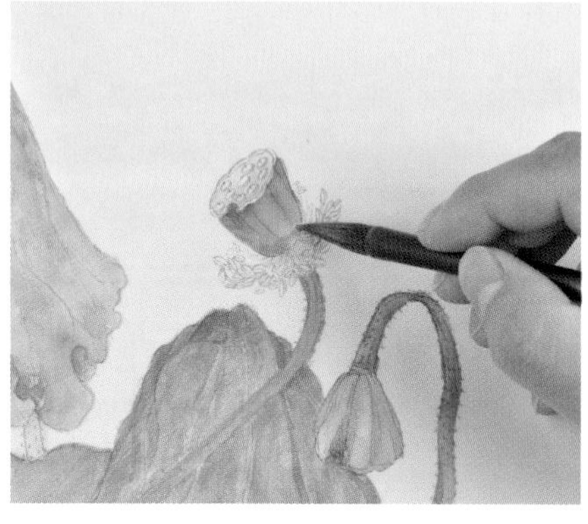
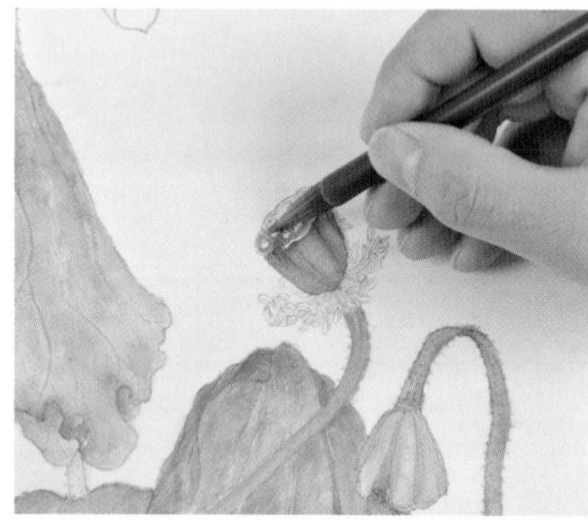

17 用汁綠加赭石接染未乾枯的蓮蓬，必要的地方可多分染幾遍。

19 在分染的色系上，用色、用墨都是根據相應的比例來調色的，如赭石、墨、酞青藍、藤黃等。視彩度自行調配比例，調出的色相也各自不同。

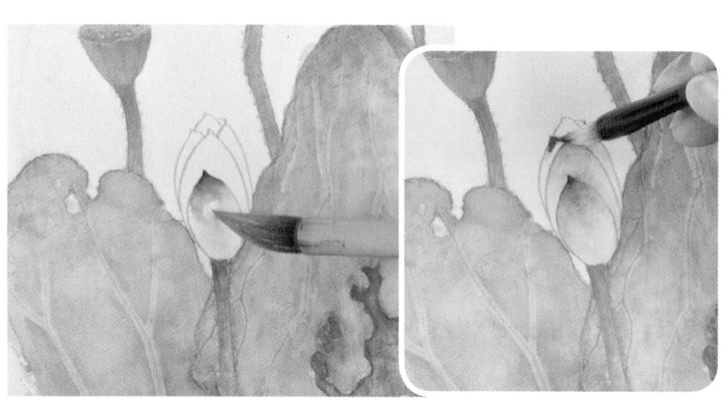

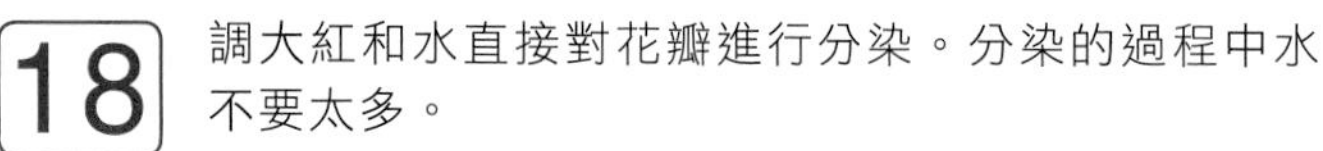

18 調大紅和水直接對花瓣進行分染。分染的過程中水不要太多。

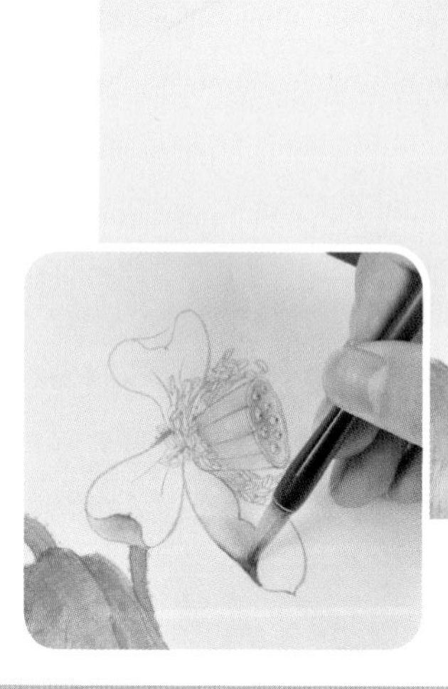
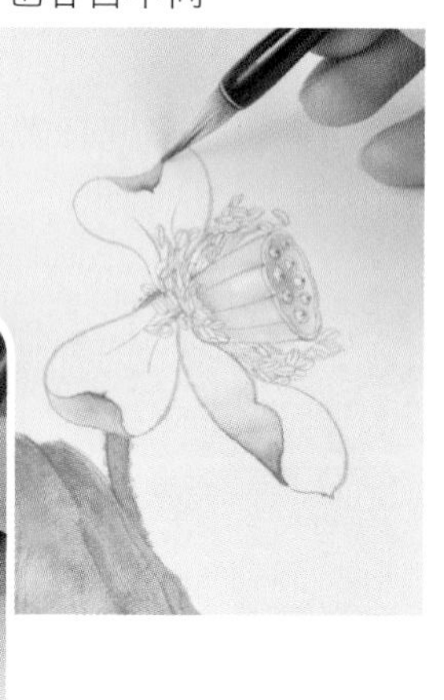

知識拓展

漬染：一種有筆觸的濕染法，著色筆較乾，略帶皴擦，然後用著水筆趁濕點染，破開原有的色彩，常見於破碎葉片邊緣的處理。

幹染：水筆在色塊的四周旋轉，將一塊色彩向四周染開。工筆牡丹的繪畫中，尤其是反瓣根部的著色都時常採用此法。

繪畫步驟：分染 3

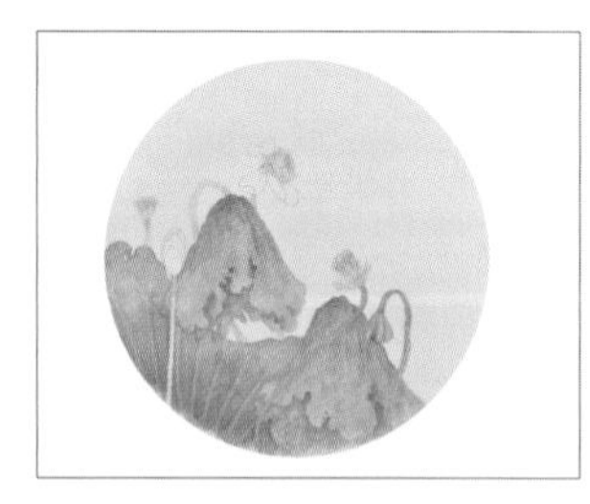
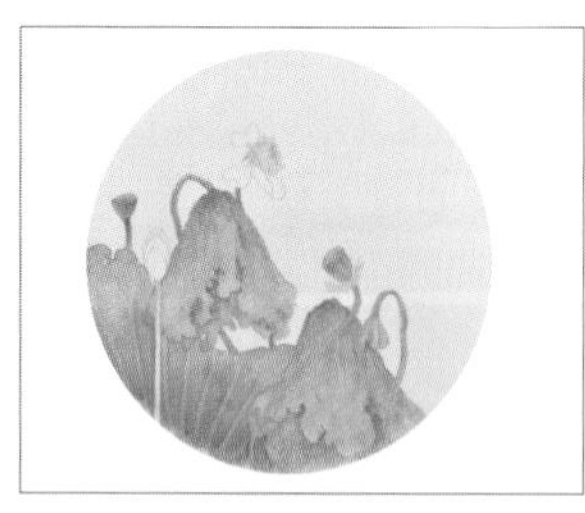
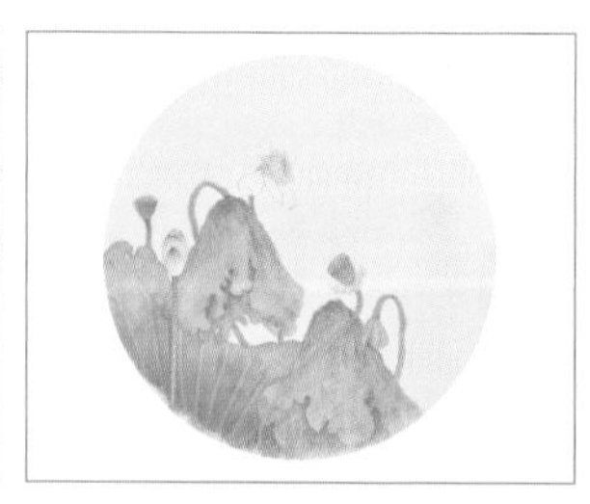
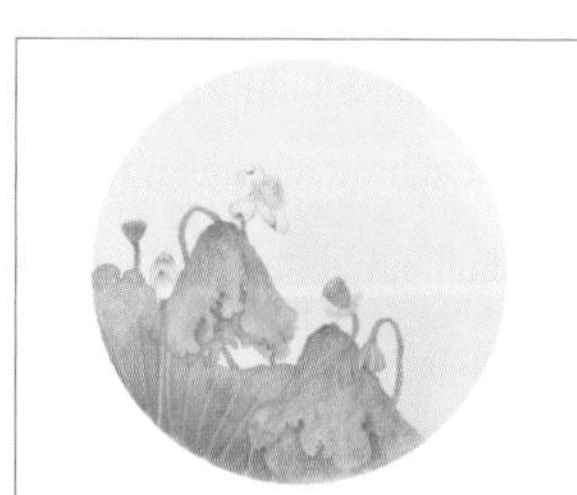

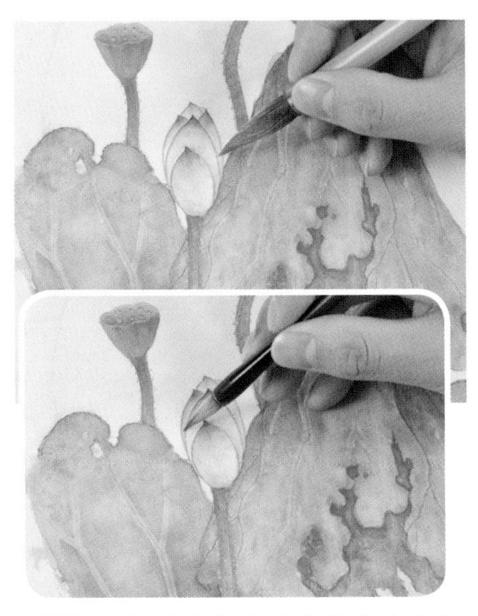

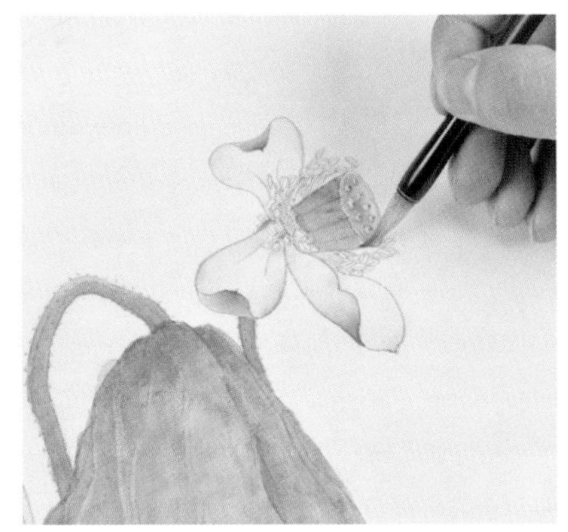

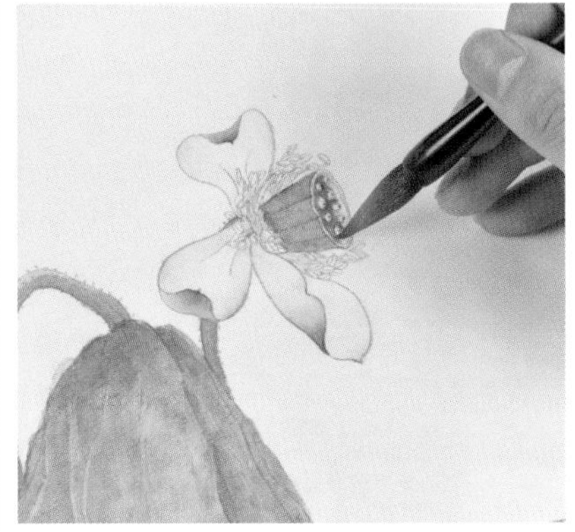

21 調黃綠加葉綠渲染蓮蓬，可多分染幾遍以便達到想要的效果。

20 調大紅加少許藤黃分染荷花花苞，花瓣根部用淡汁綠進行分染。

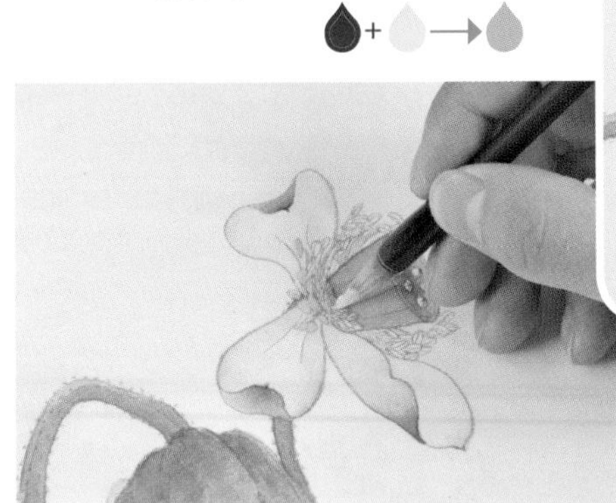

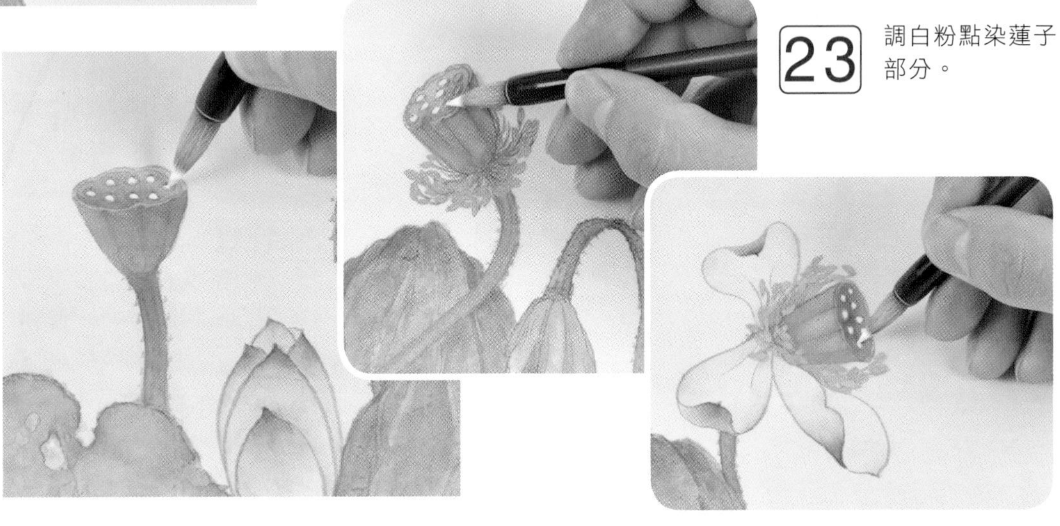

22 調藤黃加白點染花蕊。花蕊根部可用藤黃加紅進行分染。

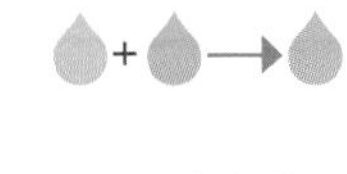

23 調白粉點染蓮子部分。

在渲染大面積的同時，不要忽略了細節的地方，如荷花的花蕊、蓮子等處，都需要認真地對待。

繪畫步驟：分染 4

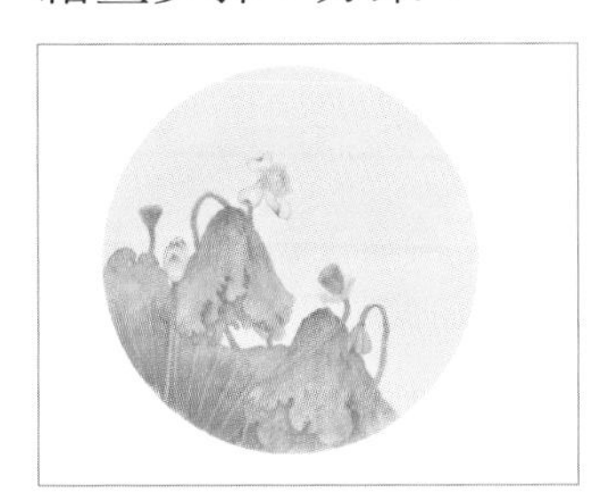

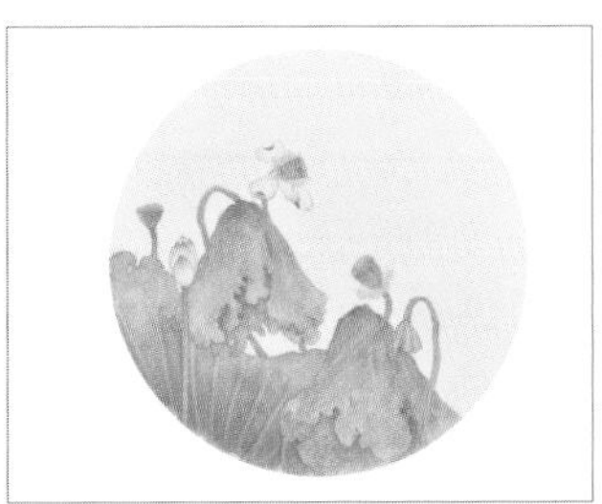

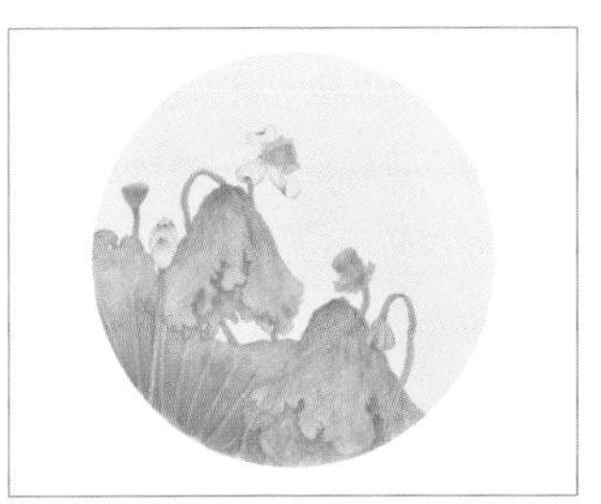

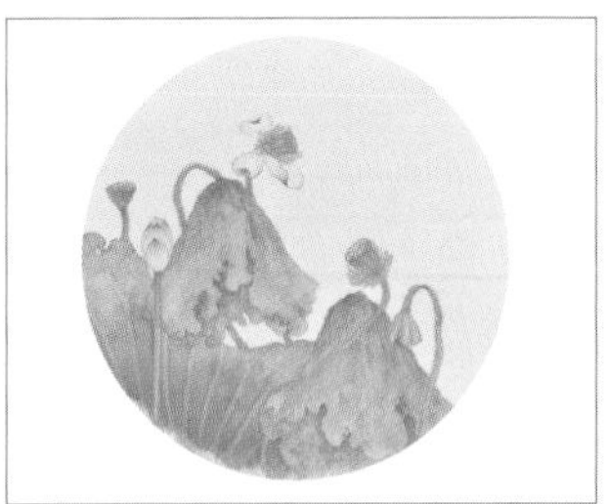

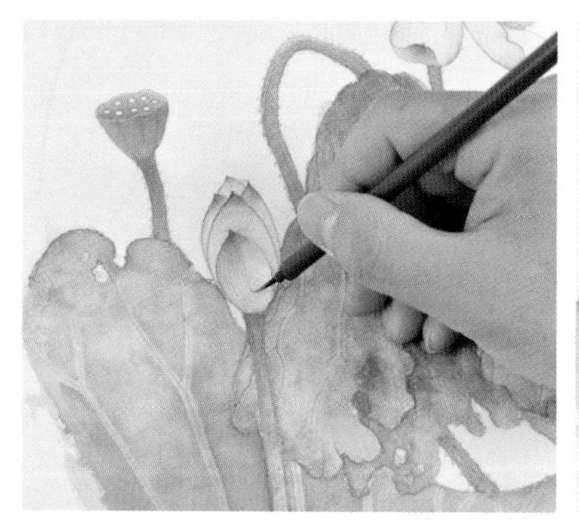
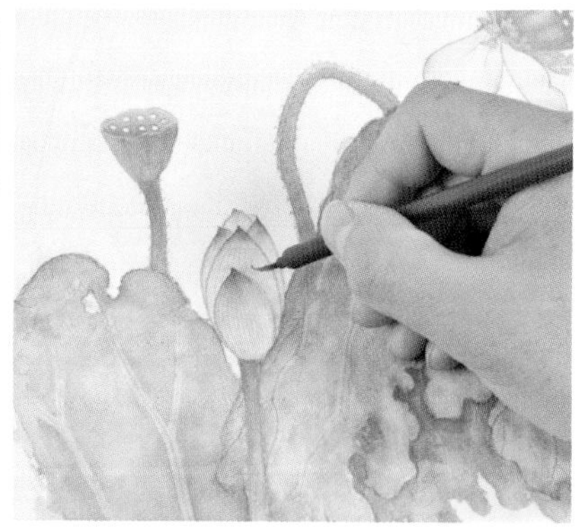

24 用胭脂加水勾荷花花瓣脈線。

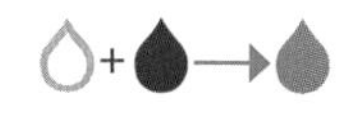
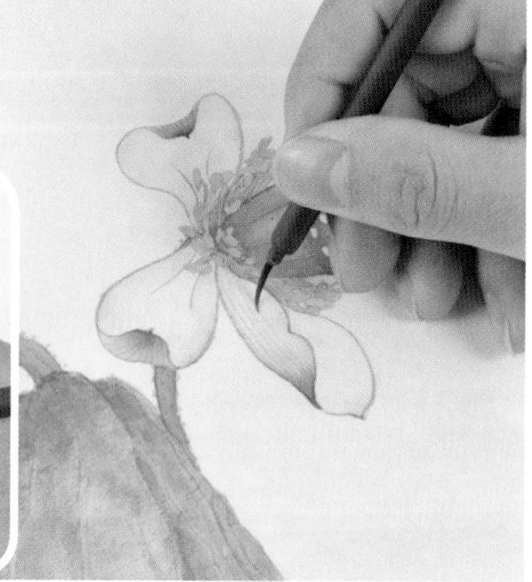

25 細節的刻畫往往可以看出一個畫者對待繪畫作品的態度，所以不要忽略了細節的刻畫。

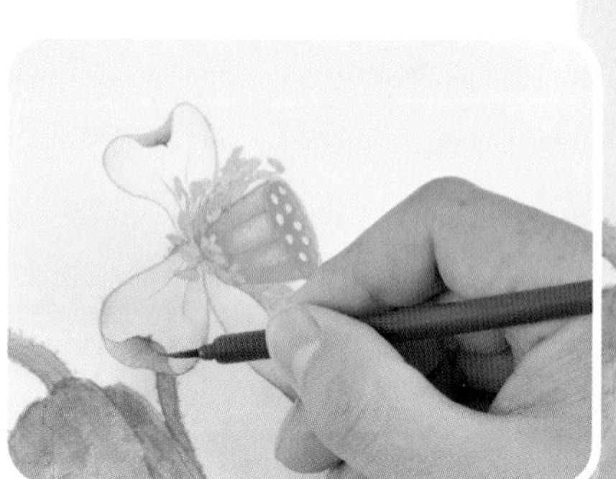
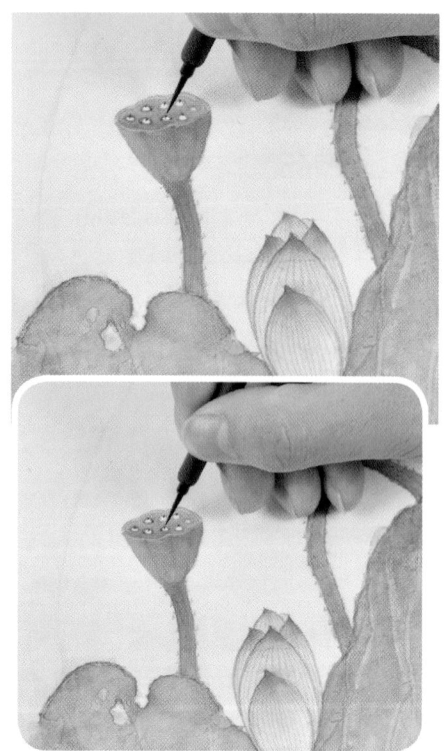
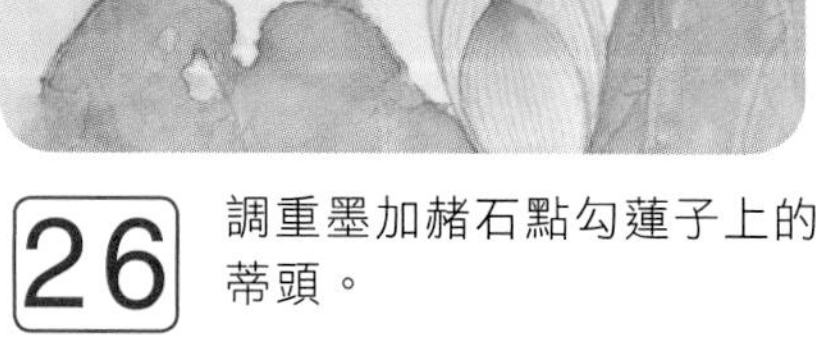

26 調重墨加赭石點勾蓮子上的蒂頭。

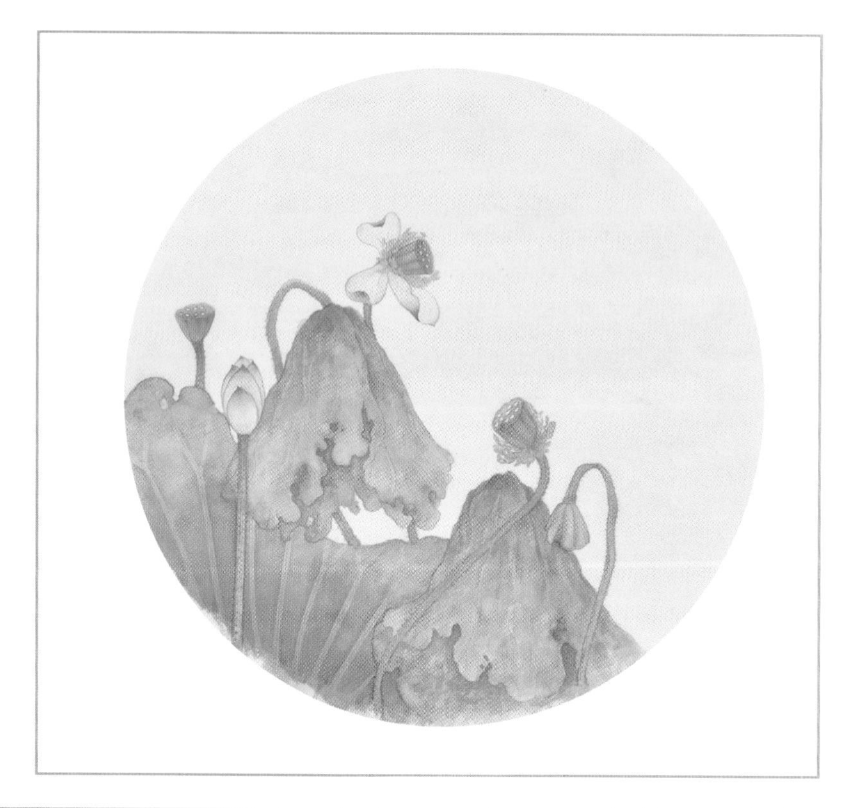

繪畫步驟：分染 5

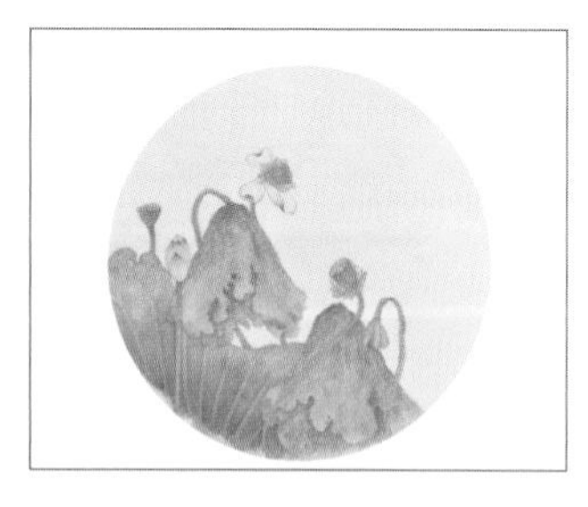
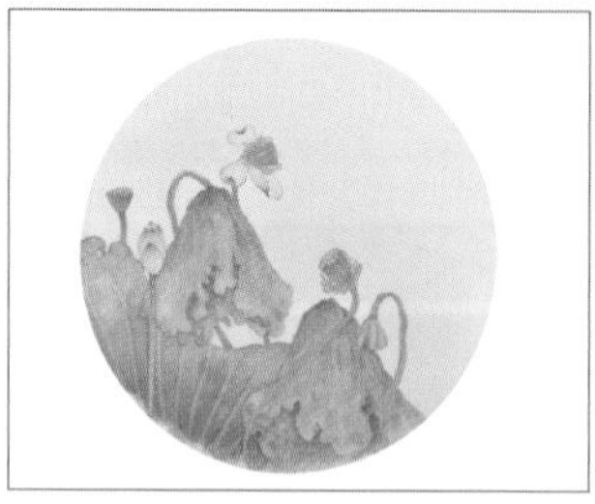
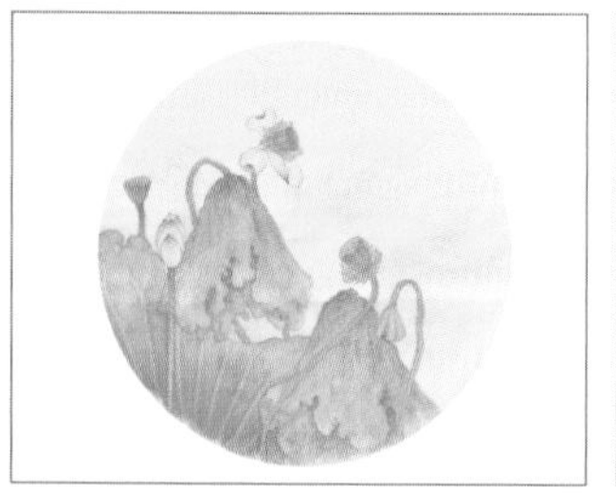
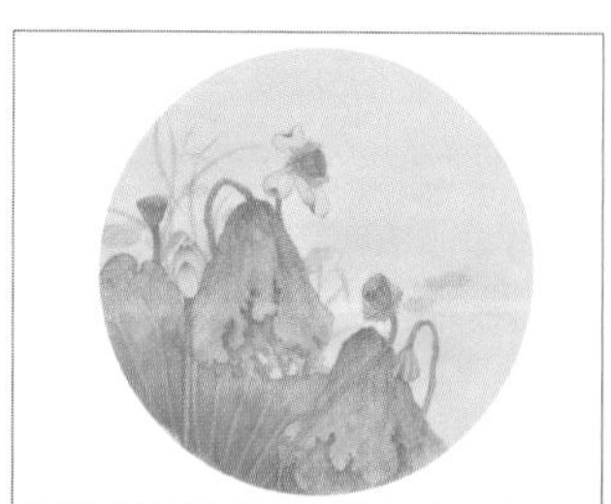

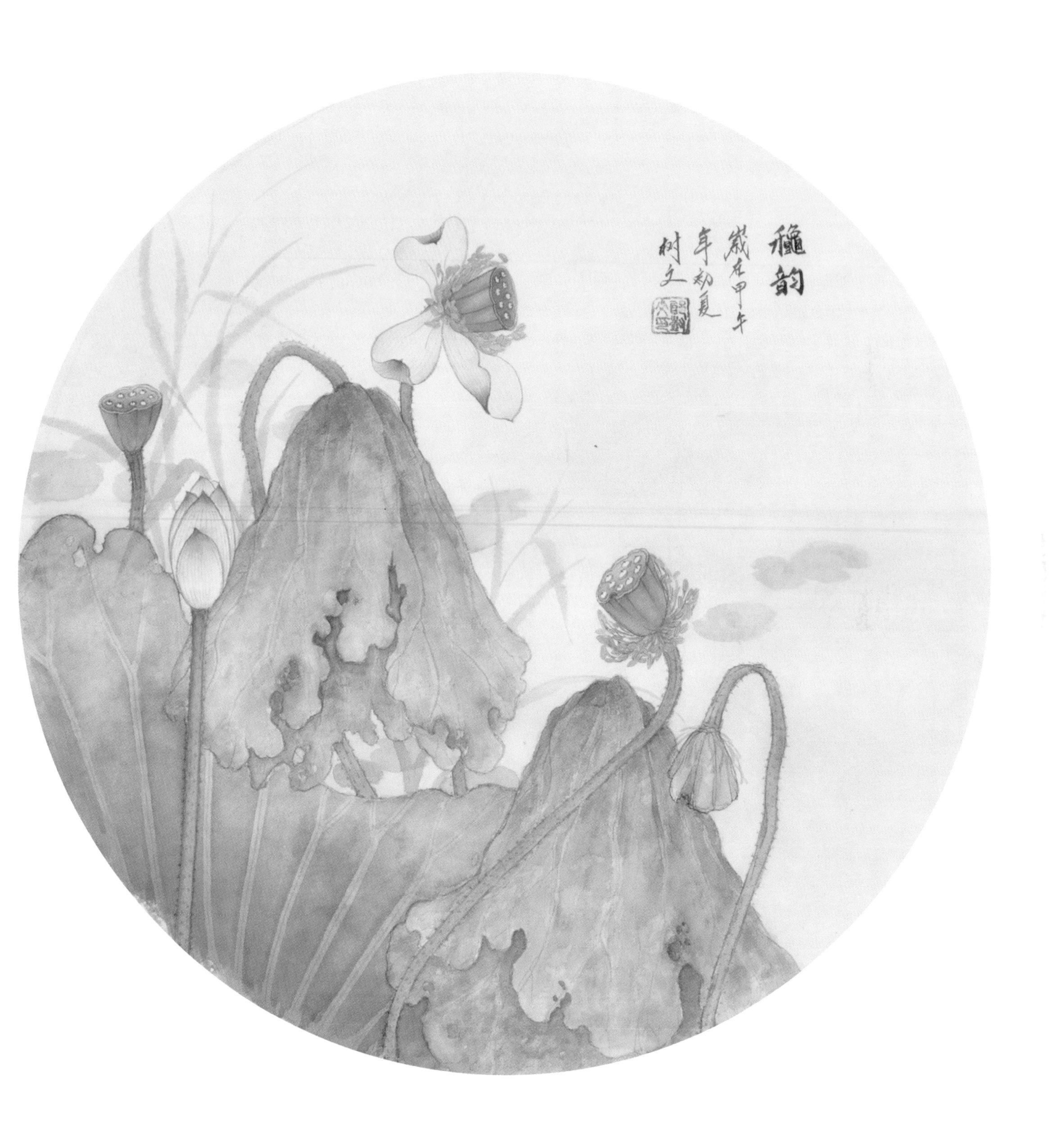
穠韵
歲在甲午
年初夏
树文

線描稿

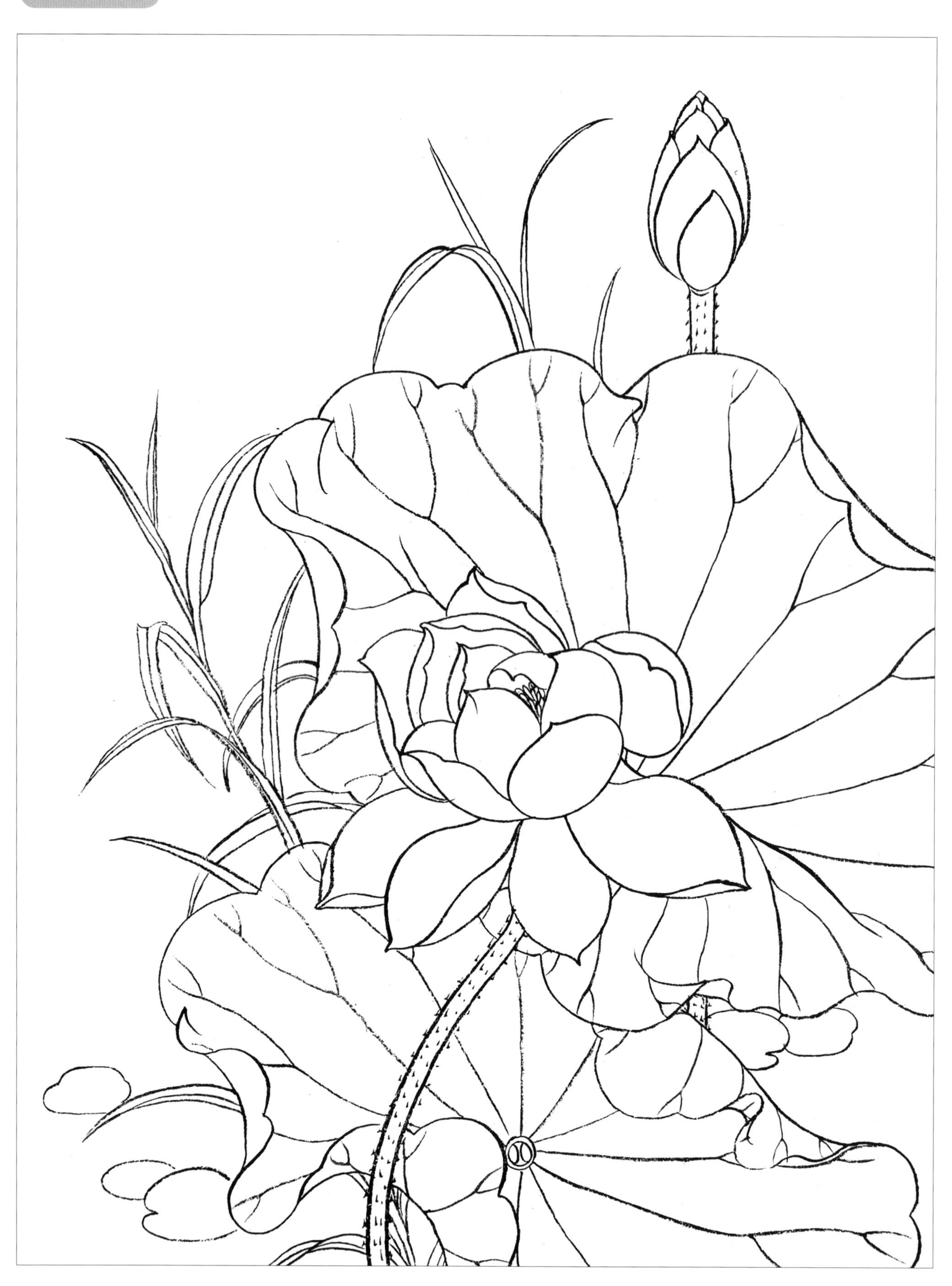

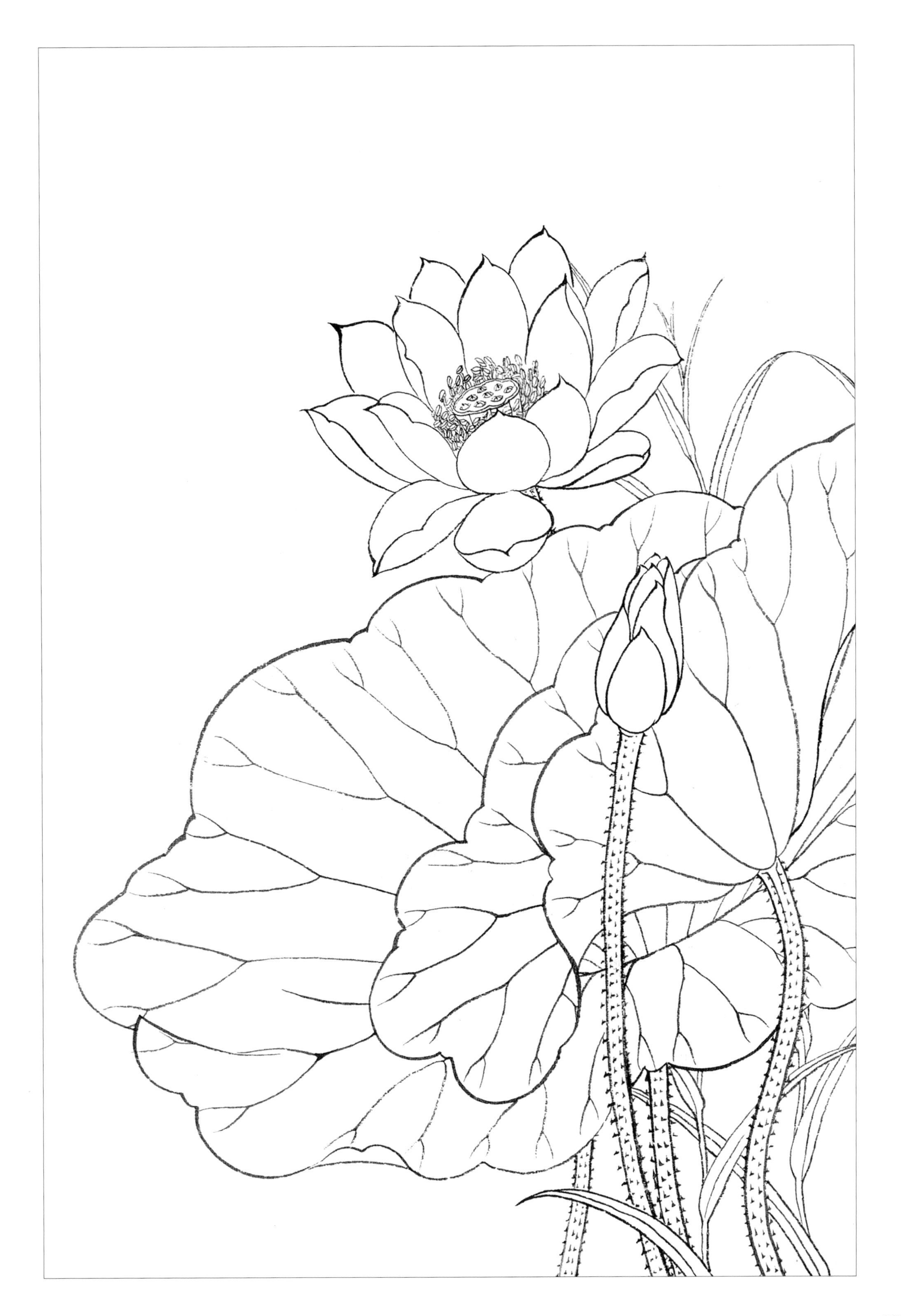

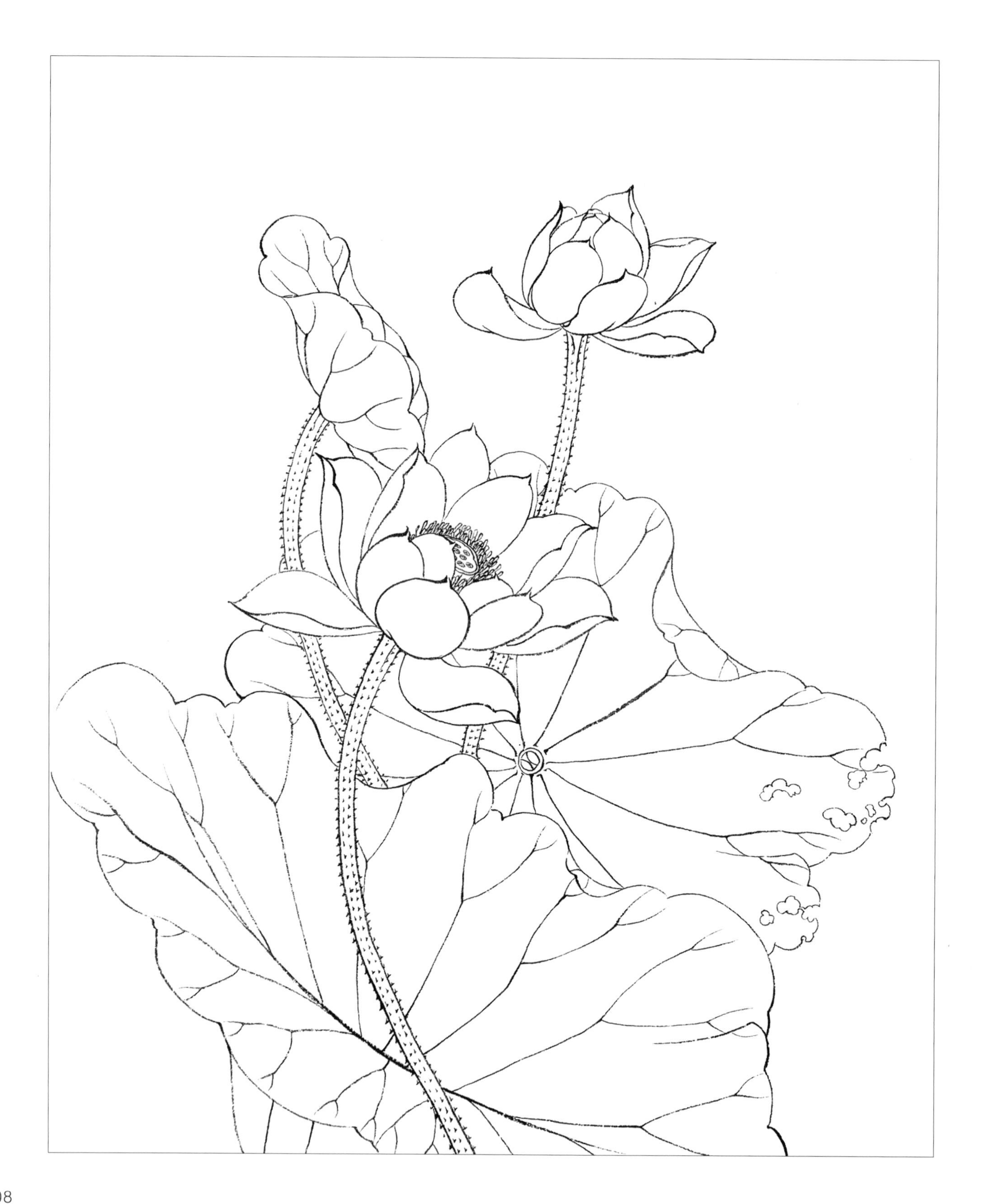

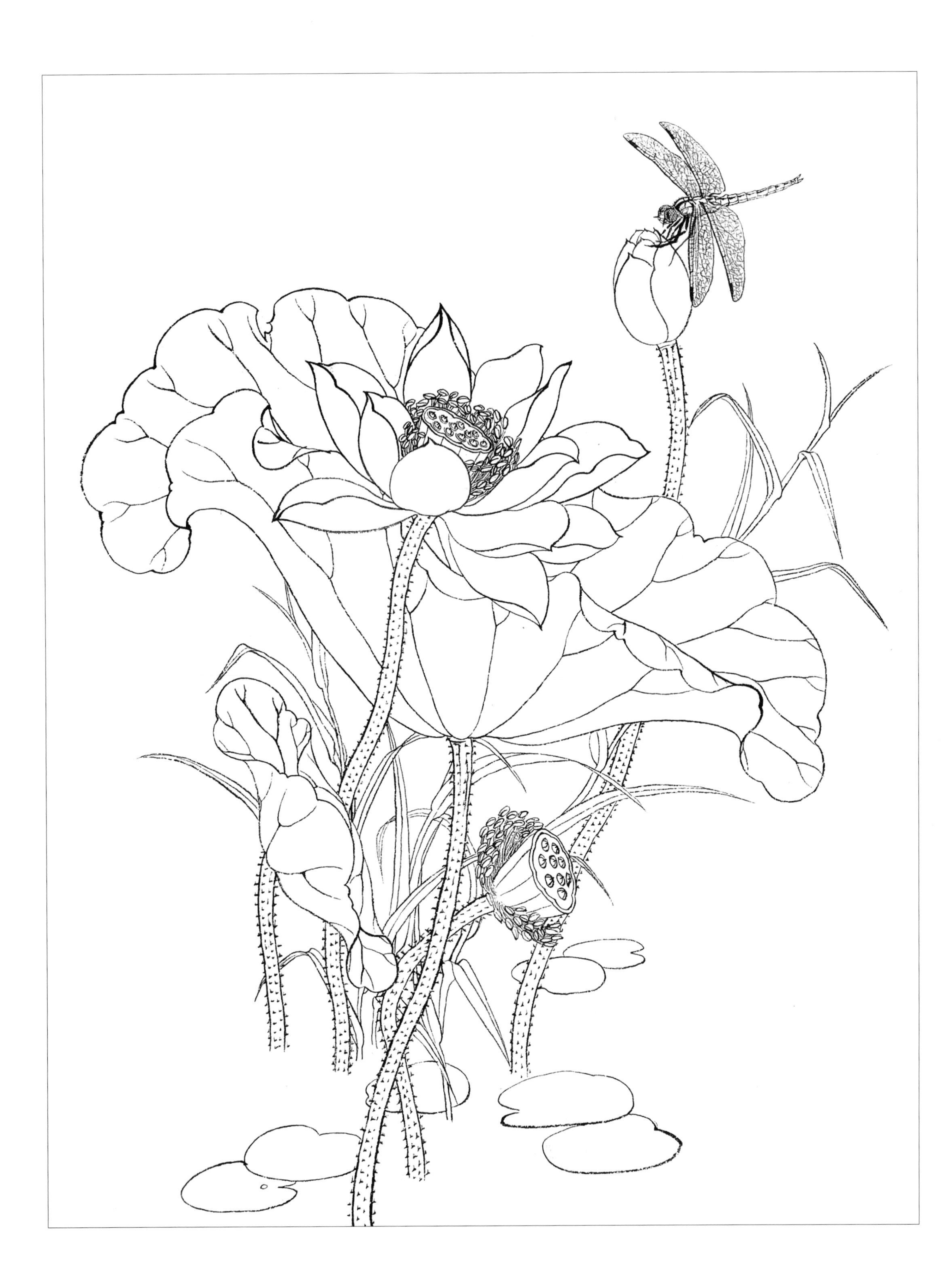

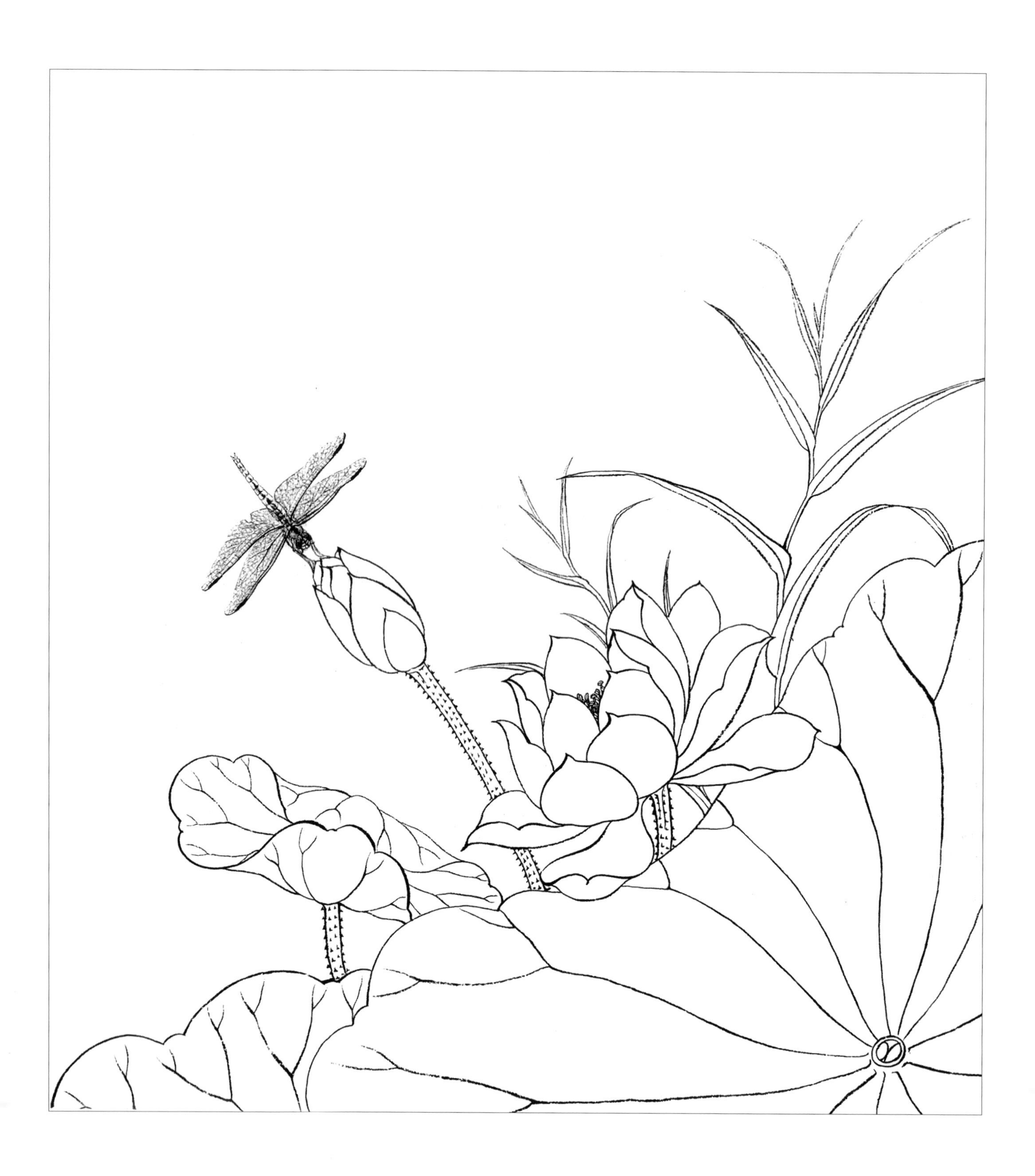

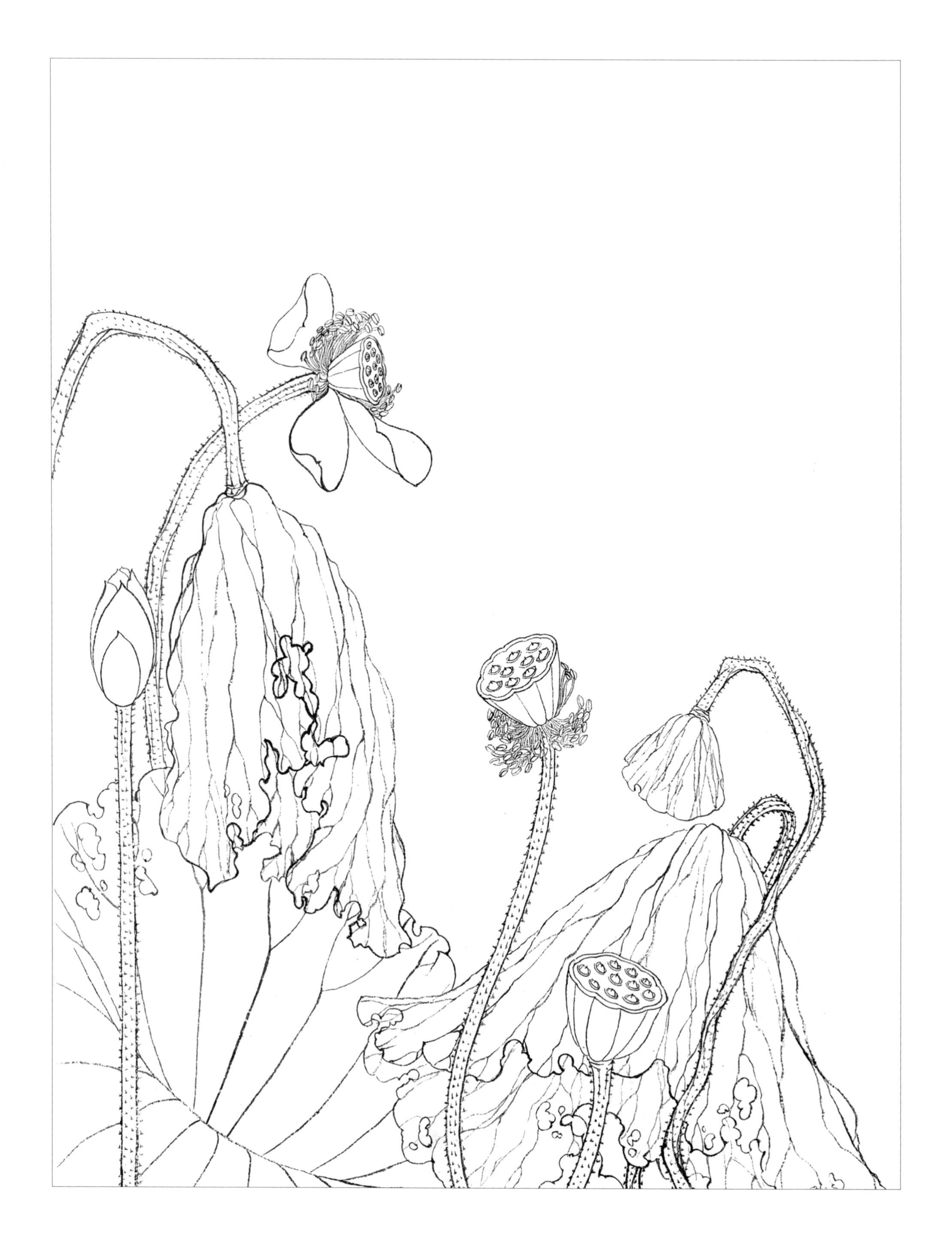

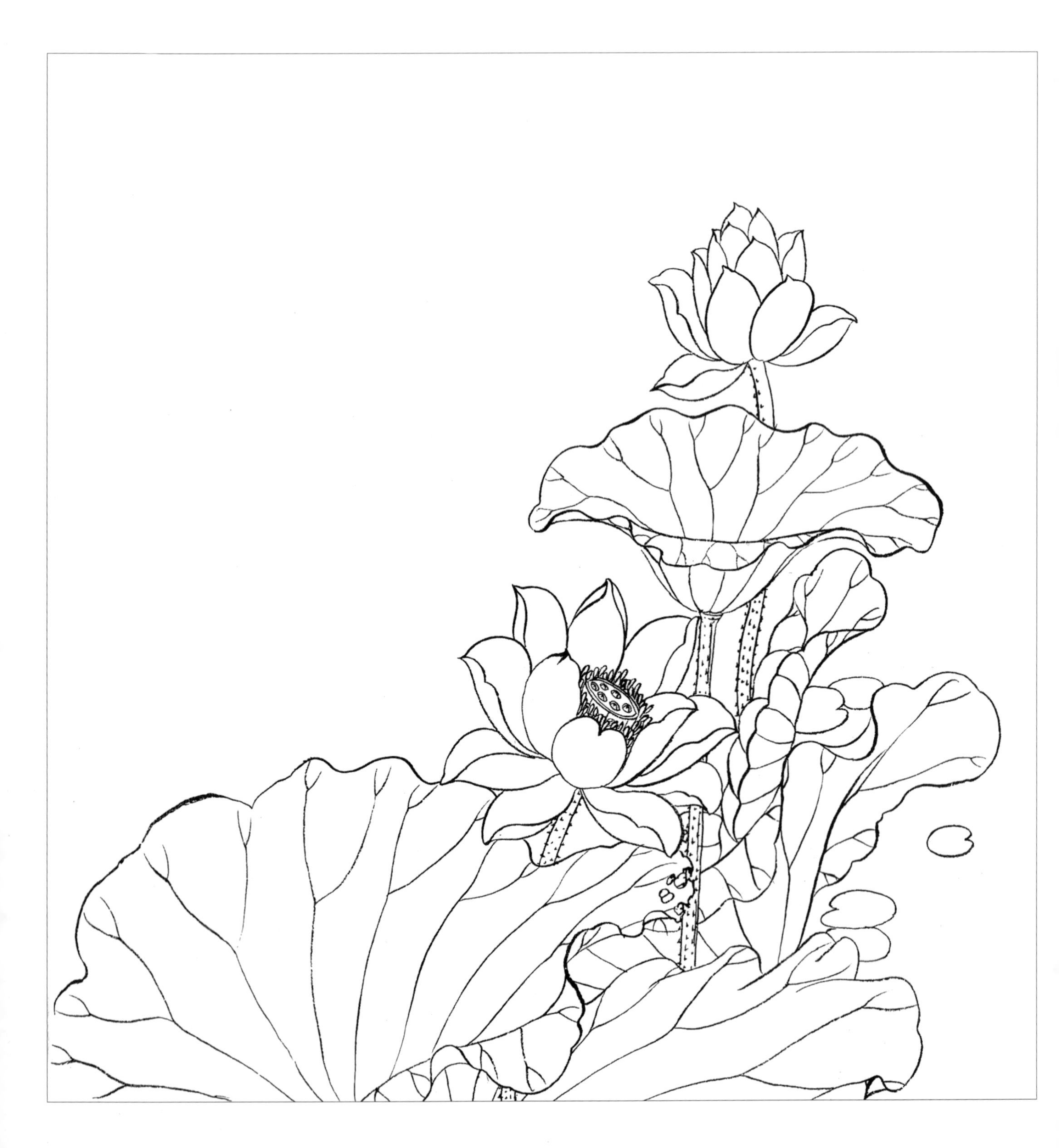